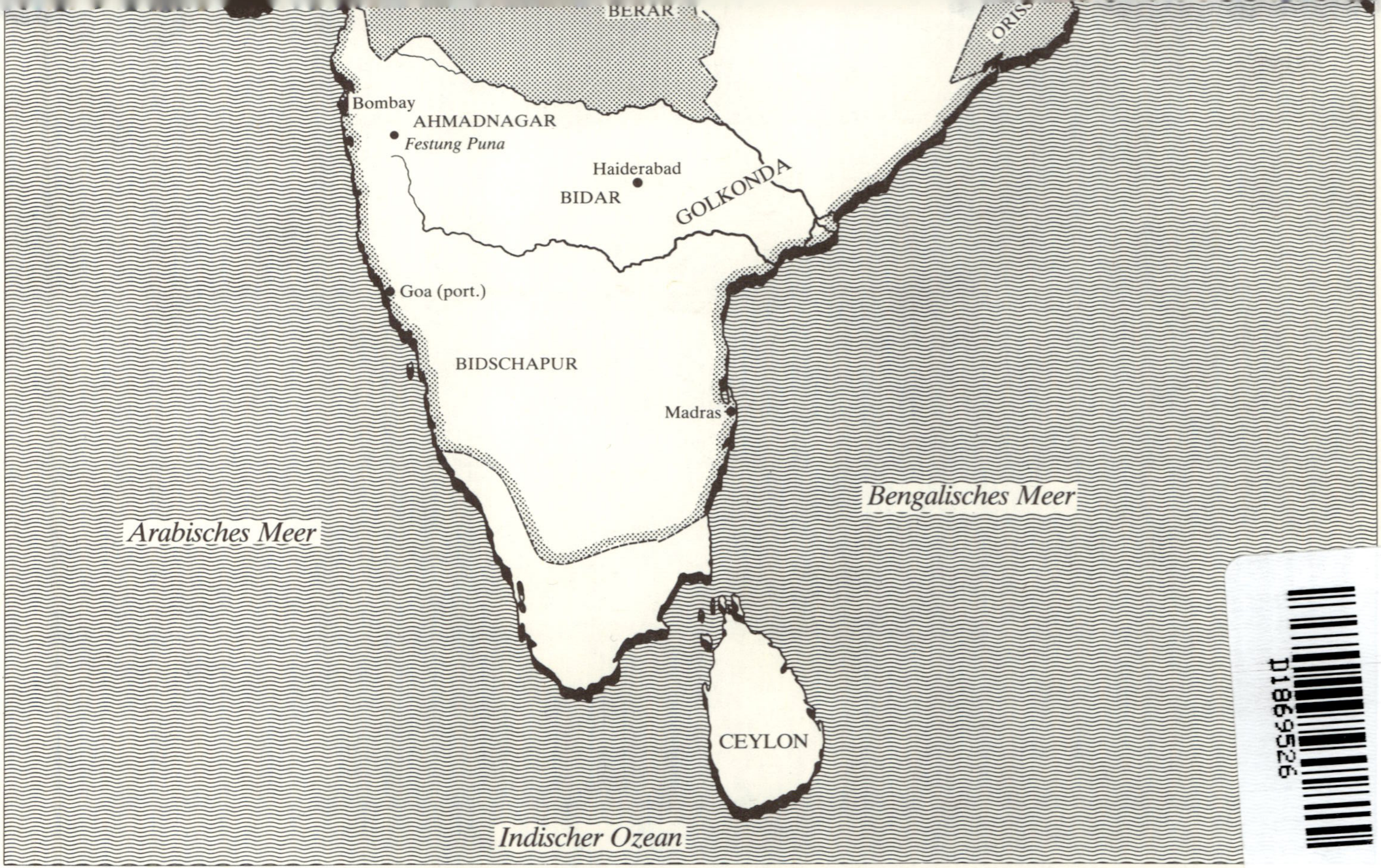
BERAR
ORISS
Bombay
AHMADNAGAR
Festung Puna
Haiderabad
BIDAR
GOLKONDA
Goa (port.)
BIDSCHAPUR
Madras
Bengalisches Meer
Arabisches Meer
CEYLON
Indischer Ozean

Behr
Die Moguln

Hans-Georg Behr

Die Moguln

Macht und Pracht der indischen Kaiser von 1369–1857

Econ Verlag
Wien · Düsseldorf

1. Auflage 1979

Gesetzt aus der Times der Linotype GmbH
Satz: Zobrist & Hof AG, CH-Pratteln
Papier: Papierfabrik Schleipen GmbH, Bad Dürkheim
Druck und Bindearbeiten: May & Co, Darmstadt
Printed in Germany
ISBN 3430 112826

Inhalt

Die Größten

Was immer diese Sippe unternahm – es geriet zum Superlativ. Ihr Debüt war das wüsteste Blutbad der Geschichte; aber auch der modernste Staat, den die Menschheit bislang gekannt hatte, geht auf ihr Konto. Sie ließ den größten Luxus aller Zeiten schaffen und erfand nebenbei Grausamkeiten, die selbst Marquis de Sade nur neidvoll bewundern konnte. Sie schwelgte in vollendeter Kultur und den erlesensten Barbareien, bediente sich aller Raffinessen moderner Diplomatie und endete selbst in einem gigantischen Intrigennetz. Kein Wunder, daß Europäer von den Moguln stets als Großmoguln sprachen.

Nie wieder ähnelte Geschichte so sehr den Märchen, sollte die irrwitzige Welt der Träume so handfest zu Geschichte niederschlagen. Die Moguln mußten gerade nüchterne Chronisten befremden: exotische Kaiser, die in ihren eigenen Ländern stets Fremde waren. Sie entzogen sich wissenschaftlicher Be- und Abhandlung schon dadurch, daß sie alle Maßstäbe sprengten und alle gültigen Regeln auf den Kopf stellten. Daher geistern sie durch die Geschichtsbücher als Ausnahmen, zitiert zur Bestätigung anderer Regeln, als unfaßbare Unikate. Sie wurden sprichwörtlich. Man durfte verrückt sein wie ein Großmogul oder reich, genußsüchtig oder grausam... Allein Goethe ließ sich von den Kaisern Asiens zu siebenunddreißig Wie-Kombinationen inspirieren (und Germanisten haben sie pedantisch mitgezählt). Was uns heute einfällt, wenn wir an Märchenpracht denken, ist ihr Lebensstil gewesen.

Das Drama der Großmoguln spielte in Kulissen, die selbst Hollywood nicht überbieten könnte: in strahlendweißen, edelsteinübersäten Marmorpalästen unter ewig blauem Himmel, an kühl plätschernden, zierlich gefaßten Brunnen, in Seidenzelten unter dem Lufthauch riesiger Fächer aus Pfauenfedern. Natürlich gehört zu dieser Ausstattungsoper auch ein labyrinthischer Harem mit jasmin- und rosendurchdufteten Gärten, Edelsteinkäfig für Damenvölker in schimmernder Seide. Für Abenteuer wiederum sorgen wahre Ameisenheere mit Tausendschaften edler Pferde und schwarzbemalten Elefanten. Und schließlich gehören dazu noch die beinah endlosen Kamelkarawanen mit allen Schätzen des Ostens.

An dieser Märchenpracht hatte allerdings auch das Abendland einigen Anteil, denn eine gehörige Portion davon wurde von unseren eigenen Vorfahren bezahlt: Was wir heute schamhaft »Handel mit Entwicklungsländern« nennen, war einst eine Spezialität der Moguln, und die Entwicklungsländer lagen in Europa. Die Geschichte der Kaiser Indiens ist ein ebenso imperiales wie imperialistisches Lehrstück, aus dem noch keine Lehre gezogen wurde, ein längst vergangenes Märchen unserer eigenen Gegenwart. Das berühmte Tadsch Mahal ist nämlich nicht nur das immer zitierte »Denkmal ewiger Liebe«, sondern auch das des europäischen Hasses: finanziert wurde es aus dem Gewinn von Salpetergeschäften, geliefert an das Abendland für das Schießpulver zum Dreißigjährigen Krieg.

Nicht nur dieses Glanzlicht einer innigen Verbindung von exotischer Pracht und europäischem Elend macht es dem Geschichtsschreiber schwer. Der Bogen mogulischer Familiengeschichte sprengt jeden Rahmen der Dramaturgie. Er beginnt mit Nomadenzelten an einem kaum auf der Landkarte verzeichneten Winkel Asiens, führt zu den Palästen Indiens und endet damit, daß diese Gefängnisse ihrer Kaiser wurden, während eine lächerlich kleine Macht aus dem fernen Europa das Riesenreich an sich reißen konnte. Er führt von den brutalsten Raubzügen der Geschichte zu einem hochzivilisierten Staatswesen und zurück, stets überlagert von einem dichten Intrigengewebe ständig wechselnder Bündnisse. Das einzig Verbindende scheint ein Hang zur Maßlosigkeit, zum Superlativ.

So steht am Anfang der Sippe Timur, im Westen Tamerlan genannt, einer der größten Eroberer der Geschichte. Nun sind Eroberer ohnedies die Peinlichkeiten der Geschichtsbücher. Bei europäischer Abstammung werden sie immer gleich »groß« genannt, und da muß dann auch nicht weiter auf die Frage eingegangen werden, warum plötzlich Armeen und anderes Gesindel einem einzigen nachlaufen, der dann die geballte Masse weit über Länder hinweg nachhaltig Unfrieden stiften läßt. Glücklicherweise endeten in unserem Kontinent solche Höhenflüge bislang auch mit Stürzen von tragischer Größe. Das ist tröstlich und auch sehr moralisch, und so verzeiht man dem cholerischen Makedonier Alexander, daß er sich für einen lebenden Gott hielt, dem alle Welt gehöre – seine Armee streikte just vor dem entscheidenden Schritt, und er selbst starb im knusprigsten Alter. Auch der kleine Korporal Napoleon, der Europa in ein beispielloses Chaos verwandelte und dann doch in St. Helena starb, ist selbstverständlich ein großer Mann. Selbst dem verhinderten Kunstmaler Hitler lassen sich heutzutage mit Hilfe psychologischer Durchleuchtung einige menschliche Züge abgewinnen. Stammen die Eroberer aus dem Osten, bleiben sie glühende Dämonen, denn dann ist ihr Hintergrund nicht weniger unfaßbar als sie: die Steppe.

Steppe war schon immer ein Synonym des Bedrohlichen, Unfaßbaren, von Homer bis zu unseren Fernsehkommentatoren. Steppe ist die Welt jenseits von Zivilisation und Ordnung, das Unüberschaubare, eine Art Gürtelrose auf dem Globus, im Norden begrenzt von den Wäldern Rußlands und Sibiriens, im Süden von unbarmherzigen Wüsten und Gebirgen. Die anderen Grenzen sind schwieriger auszumachen und werden gern mit »Zivilisation« und »Kultur« umschrieben. Daher endet die Steppe irgendwo östlich von Ungarn und an den Grenzen Chinas, und dazwischen leben einige hundert Völkerschaften, gelten ebensoviele Sprachen und eigentlich kaum andere Gesetze als die des Stärkeren. In der Schule lernen wir, daß die meisten Steppenbewohner wandernde Viehhirten sind, Nomaden. Und daß es dort auch Wanderheuschrecken gibt. Manchmal verhalten sich die Menschen nicht anders – unter genialen Führern schließen sie sich plötzlich zu unübersehbaren Armeen zusammen, und dann wird es für die übrige Menschheit gefährlich. Den Germanen, die wir als unsere Vorfahren reklamieren, wollen wir – von den Vandalen abgesehen – nichts Böses nachsagen. Weniger sympathisch bereits waren die Hunnen unter ihrem dämonischen Führer Attila. Dann kamen die Awaren, mit denen sich Karl der Große herumschlug, und die Ungarn, an die sich Europa mittlerweile gewöhnt hat. Daß die Türken Konstantinopel beerbten, wurde ihnen noch nicht ganz verziehen – nach einer

Meinungsumfrage hielten noch 1978 ganze 63 Prozent der Bundesbürger beim Umgang mit Türken Vorsicht für geboten. Ein Hauch von düsterer Unbegreiflichkeit umweht das Bild des mongolischen Schmiedes Temudschin, der die Seinen zur Herrschaft über China und bis an das Mittelmeer führte und sich später Dschingis Khan nannte. Noch unfaßbarer blieb Tamerlan, seltsamerweise aber gegenwärtiger als alle anderen: er wurde sprichwörtlich. Manchmal hören wir auch das Wort »Tatarennachrichten« für unüberprüfbare Greuelmeldungen, und so blieb der Herrscher der Tataren samt Image lebendig. Deutlicher allerdings war der Name, den ihm seine europäischen Zeitgenossen gaben: terror mundis, Schrecken der Welt.

Anfang mit Schrecken

Der grenzenlose Raum

Ab einem bestimmten Punkt führen alle Wege in die Steppe. Der bequemste führt per Eisenbahn in die mittlerweile sozialistische Märchenstadt Samarkand, einen guten Tag quer durch nichts als Steppe, und die wird genau so aussehen, wie Sie sich Steppe vorgestellt haben: unendliche, braungrüne Hügelketten und selten, ganz selten einmal ein Baum. Von Dezember bis Mai gibt sich die Steppe kalt und weißgrau, von einer hauchdünnen Schneedecke überzogen. Aber auch dann wird Sie Ihre amtlich sowjetische Reisebegleiterin manchmal anstupsen und auf kleine, schwarze Erhebungen aufmerksam machen, die am Rande der Täler beisammenhocken wie Riesenschildkröten beim Kaffeeklatsch – die berühmten Zelte der Nomaden. Und sie wird Ihnen sagen, daß dort »Turkumans« hausen oder »Usbeki« – das Wort »Tataren« wird, wie auch immer Sie sie provozieren mögen, nicht über ihre Lippen kommen.

Falls Sie das Abenteuer lieben, können Sie Ihren Weg in die Steppe von der afghanischen Stadt Herat aus versuchen, die schon zu Zeiten Alexanders des Großen eine oft eroberte Oase war. Dann müssen Sie mit einem geländegängigen Fahrzeug über eine wüste Piste hoppeln, die Nordroute heißt. Nach etlichen hundert Kilometern felsiger Wüste beginnt das Land grüner zu werden. In den Talsenkungen kuscheln sich Lehmhütten zu kleinen Dörfern, um sie herum richtige Gärten mit Obstbäumen, sorgsam bewässert und durch hohe Mauern abgesichert, denn am Rande des Grüns, wo das Gras wieder spärlicher wird, warten wieder die schwarzen Zelte.

Daß Bauern und Nomaden einander gewogen sind, kann nicht behauptet werden. Der natürliche Interessenkonflikt zwischen Ackerbau und Viehzucht wird in der Bibel schon unter Kain und Abel abgehandelt, doch kommen die beiden ohne einander nicht aus. Auch Viehzüchter brauchen Getreide. Fallweise kaufen sie es, doch meist verdingen sich jüngere Nomadensöhne zur Erntezeit als Hilfsarbeiter und lassen sich in Naturalien bezahlen. Das lohnt sich allemal – kein Bauer wagt es, sich mit den bis an die Zähne bewaffneten Wüstenfüchsen anzulegen, falls sich einer benachteiligt fühlt. »Wir schützen die Äcker«, behaupten die Nomaden immer, doch ihr Schutz ist eher Zuhälterei, den Paten der Mafia verwandt und verhältnismäßig teuer. Andererseits hat jedes Dorf seine »Stammnomaden«, die ihre Weideplätze am Rande der Kultur hartnäckig verteidigen und schon ein gewisser Schutz vor anderen, noch raubgierigeren sind. Vor allem aber: die Nomaden sind nicht nur Viehzüchter, sondern auch Wanderhändler. Die romantisch gerühmte Autarkie des Bauern hat es vollkommen wohl nie gegeben: Brennholz, Textilien, Tee, Ziergegenstände und Krimskrams sind noch immer nur über Nomaden erhältlich, entweder aus der nächstbesten Stadt oder über den langen Weg der Seidenstraße. Dieser gut dreitausend Jahre alte, märchengepflasterte Trampelpfad, der über die ganze Steppe hinweg China mit Europa verbindet, ist heute noch Sache der Nomaden. Zwar versuchen die Staaten unseres Jahrhunderts, die Sache in den Griff zu bekommen, mit ausgebauten Straßen, LKW, Maut- und Grenzstationen, doch ganz wird das wohl nicht möglich sein. Karawanen kennen keine Grenzen, also auch nicht Zoll und Steuer, und so ist ihre Route immer noch intakt, den Sternen folgend von Stammesgebiet zu Stammesgebiet.

Die Seidenstraße verbindet die Völkerschaften der Steppe mehr, als der ständige Streit um Weideplätze sie entzweien kann. Bei allen Kämpfen und Kleinkriegen galt stets als eine Art Gentlemen's Agreement, den Handel nicht durch allzugroße Räubereien zu lähmen. In besonders fruchtbaren Tälern entstanden Handelszentren, die zu märchenhaft bizarren Städten wuchsen, ewig unfertig und bevölkert von einem bunten Querschnitt aller asiatischen Stämme. Meist beherbergen sie auch das Grab irgendeines berühmten islamischen Heiligen – wie die Katholiken beherrschten die Moslems die kunstvolle Verbindung von Pilgerfahrt und Kommerz. Nomadenstämme, die am Rande solcher Wunder hausen, haben einen Sonderstatus. Sie kontrollieren das Umland, sorgen für Ruhe und Ordnung, und das natürlich nicht uneigennützig.

In Büchern werden sie als »seßhafte Nomaden« geführt, was paradox klingt, aber stimmt: Auch als Herren der Städte wohnen sie noch generationenlang in Zelten. Der zum Stadtfürsten emporgekommene Nomadenhäuptling hat sein Zeltlager allerdings im Herzen der Stadt, im Mauerviereck der Zitadelle, während seine Stammesbrüder und Freunde in Gärten außerhalb der Stadtmauern kampieren. Sind die Mauern der Zitadelle solide und ist die Stadt einträglich, darf sich ihr Fürst Emir, Wali oder Miahn nennen, während sich kleinere Dörfer mit einem Malik begnügen.

So entwickelte sich in Jahrhunderten ein für alle Beteiligten erträglicher Lebensstil: Allzu selbstherrlich konnten die Emire nie werden, denn der geballten Masse unzufriedener Städter wäre kein Nomadenstamm gewachsen. Außerdem mußte man die Stadt und sich vor den nomadisierenden Brüdern schützen, die ebenfalls gern als Stadtfürsten geglänzt hätten.

In der Regel wurden ernste Auseinandersetzungen vermieden: Die Scheichs, Emire und Maliks setzten sich lieber um eine Wasserpfeife zusammen und handelten einen Heiratsvertrag aus, der bei gehöriger Mitgift aus potentiellen Gegnern Verwandte machte. So waren die meisten Kriege der Steppe schlichte Viehräubereien. Ging es um die Städte, wurde die Sache ernster. Glück hatte der Bazar, wenn ein stärkerer Emir einen schwächeren vertrieb – im schlimmsten Fall wurden die Abgaben etwas erhöht. Gefährlich wurde es nur, wenn die Angreifer zwar siegreich waren, aber zu schwach, die Eroberung zu halten. Dann kam es beinahe zwangsläufig zur Plünderung. Diese zweite Gruppe setzte sich stets aus »armen Wanderbrüdern« zusammen, dem schlimmsten Ärgernis jedes Stadtfürsten: Waren sie zu schwach, eine Stadt anzugreifen, stifteten sie als freischaffende Räuberbanden Unheil. Die einzige Methode, mit ihnen zu leben, war, sie als Spediteure und Karawanenschutztruppe gewissermaßen unter Vertrag zu nehmen.

Diese eigene Mixtur aus Feudalismus, OHG und legitimer Räuberei galt bis in unser Jahrhundert und hat ihre Bedeutung noch nicht ganz verloren. Zwar residieren nun in Samarkand, Buchara und Taschkent Sowjetvorsitzende, in Mazar-i-Sharif und Herat Gouverneure der afghanischen Regierung – mit den Nomaden aber müssen auch sie sich arrangieren. Zwar bekommen die Scheichs keine Fürstentöchter mehr zu Frauen, aber glanzvolle Regierungstitel in der Hoffnung, sich damit und mit ihren geduldeten Schmuggeleien zufriedenzugeben. »Wir sind zwar die absolute Oberhoheit«, meinte zu mir der Gouverneur von Herat, »aber nur durch Konzessionen an die Walis. Wir können nicht gegen sie ankommen, aber sie respektieren uns glücklicherweise. Im Grunde hilft auch nicht viel, daß wir eine Armee in der Hinterhand haben. Als Staatsmacht sind wir eher dekorativ, symbolisch, etwa wie die Mongolen vor sechshundert Jahren.«

Der kleine Korporal

Damals hieß die Stadt Char-i-Sebz, vierzig Kilometer südlich von Samarkand, noch Kesch. Char-i-Sebz heißt »Grüne Stadt«, und der Name trifft zu: Die einstige Stadt Kesch ist nun der »Park der Kultur und des Volkes«, während die gegenwärtige Stadt aus den Bauerndörfchen der Umgebung zusammenwuchs. Der Park, knapp einen Hektar groß und immer noch von den alten Mauern umringt, dokumentiert, wie klein eine Stadt damals sein konnte – doch wie hätte in dem grünen Tal außer Aprikosen auch eine Stadt wachsen sollen? Einen halben Tagritt nördlich lag Samarkand, die Zauberstadt. Hinter ihren zwölf Meter hohen Mauern wurden Seidenballen gestapelt, chinesisches Porzellan für den weiteren Vertrieb verladen, alle Gewürze Asiens gelagert und ab und an auch Expeditionen venezianischer und genuesischer Kaufleute empfangen. Im Umkreis einer solchen Metropole konnte keine weitere Stadt gedeihen.

Vor geraumer Zeit hatte das Tal neue Herren bekommen, die sich Berlas nannten. Sie waren Turkmenen und hatten sich um das schon zerbröckelnde Mongolenreich verdient gemacht: Just am Unterlauf der Wolga, nahe der Residenz des Khans hatten Genuesen eine Handelsniederlassung namens Saray gegründet, die unter keinen Bedingungen Steuern zahlen wollte. Anno 1307 hetzte der Mongolenkhan die Berlas gegen die frechen Italiener. Die waren zwar keine sonderlich kriegerische Sippe, erreichten aber durch ständige Räubereien, daß die Genuesen am 20. Mai 1308 ihre Holzstadt selbst in Brand setzten und per Schiff abreisten. Als

Belohnung erlaubte ihnen der Khan, Samarkand zu erobern. Dafür allerdings reichte das Kampfpotential der Berlas nicht. Sie waren schon froh, sich nach etlichen Jahren im grünen Tal von Kesch festsetzen zu können. Etwa zwanzig Jahre später herrschte im Tal die zweite Generation der Berlas, und der Clan war bereits hoffnungslos zerstritten. Zankapfel war zweifellos die winzige Stadt Kesch, beherrscht von einem Berlas, der sich sogar die Reise nach Mekka hatte leisten können und daher stolz Hadschi nannte, verteidigt von einer fünfzehn Mann starken Armee.

Neidvoll blickte sein jüngerer Bruder Teragay auf diesen Reichtum – schließlich war auch er ein Malik, doch sein Bauerndorf umfaßte nur sechs Häuser und seine Armee vier Mann. Um genau zwanzig Prozent verstärkte sich daher sein künftiges Armeepotential, als ihm am 8. April 1336 ein Knabe geboren wurde, der den Namen Timur erhielt.

Als Timur ben Teragay in das Alter kam, in dem Prominente gemeinhin ihre Memoiren schreiben, legte er sich auch einen erstklassigen Stammbaum zu, der über Dschingis Khan bis zu Noah reichte. Das mit Dschingis Khan wurde ihm von manchen Historikern geglaubt – zu Timurs Zeiten war das Mongolenreich bereits in viele schwache Khanate zerfallen, und eine Mongolenprinzessin war für jeden zu haben, von dem sich die armen Khane Machtzuwachs versprachen. Doch Timurs Vater dürfte dieser Kategorie mit Sicherheit nicht zuzurechnen sein. Der Schrecken der Welt war eher ein reinblütiger Turkmene, obwohl nicht einmal seine Zeitgenossen zu belächeln wagten, daß Timur den Namen Tschagatays adoptierte, des zweiten Sohnes Dschingis Khans.

Immerhin aber konnte Vater Teragay seinem Sohn eine Erziehung ermöglichen, wie sie reicheren Nomadensöhnen zustand: Einige Sippen genossen seit Generationen einen Ruf besonderer Gelehrsamkeit, und zu ihnen wurden die jungen Steppensöhne gegen ein Schulgeld von einigen Kamelen für vier Jahre geschickt. Dieses System hatte auch den Vorteil, daß sich die künftigen Stammesführer gewissermaßen von der Schulbank her kannten. Will man ihm glauben, zeigte bereits der kleine Timur vom ersten Augenblick an, daß in ihm Besonderes steckte: »Ich versuchte immer, auf dem besten Platz zu sitzen und die anderen Jungen zu kommandieren. Eines Tages ließ uns der Lehrer darüber diskutieren, auf welche Weise man am besten sitze. Jeder Schüler bemühte sich um eine Antwort, ich aber sagte schließlich: ›Auf den Knien, denn diese Haltung hat der Prophet auch für das Gebet empfohlen.‹ Natürlich bekam ich daraufhin die beste Zensur. Nach der Schule spielten wir wie normale Kinder, aber ich hatte das Kommando. Ich stand auf einem Erdhaufen und teilte meine Kameraden in zwei Armeen ein. Drohte aber eine Partei zu verlieren, sandte ich ihr Hilfe. Daher hatte ich auch immer Freunde.«

Manche dieser Freundschaften gingen allerdings wieder in die Brüche: »Als ich vierzehn war, schloß ich besondere Freundschaft zu einem hübschen Jungen und verbrachte die meiste Zeit bei seiner Sippe. Ich hatte ihn sehr gern, doch später kam noch ein anderer Junge hinzu, ein Student, mit dem er sich auch gern unterhielt und den sogar ich akzeptierte, weil er viel erzählen konnte. Eines Tages aber mußte ich hören, wie dieser zu meinem Freund sagte: ›Ich pfeife auf deine Küsse!‹ Ich war über all dies entrüstet und beschloß, meinen Freunden nie mehr derlei Freiheiten zu erlauben.«

Später ließ Timur Homosexualität mit dem Tode bestrafen, doch unangefochten von der eigenen, allorientalischen Irrwanderung zwischen den Geschlechtern blieb sein Ehrgeiz: »Mit siebzehn erkannte ich, daß es keine Person auf Erden gibt, die mir überlegen ist, und keine Schwierigkeit, die ich nicht meistern kann. So wußte ich auch, daß mich Gottes Willen zur Herrschaft über die Welt berufen hatte.«

Leider waren gerade zu diesem Zeitpunkt die Aussichten nicht sehr günstig: »Vater Teragay verlor mit fortschreitendem Alter alle Interessen an weltlichen Angelegenheiten, so daß er nicht mehr geachtet wurde und ich meine eigenen Wege gehen mußte.« Schuld daran war just Timurs Erziehung – zu kostspielig für einen so kleinen Fürsten, und so wurde das Dorf samt der Viermannarmee an Hadschi Berlas von Kesch verpfändet. Das gefiel den anderen Berlas keinesfalls, die als nahezu besitzlose Nomaden um die nun noch reicher gewordene Stadt und das allzureiche Samarkand streiften, nur getrennt durch ihre ständigen Streitereien und dadurch unschädlich.

»So plante ich, die Stämme der Berlas zu vereinigen und zu einer

Rebellion zu führen. Gemeinsam wollte ich mit vierzig Schulkollegen den Berg Kaan besetzen und zu meinem Hauptquartier machen.«

Timur plante also eine Karriere als Räuberhauptmann, und vierzig Freunde machten diesen Schulausflug mit. Und bei den Berlas zeigte sich das erstemal Timurs politisches Genie: Er verlobte sich mit der Tochter des ältesten Habenichts-Berlas, und seine Klassenkameraden holten sich Töchter aus anderen vierunddreißig Berlas-Sippen. So kuppelte Timur im Lauf eines Jahres eine beachtliche Interessengemeinschaft zusammen, die zwar keinem Fürsten hätte gefährlich werden können, wohl aber dem geordneten Handel, der genau jenen Berg Kaan passieren mußte.

Wieweit die Sache ernst wurde und Timur seine Karriere als Räuber begann, ist nicht mehr feststellbar – ein Jahr später nämlich treffen wir den gerade Zwanzigjährigen genau dort, wo er nach derlei Vorbereitungen nicht hätte sein sollen: am Hof Emir Kurgan Qazghans zu Samarkand.

Timur erklärt diesen seltsamen Schritt mit dem Tod seiner geliebten Mutter und daß er aus Sorge um seinen Papa in den Hofdienst eingetreten sei. Wahrscheinlicher ist eher, daß Emir Kurgan von Timurs großen Plänen Wind bekam und versuchte, den rebellischen Jungen durch ein komfortables Leben bei Hofe zu zähmen und unschädlich zu machen. Auch Kurgan hatte als Räuber angefangen, war daraufhin von den Mongolen in die Verwaltung Samarkands geholt worden und hatte sich aus der Stadt in aller Stille sein privates Fürstentum gezimmert, aus dem ihn auch die Berlas nicht hatten vertreiben können. Eventuelle Gegener holte er rechtzeitig an seinen Hof und bedachte sie mit so vielen Aufmerksamkeiten, daß ihnen keine Zeit für Intrigen blieb. Auch Timur folgte diesem Ruf.

Tamerlans Karriere begann mit dem Rang eines Korporals, einer verheißungsvollen Ausgangsposition, wie auch Europas spätere Geschichte zeigen sollte. Ein »kleiner Korporal« allerdings war Timur nicht. 1970 vermaßen sowjetische Experten sein Skelett und errechneten eine Lebensgröße von einem Meter einundachtzig. Damit überragte er seine Zeitgenossen gut um Haupteslänge. Ob diese Größe mit der historischen in Zusammenhang steht, müßte erst herausgefunden werden – seine Länge, überhöht durch den spitzen Mongolenhelm der damaligen Mode, ergab auf jeden Fall Kommandostatur.

Timurs erstes Kommando war sinnigerweise ein Feldzug gegen genau jene Räuber, deren Anführer er hätte werden wollen. Und Timur bewährte sich glänzend. Innerhalb von drei Wochen hatte er den »Berg Kaan von Räubern gesäubert und das Gesindel acht Tagereisen davongejagt«, etliche Schulfreunde ungerührt über die Klinge springen lassen und sich damit einen Platz im Kriegsrat Emir Kurgans verdient.

Der nächste Auftrag war schon bedeutender: Mit tausend Mann Kavallerie durfte Timur gegen die reiche Stadt Herat reiten, deren Steuern Emir Kurgan als sein Privateinkommen betrachtete. Der ebenfalls selbst ernannte Emir von Herat war anderer Ansicht, ließ aber die mitgebrachten Truppen als Argument gelten. Es kam zu keinem Kampf, außer zwischen Timur und seinem Gewissen: »Als ich diese Schätze und die herrliche Stadt sah, beschloß ich sofort, sie für mich zu behalten. In Anbetracht meiner Jugend und geringen Truppenstärke sah ich jedoch ein, daß dieses Mal Loyalität vielleicht vernünftiger sei.«

Emir Kurgan dankte dies überwältigend: Er gab Timur eine leibhaftige Enkeltochter zur Frau und damit den einzigen echten Titel seines Lebens: »Gurgan, Schwiegersohn eines Fürsten«. Und kurze Zeit später sehen wir Timur – einen weiteren, kleinen Kriegszug überblätternd – als Vizekönig von Khwarezm, dem ausgedehnten Steppenland zwischen Aralsee und Kaspischem Meer, einem Gebiet von geringer Fruchtbarkeit und unbedeutendem Reichtum, aber immerhin doppelt so groß wie der heutige Freistaat Bayern.

Leider erfuhr Timurs Höhenflug schon im nächsten Jahr eine traurige Unterbrechung. Emir Kurgan liebte Jagdausflüge und Familientreffen und am liebsten beides zusammen. Als bei einer solchen Gelegenheit zum Halali geblasen wurde, fand Timur die blutüberströmte Leiche seines alten Fürsten. Da meinten etliche Verwandte des Emir, mit solchen Taten sei es wie mit Verdauungsstörungen. Wer die Tat zuerst gerochen... Sie erklärten Timur für abgesetzt und vogelfrei, sich selbst aber zu Herren des Landes, und leider war auch Hadschi Berlas, der böse Onkel, dabei.

Timur berichtet die Sache natürlich ganz anders: Der gute Emir sei genau von seinen Erben ermordet worden. Möglicherweise stimmt dies sogar, denn die Herrschaften ließen kurz darauf auch den hilflosen Mongolenkhan umbringen, der offizieller Herr des Landes war. Vor allem aber hatten sie Timur unterschätzt: Der glänzende Taktiker hatte in allerkürzester Zeit seine Herrschaft in Khwarezm so gefestigt, daß er nun mit Hilfe seiner neuen Freunde Samarkand in einen zähen Kleinkrieg verwickeln konnte.

Der lange Marsch zur Weltmacht

Zu den Spezialitäten der Steppenvölker gehört, nie genau zu wissen, wer gerade mit wem verbündet ist oder in Kriegszustand befindlich. Wenn zwei noch heute damit beschäftigt sind, einander die Schädel einzuschlagen, können sie morgen schon – nach einigen Wasserpfeifen und vielleicht auch einer Eheschließung, auf jeden Fall aber nach umständlichem Austausch von Geschenken – die innigsten Freunde sein und vereint auf einen »Erbfeind« losgehen, der meist befremdlicherweise der Blutsbruder und Schwager von vorgestern ist. Wer sich da zurechtfinden will, ist ein Sisyphus, der sich freiwillig gemeldet hat. Diese Welt der Intrigen, Bündnisse, Vertragsbrüche, Racheschwüre, Treuegelöbnisse und Verrätereien zu bedienen, um schließlich ihr absoluter Meister zu werden, bedarf schon eines Genies, und das war Timur zweifellos. In seinen Memoiren tauchen 783 Fürstennamen auf, und sie alle sind mal seine Verbündeten, mal seine Gegner. Überlebt hat kaum einer. Nur leider war Timur selbst kein Fürst aus edlem Geblüt, und dieser Nachteil verbitterte die nächsten fünfzehn Jahre seines Lebens. Seine Gegner bezeichnete er gern als »Viehräuber« – ach ja, meist bestand die Beute nur aus Schafen und Ziegen, höchstens noch aus ein paar Kamelen und Pferden –, doch die hatten zweifellos mehr Recht, Timur einen zu nennen, der seit seinem vierundzwanzigsten Lebensjahr den Titel Emir nur aus Anmaßung führte.

In seiner Autobiographie, gewissermaßen im Vorwort, verrät der alte Steppenfuchs sein Erfolgsgeheimnis: »Immer gehorchte ich Gott und seinen Geboten. In meiner Hand hielt ich die Waage der

Gerechtigkeit und behandelte alle Menschen gleich. Nie beging ich eine Tyrannei oder Ungerechtigkeit, denn ich betrachtete mich nur als Verwalter des Eigentums Gottes. Nahm ich daher in Seinem Namen das Eigentum Seiner Diener, tat ich dies diskret, und ich tat nie etwas ohne Zustimmung meiner Geistlichen. Ich hatte Mitleid mit der Menschheit und bemühte mich, allen Geschöpfen Gottes Wohltaten zu erweisen, und so gewann ich die Liebe der Welt.«

Uns, denen zu Timur ganz anderes einfällt, scheint die fromme Selbstdarstellung blanker Zynismus, doch seine Zeitgenossen dürften sie ihm geglaubt haben. Seine Gefolgsleute gewann er hauptsächlich dadurch, daß er weniger autoritär wirkte als seine Rivalen und daß er alle Beute tatsächlich gerecht verteilte, manchmal sogar übergerecht, als genial weitsichtige Investition. So liefen ihm alle möglichen Haudegen zu –, doch hatte Timur bei einem Unternehmen Pech, allerdings auch wieder davon.

Eine Schlüsselfigur in Timurs Biographie wurde für jene Jahre Emir Hossein, Stadtfürst von Kabul. Als Sohn Emir Kurgans hatte er gewisse legitime Ansprüche auf Samarkand, und so ernannte sich Timur in dessen Namen zum Gouverneur Samarkands. Hossein erfuhr davon erst einige Monate später und willigte dann doch ein – schließlich hatte all das ja nichts zu bedeuten, da in Samarkand ganz andere Herren saßen. Timur aber hatte nun für seine Aktionen eine Art Legitimität.

Daß Hossein und Timur einander hätten leiden können, wird nirgendwo berichtet. Timur behauptet, stets ein treuer Diener seines selbstgewählten Herrn gewesen zu sein, der ihn jedoch dauernd betrogen hätte. Hossein wiederum sah in Timur von Anfang an einen Rivalen, mit dem man aber zusammenarbeiten mußte, solange er nicht der einzige war.

Doch im Kampf um Samarkand gab es noch eine Partei: die Mongolen. Ihre Supermacht war schon längst zerfallen – aus China waren sie bereits vertrieben, und je ein Khan residierte im persischen Täbris, am Unterlauf der Wolga und in Dschingis Khans königlichem Bretterdorf Karakorum –, doch betrachteten sie sich noch immer als Oberherren der Steppe. Für Samarkand betrachtete sich Tuqluq Khan aus dem Karakorum zuständig, mit einem ganz besonderen Grund: Hadschi Berlas und seine Clique hatten seinen harmlosen halbblinden Vater anläßlich einer Treibjagd ermordet.

So schien Timur ein natürlicher Bündnisgenosse. Mit mongolischen Waffen durfte er seinem verhaßten Onkel Hadschi Berlas die Stadt Kesch samt Umgebung abjagen. Da er aber vergaß, das Gebiet mongolischer Oberhoheit zu unterstellen, sahen die Mongolen ruhig zu, als Hadschi Berlas seinem Neffen das Tal wieder abnahm. Erst ein Jahr später, 1361, fielen sie mit geballter Kraft über Hadschi Berlas her, der fliehen mußte und als mittelloser Bettler kurz darauf bei Meschhed in Chorassan erschlagen wurde.

Timur suchte in seiner Not Bündnisgenossen ausgerechnet bei den nomadisierenden Berlas. Doch die hatten ihm die Sache mit dem Berg Kaan nicht vergessen, und plötzlich hatte Timur alle gegen sich: die Mongolen, aber auch die Turkmenen, die ihm den kurzen Mongolenflirt nicht verziehen. Und so ging ihm auch noch sein kleines Königreich Khwarezm verloren.

Timur berichtet in seinen Memoiren ziemlich ehrlich über diese traurigste Zeit seines Lebens. Bei seinen Siegesmeldungen ist Vorsicht geboten – einmal will er mit einer Handvoll Reitern eine siebzigfache Mongolenübermacht geschlagen haben –, doch seine Niederlagen gibt er ehrlich zu. 1362 zog der Sechsundzwanzigjährige über vier Monate bettelarm durch die Wüste, nur noch von ein paar Verwandten begleitet. Um wenigstens ein paar Pferde zu bekommen, mußte er sich von einem seiner beiden Rubinarmreifen trennen, den letzten Resten der Mitgift seiner zweiten Frau. Ein anderes Mal wurde er samt Frau sieben Wochen lang »in einem von Mücken und anderen Insekten nur so wimmelnden Stall« gefangengehalten, bis ihn Emir Hossein für ein lächerliches Lösegeld freikaufte – nicht gerade aus Freundschaft: Hossein hatte gerade auf dem Schlachtfeld katastrophal versagt und brauchte einen fähigen Offizier. »Damals schwor ich mir, selbst nie jemanden gefangenzunehmen«, schreibt Timur in seinen Memoiren, und in gewissem Sinn hat er dieses Wort auch gehalten.

Kurz darauf bekam er einen Pfeilschuß in das rechte Bein. An eine sachgemäße ärztliche Behandlung war nicht zu denken, Eiter kam hinzu, und als die Sache nach einem halben Jahr halbwegs verheilt war, blieb das Knie steif. So kam er zu dem Spitznamen, unter dem ihn die Welt fürchten lernen sollte: der lahme Timur, Timur-i-leng, in Europa Tamerlan genannt.

Doch insgesamt hatte Timur unglaubliches Glück. Immer wieder fand er Anhänger, die sich was davon versprachen, unter seinem Kommando zu kämpfen, und sei der Beuteanteil auch nur etwas größer als bei anderen Haudegen. Einmal hatten ihn die Mongolen schon übel in der Zange, als plötzlich Regen fiel – der mongolische Angriff stockte, und Timur konnte sich retten. Zweimal eroberte er Samarkand, ohne die Stadt halten zu können. Doch die Bürger behielten ihn in angenehmer Erinnerung: Timur hatte seine Truppen vor den Stadtmauern gelassen und war so der einzige, der die Stadt in jener dunklen Zeit nicht einmal ein kleines bißchen plündern ließ. Und wo Timur siegte, verhielt er sich großzügig – ob der unterlegene Gegner mit ihm nicht gemeinsame Sache machen wolle? So wuchs seine Macht langsam, aber stetig, und als Timur dreißig Jahre alt war, hatte er immerhin etwa siebzig Prozent aller Turkmenen, Usbeken und Tataren unter sich.

Nur allzugern wollte er sich nun als Khan ausrufen lassen, als König der Steppe, doch die Seinen spielten nicht mit. Schließlich war Timur nicht aus königlichem Geblüt, hieß es. Timur sah dies ein und machte nun selbst den Vorschlag, »den Edelblütigsten« zu wählen. Alles weitere entwickelte sich programmgemäß: Wer sich für edelblütig hielt, hieb nun seinen Rivalen die Schädel ein. In weniger als einem Monat zerfiel die Einheit der Stämme wieder, und die Mongolen bereiteten inzwischen wieder einen Großangriff vor. Timur hatte sich indessen zurückgezogen, und alles kam, wie er erwartet hatte: Als die Mongolen anrückten, wurde der abgeblitzte Königskandidat mit überwältigender Mehrheit zum Kommandanten der Verteidigung gewählt.

Schon die ersten Vorgefechte zeigten, daß Timurs vereinte Truppen keine Chancen gegen die Massen der Mongolen hatten. Doch wiederum entschied das Glück: Als die beiden ungleichen Armeen nur noch durch ein Flüßchen getrennt waren, kam aus dem fernen Karakorum die Nachricht, daß dortselbst der Großkhan verstorben sei. Worauf es der Kommandant der Mongolen gar nicht erst zur Schlacht kommen ließ, sondern eine Kehrtwendung befahl, um seine Armee unverbraucht in den nun üblichen Erbfolgekrieg werfen zu können.

Daß keines der Steppenvölker, also auch nicht die Mongolen, ein festgelegtes Erbfolgerecht kennt, ist Ursache, daß sich keines der stets urplötzlich entstandenen Riesenreiche lange halten konnte. Zweimal kam auf diese Weise auch das Abendland als christliches davon, wurde es sowohl von den Hunnen gerettet – Attilas Tod beendete ihren Siegessturm – als auch von den Mongolen. Gut ein Jahrhundert vor Timur standen ihre Heere nämlich schon in Niederösterreich und Polen, als sie für einen Thronfolgekrieg im Karakorum dringlicher benötigt wurden. Diesmal nun sollte ein Mongolenschreck der Welt für alle Zeit erspart bleiben, wenn auch für den Preis eines Tamerlan.

Denn Timur konnte nun seine Truppen in Ruhe dafür einsetzen, sein eigenes Reich zu zimmern. »Festung um Festung erobernd machte ich mich daran, meinen Jugendtraum zu verwirklichen, der mich nie verlassen hatte: Herr der strahlenden Stadt Samarkand zu werden.«

Dort hatte sich leider Emir Hossein verschanzt, was für Timur ein Grund war, die so oft und feierlich beschworene Freundschaft aufzukündigen. Langsam und unaufhaltsam wurde Hossein von Timur eingekreist, tatsächlich von Festung zu Festung. Der Nomadensohn hatte gelernt, was er zum Welteroberer brauchte. Er beherrschte meisterhaft das Spiel mit Diplomatie, Intrigen und Spionen, war ein Stratege von Gnaden und genial im Erfinden immer neuer Kriegslisten. Einen etwas naiven Festungskommandanten beispielsweise beeindruckte er dadurch, daß er seine Kavallerie Baumzweige an die Pferdeschwänze binden ließ – der so aufgewirbelte Staub reichte für eine kampflose Übergabe.

Samarkand selbst nahm er in einem nächtlichen Handstreich. Hossein konnte gerade noch fliehen, und in Europa zählte man gerade das Jahr 1369.

Timur war 33 Sonnen- oder 35 Mondjahre alt. Während der Belagerung Samarkands hatte er überlegt, wie er seine aus allen möglichen Stämmen zusammengewürfelten Truppen nennen solle. Er entschied sich für eine Wortneuschöpfung, die später Inbegriff für Pracht und Reichtum werden sollte: Am 13. April 1369 hatten die Moguln Premiere.

Im Grunde hatten die Moguln mit den Mongolen weniger zu tun als Gustav mit Gasthof. In asiatischen Sprachen ähneln die beiden

Worte einander frappierend, und bestimmt wollte Timur mit diesem neuen Namen an alte Ängste appellieren. Das wurde verstanden – während seine kultivierteren Erben und Nachfolger dieses Wort peinlichst vermieden, bekamen sie es von ihren Gegnern stets penetrant zu hören. Doch die Moguln waren Turkvölker und den Mongolen alles andere als freundlich gesinnt. Allerdings übernahm Timur-i-leng einiges von ihnen: die Heeresordnung beispielsweise und ihre Bezeichnung »Ordo«. Der Begriff war ursprünglich lateinisch, von den Mongolen adoptiert. Nach unseren Erfahrungen mit ihnen wurde daraus das deutsche Wort Horde, doch auch in Asien blieb die Ordo lebendig – Urdu heißt heute jene universelle Einfachst-Sprache, mit der sich Moslems von Südrußland über Afghanistan, Pakistan, Indien und Bangladesch bis Malaysia verständigen können. Von den Mongolen übernahm Timur auch das für Moslems etwas befremdliche Zeremoniell, Gäste als besondere Gnade den Fußschemel küssen zu lassen, und das listenreiche Spiel, sich zu Gewalt- und Unrechtstaten immer erst durch andere »zwingen« zu lassen.

Als erster bekam dies Emir Hossein zu spüren. Aus Samarkand war er in seine afghanische Stadt Balch geflohen, deren Festung er nun mit fieberhafter Eile reparieren ließ. Dabei aber überraschte ihn Timur und nahm ihn gefangen. Nun war Tamerlan Hossein verpflichtet – schließlich hatte ihm dieser zweimal das Leben gerettet. So schien alles in Ordnung, als Timur versprach, dem entmachteten Emir freies Geleit für eine Pilgerfahrt nach Mekka zu sichern. Hossein nähte, was er an Edelsteinen finden konnte, in seinen Gürtel und verließ in Pilgertracht die Zitadelle. Fünf Minuten später stand er gefesselt in Timurs Zelt. Zwar protestierte Hossein, so könne die Abmachung doch nicht gemeint sein, doch Timur sagte, ehe nicht alles schriftlich niedergelegt sei, müsse sich der Emir noch gedulden, und im übrigen sei nie die Rede davon gewesen, hochkarätigen Reiseproviant mitnehmen zu dürfen.

Während dieser Unterhaltung meldete sich eine Menge ernster Offiziere. Durch Emir Hossein habe er seinen geliebten Bruder verloren, meinte der eine. Ein anderer reklamierte seinen Vater, ein dritter seinen Sohn... Schon im Namen Allahs müsse Timur in diesem Fall Blutrache erlauben.

Timur sträubte sich lange, vergoß sogar einige Tränen, dann aber seufzte er: »Recht muß Recht bleiben.« Emir Hossein durfte fünfzig Schritt weit laufen, dann begann die Treibjagd.

Der Schrecken der Welt

Timur war dreiunddreißig, als er den Thron von Samarkand bestieg, und der war ein bequemes Möbel: eine sechseckige Couch, durch zierlich geschnitzte Säulen dem irdischen Boden fünf Stufen hoch entrückt und so groß, daß man darauf auch bequem schlafen konnte. Dennoch fand Timur-i-leng keine Ruhe.

Schon am Abend seines Einzugs gab es Verstimmung zwischen ihm und seinen Mitstreitern. Schließlich waren die nicht ausgezogen, um einen ehrgeizigen jungen Mann auf den Thron zu befördern, sondern aus schlichter Hoffnung auf Vermehrung des eigenen Wohlstands. Das immer noch reiche Samarkand hätten sie nur zu gern geplündert. Timur war dagegen, doch nicht im Recht: Beuteteilung ist das heiligste Prinzip aller Nomadenkriege. So mußte Timur, wollte er Samarkand behalten, seinen Kriegern Neues bieten, und in seiner Thronbesteigungsrede machte er deutlich, was der Welt bevorstand: »Diese herrliche Stadt ist nun unser. Doch warum sollen wir von unseren Schätzen nehmen? Überall ringsum sind reichere Länder! Was hält uns davon ab, ihre Schätze hierher zu holen?«

Es blieb Tamerlan gar nichts anderes übrig, als »der restlichen Welt« den Krieg zu erklären. Die Geister, die er zur Eroberung Samarkands gerufen hatte, wurde er nicht mehr los, und jedem Erfolg mußte ein neuer, einträglicherer folgen. Im Gegensatz zu allen anderen Eroberern wollte er kein großes Reich zusammenschweißen. Es ging ihm nicht um ein Imperium wie Napoleon oder um »Lebensraum« wie Hitler. Sein »Reichshorizont« endete etwa fünfhundert Kilometer um Samarkand. Als Vierunddreißigjähriger, am 10. April 1370, ließ er sich in Balch noch als legitimer Fürst huldigen und gleichzeitig zum Padschah ausrufen, zum Kaiser. Das Zeremoniell dafür hatte er selbst ausgedacht, und es wurde später nur noch von Napoleon kopiert und von Resa Pahlevi, dem Schah

Persiens: »Ungeleitet bestieg er den Thron, setzte sich selbst die goldene Krone auf das Haupt und umgürtete sich selbst mit dem kaiserlichen Gürtel in Gegenwart der Fürsten und Emire, die sich auf die Knie warfen.«

In anderen Ländern hielt sich Timur mit solchen Förmlichkeiten nicht auf und verzichtete sogar darauf, seine Eroberungen formell in Besitz zu nehmen. Er war nicht an ihnen interessiert. Eher ging es ihm darum, um sein Samarkand plus Umland eine ausgedehnte »Todeszone« zu schaffen, es durch neugeschaffene Wüstengebiete inselgleich abzusichern, und im übrigen Beute zu raffen. Seine Kriege, mit denen er nun sechsundvierzig Jahre lang die Menschheit in Atem halten sollte, wurden deshalb so schrecklich, weil sie nicht mehr waren als großangelegte Raubzüge.

In manchen Geschichtsbüchern erscheint Timur als eine Art größenwahnsinniger Lokalpatriot, der nur zum Schrecken der Welt wurde, um sein Samarkand zur herrlichsten aller Städte zu machen. Tatsächlich: welche Stadt auch immer er zerstörte – Künstler und Kunsthandwerker hatten nur zu befürchten, nach Samarkand transportiert zu werden, um dort zu Tamerlans Ehre Herrliches zu schaffen. Doch diese Art Kulturraub gehört zu den Steckbriefen aller Eroberer. Alexander sammelte Künstler wie ein Weidmann Trophäen. Napoleon ließ aus allen von ihm heimgesuchten Ländern tonnenweise Kunst nach Paris schicken, wo sie noch heute zur Grandeur der Grande Nation beitragen, während eine ähnlich geplante Aktion unter dem Stichwort »Führermuseum Linz/ Donau« noch heute Gegenstand von Wiedergutmachungsforderungen und juristischen Spitzfindigkeiten ist. Usurpatoren haben immer versucht, sich durch Engroserwerb von Kultur eine historische Legitimation zu geben. Timur-i-leng hatte zweifellos eine Vorliebe für Samarkand, das er als sein Privateigentum betrachtete und in das er seinen Beuteanteil einbrachte, das er auch umfänglich zu sichern suchte. Doch ist dieser Patriotismus nur ein Nebengrund seines ewigen Krieges. Den wichtigsten wohl nennt er selbst: »Ich bestieg den Thron wie einen Tiger.« Wer einen Tiger reitet, darf bekanntlich nicht absteigen. Seine Kriege waren Beschäftigungstherapie für seine Tataren. Zeitweise sammelte sich um ihn eine halbe Million beutegieriger Nomadensöhne, und denen mußte er etwas bieten.

Zunächst war Persien an der Reihe. Das heute noch ziemlich triste Wüstengebiet um Meschhed im Nordosten des Landes erinnert an Timurs erste Auslandsreise – das Bewässerungssystem konnte noch nicht wiederhergestellt werden. Schon damals zeigte sich, daß Timurs wichtigste Waffe der Terror war, kombiniert mit dem Ruf der Unbesiegbarkeit. Wer sich gegen Timur stellte, hatte selbstverständlich sein Leben verwirkt. Städte, die er erst erobern mußte, verschwanden oft für immer von der Landkarte. Auf jeden Fall boten alle nach Timurs Besuch dasselbe Bild: endlose Trümmerhaufen, aus denen zufällig verschonte Moscheen ragten und nagelneue Bauwerke, deren Prinzip von den Mongolen übernommen war. Architektonisch boten sie wenig Reiz, obwohl Timur sonst ein ausgepichter Ästhet war. Sie waren hohe Türme und wirkten eher durch die schlichte Zurschaustellung ihres Baumaterials: Steine aus den geschleiften Stadtmauern, dazwischen gut sichtbar eingemauert die Köpfe aller männlichen Bewohner.

Ganz allmählich verbreiteten sich diese Türme über Asien, und traditionelle Historiker wurden aus der Abfolge von Timurs Feldzügen nie ganz klug. René Grousset beispielsweise wirft Timur Schlamperei beim Zusammenbasteln seines Reiches vor und führt als Beweis auf, daß Timur manche Gebiete drei- bis viermal heimsuchte. Doch Timur war ein überaus gründlicher Mensch, vor allem was Zerstörung betraf. Er war nur nicht daran interessiert, die von ihm à la tartare behandelten Landstriche auch zu halten – das hätte nur mühselige Verwaltungsarbeit gekostet. Zwar ließ er sich gern die Kronen der Länder apportieren, doch dann zog er samt Beute ab. Hatte sich ein Landstrich von dem Schrecken auch nur halbwegs wirtschaftlich erholt, kam Timur bereits wieder. In gemächlichen Spiralen zog er mit den Seinen gegen den Uhrzeigersinn um Samarkand, immer größere Kreise ziehend, fallweise unterbrochen von Urlaubspausen in seiner geliebten Stadt.

Seine Reiseberichte klingen alle gleich langweilig: »Man häufte zweitausend lebende Gefangene mit Schlamm und Ziegelsteinen aufeinander, um daraus einen Turm zu errichten.« – »Unsere Soldaten machten einen Berg aus den toten Körpern, und mit den Schädeln bauten sie Türme.« Einhundertvierzig derartige Eintragungen füllen die Jahre 1383 bis 1386, während der sich Timur vorzugsweise in Persien aufhielt. Natürlich ergaben sich die meisten Städte ohne Kampf, in der Hoffnung, mit gehörigen Tributzahlungen davonzukommen. Doch Timurs Offiziere verstanden es immer, daß es bei der Eintreibung zu Streit kam, und damit war die Stadt frei zur Plünderung und Vernichtung. Mit der Gründlichkeit eines Buchhalters reiht Timur die Zahlen der Ermordeten zu einer monotonen Litanei des Schreckens: 70 000 Schädel brachte Isfahan, 45 000 Schiras, 53 000 Täbris... In der heute kaiserlichen Bibliothek zu Teheran ruht ein kleines Gebet aus jener Zeit, geschrieben von einem hochgelehrten Priester: »O Allah, Allerbarmer, Milder! Wenn es Dir in Deiner Unfaßbarkeit schon gefällt, uns zu quälen, so schicke uns wenigstens Heuschrecken und nicht die tödlichste aller Plagen.«

Interessant ist, daß Timur pedantisch darauf bedacht war, allen seinen Vernichtungszügen ein religiöses Mäntelchen umzuhängen. Nun wurde aber ein Krieg von Moslems gegen Moslems schon von Mohammed als Todsünde gerechnet. Meist mußte sich also Timur mit der Hilfskonstruktion begnügen, die von ihm Massakrierten seien vorübergehend »vom rechten Glauben abgewichen«. Bei Christen gab es natürlich keine Schwierigkeiten. Da galt der »Heilige Krieg«. Am 26. August 1382 hatte Timur Moskau niedergebrannt, war dann bis Litauen vorgestoßen und warf diese Landstriche wirtschaftlich gut zweihundert Jahre zurück. Im Winter 1386/87 verwüstete er Georgien, und dann bekam die Welt eine kurze Atempause: Die Mongolen meldeten sich wieder einmal.

Tochtamysch hieß ihr Khan, und offiziell waren er und Timur sogar Verbündete. Doch dieses Bündnis hatte einen ähnlichen Hintergrund wie der Nichtangriffspakt Stalin/Hitler: Jeder der beiden versuchte Zeit zu gewinnen, bis er genügend für den Angriff vorbereitet war. Ende 1387 fiel der Mongolenkhan in Transoxanien ein, das Timur nur unzulänglich gesichert dem Kommando seines zweiten Sohnes Omar Scheich Mirza unterstellt hatte. Innerhalb weniger Wochen gelang es den Mongolen sogar, Buchara einzuschließen, die zweitgrößte Stadt in Timurs Territorium, doch da die Kräfte für eine Belagerung nicht ausreichten, begnügte sich Tochtamysch mit einer ausgiebigen Verwüstung des Landes.

Als Timur nach strapaziösen Eilmärschen Anfang Februar 1388 in seinem Reich eintraf, sah ein Großteil davon so aus wie das von ihm behandelte Land. »Das war mir ein sehr schmerzlicher Anblick, und ich geriet in höchsten Zorn über diese sinnlose Barbarei.« Gut zwei Jahre brauchte er zur Reorganisation seines Landes, mußte nahezu die gesamte Beute aus anderen Ländern dafür investieren, während seine Armee in kleinen Gruppen die Ostgrenze sicherte, über die immer wieder wie Stechfliegen Mongolen einfielen.

Im Januar 1391 »entschloß ich mich, diese Steppenwölfe endgültig zu vernichten, und sammelte meine Armee zu ihrer vollen Größe«. Ende April erreichte er das Ulutau-Gebirge, die Grenze zwischen Transoxanien und Sibirien. »Ich stieg auf die Spitze des Berges, und mit Bewunderung erblickte ich diese weiten Ebenen, die durch ihre Ausdehnung und ihre grüne Farbe dem Meer glichen.« Nur von den Mongolen sah er nichts, und dabei blieb es für etliche Monate. Sein Feind hatte den unendlichen Raum ins Spiel eingebracht, und gegen den konnte auch Timur nicht an. Immer weiter stieß seine Vierhunderttausend-Mann-Armee ins Leere, und die endlosen, fruchtlosen Märsche wurden nur durch Treibjagden unterbrochen, die zur Verpflegung nötig waren. Allmählich begannen seine Soldaten unzufrieden zu werden – lange Monate ohne Beute hatten sie noch nicht erlebt, und da half auch wenig, daß Timur zu ihrer Zerstreuung Rasttage mit ausgiebigen Paraden abhalten ließ. Und die Mongolen sorgten mit eigenem Humor für ein Anwachsen der Frustration: Mindestens einmal pro Woche konnten Timurs Kundschafter melden, sie hätten am anderen Ufer eines Flusses zahlreiche Feuer gesehen. Doch sobald Timurs Armee dorthineilte, war nichts mehr zu sehen. »Alle Aufklärer, die ich ausschickte, irrten ziellos in diesen gewaltigen Einöden umher, ohne Spuren von Menschen zu sehen, ohne etwas über den Feind zu erfahren.« Tamerlan war der erste, der erfahren mußte, daß der unendliche Raum Rußland nicht zu erobern ist, aber mühelos durch die Taktik entvölkerten Landes zu halten, daß jeder Feind nur durch konstante Vorenthaltung einer Schlacht schon unterlegen ist. Bezeichnenderweise haben weder Napoleon noch Hitler diesen Teil aus Timurs Memoiren gelesen, nachweislich aber Zar Alexander und Stalin.

Timur selbst kam ein Zufall zu Hilfe. Eines späten Maitages

fingen seine Kundschafter einen Mongolen, der gerade sehr viele Scheiterhaufen geschichtet und angezündet hatte. Und von dem erfuhr Timur, »selbstverständlich nach peinlicher Befragung und allen Kunstmitteln der Peitsche«, daß die Mongolen nie in Sibirien gewesen seien, sondern ein ziemlich komfortables Lagerleben zwischen Ural und Wolga schoben. Wie ein Wirbelwind stürmte Timur nun westwärts, und am 19. Juni 1391 kam es an der Wolga zur Schlacht. Nach einem Tag unentschiedener Kämpfe bekam Timur die Oberhand. Tochtamysch konnte flüchten, doch ein Großteil seiner Soldaten wurde am Wolgastrand erschlagen, und die siegreiche Armee Timurs konnte sechsundzwanzig Tage lang im prächtigen Lager des Khans feiern.

Timur nahm nach diesem strapaziösen Abenteuer seine gewohnten, langsamen Spiralen wieder auf, mal Persien verwüstend, mal Bagdad zerstörend (1395), doch immer wieder zog es ihn an die Wolga. Tochtamysch, der sich von der Niederlage schnell erholt hatte und bald wieder über eine beachtliche Armee verfügte, blieb für Timur allerdings ungreifbar. Dafür besetzte der Schrecken der Welt im Oktober 1396 Asow an der Mündung des Don, bis dahin die wichtigste europäische Handelsniederlassung, die einzige, in der Genuesen und Venezianer gemeinsame Geschäfte machten. Etwa neuntausend Italiener wurden in die Sklaverei geführt, ihre Kontore, Kirchen und Konsulate zerstört.

Der uralte Ost-West-Handel wurde damit tödlich getroffen, und im Verhältnis zum Fall Asows wirkt wie ein Gnadenstoß, daß Tochtamysch in den Jahren 1396 und 1397 auch die genuesischen Kolonien der Krim plünderte. Seinen mongolischen Erbfeind wurde Timur übrigens kurz danach los: Sein eigener Bruder machte Tochtamysch den Thron streitig – mit Erfolg, und Tochtamysch mußte zuerst in litauisches und später in polnisches Exil flüchten. Im Januar 1405 nahm er sogar mit Timur Kontakt auf, der angeblich dem Mongolen versprochen haben soll, ihn wieder in die alte Macht einzusetzen. Über das weitere Schicksal des seltsamen Khans ist nichts bekannt. Eine russische Chronik berichtet noch, er sei 1406 bei Tümen in Sibirien erschlagen worden, ohne allerdings zu erklären, wie Tochtamysch dahin kam.

Timur selbst aber hatte mit diesen Kriegen stärker in die Weltgeschichte eingegriffen, als er vielleicht zu träumen wagte. Das politische und wirtschaftliche Gefüge der Alten Welt erhielt durch ihn den endgültigen Todesstoß, und er könnte mit Recht der Liquidator des Mittelalters genannt werden, sowohl im klassichen als im modernen Wortsinn. Der klassische stammt aus der Kaufmannssprache und heißt: überflüssige Posten abstoßen, die zu halten nicht mehr lohnt. Der moderne und auch gern von gegenwärtigen Politikern gebrauchte wurde von Adolf Hitler höchstpersönlich erfunden und bedeutet schlicht: Mord. Die Welt des Mittelalters war ein hochkomplizierter Wirtschaftsapparat mit einem deutlichen Kulturgefälle von Ost nach West. Die Handelswege liefen nahezu ausschließlich über Land – die Seidenstraße ebenso wie der Weg nach Indien –, und die Schlüsselstädte hießen Bagdad, Konstantinopel und Venedig. Der Mongolensturm hatte dieses Gefüge nachhaltig aus den Angeln gehoben, und Zusammenbrüche wie wirtschaftliche Verschiebungen waren auch in Europa die Folge: Das Heilige Römische Reich des Mittelalters verlor seine Vormachtstellung, und der Reichs- wurde zum Zankapfel zwischen Habsburgern und Wittelsbachern. Um die Vormachtstellung in Westeuropa lieferten sich Frankreich und England den Hundertjährigen Krieg samt Jeanne d'Arc, während Venedig langsam seinen Abschied von der Macht nahm. Timurs Vernichtungszüge waren das blutige Feuerwerk am Ende dieser eineinhalb Jahrhunderte dauernden Entwicklung. Mit ihm endete der Nahe Osten als politischer und wirtschaftlicher Machtfaktor, und die Geschichte des Osmanischen Reichs der Türken ist eher ein Nachspiel. Denn mit Timur endete auch die lange Geschichte der Seidenstraße als Transitroute zwischen Ost und West. Für den Lokalverkehr Asiens blieb sie bis auf den heutigen Tag lebendig, doch zwischen Europa und dem Osten lag nur noch verbrannte Erde, und die Geschichte des Abendlandes verlief von nun an weitgehend unbeeinflußt.

Allerdings: die Verbindung zwischen Abend- und Morgenland wurde immer wieder aufzunehmen versucht, vor allem von zwei Staaten, die bis dahin eher Randfiguren der europäischen Geschichte waren, deshalb aber auch die Kraft dazu hatten – Spanien und Portugal. Das neue Abenteuer hieß, den Seeweg nach Indien zu finden, in das Märchenland, wo der Pfeffer wächst. Bekanntlich hatte das weitreichende Folgen.

Timur selbst hatte Indien 1398 besucht, und in seinen Memoiren gibt er einen launigen Rechenschaftsbericht über diesen Ausflug:

»In jener Zeit wurde mir zum Herzenswunsch, einen Krieg gegen die Ungläubigen zu führen und ein Glaubenskämpfer zu werden. Allerdings wußte ich nicht genau, ob ich gegen die Ungläubigen Chinas oder die Götzendiener Indiens losziehen solle, denn einige Offiziere hatten mir berichtet, daß es in Indien Ungläubige gäbe.«

Timur zählte bereits zweiundsechzig Lebensjahre, doch selbst seine schlimmsten Feinde mußten zugeben, daß er »noch kräftig und hart wie ein Fels« war und sich auch bester geistiger Frische erfreute. Da er sich zwischen seinen Raubkriegen auch mit etwas Bildung versehen hatte, erscheint äußerst seltsam, daß der Schrekken der Welt nicht gewußt haben sollte, daß Indiens Herrscher seit etlichen Jahrhunderten brave Moslems waren. Zwar gab es auf dem Subkontinent genügend Hindus, doch standen sie zumindest in Nord- und Mittelindien ausschließlich unter islamischer Oberherrschaft und mußten für ihren Glauben Dschisdscha bezahlen, eine fünfzehnprozentige »Kopfsteuer für Ungläubige«, die den missionarischen Ehrgeiz islamischer Fürsten stets in Grenzen hielt.

Timurs Enkel Pir Mohammed lieferte denn auch im Kriegsrat die wahren Argumente: »Indien ist voll von Gold und Juwelen; sein Herrscher besitzt siebzehn Goldbergwerke, etliche für Silber, Diamanten, Rubine und Smaragde, ferner für Zinn, Eisen, Kupfer und Quecksilber. Außerdem werden Seide und Baumwolle fabriziert, und Gewürze sowie Zuckerrohr gibt es im Überfluß. Es ist also der Wille des Propheten, dafür einen heiligen Glaubenskrieg zu wagen.«

Da wollte es Timur genau wissen: »Mein Finanzminister bestätigte mir, daß der Jahresertrag Indiens sechs Arb betrage, und nun ist ein Arb hundert Kror und jedes Kror hundert Lakhs, ein Lakh aber hunderttausend Tola Silber.« Noch heute wiegt ein Tola in Indien 11,66 g, womit der Besitz Indiens zu Timurs Zeiten mit vierundfünfzig Milliarden DM heutiger Kaufkraft per anno zu Buche schlug. Dennoch sagten einige Adelige: »Durch die Güte des allmächtigen Gottes mögen wir Indien erobern, doch wenn wir uns dort häuslich niederlassen, wird unsere Rasse degenerieren, und nach einigen Generationen werden unsere Kinder wie die Einheimischen sein.« Da aber entschied Timur: »Wir wollen doch nur eine Expedition gegen die Ungläubigen Indiens unternehmen, entsprechend dem Gesetz des Propheten, und das Land vom Schmutz des Unglaubens und der Vielgötterei reinigen. Auf diese Weise werden wir Gott wohlgefällige Glaubensstreiter und streichen nebenbei als natürlichen Tribut die Reichtümer dieses Erdteils ein.«

Also geschah es. Während Timurs Generalstab – zwei Söhne, ein Enkel und zwei Schwager – etwa neunzigtausend Reiter mustern ließ, sandte er selbst an die Herrscher Hindustans einen Rundbrief:

»An alle Fürstlichkeiten, die es betrifft. Es ist doch bekannt, daß ich, Endgefertigter, der Schatten Gottes auf Erden und der mächtigste aller Herrscher bin. Da mein Ruf weltweit ist, muß sich das auch in Hindustan herumgesprochen haben. Daher ordne ich an, daß bei meinem Besuch in Indien alle dortigen Herrscher ihre Reiche und Reichtümer abliefern, wofür ich sie mit dem Leben verschonen werde und ihnen die Ehre erweise, den Boden vor meinen Füßen küssen zu dürfen. Solltet Ihr Euch aber weigern, die hehre Straße des Gehorsams zu betreten, und Euch lieber in den Abgründen des Ungehorsams herumtreiben, so habt Ihr mit einem schrecklichen, zu allem entschlossenen Feind zu rechnen. Mit dem Segen Allahs, des Allerbarmenden, Allmilden bleibe ich Timur.«

Aus Multan, einem kleineren Königreich etwa von der Größe der heutigen Bundesrepublik, ist die Antwort auszugsweise erhalten: »Es ist schwierig, mein Reich wie eine Braut an Deinen Busen zu drücken, ohne daß dabei Schwerter klatschen. Du willst mein Königreich und seinen Reichtum. Dagegen habe ich prinzipiell nichts, bin aber durchaus entschlossen, es Dir nicht kampflos zu überlassen.«

Aus Delhi, dem größten Staat Indiens, kam keine Antwort. Dort waren gerade zwei Fürstenhäuser mit Thronstreitigkeiten beschäftigt, und Timur war darüber bestens informiert, als er sich daranmachte, »im glückverheißenden Monat März die Menschheit zu besuchen, soweit sie von mir noch nicht wußte«.

Samt Reserven umfaßte seine Armee gut hunderttausend Mann, also durchaus die Bevölkerung einer damaligen Großstadt. Als geballte Masse war derlei nicht ohne schwere Versorgungsprobleme durch die Landschaft zu bewegen, und daher teilte sich das Heer in sechs Armeen, die paralell mit vier Tagreisen Abstand dem Indus zumarschierten. Timur reiste mit der nördlichsten Truppe, meist in einer geräumigen Sänfte, in der er unterwegs sogar schlafen konnte. Überhaupt brauchte der Schrecken der Welt während seiner Heerzüge auf Komfort nicht zu verzichten: Zu seinem Handgepäck gehörten unter anderem eine zusammenklappbare Moschee, von türkischen Holzschnitzern konstruiert und den besten Miniaturisten Bagdads bemalt, fünf diverse Thronsofas und ein richtiges Bad samt Bronzewanne und Heißwasserkesseln. Manchmal entfloh der Welteroberer dem Luxus zu abenteuerlichen Touren. Im Osthindukusch ließ er zwei Wochen lang anhalten, um mit einer kleinen Truppe das Tal von Swat zu besuchen. Dort, hatte er gehört, sollten noch Nachkommen der Soldaten Alexanders des Großen leben, und die hätte er nur zu gern massakriert. Leider hatten sich die in Sicherheit gebracht. »Um wenigstens einige dieser Ungläubigen zu finden, mußten wir hohe, verschneite Berge besteigen. Immerhin konnten wir wenigstens fünf kleinere Schädeltürme errichten. Den Abstieg verkürzte ich mir dadurch, daß ich mich in einen geflochtenen Korb setzte und mich so von meinen Soldaten über den Schnee rodeln ließ.«

Nach einem gemächlichen Marsch trafen sich die Armeen am 22. September 1398 bei Attock am Indus. In einer Blitzaktion wurde eine Floßbrücke gebaut, und zwei Tage später standen sämtliche Tataren am anderen Ufer, »um wie Heuschrecken und Ameisen über das Land herzufallen«. Denn nun konnte sich Timur weder Gemütlichkeit leisten noch Schonung – fernab der Heimat war die Treue seiner Soldaten nur von der Beute abhängig, und Timur vermerkte in seinem Tagebuch: »Wahrlich, wohin ein König auch geht, ruiniert er das Land.«

Seine Taktik war die alte: Zuerst wurde jeder Stadt Schonung zugesichert, um dann bei der Tributeintreibung einen Anlaß zur Plünderung zu finden. Manchmal kam es dabei zu schrecklichen Verzweiflungstaten, wie in der bereits mit Flüchtlingen übervölkerten Stadt Dibalpur. Zuerst ließ sich Timur 9 000 Flüchtlinge ausliefern, die prompt niedergemetzelt wurden, und dann stürmte er doch die Stadt. »Da schlossen sich diese blöden Ungläubigen samt Frauen und Kindern in ihre Häuser ein und verbrannten sich und ihre Familien. Daher beschäftigten wir uns mehr mit der Festung, deren Besatzung sehr bald die Bekanntschaft mit unseren Schwertern machte. Im Verlauf einer Stunde wurden die Köpfe von 10 000 Ungläubigen abgeschnitten, die Schwerter des Islam in ihrem Blut gereinigt, und die Güter der Höllenanwärter wurden Beute meiner Soldaten. Nachdem wir alle Häuser verbrannt und sämtliche Mauerreste geschleift hatten, setzten wir unseren Weg fort.«

Timur durchquerte Indien als Orkan, und die Hauptursache dieses Tempos war nach Ansicht eines Zeitgenossen »die Anhäufung von Leichen, die, wo immer er durchzog, die Luft verpesteten«. In der Regel wurden sämtliche Männer niedergemacht, Kunsthandwerker ausgenommen, und nur Frauen und Kinder in die Sklaverei geführt. Fast sechstausend Mann waren damit beschäftigt, die Sklavenheere Richtung Samarkand zu treiben. Dennoch zogen mit dem Troß auch hunderttausend männliche Gefangene, als Timurs Armee Anfang Dezember in die Nähe Delhis kam. Eines lauwarmen Abends kam es zu einem kleinen Scharmützel zwischen Timurs Plünderungstruppen und einer Vorhut Mallu Khans, der eben Sultan von Delhi geworden war. Natürlich siegte Timur, doch am nächsten Morgen mußte im Kriegsrat über die Kriegsgefangenen gesprochen werden:

»Meine Generäle erzählten mir, daß die Gefangenen während des kleinen Gefechts deutlich ihre Freude gezeigt und sogar vereinzelt Drohungen ausgestoßen hätten. Es schien, als würden sie nur darauf warten, sich zusammenrotten zu können, ihre Fesseln zu sprengen und unsere Zelte mit unserem schwer erworbenen Hab und Gut zu plündern. Daher erschien es ein zu großes Risiko, an einem Schlachttag diese hunderttausend Ungläubigen in der Nähe des Gepäcks zu lassen, doch auch ihre Freisetzung hätte sämtlichen Regeln der Kriegskunst widersprochen. Es blieb uns also keine andere Wahl, als sie zum Futter unserer Schwerter zu machen. So gab ich Befehl, daß innerhalb einer Stunde jeder Soldat seine Gefangenen zu erschlagen habe. Auch Malauna Nasruddin Omar, ein gelehrter Mann und Priester, der in seinem ganzen Leben nicht einmal einem Sperling etwas zuleide getan hatte, erschlug fünfzehn Ungläubige, die seine Gefangenen waren.«

Nun konnte sich Timur ruhig den Vorbereitungen zur Schlacht widmen. Die meiste Sorge bereiteten seinen Offizieren die legendären Kampfelefanten, bei deren Geruch bereits die Pferde scheuten. Einige der Gelehrten, mit denen sich Timur so gern umgab, erklärten sogar, sie würden während der Schlacht lieber im Lager der Damen bleiben. Doch Timur war erfinderisch. Um das Lager ließ er Pfähle mit dreizinkigen Metalldornen an der Spitze rammen – eine Art Panzersperre und jenen Gabeln verwandt, mit denen er kurz zuvor die Bäuche der türkischen Pferde in Anatolien geschlitzt hatte. Und da ihm seine Spione berichtet hatten, an welcher Stelle der Elefantenaufmarsch zu erwarten sei, ließ er dort einige hundert Büffel und Kamele zusammentreiben und den Tieren ölgetränkte Heuballen auf die Rücken binden.

Pünktlich zu Sonnenaufgang des nächsten Tages zog Mallu Khan mit seiner Armee aus der Stadt Delhi. Im Zentrum stapften in breiter Front etwa dreihundert Elefanten, schwarz bemalt und greulich anzuschaun. An ihren Stoßzähnen trugen sie lange Klingen und auf ihren Rücken regelrechte Türme mit Bogenschützen und Speerwerfern. »Es war eine ebenso beeindruckende wie biedere Schau der Macht«, notierte Timur, dem derlei noch nie imponiert hatte. Ehe die Treiber sich noch wundern konnten, daß sie nicht einer Armee, sondern einer Viehherde entgenmarschierten, hatten Timurs Soldaten bereits die Heuballen angezündet, und die Büffel wie Kamele rannten in wilder Panik in die Schlachtordung der Elefanten.

Ähnlich unorthodox verlief der weitere Kampf, und am Abend floh Mallu Khan mit den Resten seiner Armee in die Stadt, packte in Eile ein paar Koffer Staatsschatz und verließ Delhi durch ein Hintertürchen. Man schrieb den 17. Dezember 1398.

Timur schlug sein Lager beim Hauz Khas auf, einer alten Palastanlage um einen größeren Teich, der heute noch zu den Sehenswürdigkeiten der indischen Hauptstadt zählt. Dort ließ er sich einen Abend lang von den mitgereisten Dichtern feiern, nicht ganz zufrieden übrigens, da ihm von den in Schnellbauweise gezimmerten Hymnen nur ein Vers bemerkenswert erschien. Erfreulicher schienen am nächsten Tag die erbeuteten 120 Elefanten, die gemeinsam mit einigen Nashörnern vorgeführt wurden: »Ich war höchst amüsiert, welche Tricks die Elefantentreiber ihren Tieren beigebracht hatten. Kaum sahen mich diese Ungeheuer, fielen sie auf die Knie und schrien, als würden sie um Gnade bitten.« Die Nashörner waren auf derlei Schmeicheleien nicht trainiert und wurden daher weniger gnädig aufgenommen.

Währenddessen sollten Timurs Soldaten in Delhi die Tribute eintreiben. Angeblich flogen von den Dächern einige Steine auf die Besatzer – auf jeden Fall begann am Donnerstag, dem 24. Dezember 1398, eine wilde Plünderung. Zwar besetzten Timurs Gardetruppen die Stadttore und ließen keine weiteren Soldaten mehr ein, doch »waren 15 000 Turkmenen den Tag und die Nacht über mit Morden, Plündern und Zerstören beschäftigt«. Unter den neidvoll Ausgesperrten wäre es fast zu einer Meuterei gekommen, und so gab Timur Delhi frei, unter dem Vorbehalt, daß die Schätze einiger Paläste ihm allein vorbehalten seien. »So strömte am nächsten Morgen meine gesamte Armee in die Stadt, nichts im Sinn als zu plündern, zu morden und Gefangene zu machen. So ging es auch am nächsten Tag weiter, und die Beute war so groß, daß jeder Mann zwischen fünfzig und hundert Gefangene machte, Männer, Frauen und Kinder. Niemand hatte weniger als zwanzig. Die übrige Beute bestand aus unzähligen Rubinen, Diamanten, Granaten, Perlen und anderen Edelsteinen, Gold- und Silberschmuck, Münzen, kostbaren Gefäßen sowie Seiden- und Brokatstoffen. Die gesamte Stadt wurde in Trümmer gelegt. Die Feder des Schicksals hatte dieses Los für ihre Bewohner niedergeschrieben. Obwohl ich es ihnen nicht unbedingt antun wollte, mußte alles so kommen, denn es war Gottes Wille.«

Für sich behielt Timur »etliche tausend Kunsthandwerker und vor allem Baumeister, denn ich hatte beschlossen, in meiner Stadt Samarkand eine große Freitagsmoschee bauen zu lassen«. Er blieb dann noch zehn Tage in der Nähe der Stadt, wo er Tributzahlungen von Fürsten entgegennahm, »die anzugreifen Zeitverschwendung gewesen wäre«. Immerhin hatte seine Horde so viel Beute gemacht, daß nach einer zeitgenössischen Chronik »die verfluchten Tataren kaum mehr als vier Meilen pro Tag marschieren konnten«. Dies dürfte aber eine Übertreibung sein: Bereits am 9. März 1399 überquerte Timur wieder den Indus, nachdem er zuvor auch die Stadt Lahore verwüstet hatte.

Delhi aber und das nordindische Sultanat hatten praktisch zu existieren aufgehört. Unter den Überlebenden brach beinah zwangsläufig die Pest aus, und »zwei Monate lang regte sich kein Leben in der Stadt, nicht einmal ein Vogel«. Als geraume Zeit nach dieser Katastrophe sich ein neuer Herrscher in den Trümmern feiern ließ, konnten die Chronisten über ihn nur berichten:

»Von Delhi bis Palam reicht das Reich von Schah Alam.«

Palam ist heute der Flughafen von Delhi, zehn Autominuten auch bei schlechter Verkehrssituation vom Zentrum der alten Stadt.

Das Erbe des Schreckens

Timur verheerte anschließend in gewohnter Weise die heutige Türkei, den Irak, zerstörte gleich noch einmal das gerade wiederaufgebaute Bagdad, fiel dann in Syrien ein und plünderte sich bis Ägypten vor. Während dieser Jahre ließ er auch die versprochene Moschee in Samarkand bauen. Selbstverständlich wurde sie die größte der Welt, doch das Volk benannte sie nicht nach dem Gewaltmenschen, sondern nach dessen sanftester Frau.

»Bibi Khanum« heißt das ungeheure, nun ziemlich ruinöse Gemäuer, das immer noch die Stadt Samarkand von weit her sichtbar überragt, und an ihm läßt sich deutlich ablesen, welche Teile von den versklavten Künstlern Indiens gestaltet wurden, benachbart den Arbeiten persischer, türkischer und ägyptischer Künstler. Vor allem aber ist die Bibi Khanum ein Denkmal der Gebrechlichkeit irdischer Größe und ihrer Hohlheit, denn Timurs Künstler»sammlung« übte im wahrsten Sinn des Wortes »inneren Widerstand«. Die prachtvollen Dekors verdecken Meisterleistungen an Maurerpfusch, der wohl Sabotage war. Nicht einmal die Sowjetunion kann sich leisten, das Monstrum mit seinen beiden sechzig Meter hohen Portalen wiederherzustellen – sie müßte die ganze Moschee neu bauen lassen, diesmal aber solide.

Noch weniger blieb von dem gewaltigen Palast, den Timur an seinem Geburtsort bei Kesch errichten ließ. Zwei riesige Torpfeiler stehen noch, jeder gut vierzig Meter hoch, übersät mit Keramikornamenten und Marmorplatten aus aller Herren Ländern. Das

Gewölbe, das sie einst trugen, dürfte fast siebzig Meter hoch gewesen sein, und wie die ganze Anlage aussah, wissen wir aus der Beschreibung eines gewissen Clavijo, der als spanischer Gesandter von September bis November 1404 an Timurs Hof akkreditiert war. Einem Palast unserer Vorstellung entsprach das Ganze nicht: Durch eine Folge immer größerer Torbauten kam man in ein geradezu größenwahnsinniges Gewölbe, das der alte Thronräuber als Thronhalle benützte. Links und rechts dieser Prachtstraße »lagen Gärten, wie dergleichen noch kein menschliches Auge gesehen, mit allen Früchten und Blüten, die wohl schon das Paradies geziert hatten«. Natürlich war alles von einem vierfachen Mauerring umgeben, doch Wohngebäude gab es keine: Auch der alte Timur wohnte in Zelten, zwar aus Seide und Brokat, doch nach Nomadenart.

Clavijos Besuch hatte einen triftigen Grund – 1404 feierte Timur ausgiebig seine Eroberungen und hatte dazu auch »Vertreter aus der übrigen Welt« eingeladen. Dem Spanier gingen die Augen über bei all der Pracht. Da wurde von goldenen Tellern gegessen, die aus Bagdad, Delhi, Damaskus, Jerusalem, Kairo und sonstwo zusammengeraubt waren; vor den Palasttoren schoben die Überlebenden der indischen Elefanten Wache, und zum Abschluß der Festlichkeiten erhielt jeder Botschafter einen drei Pfund schweren Sack Edelsteine. Ganz nebenbei aber wurde jeder noch ausgiebig über die Finanzlage seines Landes befragt – Timur hatte nämlich allen Ernstes vor, auch noch »den Rest der Welt« zu erobern.

Auf jeden Fall waren zunächst »die Ungläubigen Chinas« dran, die ja schon einmal auf der Liste gestanden hatten. Dort herrschte gerade Yung-lo, der kriegerischste aller Ming-Kaiser. Hier zumindest hätte der Steppenfuchs einmal einen ebenbürtigen Partner getroffen. Doch am 16. Januar 1405 erlitt der neunundsechzigjährige Schatten Gottes einen Schlaganfall. Bei Otrar in Sibirien lag er drei Tage gelähmt in seinem Zelt, »nur seine Augen sprühten wildes Feuer«. Dann durfte die Welt aufatmen.

Timurs Grab ist das besterhaltene Bauwerk seiner Epoche. Eigentlich wurde es nicht für ihn gebaut, sondern als kleines Grabmal für seine Neffen, doch der riesige Dom, den Timur für sich selbst geplant hatte, war bei seinem Tod noch nicht einmal im Rohbau. So wurde »der Schrecken der Welt« provisorisch beigesetzt, und dabei blieb es. Überhaupt haben Grabmäler dem Zahn der Zeit besser standgehalten als Gebäude für Lebende. Unweit von Samarkand, in Schah-i-Sinde, scharten sich um das Grab eines langverstorbenen Glaubenskämpfers alle Zeitgenossen Timurs, die sich's leisten konnten. Durch diese Nähe zu einem Heiligen erhofften sie sich dessen Fürsprache am Tage des Letzten Gerichts, und ihre Grabdome sind ein Musterkatalog keramischen Kunsthandwerks jener Zeit. Viele Details fehlen allerdings – etliche Fliesen landeten im Hamburger Museum für Kunst und Gewerbe, andere wurden nach Paris und London verschleppt –, Kunsträuberei zu edlen Zwecken wurde nicht nur von Timur betrieben.

Geblieben sind auch einige Bronzebecken, die der Welteroberer gießen und irgendwelchen Moscheen stiften ließ. Das wohl größte der Welt steht heute in Leningrad und imponiert schon durch seine zweieinhalb Meter Durchmesser.

Geblieben sind auch Timurs Memoiren. Häufig wird ihre Echtheit bezweifelt – zuviel erscheint es dem Sterblichen, daß sich dieses Monstrum auch noch brillant artikulieren konnte. Doch zweifellos war Timur gebildet, und vor allem: Dem Geschmack seiner Zeit waren diese Memoiren zu schmucklos. Sie waren, in ihrer ruppigen Erzählweise, eher den Memoiren verpflichtet, die ein anderer Welteroberer in seiner Festungshaft Landsberg schrieb. Kein Hofschreiber hätte sich diesen Stil leisten können, der voller Zynismen das Grauen heruntererzählt, als einzigen Schnörkel permanente Berufungen auf die Vorsehung setzend. Gerätselt werden darf, warum Timur sie schrieb. Der erste Eindruck ergibt eine Art Rechenschaftsbericht samt Rechtfertigung für die eigenen Nachkommen und spätere Geschichtsschreiber – Timur kannte die Macht der Historiker gut und hatte selbst etliche angestellt. Das berühmteste Buch über ihn verfaßte ein Sklave, den er in Damaskus erbeutet hatte. Ibn Arabi ging mit seinem ehemaligen Herrn schonungslos zu Gericht, und für Timurs Erben spricht, daß sie dieses Buch keinesfalls unterdrückten. Daß er auch von der übrigen Welt keine freundlichen Nachrufe zu erwarten hatte, war Timur wohl klar, und deshalb verfaßte er vielleicht seine Memoiren, zahllose persönliche Details einflechtend, die kein anderer Geschichtsschreiber wissen konnte.

Christopher Marlowe, der geniale Vorläufer Shakespeares, schrieb lange nach der Katastrophe eine gewaltige Trilogie: »Tamerlan der Große«. Zweifellos reizte den zutiefst in die Londoner Unterwelt verstrickten Blasphemisten der Gewaltmensch, und er schildert Tamerlan als einen wüsten Riesen nach Art eines Kasperletheaters: Gegenspieler werden nur eingeführt, um in der nächsten Szene erledigt zu werden. Genau so war Tamerlans Leben, doch gerade das ist kein Stoff für ein Drama. Eine monotone Kette von Zerstörungen entbehrt jeder Spannung. Auch Tamerlans Privatleben ergibt nicht einmal Ansätze zu einem Filmstoff. Er hatte etliche Frauen, mit denen er einige Kinder zeugte, doch all dies geschah sehr nebenbei, eher der lustlosen Pflichterfüllung vergangener Kleinbürgergenerationen vergleichbar, allerdings ohne deren Lüsternheit. Keine vergewaltigte Prinzessin blieb auf seiner Strecke, und kein Skandalchronist konnte ihm in dieser Beziehung etwas nachsagen. Zweifellos hielt sich Timur in seinen letzten Lebensjahren für eine Art göttliches Wesen, wenn er sich auch bescheiden »Schatten Gottes auf Erden« nannte, und vielleicht war es das, was er sein Leben lang anstrebte. Die Unrast, mit der er die Welt entvölkerte, läßt darauf schließen. Der Preis seiner Größe waren über sieben Millionen Menschenleben, mehr als ein Drittel der damaligen Gesamtbevölkerung jener Länder.

Sein vierter und Lieblingssohn Schah Rukh übernahm das Erbe. Er beschränkte seine Herrschaft auf die zentralasiatischen Länder einschließlich Persiens, die er, wenn schon nicht als Staat, so doch als tributpflichtiges Gebiet zusammenhielt. Dazu mußte er natürlich erst etwas für die Volkswirtschaft tun, die sein Vater so gründlich zerstört hatte. Daß Schah Rukh den Bazaren eine Art Aufschwung nach Maß verpaßte, läßt ihn heute noch in der Erinnerung des Mittelostens als milden Herrscher weiterleben, lebendiger selbst im Sprichwort als sein Vater.

Zweifellos wollte er sich von Timur unterscheiden. Zwar war auch er ein fähiger Stratege – und mußte dies auch in seinen ersten Regierungsjahren oft genug beweisen –, doch mehr interessierte er sich für Wirtschaft und Kultur. Auch seines Vaters Hang zur Übergröße war ihm fremd. Er verließ Samarkand mit seinen Riesenbauten, »deren Inschriften bereits aus zwei Meilen Entfernung deutlich lesbar waren«, um sich im idyllischeren Herat einzurichten. Der alte Oasenbazar dankt ihm, noch heute die schönste Stadt Afghanistans zu sein, und an der Ruine seiner Zitadelle blieb genug türkisfarbenes Kachelwerk, um »die Leidenschaft Seiner Majestät zu blauen Bauten, blauen Gedanken und blauen Stunden« sinnfällig zu belegen.

Das Kernland seines Vaters teilte er großzügig mit allen Verwandten, und seinen Sohn Ulugh erzog er eher zum Dichter und Astronomen als zum Herrscher. Als Schah Rukh am 2. März 1447 starb, war von Timurs Eroberungen ein bunter Haufen Fürstentümer geblieben, um deren Besitz sich nicht nur alle Timuriden stritten, die sich »Mirza«, Hochgeborene, nennen durften, sondern bald auch Begs. Beg bedeutet Offizier, und nichts anderes waren diese Herren, die da Throne reklamierten, doch den darob empörten Timuriden konnten sie einen schönen Präzedenzfall bieten: Schließlich war auch Timur nur ein Beg gewesen.

Diese Vielfalt von Thronanwärtern bescherte immerhin allen Untertanen, die nicht auf Throne hoffen durften, sondern nur die Spesen zu tragen hatten, eine Art Demokratie – die Kleinfürsten waren auf ihr Wohlwollen angewiesen und mußten daher ihr Militär etwas zurückhalten. Denn dieses wurde immer noch aus Nomadensöhnen rekrutiert. Nun konnten auch die Bauern und Bazarhändler etwas mitbestimmen, wer ihnen nämlich in die Tasche langen durfte.

DER FREUNDLICHE TIGER

Dieses reizende Fergana

Eineinhalb Jahrhunderte nach seinem Tod war der Schrecken der Welt Legende geworden, an die sich niemand so recht mehr erinnern wollte, verdrängt wie Hitler aus unserem Bewußtsein und mit etwa denselben Argumenten: daß seine Nachfolgestaaten mit dem seinen nicht die geringste Ähnlichkeit hatten. Im Falle Transoxaniens stimmte dies sogar – Timurs Kernland war zu acht eher rührenden Kleinstaaten zerfallen, deren einzige Gemeinsamkeit war, daß nur Timuriden sich als deren rechtmäßige Herren betrachteten. Derzeit war die Generation der Ur-Ur-Enkel an der Reihe.

Der östlichste Timuridenstaat war das Fürstentum Fergana – sieben kleine Städte samt Umland, etwa dreimal so groß wie das Fürstentum Liechtenstein. Dort herrschte in seiner Festung Akschi Fürst Omar Scheich Mirza, verehelicht mit einem direkten Nachkommen des zweiten Sohnes von Dschingis Khan, und am Freitag, dem 14. Februar 1483, wurde dem Paar ein Sohn geboren, der den Namen Zahiruddin erhielt, »Rückhalt des Glaubens«. Der Glaube war allerdings im Osten des Islam und der zivilisierten Welt eine durchaus eigene Sache. Zwar gaben auch an Fürst Omars Hof religiöse Rechtsgelehrte, Mullahs, den Ton an, doch der Koran galt weniger als religiöses Pflichtübungsbuch denn als Orakel: Schlug man ihn mit geschlossenen Auen auf, konnte man aus dem Zufall unweigerlich die Zukunft lesen. Auch die gläubige Seele flog nicht direkt zu Allah, sondern wurde nach alter Steppentradition ein Falke.

Zahiruddin hat Fergana sein Leben lang geliebt, und als er seine Memoiren verfaßte, setzte er dem Kleinstaat das Denkmal einer rührend reizvollen Beschreibung. »Mit Sicherheit gab es dort die süßesten Melonen der Welt und Fasane, die so unglaublich fett waren, daß vier Mann alle Mühe hatten, einen davon – samt

Beilagen natürlich – zu verspeisen.« Fergana selbst war »so reich an Getreide und Früchten, daß bei gutem Steueraufkommen immerhin an die 4000 Mann Militär ernährt werden konnten«. In früheren Jahren hatte Omar Scheich Mirza diese Streitmacht zur Vergrößerung seines Territoriums einsetzen wollen, doch sämtliche Scharmützel mit seinen Nachbar-Cousins verloren. Nun war er »klein, dick, rundbärtig und von fleischigem Gesicht. Seinen Gürtel trug er so eng, daß er ihm beim Öffnen meist davonsprang, und er aß, was auf den Tisch kam. Seinen Turban trug er mit nur einer Falte, während ihn alle anderen Leute damals vierfaltig trugen. Bei heißem Wetter aber und zu Hause trug er die Mongolenkappe.«

Seit seinen Mißerfolgen als Krieger beschäftigte sich der rundliche Fürst nahezu ausschließlich mit Taubenzucht, und die Tauben ließ er »aus aller Herren Ländern« kommen, nämlich aus dem Dorf Kaschgan im Osten, dem afghanischen Hochland von Badakhschan im Süden und aus dem reichen Samarkand im Westen. Aus dem Norden kam nichts. »Zwar sollen dort einmal sehr reiche Städte gewesen sein«, schreibt Zahiruddin, »doch nun war dort nur noch Wüste, und das alles wegen der Mongolen.« Ach ja, an Timur konnte sich niemand mehr erinnern. Allmählich verwandelte der kleine dicke Scheich alle Türme seiner Festung in Taubenhäuser. Ob sie zu mehr getaugt hätten, ist fraglich: Kurz nach seinem neununddreißigsten Geburtstag, am 8. Juni 1494, war der Fürst wieder bei seinen Tauben. Da begann die Felswand zu bröckeln. »Da flog Omar Scheich Mirza samt seinen Tauben und ihrem Haus davon und wurde ein Falke.«

Erbe des Fürstentums wurde somit der elfjährige Zahiruddin, doch nach den Gesetzen der Steppe konnte das nicht gutgehen. Fest stand nur, daß jene Länder timuridisches Herrschaftsgebiet waren, doch welcher Timuride wo herrschte und sogar die Grenzen der jeweiligen Fürstentümer wurden stets durch das Recht des Stärkeren bestimmt. Prompt kam denn auch aus Samarkand Onkel Achmed Mirza, Fergana in sein Reich heimzuholen.

Zahiruddin erfuhr bei dieser Gelegenheit, »daß Gott mich liebt und meinetwegen schier Unfaßbares geschehen ließ«. Die Offiziere seines Vaters nämlich beschlossen, dem Jungen das Land zu erhalten – ein Kind als Herr war ja immer schon eine bequeme Angelegenheit. Eilig besserten sie die Festungsmauern aus. Onkel Achmed war immerhin nur noch einen Steinwurf entfernt, und Steine waren in jener Zeit die wichtigsten Waffen. Und noch ein Wunder geschah: Onkel Achmed wurde krank, mußte umkehren und starb gleich darauf. Zahiruddin verfaßte ihm eine Art Nachruf: »Er war groß, stämmig, trug seinen Turban in vier Falten, war ein frommer Gläubiger, würdiger Fürst, vollkommener Ignorant und unglaublicher Rüpel ...«

Thronfolger in Samarkand wurde Achmeds ältester Sohn, und der schickte Zahiruddin als Friedensgabe einige Mandeln und Pistazien aus purem Gold, überreicht von einer erstaunlich großen Gesandtschaft. Die Höflichkeit hatte Methode: Noch in derselben Nacht unternahmen die Gäste einen Überfall auf Zahiruddins Festung, doch wieder half Gott. In der Dunkelheit erschlugen die Feinde hauptsächlich einander. Zahiruddin aber gelobte, »mich von nun an möglichst an die Gebote des Koran zu halten, außerdem bei Geschenken, Essen und Trinken vorsichtig zu sein«.

Onkel Achmeds trickreicher Sohn machte sich jedoch auch bald in Samarkand unbeliebt, wurde höchstwahrscheinlich erschlagen, und Sultan wurde sein ehemaliger Wesir. Dies war ein Ärgernis für alle Timuriden. Sogar Zahiruddin brach mit einer kleinen Armee auf, Samarkand der rechten Familie heimzuführen. Vor den dicken Stadtmauern traf er vier Cousins, die dasselbe vorhatten. Einige Monate lagen sie alle vor der Stadt, die jeder allein haben wollte, plauderten auch fallweise miteinander, da aber der Usurpator fest auf seinem Thron saß, zogen die fünf Armeen bei Ausbruch der Winterkälte brav wieder heim.

Im nächsten Frühjahr kam Zahiruddin wieder, schlug sein Lager selbstbewußt an jenem Platz auf, von dem aus Timur einst die Stadt belagert hatte, und weiter geschah wieder nichts. Aus Samarkand kamen Händler, ihre Belagerer zu versorgen, und dabei lernten sie den dreizehnjährigen Zahiruddin genauer kennen. Einmal nämlich klagten seine Haudegen über Preistreiberei und bedienten sich bei den Händlern selbst, doch der Kleine konnte durchsetzen, daß alles geraubte Gut am nächsten Morgen zurückerstattet wurde.

Das sprach sich in Samarkand herum und trug im Herbst überraschende Früchte. Zahiruddin wollte gerade sein Lager abbrechen und nach Fergana heimkehren, als die Besatzung des Forts zu irgendeinem Kleingeplänkel im Westen ausreiten mußte. Flugs öffneten die Bürger die Stadttore, Zahiruddin zog ein, ließ sich huldigen, verkündete einen Steuernachlaß, und als am Abend die Herren von Samarkand in ihre Stadt wollten, waren sie ausgesperrt.

Der neue Herrscher war überglücklich: »Wenige Städte der bewohnten Welt sind so schön wie Samarkand. Im Volksmund heißt sie ›fette Stadt‹, denn noch nie wurde sie geplündert. Alexander der Große soll sie gegründet haben, und nun saß ich auf ihrem Thron! Die Festungsmauern sind zehntausend Schritt lang, und ich war sehr stolz.«

Allzulange nur konnte das Glück nicht währen. Als kleine Besatzungsmacht war der Junge auf das Wohlwollen der Städter angewiesen, und so herrschte seit der Steuersenkung in der Staatskasse Ebbe. Da er aber damit die Gehälter seiner Würdenträger nicht mehr zahlen konnte, machte sich ein Beg nach dem anderen davon. Und aus Fergana kamen schlechte Nachrichten: Der Usbekenkhan war drauf und dran, Zahiruddins Heimat seinem Reich einzuverleiben.

In dieser doppelten Bedrängnis erkrankte der Junge an einem Nervenfieber, und in dieser Zeit lief ihm der Großteil seiner verbliebenen Soldaten davon. Nun war Samarkand nicht mehr zu halten. Nach genau hunderttägiger Herrschaft mußte Zahiruddin die Märchenstadt verlassen, um wenigstens Fergana zu retten. Doch nach zwei Tagreisen kamen ihm Boten entgegen und meldeten, daß just am Tag seines Auszugs von Samarkand auch die letzte Festung Ferganas gefallen war.

Der knapp Vierzehnjährige saß nun zwischen allen Thronen. In Samarkand hatte der alte Usurpator wieder gemächlichen Einzug gehalten, in Fergana hatten die Usbeken einen Halbbruder Zahiruddins als Strohmann auf den Thron gehievt. »Das traf mich alles sehr hart, und ich konnte mir nicht helfen – ich mußte sehr viel weinen.«

Nur die winzige Festung Khuschand hatte er noch besetzen können, ein Viereck aus Lehmmauern, etwa fünfzig mal fünfzig Meter, leider im unfruchtbarsten Gebiet zwischen Fergana und Samarkand. »Fürwahr kein guter Ausgangspunkt in thronlosen

Zeiten. Nicht einmal Getreide für eine Woche war vorhanden, und meine Getreuen verliefen sich bis auf zwei-, dreihundert Mann.«

Mit denen begann nun Zahiruddin sein Territorium nach Art der Freibeuter zu vergrößern. »Meist ritten wir vor Tagesanbruch los, in irgendeine Richtung, etwa vierzig bis fünfzig Meilen weit. Sobald wir eine Festung sahen, gingen wir in Deckung und warteten bis zum Einbruch der Nacht. Dann stellten wir leise unsere Leitern an die Mauern und versuchten einzudringen. Nur allzu oft aber wurden wir dabei entdeckt und mußten flüchten.«

Als Erfolg wurde schon gerechnet, wenn ab und zu ein paar Schafe erbeutet wurden, und manchmal gingen solche Abenteuer auch schlimm aus: »An einem schneidend kalten Februarabend waren sieben meiner Leute in eine Festung gelangt, wurden dort aber überwältigt, ehe sie uns noch die Tore aufmachen konnten. Der Kommandant ließ meinen Freunden die Köpfe abschlagen und warf sie uns über die Mauer. Natürlich war ich sehr traurig, doch was sollte ich tun? Er war stärker und außerdem auch im Recht.«

Wer sich über diese Wild-Ost-Zustände wundert, möge bedenken, daß im Heiligen Römischen Reich Deutscher Nation zu jener Zeit keine anderen herrschten. Auch hier versuchten Provinzfürsten, durch wilde Belagerungen und kleine Räubereien ihre Territorien zu vergrößern. Goethes »Götz von Berlichingen« gibt eine anschauliche Schilderung jenes Chaos.

Zahiruddin immerhin hatte nach einem Jahr seinem Halbbruder so viele Festungen abgenommen, daß er auch einen moralischen Erfolg verbuchen konnte – ein Teil seiner Familie zog zu ihm: seine Mutter, seine Großmutter, einige Hofdamen und vor allem seine Verlobte. Seltsamerweise konnten sich Damen in jenen unsicheren Zeiten noch am sichersten durch die Lande bewegen, geschützt durch den Schleier, der in jenen Gegenden noch heute als bodenlanges, reichplissiertes Etwas mit einer Art Fliegengitter als Sehschlitz auftritt. Galant überließen die Haudegen den Damen das Fort und kampierten von nun an vor den Mauern, und die Damen dürften genügend Münzen und Schmuckstücke mitgebracht haben, um sogar in Khuschand etwas Lebensqualität zu ermöglichen. In kurzer Zeit entstand nämlich zwischen dem Lager der Männer und dem Fort der Damen ein improvisierter Bazar, und durch den bewegte sich im Januar 1500 der wohl nicht glänzende Hochzeitszug Zahiruddins.

Aischa Sultan Begum hieß seine erste Gemahlin, war gerade fünfzehn und natürlich eine Verwandte, Tochter eines Onkels, der vorübergehend in Samarkand zu herrschen geruht hatte. Liebe spielte von Anfang an keine Rolle und später erst recht nicht: »Ich fand sie nicht unleidlich, doch da dies meine erste Ehe war und ich sehr schüchtern und zurückhaltend, besuchte ich sie nur einmal in 10, 15 oder 20 Tagen. Später, als diese meine erste Leidenschaft nicht anhielt, wurde ich noch zurückhaltender. Dann ging ich nur, wenn meine Mutter mich schickte, einmal im Monat oder alle vierzehn Tage, und auch dann nur nach Schieben und Drängen, Streit und vielem guten Zureden.«

Die Gefühle des Sechzehnjährigen gingen andere Wege, und Zahiruddin beschreibt diese Verwirrung seiner Jugend mit einer Subtilität, die an Marcel Proust denken läßt:

»Damals wurde ich verrrückt nach einem Jungen im Lagerbazar, dessen Name Baburi (=Tigerchen) wahrlich zu ihm paßte. Bis dahin hatte ich mich zu niemandem hingezogen gefühlt und kannte Begriffe wie Liebe und Zuneigung nur vom Hörensagen, ohne jedoch selbst darüber zu sprechen. Nun begann ich plötzlich, Verse zu schreiben, gleich einen nach dem anderen. Von Zeit zu Zeit kam Baburi auch zu mir, doch außer mir vor Schüchternheit und Verklemmung, konnte ich ihn nicht einmal gerade ansehen – wie hätte ich da mit ihm reden sollen oder gar meine Verse vortragen? Vor lauter Freude und Aufregung konnte ich ihm nicht einmal für sein Kommen danken – wie hätte ich ihn da tadeln können, als er wieder ging? Was hätte ich ihm sagen können oder gar befehlen? In dieser Zeit der Sehnsucht und Leidenschaft geschah es, daß ich bei einem Spaziergang mit Freunden durch den Bazar plötzlich ihm gegenüberstand – völlig verwirrt rannte ich davon. Ihn nur gerade anzuschauen oder gar mit ihm zu reden war unmöglich. Als Verliebter wanderte ich, unter dem Druck der Dummheit meiner Jugend, barhäuptig, barfuß über Straßen und Wege, Hügel und Weingärten. Zu Freunden wie Fremden war ich unleidlich und achtete auch nicht auf mich selbst.

Sehnsucht quälte mich, der ich nicht wußte, daß es Liebhabern von Märchengesichtern so geht.«

Als der altgewordene Schwärmer seine Memoiren diktierte, versprach er im Vorwort, »die Wahrheit in jedem Punkt anzustreben und jede Handlung genau so festzuhalten, wie sie geschehen war«. Er scheint tatsächlich Wort gehalten zu haben, denn seine Memoiren sind die ehrlichsten, die je ein Mächtiger sich gestattet hat. Und so ergebnislos die Liebe des kleinen Prinzen zu dem Krämerjungen namens Tigerchen auch war – in seinem Leben hinterließ sie eine deutliche Marke: Freunde und später auch seine Feinde nannten Zahiruddin Mohammed ben Omar Mirza von nun an Babur, den Tiger.

»Dies Auf und Nieder meines Lebens«

Im Frühjahr 1500 hatte Babur seinem Bruder auch so viel Land abgenommen, daß auf beiden Seiten Familie und Offiziere zu einem Kompromiß drängten. Die wesentliche Voraussetzung war wohl, daß die Usbeken ihre Interessen gerade von Fergana auf Samarkand verlagert hatten und es ihrem Anführer Scheibani Khan auch gelungen war, die fette Stadt einzunehmen. Bei vielen Wasserpfeifen einigte sich also der Clan, daß vorerst jeder der Brüder die Hälfte Ferganas regieren solle, beide aber gemeinsam Samarkand erobern, das dann im Austausch gegen seinen Anteil von Fergana Babur allein zugefallen wäre.

Für Babur war dies ein willkommenes Geschäft – er selbst hatte gerade bei Kesch gelagert, als ihn dort die Usbeken verjagten. Und es kamen noch angenehmere Nachrichten: Aus Samarkand berichteten Baburs Spione von einer tiefen Unzufriedenheit der reichen Bürger mit ihren primitiven Herren und vor allem, daß Scheibani Khan, dieser Sache Rechnung tragend, sein Lager außerhalb der Stadt aufgeschlagen habe.

Heimlich zog Babur mit zweihundertvierzig Mann in die Nähe der Stadt. In einer mondlosen Herbstnacht schlichen seine Leute an die Mauern. »Um Mitternacht hatten wir unsere Leitern aufgestellt und kletterten beim Türkistor in die Stadt. So leise waren meine Soldaten, daß auch innerhalb der Festung niemand merkte, wie sie einstiegen. Sie erschlugen den Kommandanten und die Wachtposten, hieben das Tor mit einer Axt auf, und so hielt ich meinen Einzug. Die Städter schliefen noch, doch einige Kaufleute blinzelten aus ihren Läden, erkannten mich und machten Segenszeichen. Als wenig später diese Neuigkeiten durch die Stadt gingen, kam es zu einem richtigen Volksfest: Die Bürger von Samarkand töteten alle Usbeken, die sie auf den Straßen fanden, sie erschlugen sie mit Keulen und Steinen wie verrückte Hunde, insgesamt vier- bis fünfhundert. Ich selbst bezog mein Quartier auf dem Dach der Hochschule. Dorthin kamen sehr bald einige Honoratioren und Kaufleute, freuten sich, mich zu sehen, brachten etwas Essen, wünschten mir viel Glück und huldigten mir. Bei Tagesanbruch hörte Scheibani Khan, was geschehen war, und kam mit etwa 140 Leuten. Da jedoch die Stadttore gut verschlossen waren, ritt er verärgert wieder ab.«

Einen ganzen Winter lang ließ sich nun Babur in Samarkand huldigen. Er gab ein Fest zur Geburt seiner ersten Tochter – das Mädchen wurde leider nur einen Monat alt – , doch im Frühling kam Scheibani Khan wieder, mit einer richtigen Armee, und begann, Samarkand zu belagern.

»Es war in jener Zeit nicht sehr angenehm, in der Stadt zu weilen«, notiert Babur. Die Begeisterung der Kaufleute verflog schnell, als sämtliche Handelswege blockiert waren, und mehr noch machte Hunger der kleinen Garnison zu schaffen. Es kam kaum zu Kämpfen, wenn auch Babur behauptet, von seinem Quartier auf dem Dach der Universität aus »mit der Armbrust ganze Arbeit« geleistet zu haben. Scheibani Khan wußte, daß die Zeit für ihn arbeitete. Baburs Leute mußten bald das Fleisch von Eseln und – für gläubige Moslems besonders widerwärtig – von Hunden essen, die sonst in Asien nur die Straßenreinigung besorgen. Da hatten es die Pferde mit einer Diät aus gekochtem Holzbrei und Ulmenblättern noch vergleichsweise gut. Im Laufe der Zeit bekamen immer mehr Abenteurer von der Sache genug. Paarweise verließen sie die Festung, »um vielleicht ein paar Schafe zu erbeuten«, und waren nimmer gesehen.

Nach dreieinhalb Monaten mußte sich Babur »zu einer Art Frieden« entschließen. In einer mehr als improvisierten Hochzeitszeremonie verehelichte er seine Schwester Khansada dem rauhen Usbekenhäuptling, der nun sogar etwas wie Adel vorweisen konnte. Am

17. Juli 1501 rüstete Scheibani Khan in einem von Timurs Gärten zur Hochzeitsnacht. Währenddessen stahlen sich Babur, seine Familie und etwa zwanzig verbliebene Gefolgsleute aus der Stadt, wieder einmal um Mitternacht.

Zweimal schon hatte Babur Samarkand erobert und wieder verloren – und war erst achtzehn. Nicht nur für die Länder der Steppe war er damit als Fürst volljährig. Zweifellos hatte er schon vorher gelernt, Aktionen zu planen und auszuführen, doch blieben seine Begs, eine Art grauer Eminenzen, im Hintergrund. Obwohl es Babur nicht erwähnt, dürfte hier die Ursache für den Exodus seines früheren Hofstaates zu suchen sein: Der adelige Junge war erwachsen, und das war das Ende für die Selbstherrlichkeit seiner Offiziere. Fast jedoch auch Baburs Ende: »Für die nächsten drei Jahre schien der Stern meines Glücks unter den Horizont geschwunden.«

Ziemlich gleichzeitig mit Samarkand ging nämlich auch Fergana verloren. Während Scheibani Khan Babur belagerte, fiel dort ein Usbeke namens Tamal ein, ein besonderes Rauhbein, dessen Name bereits wilde Panik auslöste. Zwar meinte der Festungskommandant von Akschi: »Wenn ihr euch fürchtet, ihn zu sehen, verbindet euch doch einfach die Augen und greift so an!«, doch auch dieser Rat wurde nicht befolgt, und so wurden die Timuriden aus Timurs Kernland vertrieben, für immer übrigens.

Zunächst unternahm Babur einige Verwandtenbesuche, hauptsächlich zu mongolischen Onkeln, die in der Nähe von Taschkent hausten. So zerstritten die Familie auch war und so bereit, sich um winzige Fürstentümer zu bekämpfen – Prinzen, bei denen man sicher war, daß sie einem nicht an den Thron wollten oder konnten, durften stets auf großzügige Gastfreundschaft rechnen. Doch Babur haßte diese Rolle eines armen Vetters zutiefst. Immer wieder ritt er mit einer kleinen Schar gen Fergana, um nach bewährter Methode ein paar Dörfer zu besetzen. Doch diesmal blieb er glücklos.

Eine kleine Bemerkung zeigt, wie es dem Zwanzigjährigen in seinen »thronlosen Zeiten« ging: »An eine Wiedereroberung von Akschi war nicht zu denken. Unsere Pferde hatten seit zwei Tagen kein Korn gehabt, und das Gras war alles von der Sonne verbrannt. Mit Mühe konnte mein Großwesir bei einem Bauern einen Napf Hirsebrei für mich auftreiben ...«

Die nächsten drei Jahre war Babur kaum mehr als ein Viehräuber. Zwar konnte er mit einigem Recht als Fürst von den ihm einst eigenen Ländern manchmal ein paar Schafe fordern, doch die Bauern und Nomaden hatten mittlerweile andere Herren, und so mußte Baburs Haufen »den Tribut meist heimlich in der Nacht eintreiben«. Zwei- bis dreihundert Leute aber zogen immer mit ihm, Abenteurer, die sich von dem klugen jungen Mann noch einiges erhofften. Denn Babur genoß in der Steppe einen guten Ruf: »Ich hatte früh schon beobachtet, daß man mit Ehrlichkeit und Gerechtigkeit oft weiter kommt als mit Gewalt und List, und ich versuchte, so gut das ging, diese Erfahrung selbst anzuwenden.«

Doch ehrlich währt der Weg zum Thron am längsten, und Baburs Heerlager muß einen kläglichen Anblick geboten haben: Zwei Zelte nur waren vorhanden, eines davon noch halbwegs wetterfest. Das überließ er seiner Mutter, die mit ihm gezogen war und nun die Feldküche leitete. Babur selbst hielt unter einem Zeltdach hof, dessen Seitenteile und Seidenvorhänge längst abhanden gekommen waren. Die Kavallerie bestand aus fünfzehn Mann, dazu kamen noch drei Packpferde und ein Dutzend Esel. Nur jeder sechste Soldat hatte ein Schwert, alle anderen waren mit Steinen und Knüppeln ausgerüstet. »Manchmal dachte ich mir, daß dieses Herumziehen von Berg zu Berg, ohne Heimat und Haus, nichts ist, was man anderen empfehlen sollte.«

In dieser Umgebung ließ Babur an seinem dreiundzwanzigsten Geburtstag den Barbier kommen. Dies war beileibe kein alltägliches Ereignis – bis zu diesem Tag ließen Fürstlichkeiten der Steppe den Bart wachsen, wie es Gott gefiel, und wenn sie das erste Mal unter das Schermesser kamen, war dies ein Fest – am ehesten Krönungen in unseren Breiten vergleichbar. Das heißt natürlich: Es war auch Anlaß zum Verteilen und Empfangen von Geschenken. In Baburs Fall hielt sich dieser Programmpunkt in Grenzen, und so entschloß sich der heimatlose Tiger, endgültig das Land seiner Väter zu verlassen und im persischen Chorassan Exil zu suchen.

Da bereitete ihm Allah eine Geburtstagsüberraschung: Ein angereister Verwandter berichtete, daß zu Kabul gerade ein Thron frei sei. Vor kurzem hatte dort noch ein Timuride geherrscht, ein Kind allerdings. Und ein Nomadenhäuptling aus Kandahar hatte die

Stadt im Handstreich genommen, mit nicht mehr Männern, als Babur für Samarkand gebraucht hatte. Gegen derlei empörte sich des Tigers timuridischer Gerechtigkeitssinn, »und ich beschloß, Kabul einem rechtmäßigen Eigentümer zuzuführen, nämlich mir selbst«.

Nun amortisierte sich der gute Ruf, der Babur auch in seinen schlimmsten Zeiten gefolgt war – innerhalb von wenigen Tagen verzehnfachte sich seine Streitmacht. Ganze Truppenteile rannten ihren sonstigen Herren davon – da sich für Babur eine Chance zeigte, schien Krieg auf seiner Seite ein gutes Geschäft, wohl wert, sich selbst zu investieren.

Zufällig kampierte in Baburs Nähe auch der alte Thronräuber von Samarkand, der des Tigers Jugend so verbittert hatte, und auch er bot sofort seine Dienste an. Das war nicht ungewöhnlich – es gab in jenen Zeiten wohl keine Feinde, die nicht auch einmal Verbündete geworden wären. Ungewöhnlich war nur, daß Babur das Angebot ablehnte und daraufhin die Armee des alten Erzfeindes geschlossen zu ihm überlief.

Langsam marschierte die nun schon ganz ansehnliche Streitmacht südostwärts. Babur hatte einige Mühe, die ihm gewohnte Ordnung auch unter den neuen Verbündeten herzustellen – beim Volk war er nur beliebt, weil es unter seinem Kommando nie zu wilden Plünderungen oder Räubereien kam. Seine neuen Soldaten konnten sich an diese ihnen neue Zucht erst gewöhnen, als Babur einige der wildesten einen Kopf kürzer machen und ein gutes Dutzend anderer totprügeln ließ.

Mitte Oktober 1504 besetzte Babur ohne den geringsten Widerstand Kabul. Seine Gegner zogen vor, sich zurückzuziehen, und »so ergab sich, daß der wichtigste Schritt meines Lebens der leichteste war«.

Das Glück von Kabul

Im Grunde ist Kabul nur ein relativ schmales Tal am Oberlauf des gleichnamigen Flusses, in das zwei noch schmälere Seitentäler münden, umzingelt von den braungebrannten Höhen des Hindukusch, dessen wildgezackte Felskämme an die Schuppenpanzer urzeitlicher

Echsen erinnern. In der Zitadelle auf dem Zwei-Adler-Berg bezog Babur Quartier, gerade oberhalb des Bazars.

Bald merkte der Tiger, daß er Herrscher einer wirklichen Weltstadt geworden war: Kabul war die wichtigste Handelsstation auf dem Landweg nach Indien, und beeindruckt zählte Babur, daß aus dem Westen zwischen acht- und zehntausend Pferde pro Jahr, aus Indien sogar mehr als zwanzigtausend kamen. Gehandelt wurden Sklaven, Zucker, Baumwolle, Gewürze und die Luxusgüter Persiens, Indiens und Chinas. Höchstes Erstaunen erregte, daß auf dem Markt mindestens zehn Sprachen kursierten und sich die Krämer selten mit einem Schnitt unter fünfhundert Prozent zufriedengaben.

Nur mit der Qualität der Melonen war er nicht zufrieden. Die einzigen, die er halbwegs erträglich fand, waren aus persischen Samen gezüchtet. Wohlgefällig hingegen betrachtete er die vielen den Bergen abgetrotzten Gärten und die beiden großen Wiesenflächen, die wunderbarerweise in dem engen Tal Platz gefunden hatten – »die eine ist eine hervorragende Pferdeweide, die andere zwar auch grün, jedoch von vielen störenden Moskitos heimgesucht«. Die Gegenwart hat in das graubraune Lehmlabyrinth Kabul zwei ebenso häßliche wie praktische Schneisen geschlagen, und wo einst die Moskitos schwirrten, hocken nun Hippies, in Kabuls Neustadt, gleich hinter dem Regierungsviertel. Sonst hat sich nicht allzuviel geändert, am wenigsten die Praktiken der Händler. Die meisten sind Paschthuni und Pathanen, ein hochgewachsener, überaus herzlicher Menschenschlag, voller Humor, der allerdings bei Geschäften schlagartig aufhört. Zahiruddin ist dort heute noch ein häufiger Name, und als die Engländer Anfang des letzten Jahrhunderts Baburs Zitadelle zerstörten, ließen sie wenigstens einen Mauerrest stehen – mit dem Vers, den Babur nach seinem Einzug dichtete und einmeißeln ließ:

»Trink Wein im Schloß von Kabul und laß den Becher stets kreisen,
Denn Kabul ist Bergland, ist Fluß, ist Stadt und ist Garten zugleich.«

Obwohl Alkohol für gläubige Moslems streng verboten ist, trank Babur gern und viel. Schließlich ist Al-kohol ein arabisches Wort und bedeutet »das Edelste«. Der Wein allerdings, mit dem sich Babur »über die Fährnisse der thronlosen Zeiten tröstete«, war nicht aus Trauben gewonnen – die Turki gelten zu Recht als Erfinder des Apfelweins, den sie Cidar nannten. Von ihnen lernten die Kreuzfahrer diese geistvolle Verwendung von Fallobst, und daran erinnert das englische Wort Cider ebenso wie das französische Cidre. Daß man Wein auch aus Trauben herstellen kann, erfuhr Babur erst in Kabul, und genießerisch notierte er die Eigenheiten einiger Lagen: »Die Weine von Kabul steigen schnell zu Kopf; berühmt für ihre Schwere sind auch die von den Hügeln um Kwaja Khawand Sa-id.« Später, vor einer entscheidenden Schlacht, gelobte er öffentlich, nie wieder Wein zu trinken, und daher beschließt er diese Abhandlung in seinen Memoiren mit der neckischen Passage:

»Eigentlich müßte ich sagen, daß ich das alles nur vom Hörensagen weiß und das Lob anderer Sünder wiederhole –
Nur Trinker wissen, wie herrlich der Wein schmeckt;
Wie soll ein Anständiger das auch nur ahnen?«

Babur hielt das Gelübde auf seine Weise: in späteren Jahren trank er nur noch Schnaps.

Überhaupt nahm es Babur mit den Geboten des Korans nicht sehr genau. Geradezu leidenschaftlich gern ließ er sich porträtieren und beschäftigte dazu in Kabul einige der besten Maler seiner Zeit. So wissen wir auch genau, wie er aussah. Einen Meter sechsundsiebzig war er groß, für seine Zeit ganz beachtlich, hielt sich im Gegensatz zu seiner übrigen Verwandtschaft bemerkenswert schlank und trug sein Gesicht von einem schmalen, stets gepflegten Bart gerahmt. Seine Kleidung war etwas ungewöhnlich und dürfte eine Ableitung der mongolischen Mode gewesen sein: Die Hosen waren unten hauteng und oben etwa zwei Meter weit, also »sehr bequem, da die Natur darin frei schlenkern konnte«. Darüber trug er ein fast knielanges Hemd, tailliert und mit Bändern an Schulter und Hüfte geschlossen. Bei kühlem Wetter kam noch ein bestickter Kaftan oder ein Pelzmantel mit fast bodenlangen Ärmeln hinzu. Die Sommertracht hat sich bis heute gehalten, allerdings in einem Land, das Babur nie betrat, dem kleinen Himalajastaat Nepal.

Baburs wahre Leidenschaft aber galt dem Gartenbau, dem er sich nun, nach acht Jahren ruheloser Wanderschaft, ausgiebig widmen konnte. Nicht weniger als acht Gärten ließ er in der Umgebung

Kabuls anlegen, und stolz berichtet er, daß er »die ersten Bananenstauden und das erste Zuckerrohr des Landes eigenhändig pflanzte«.

Für eine glänzende Hofhaltung, wie Babur sie sich vorstellte, reichte allerdings weder dies noch das Steueraufkommen von Kabul. Zwar war die Stadt reich, doch Babur begnügte sich mit zwanzig Prozent, und damit konnte er keine Armee durch einen langen Frieden füttern. Daher fiel der Tiger mit den Seinen immer wieder in die Herden anderer Kleinfürsten und kehrte nach einem dieser Raubzüge mit nicht weniger als hunderttausend Schafen heim.

Währenddessen jagte Scheibani Khan im Norden einen Timuriden nach dem anderen aus ihren Fürstentümern, und alle fanden großzügige Gastfreundschaft »auf dieser Insel Kabul«. Ein Neffe namens Haidar erhielt von Babur zu seinem neunten Geburtstag Geschenke, wie sie einem prinzlichen Schuljungen angemessen waren: eine Buchstütze mit Perlmutt-Einlagen, ein schöngeschriebenes Alphabet mit Goldlettern und eine mit Halbedelsteinen besetzte Schreibgarnitur. Später dankte Haidar dem Tiger, »daß er mich all die Zeit hindurch, sei es durch freundliche Versprechungen oder strenge Drohungen, zum Studium angestachelt hatte«. Mit Erfolg, denn Haidar eroberte nicht nur die Täler von Swat und Kaschmir, sondern wurde auch ein ernstzunehmender Gelehrter und verfaßte mit dem Tarik-i-Raschidi ein hervorragendes Geschichtsbuch der Timuriden. Dort führt er auch den Lehrplan auf, den ihm Babur zu Kabul erstellt hatte und der einen guten Überblick gibt, was ein echter Nachkomme Tamerlans alles zu können hatte: »Die Kunst des Schönschreibens, des Lesens, des Verseschmiedens, Briefschreibens, des Malens und der Illustration; das Handwerk der Siegelgravur, Goldschmiede und Juweliere, Sattler und Harnischmacher; das Herstellen von Pfeilen, Speerspitzen und Messern; Staatskunde und Wirtschaftslehre, das Planen von Feldzügen und Raubüberfällen; Bogenschießen, Jagd, das Abrichten von Falken und vieles andere mehr, was man beim Regieren eines Königreiches brauchen kann«.

Leider nur mangelte es nun schon fast allen Timuriden an Königreichen, und deshalb kam es am 26. Oktober 1506 bei Bahmian in

Zentralafghanistan zu einer regelrechten Familienkonferenz »auf vier gleich großen Diwans in einem sehr angenehmen Zelt«. Einziger Tagesordnungspunkt war Scheibani Khan. Der Ernst der Lage läßt sich daraus ersehen, daß Babur bei einer eigens für ihn veranstalteten Weinparty keinen Tropfen trank. Man einigte sich zu größerer Einigkeit – eine Leerformel, die über die allgemeine Hilflosigkeit hinwegtrösten sollte –, und um dieses zu beweisen, besuchte Babur anschließend Herat, den einzigen Timuridenhof, der seinen an Glanz übertraf, »ganz abgesehen davon, daß es in der ganzen Welt keine vergleichbare Stadt gibt, da nicht einmal zehn oder zwanzig Städte so viele Herrlichkeiten haben«.

Von seinen Cousins war er weniger beeindruckt – »sie sind angenehm und freundlich, gute Gesprächspartner und Gastgeber, verstehen aber von Krieg und Wirtschaft überhaupt nichts« –, machte aber allen in Herat versammelten Tanten seine respektvollste Aufwartung, ehe er sich mit gewohnter Neugier in der Stadt umsah und eine vollständige Liste aller Sehenswürdigkeiten verfaßte.

Nachdem er vierzig Tage im »Herz-der-Welt-Garten« kampiert hatte, brach er wieder Richtung Kabul auf und wollte gerade einen kleinen Raubzug gegen die Turkmenen führen, als ihn bedenkliche Nachrichten von daheim erreichten: Sein Cousin, den er in Kabul als seinen Stellvertreter eingesetzt hatte, »war untreu geworden und hatte diese herrliche Gelegenheit für einen Putschversuch genutzt«. In heftigem Schneetreiben ritt Babur nach Kabul und war innerhalb weniger Tage wieder Herr der Lage. Seine Position war mittlerweile so stark, daß er sich's leisten konnte, den ungetreuen Cousin nur mit mildem Hausarrest zu bestrafen.

Schlimmer traf ihn die Nachricht, daß Scheibani Khan kurz nach Baburs Besuch auch Herat erobert hatte. Von nun an nannte sich der Tiger Padschah, Kaiser, und dieser großspurige Titel hatte sogar einige Berechtigung, war doch Babur nun der einzige Timuride, der noch wirklich ein Stück Land regierte. Um dieses zu erhalten, ließ Babur nun die Befestigungen Kabuls erheblich verstärken - es war vorauszusehen, daß Scheibani Khan auch einmal über ihn herfallen werde.

Doch der Usbeke eckte zunächst westwärts an, bei Schah Ismael, dem Gründer der Sawafiden-Dynastie, der eben aus Persien ein gar mächtiges Reich gebosselt hatte. Die Kriegserklärung war ein Geschenkaustausch auf diplomatischer Ebene: Scheibani Khan sandte dem Schah eine Bettlerschale, und der revanchierte sich mit einem Spinnrad. Diesmal aber war der Usbeke an einen ebenbürtigen Gegner geraten, und nach dreijährigem Hin und Her wurde Scheibani Khan in einem Viehhof bei Merw zur Strecke gebracht. Am 2. Dezember 1510 ließ der Schah den Leichnam zerstückeln und die Teile in alle Städte seines Reiches zur Schaustellung schicken. Aus dem Schädel aber wurde ein Trinkgefäß verfertigt, aus dem Schah Ismael bis an sein Lebensende trank und das zuletzt im Besitz Resa Pahlevis war, wenn auch nicht mehr benützt wurde.

Zur Kriegsbeute gehörte auch Baburs Schwester Khansada, die der Schah samt Ehrengarde und einigen Geschenken nach Kabul sandte. Babur nämlich schien ihm von Nutzen, war er doch der einzig legitime Thronprätendent für die nun frei gewordenen Länder Samarkand und Fergana. Selbstlos versprach der Schah, dem Tiger eine Invasionsarmee zu borgen. Nur eine kleine Bitte hatte er: Babur sollte doch zum schiitischen Glauben übertreten.

In Persien lebten überwiegend Schiiten, während die Turki treue Sunniten waren. Beide waren fromme Moslems, doch untereinander verfeindet wie in unseren Breitengraden und zu jener Zeit Katholiken und Protestanten. Babur dachte da großzügiger. Ohne Zögern setzte er sich die spitze Schiitenkappe auf, musterte seine persischen Hilfstruppen und ritt gen Buchara und Samarkand.

Die Bevölkerung begrüßte seinen Feldzug wie eine Befreiungsaktion, und bei diesem Rückhalt konnte Babur seine persischen Gehilfen schon vor der Einnahme Bucharas entlassen. Sein Einmarsch in Samarkand am 12. Oktober 1511 wurde ein Triumphzug. Die Häuser waren mit Brokaten und Bildern behängt, und im lauten Jubel der aufgeregten Sunniten störte nur Baburs Schiitentracht. Zunächst wurde sie noch großmütig übersehen – die Sunniten glaubten, der Tiger würde diese Maskerade bald wieder ablegen. Doch Babur zögerte. Die Usbeken schienen ihm immer noch zu stark, um auf persischen Rückhalt vollends verzichten zu können. Da begannen die Mullahs in den Moscheen gegen ihn zu predigen. Doch auch der Schah grollte, daß Babur die Sunniten nicht – wie erwartet – verfolgte. »So geriet ich allmählich in ziemlich trübe Stimmung, als wie ein klärendes Gewitter die Usbeken kamen und Samarkand erneut eroberten.« Traurig kehrte Babur nach Kabul heim. Dreimal hatte er Samarkand besessen und wieder verloren. Nun gab er die Sache auf.

Sein Hauptinteresse galt fortan einer Wunderwaffe, die er das erste Mal bei der persischen Armee gesehen hatte und von der er sofort tief beeindruckt war: Ein Metallrohr, an einem Ende bis auf ein kleines Löchlein dicht, zu einem Teil gefüllt mit einem Gemisch aus Salpeter, Holzkohlenstaub und Schwefel, sodann mit einem Stein und etwas Lehm gestopft. Hielt man ein brennendes Holzscheit an das kleine Löchlein, ging die Sache mit Getöse los und konnte viel Schaden stiften, wobei nicht immer geklärt war, ob der Aufenthalt vor oder hinter dem Gerät gefährlicher sei. Eigentlich war die Sache in Europa entwickelt worden und hatte dort geholfen, Kämpfe unerhört blutig zu gestalten und selbst starke Festungsmauern zu knacken. Ein christlicher Mönch hatte angeblich das explosive Pulvergemisch entdeckt, als Nebenprodukt vergeblicher Versuche, Gold herzustellen. Doch Berthold Schwarz hat das Pulver nicht erfunden – ein gutes Jahrtausend davor schon kannten es die Chinesen, verwendeten es aber nur, in Töpfe abgefüllt, zu Bomben. Der breite, kurzrohrige Mörser wurde in Europa erfunden, und buchstäblich gleichzeitig kreierten die osmanischen Türken die lange, schlanke Kanone. Damit lagen die Türken militärtechnisch eindeutig in der Führung, und von ihnen kaufte Babur 1514 ein Dutzend Kanonen sowie einen Fachmann, Ustad Ali, der sie bedienen und auch neue gießen konnte. Von nun an nannte sich der Tiger stolz »Babur Padschah, Eigentümer der ersten Artillerie im Königreich Kabul«.

Sehr ernst wurde die Wunderwaffe zunächst nicht genommen. Die Turkmenen, gegen die sie zuerst zum Einsatz kam, lachten nur und reagierten mit obszönen Gesten – kein Wunder, denn gegen Kavallerie richteten die Kanonen außer Getöse keinen Schaden an –, doch Babur blieb konsequent und vergrößerte seine Artillerie ständig. Schließlich wollte er sein Reich ausdehnen, nun aber nicht mehr gen Norden, sondern nach Südosten – Babur plante, Indien zu erobern.

Eine seiner ersten Kanonen steht übrigens noch heute in der Zitadelle von Kabul. Seit Baburs Zeiten diente sie als eine Art Uhr: ihr Schuß zeigte täglich die Mittagsstunde an. Nun ist sie allerdings in Pension, nachdem sie ihren letzten Schuß zu ungewohnter Stunde abgab – 1973, als Auftakt zum Sturz des letzten afghanischen Königs.

Ausflüge in künstliche und andere Paradiese

Eigenartig erscheint, daß der Tiger zwar gut dreißig Damen in seinem Harem hielt, mit ihnen aber nur vier Söhne und sechs Töchter zeugte. Das Argument, er habe sich durch seine vielen Kriege nicht so intensiv mit dem Harem beschäftigen können, ist mit Sicherheit nicht stichhaltig. Wahrscheinlich ist eher, daß im Stall von Baburs Steckenpferden Sex erst ziemlich am Schluß rangierte. Diese Eigenheit teilt er mit vielen Eroberern. Alexander der Große konnte mit Frauen gar nichts anfangen, und die Vaterschaft an seinem postum geborenen Sohn ist mehr als zweifelhaft. Cäsars einziger Sohn – sieht man von Spekulationen im Falle Brutus ab – stammte von Kleopatra. Nun ja, beide waren homosexuell. Doch auch über Napoleon gibt es nur eine kleine Handvoll Geschichten, und selbst die sind bemerkenswert unerotisch und ungalant – »Sagen Sie der Dame, sie soll sich bereits ausziehen.« –, und auch zu Hitler fällt Bettschnüfflern außer seiner Cousine Geli Raubal nur Eva Braun ein. Vor allem Freudianer verweisen gern auf diese Schwachstellen großer Militärs und meinen, der überentwickelte Drang nach welthistorischer Größe hänge innigst mit jener Unterentwicklung zusammen, und Babur ist keine Ausnahme jener Regel.

Homosexuell war der Tiger jedenfalls nicht – er hätte sonst mit der ihm eigenen Gründlichkeit und Genauigkeit sämtliche Erlebnisse festgehalten. Nach seinem ersten, unerfüllten Abenteuer dürfte er diese Möglichkeit zu den Akten gelegt haben, doch zeit seines Lebens fühlte er sich in Männerrunden am wohlsten, und die einzige Frau, die ihm wirklich etwas bedeutete, war seine Mutter.

Der wahre Grund seiner sexuellen Enthaltsamkeit dürfte viel einfacher sein: Die innigste Beziehung in Baburs Leben galt Rauschmitteln, und Historiker anerkennen ihn als unbestrittenen Experten in Sachen künstlicher Paradiese.

An Alkoholika konsumierte der Tiger, was in seine Reichweite kam, von Obstwein über Wein, Branntwein, Reisschnaps, Palmwein, Dattelschnaps, Rum bis hin zu aus China importierten Likören und selbstgemischten Cocktails. Der besondere Genuß dürfte für ihn dabei die Unanständigkeit dieser für Moslems verbotenen Sache gewesen sein – immer wieder berichtet er, daß er und seine Kumpane sogar Priester zum Saufen nötigten, und seine Lieblingsgeschichte handelt von einem bösen Emir, der seine tugendhafte Schwester mit einer Flasche einsperrt und ihr, als sie zu verhungern vorzieht, das verbotene Naß gewaltsam in den Mund gießt.

Mindestens ebensogern aber hatte er eine Droge, die er Maschoun nennt und die unter diesem Namen noch heute in der islamischen Welt bekannt ist. Ihr wesentlicher Bestandteil ist ein Hanfprodukt, nämlich das Harz der Pflanze, gemeinhin Haschisch genannt, von Babur aber Malla, Köstlichkeit. Wird diese in Afghanistan schwarzbraune, leicht bittere Masse mit Dörrobst und Honig zu einer Art Konfekt verkocht, ergibt sie Maschoun. Babur schildert seine Wonnen einmal auf fast moderne Art: »Als es zu wirken begann, setzten wir uns auf eine Wiese und gaben uns dem Anblick der Blumen hin. Ich fühlte mich sehr weich und leicht, fast in Musik aufgelöst, dachte in Farben, und der Lauf der Zeit schien aufgehoben. Ich glaube, unsere Gespräche schienen philosophisch …«

Eine bedenkliche Liebe zu Rauschmitteln scheint der ganzen Sippe eigen zu sein. Baburs Bruder Dschahangir, mit dem er eine Weile Fergana geteilt hatte, starb im Delirium tremens, und die weitere Geschichte der Dynastie ist eine bunte Fallsammlung in Sachen Alkohol, Haschisch und Opium. Babur selbst scheint über seine Veranlagung zur Sucht Bescheid gewußt zu haben, denn früh schon hatte er sich eine Art Fahrplan auferlegt: Samstag, Sonntag, Dienstag und Mittwoch soff er, Montag, Donnerstag und Freitag waren für Haschisch reserviert. Und Opium, das in seinem Herrschaftsgebiet reichlich gewonnen wurde – und auch heute noch wird –, lehnte er kategorisch ab.

Gelegentlich gestattete er sich Ausnahmen von dieser Regel, so am 5. März 1519. Er war gerade auf einem kleinen Beutezug in Nordpakistan und hatte von der Geburt seines vierten Sohnes erfahren, den er zur Erinnerung an diesen »Indienfeldzug« Hindal nannte. »Am Morgen machten wir einen Ausflug und nahmen ein Boot. Mit von der Partie waren Kwadschah Dist Khawand, Khusrau, Mirim, Mirza Kali, Muhammed, Achmed, Ali, Geddai, Namam, Langar Khan, Rauhdam, der Opiumfresser Kasim Ali, Jussuf Ali und Tingri Kali. Am Bug des Bootes war eine Plattform mit Zeltdach, wo ich mit einigen Gefährten saß; Muhammed, Geddai und Namam saßen beim Heck. Bis zum Mittagsgebet tranken wir Arrak, doch dann schmeckte uns vorne das Zeug nicht mehr und wir zogen Maschoun vor. Die am Heck aber bemerkten das nicht mehr und soffen weiter. Beim Abendgebet verließen wir das Boot und kamen spät ins Lager. Muhammed und Geddai, die nicht wußten, daß ich voll Haschisch war, wollten mir eine Freude machen und kamen mit einer Riesenflasche Arrak in mein Zelt: ›Sieh, was für eine Arbeit wir uns angetan haben! Die stockdunkle Nacht hat uns nicht abgeschreckt, dir was zu trinken zu bringen.‹ Als sie merkten, daß wir nicht trinken wollten, sondern auf Haschisch waren, taten sie sehr verärgert – ach ja, Alkohol und Haschisch vertragen sich nicht! –, bis ich sagte: ›Das ist doch kein Grund, die Party zu beenden. Wer trinken will, kann trinken. Wer Haschisch mag, soll es nehmen, aber die eine Partei soll die andere nicht beleidigen.‹ So wurde getrunken und Haschisch gegessen, und eine Weile ging alles ganz gut. Doch Haschisch und Alkohol vertragen sich nicht, und nach einer Weile waren etliche so betrunken, daß sie wild auf uns Haschischesser zu stänkern begannen. Nicht einmal ich konnte sie mehr zur Räson bringen, und als die Schreierei schon im ganzen Lager zu hören war, wurde mir die Sache unerträglich, und ich warf alle aus meinem Zelt«.

Die erstaunliche Toleranz solchen Entgleisungen gegenüber ist charakteristisch für Babur, und in ihr lag ein Gutteil seines Erfolges. Er konnte seine Offiziere und Soldaten nicht besser bezahlen als andere Fürsten, eher schlechter, doch die Distanz zwischen ihm und seinen Untergebenen war erstaunlich gering, und das machte ihn so beliebt. Nur äußerst selten ließ er seine Soldaten den Sold durch Plünderungen aufbessern und war in Disziplinfragen unnachgiebig streng, doch seine Offenheit und Einfachheit bewirkte, daß es nie zu Desertionen oder Meutereien kam. Selten nur trat er als Fürst auf und auch dann meistens nur, um großzügige Geschenke zu machen, hauptsächlich Ehrenkleider, die als sichtbares Zeichen der Gunst natürlich besonders beliebt waren. Im Alltag und erst recht im Feldlager war er eher der »gute Kumpel«, dem auf die Schulter zu klopfen nur der Respekt verbot, der von seinem Wissen und Können ausging. Seine Leutseligkeit, die ihn heute noch eine legendäre Figur Asiens sein läßt, entsprang jedoch weniger klarem Kalkül als seiner Leidenschaft für den Rausch.

Typisch für ihn sind nicht nur die rastlosen Versuche, sein Herrschaftsgebiet zu vergrößern, sondern ebenso Ausflüge wie dieser in der Novembermitte 1519:

»Am Samstag ritt ich um Mitternacht allein aus Kabul los, nachdem ich noch die Nachtwachen inspiziert hatte. Um Sonnenaufgang kam ich zu einem Haus, das dem Dorfverwalter Tardi Beg gehörte. Ich wußte, daß er arm war, und hatte hundert Silbermünzen mitgebracht. Die gab ich ihm und sagte, er solle Wein besorgen und alles, was man für eine Party braucht. Während er Wein holen ging, schickte ich seinen Diener mit meinem Pferd auf die Weide und setzte mich auf den Hang hinter seinem Haus. Um neun Uhr brachte er einen Krug Wein, und wir begannen zu trinken. Sehr bald kamen seine Nachbarn, die ihn Wein holen gesehen hatten. Sie kannten mich nicht, und wir luden sie ein. Später sagte Tardi Beg: ›Meine Frau Aniga würde gern mit dir trinken.‹ Da meinte ich: ›Eine Frau habe ich noch nie trinken sehen – laß sie kommen.‹ Bald kamen noch andere Leute aus dem Dorf und sogar ein Musiker, und so feierten wir hinter dem Haus bis zum Abendgebet, anschließend tranken wir im Haus bei einer Öllampe noch bis zum Nachtgebet. Die Party war sehr frei und erholsam. Ich legte mich dann hin, und die anderen gingen ins Nachbarhaus, wo sie bis Mitternacht tranken. Aniga kam zu mir und wurde ziemlich lästig, doch ich wurde sie los, indem ich mich völlig betrunken stellte. Am nächsten Morgen kam mein Pferdeknecht aus Kabul, um mich abzuholen, doch wir ritten weiter bis Istalif, aßen eine Kleinigkeit und gingen etwas im Wald spazieren. Bei Sonnenaufgang kamen wir zu einem Weingarten mit herrlichen Trauben. Dann rastete ich eine Weile im

Haus eines Leibeigenen. In der Nähe war wohl ein Weinbauer, denn als ich erwachte, hatte mein Knecht einen Krug herrlichen Wein aufgetrieben. Etliche Becher später ritten wir weiter und rasteten erst in einem herrlich herbstlichen Garten, wo wir bis zum Nachtgebet tranken – im Laufe des Tages waren nämlich einige Offiziere zu uns gestoßen. Eigentlich hätten sie mich suchen sollen. Am Montag, da Haschisch an der Reihe war, zogen wir in einen anderen Garten. Dort hatte ein kleiner Apfelbaum ein wunderschönes Herbstkleid angelegt: An jedem Zweig waren nur fünf oder sechs Blätter geblieben, fast symmetrisch und von einer Farbe, wie sie kein Maler so schön hinzaubern könnte. Bei Sonnenuntergang ritten wir in ein Dorf und tranken noch im Haus eines Knechtes, doch am Dienstag kehrten wir dann alle nach Kabul zurück ...«

Der langsame Weg nach Indien

Das abenteuerlichste Straßenstück Asiens beginnt zehn Kilometer östlich von Kabul. Da geht's auf engstem Raum sechshundert Meter bergab. Der Kabulfluß quetscht sich als brausender Wasserfall durch das felsige Nadelöhr, und die Straße hat sich mit gewagten Serpentinen in die Felsen gebissen, manchmal so schwindelnd hoch über dem tosenden Abgrund, daß selbst afghanische Busfahrer kurz die Augen schließen müssen und ein Stoßgebet murmeln. Trotz aller Erneuerungen folgt die Straße immer noch der ersten Befestigung, 1509 von den Pioniertruppen Baburs angelegt.

Die Berge, die einem hier so bedrohlich an den Leib rücken, heißen insgesamt Hindukusch, »Tod der Inder«. Durch sie bahnten sich fast alle Eroberer Indiens ihren Weg, und meist wurde der Name des Gebirgszugs dabei blutige Wirklichkeit. Nach Indien ist es zwar noch einige hundert Kilometer, doch schon Babur wußte: »Wer den Kabulpaß hält, besitzt den Schlüssel zu Indien.«

Die weite Ebene darunter ist gewissermaßen das Vorzimmer, tropisch heiß, von weiten Alleen und Mohnfeldern durchzogen. Hier gründete der Tiger »als eine Art Fußmatte« die Stadt Jalalabad, und von dort ist es ein halber Tagritt zum berühmtesten Tor Asiens, dem Khaiber-Paß. Nähert man sich ihm von afghanischer

Seite, sieht er gar nicht so hoch aus, imponierend allerdings schon: wie ein im Tagbau aufs letzte abgeschürftes Goldlager. Kein Felsen, an dem nicht gemeißelt oder gesprengt worden wäre, keine Klippe, aus der nicht wie Stockzähne die Reste eines Forts oder einer Burg ragten, kein Quadratmeter, auf dem nicht Blut geflossen wäre.

Seine letzte Glanzzeit erlebte der Khaiber als waffenstarrende Bastion des British Empire. Indiens Kuliheere mußten hier ununterbrochen buddeln und bauen, und leider verkünden die vielen Gedenktafeln nur, wieviel weiße Herrenmenschen dabei ums Leben kamen. Riesige Munitionstunnel wurden in die Felsen gesprengt und sind heute größtenteils wieder eingestürzt, dazwischen winden sich längst verbogene Eisenbahnschienen, und auf der Paßhöhe teilen sich die Wege von Autos und Kamelen. Sie treffen sich wieder etwas unterhalb, hinter einer gigantischen Kaserne. Die Stelle heißt »Indienblick«, und von hier aus sieht man wirklich Indien, tief unten, unendlich weit und dunstig, am Horizont von einem silbernen Band durchzogen, dem Indus.

Wer diesen Paß besitzt, dem liegt Nordindien offen, und niemand kann ihn mehr aufhalten. Gegenwärtig gehört er der islamischen Republik Pakistan, die dort etwa ein Fünftel ihrer Armee konzentriert hat, denn auch die afghanische Regierung reklamiert Besitzansprüche: Schließlich hatte Babur Padschah diese Höhe 1513 besetzt.

Diese Argumentation könnte von Babur selbst stammen, denn auch der Tiger hatte eine Vorliebe für juristische Spitzfindigkeiten. Keiner seiner Raubzüge erfolgte ohne ausführliche Rechtsgutachten und erst recht keine Eroberung. Den Weg zum Khaiber hatte er sich mit der Begründung gebahnt, »den Handel vor den Heimsuchungen durch Räuberbanden schützen zu müssen, was zu meinem Aufgabengebiet als Steuereigentümer Kabuls gehört«. Und Indien »gehörte mir von Rechts wegen schon lange«. Das Recht hieß Timur, doch nun herrschte im Sultanat Delhi die Dynastie der Lodis, und dem Sultan Ibrahim Lodi machte Babur einen Tauschvorschlag von geradezu ergreifendem Optimismus: »Um des lieben Friedens willen sandte ich ihm einen Hühnerhabicht und bat als Gegenleistung um die Länder, die seit alters meiner Familie zugehörig waren.«

Bevor Babur diesem Angebot mit einer Armee Nachdruck verleihen konnte, mußte er erst noch seinen Besitz nach Westen absichern, »gegen die sprichwörtliche Landgier Schah Ismaels«. Daher belagerte er vier geruhsame Sommer lang die Festung Kandahar. Zwischen 1519 und 1522 schickte er, jeweils im März, etwa ein Fünftel seiner Armee samt drei Kanonen vor die stimmungsvolle Wüstenoase, und täglich wurden zwölf Schuß abgefeuert. Alle vier Monate kam Babur selbst vorbei – da mußte jede Kanone fünf Schuß abfeuern –, aber auch dann gab es keinen Sturmangriff. Babur ließ die Zeit für sich arbeiten, und im Mai 1522 bekam er schließlich Kandahar, friedlich und nahezu unbeschädigt.

Ein Grund für diese Gemütlichkeit war, daß Babur einen Zweifrontenkrieg führte: Gleichzeitig besetzten jenseits des Khaiber-Passes seine Leute eine Festung nach der anderen. Manchmal hatte Babur mit der Taktik seiner Jugendzeit Erfolg – zur Nachtzeit schlichen seine Leute mit stoffumwickelten Leitern zur Zitadelle und knackten sie von innen. Ab und zu ergaben sich die Kommandanten bereits nach den ersten Schüssen, und einmal half Gott – ein freundliches Erdbeben sprengte die Mauern von Badschaur just an dem Tag, da Babur in Sicht kam.

Im übrigen kümmerte sich Babur ausführlich um die Erziehung seiner Söhne. Der Stammhalter hieß Humayun und war im Zeichen der Fische am 6. März 1506 geboren. Der freudige Anlaß war auch für den Vater einer, sich von seinen Getreuen ausgiebig beschenken zu lassen: »Eine solche Masse aufgehäufter Windeln hatte ich noch nie gesehen. Es war ein erstklassiges Fest!« Der nächste Sohn kam 1509 und erhielt den Namen Kamran. Sieben Jahre später wurde Askari geboren, und am 4. März 1519 kam noch Hindal dazu. Sobald die Kleinen laufen konnten, nahm sie Papa auch schon zu seinen Feldzügen mit, und so wuchsen sie mehr in Indien auf als im heimatlichen Kabul.

Immerhin hatte Babur im Jahre 1525 schon vier »Indienfeldzüge« registriert und sich allmählich eine Art Vormachtstellung bis Lahore gesichert. Nennenswerten Widerstand hatte er kaum gefunden, und vielleicht war sein bekannter Hang zu einem lustigen Leben Ursache, daß ihn seine Gegner nicht so richtig ernst nahmen. Manche Geschichtsschreiber meinen auch, daß Babur als einziger auf dem indischen Subkontinent über Feuerwaffen verfügt habe. Er sei also eine Art Monopolist der Wunderwaffe gewesen, dem es außerdem gelungen sei, das entsprechende Know-how erfolgreich zu hüten. Das klingt schön und ist unrichtig. In Mittelindien hatten die Portugiesen bereits 1510 ihre Brüllrohre auf den kleinen Hafen Goa gerichtet. Den behielten sie daraufhin als Handels- und Missionszentrum, und schon sehr bald hatten sie in ganz Indien einen denkbar schlechten Ruf erworben: Schließlich hatte ihnen der Papst ausdrücklich gestattet, beim Umgang mit Ungläubigen alle Tricks inklusive Eidbruch anzuwenden. Und da ihr Geschäftsgeist besser entwickelt war als ihr strategisches Denken, verkauften sie den Hindufürsten auch Kanonen. Bald wurde an Indiens Westküste kräftig geballert, aber nur von Hindus. Daß die islamischen Fürsten Nordindiens keine Kanonen hatten, lag daran, daß sie erstens alles verachteten, was mit Hindus zu tun hatte, vor allem aber, daß der Nutzen dieser umständlichen Waffe noch sehr umstritten war. Übrigens nicht nur in Indien – zur selben Zeit hatte auch Ungarns König beschlossen, auf diese kostspielige Investition zu verzichten. Mit türkischen Gewehren wurde 1526 in der Schlacht von Mohács der Weg nach Europa freigeschossen. Und im selben Jahr bewies auch Babur in Indien, daß Kanonen durchaus nutzvoll sein können.

Am 17. November 1525 war der Tiger mit 15 000 Mann aus Kabul aufgebrochen, am 3. Dezember stieß bei Attock am Indus noch Humayun mit 7000 Mann zu ihm, 3000 Freiwillige kamen unterwegs dazu. Nachdem er am 5. Januar »für mich selbst überraschend« Lahore besetzt hatte, gönnte er sich und seiner Armee eine Verschnaufpause, »um die Eigenheiten des Landes kennenzulernen«. Eine davon hieß Bhang und ist heute noch eine Art Milchshake aus zerstampften Hanfblättchen, vorzugsweise in den Winkelkneipen von Benares erhältlich. Babur fand »die Wirkung sehr angenehm, obgleich viel schwächer als von Maschoun, und es half mir, den weiteren Feldzug in angenehmer Laune zu verbringen«. Mindestens ebenso aber interessierte ihn die berühmte Bibliothek Ghazi Khans. Ihr galt sein erster Besuch in der besetzten Stadt, »und zwei Tage lang verließ ich sie nicht«. Für seine Söhne schnürte er einige Pakete Militärliteratur, sich selbst reservierte er die naturwissenschaftlichen Werke.

Babur war ein ausgesprochener Bücherwurm. Selbst in seinen »thronlosen Zeiten« hatte er gut fünfzig Kilo Literatur mit sich geschleppt, und bei diesem Feldzug begleiteten ihn acht Kamelladungen Bibliothek. Hinzu kamen achtzehn dicke Notizbücher, randvoll bekritzelt mit Baburs eigenen Notizen, in einer selbsterfundenen Kurzschrift.

Ende Februar brach der Tiger aus Lahore ostwärts auf und erreichte am 5. März das Territorium Sultan Ibrahim Lodis. Der hatte angeblich 100 000 Mann auf die Beine gebracht. Nimmt man nur die Hälfte als wahr an, hätte Babur immer noch einer doppelten Übermacht gegenübergestanden. Doch ein Problem nordindischer Armeen war immer, daß ein Großteil der Soldaten zwangsverpflichtet war und bei der erstbesten Gelegenheit desertierte. Und Babur statuierte gleich bei seiner Ankunft ein Exempel psychologischer Kriegsführung: Nahe Amritsar ließ er hundert Kriegsgefangene mit Musketen erschießen. Sonst bemühte er sich geradezu ängstlich, überflüssiges Blutvergießen zu vermeiden, und er war sich auch darüber im klaren, »daß diese Mordtechnik die allerteuerste ist«, doch die Geschichte sprach sich wie ein Lauffeuer herum.

Am 12. April erreichte Babur Panipat, eine weite Ebene nordöstlich von Delhi, die seine Spione schon vor Jahren als ideales Schlachtfeld empfohlen hatten. Am nächsten Tag verschanzte sich Sultan Ibrahim samt Armee zwei Meilen ostwärts. Baburs Leute stahlen siebenhundet Ochsenkarren zusammen, banden sie mit Stricken aneinander und bauten dahinter ihre Kanonen auf. Für die nächsten paar Jahrhunderte sollte sich dieses System bewähren – bis hin zu den Wagenburgen im Wilden Westen –, hatte es doch den Vorteil, jeden Angreifer in Nachteil zu setzen, allerdings auch den Nachteil, daß man bis zum Beginn einer Schlacht eine gehörige Portion Geduld und Nachschub brauchte.

Babur brauchte eine gute Woche, bis er Sultan Ibrahim zu einem Angriff reizen konnte. Dreimal täglich schwärmte seine Kavallerie aus und deckte das gegnerische Lager mit einem Pfeilhagel ein, doch erst am 20. April riß Ibrahim die Geduld. »Es sah aus, als würde sich eine schwarze Masse auf uns zubewegen. Zuerst schien es, als wollten sie uns von der Flanke her angreifen, doch dann marschierten sie geradewegs auf uns zu, in einem Tempo, das keinen Halt mehr erlaubte.«

Da ließ Ustad Ali seine Kanonen abfeuern und traf voll ins Schwarze – bereits die erste Salve landete im Haufen der Kommandanten. In genau diese Verwirrung schwärmte von den Flanken her Baburs Kavallerie. Drei Stunden später, zur Mittagszeit, war die Schlacht entschieden, und Babur schickte Humayun mit einem Teil der Kavallerie nach Agra, wo die Lodis seit 1502 residiert hatten: »Ich nahm an, daß Ibrahim geflüchtet war, und wollte verhindern, daß er sich mit dem Staatsschatz davonmachte.«

Doch am frühen Abend wurde Sultan Ibrahim in einem Haufen von Leichen gefunden. Außer ihm waren sämtliche seiner Brüder und Söhne gefallen, alle Kommandanten und gut 20 000 Inder. Babur selbst hatte nur etwa fünfhundert Mann verloren. In gewohnter Großzügigkeit ordnete Babur an, dem Gefallenen ein schönes Grab zu errichten. Als sein eigenes Denkmal ließ er einen Garten anlegen, der den Lauf der Zeit nicht so gut überstanden hat. Am selben Abend noch brach der Tiger in Richtung Delhi auf.

Dort sah er sich in gewohnter Neugier um. Schon am ersten Tag besichtigte er alle Sehenswürdigkeiten, und am Abend feierte er seine Eroberung mit einer Bootsfahrt und sehr viel Arrak. Am nächsten Tag ließ er seine Finanzfachleute errechnen, wieviel Tribut er eintreiben könne, ohne sich unbeliebt zu machen, und zahlte seinen Soldaten Prämien aus. Er hatte Zeit: Um als neuer Herrscher zu gelten, mußte erst die Chutba in seinem Namen gelesen werden. In diesem traditionellen Freitagsgebet aller Moslems wird auch das jeweilige Herrscherhaus erwähnt. Hört das Volk zu, ohne zu protestieren, gilt dies als vollkommener Ersatz für das Krönungsritual. Am 27. April 1526 war es für Babur soweit. Der Tiger selbst war vorsichtshalber nicht in der Moschee erschienen, doch alles ging glatt, und noch am Abend zog Babur weiter nach Agra.

Dort belagerte Humayun noch die Festung mit dem Staatsschatz. Fast zufällig war ihm dabei ein kostbarer Fang gelungen: Die Familie des Radscha von Gwalior – der Fürst selbst war in Panipat gefallen – hatte sich aus der Festung davonmachen wollen, war aber einer Wache in die Arme gelaufen und durfte erst weiterziehen, nachdem sie um einen gewichtigen Stein erleichtert war, einen Diamanten im Gewicht von 163 000 Mohnkörnern, also 704 Karat.

Das Ding war schon damals eine Berühmtheit. 1090 hatte Sultan

Allaudin den Brocken in Mittelindien erobert, und seitdem war es das Prachtstück im Schatz der jeweiligen Sultane. Um 1500 hatten Gelehrte errechnet, sein Wert »würde ausreichen, alle Menschen der Welt zu einem zweieinhalbtägigen Festschmaus einzuladen«. Weit unter diesem Wert hatte er kurz vor Panipat den Besitzer gewechselt – Sultan Ibrahim gab ihn dem Radscha für 10 000 Mann Hilfstruppen. Und nun wollte Humayun damit seinen Papa überraschen.

Babur beschreibt die Bescherung: »Humayun bot mir den Stein dar, als ich in Agra ankam. Ich gab ihn gleich zurück.«

Spätere Fürstlichkeiten brachten dem Wunderding gegenüber weniger Gleichmut auf, und sein Schicksal wurde zu einer Kurzfassung indischer Geschichte. Einen Namen hatte er lange nicht. Er hieß immer nur »das Ding«, später immerhin »Großmogul«. Erst gut zweihundert Jahre später erhielt er den Namen, unter dem er heute noch strahlt: Kohinoor, Berg des Lichtes.

Dieses reizlose Hindustan

Weit gründlicher beschäftigte sich der Tiger mit seinem neuen Reich. Über sechzig Seiten lang beschrieb er Fauna und Flora Indiens, mit einer Genauigkeit, die noch heute selbst Naturforscher staunen läßt. So vermerkt er, daß »das Nashorn dem Pferd mehr als jedem anderen Tier ähnelt« – eine skurril klingende Ansicht, die allerdings in diesem Jahrhundert von Biologen bestätigt wurde. Und einige schon längst ausgerottete Tierarten sind uns nur durch Baburs Schilderungen noch bekannt.

Insgesamt aber war er mit dem Riesenland nicht glücklich. Er mäkelte an den Obstsorten herum – »einzig die Mangos sind gut, und selbst die nur selten« –, an den Hindu-Bauern – »die meisten von ihnen gehen splitternackt herum, und es mangelt ihnen schrecklich an Herzlichkeit« – und ganz allgemein: »Hindustan ist ein sehr reizloses Land. Die Leute sind häßlich, haben kaum sozialen Kontakt untereinander, eine schlechte Zahlungsmoral, wenig Intelligenz, überhaupt keine Manieren, in ihren Arbeiten keinen Sinn für Symmetrie und Qualität, keine guten Pferde, keine guten Hunde, keine Weintrauben, keine guten Melonen, kein Eis, kein kaltes Wasser, keine Dampfbäder, keine Universitäten und nicht einmal Kerzen oder Fackeln, sondern nur Ölfunzeln. Erfreulich ist nur, daß das Land groß ist und viel Gold und Silber hat. Zur Regenzeit ist die Luft ganz angenehm, aber so feucht, daß ein anständiger Bogen aus Transoxanien schnell aus dem Leim geht. Manchmal wird es auch heiß, aber nicht so sehr wie in Kandahar oder Balch, nein, nicht einmal halb so heiß...«

Letzteres war eine glatte Lüge, und Babur wußte, warum er »diesmal von dem sonst stets begangenen Weg der Wahrheit einen winzigen Schritt abwich«: Seine Soldaten mochten das indische Klima nicht. Eigentlich hatten sie vorgehabt, das Unternehmen mit einer schönen Plünderung im Stile Timurs abzuschließen. Babur mußte all seine Beredsamkeit aufwenden, sie zum Bleiben zu bewegen. So zum Beispiel, »daß es hier doch ein unerschöpfliches Reservoir an Handwerkern gibt«, daß »mit einiger Mühe genügend Gärten angelegt werden könnten« und »daß hier doch so viele Güter hergestellt werden, an denen sich verdienen läßt«. Das überzeugendste Argument allerdings waren die Staatseinkünfte, nach heutiger Kaufkraft neun Milliarden sechshundertdreißig Millionen Deutsche Mark. Und zum Beweis, daß wirklich aus dem vollen geschöpft werden könne, verteilte Babur gleich zwei Drittel des erbeuteten Staatsschatzes, acht Milliarden.

Diese Investition war notwendig, aber auch gefährlich – der Tiger war noch lange nicht unumstrittener Herr des Landes. In Radschastan, dem indischen Mittelwesten, hatten sich trotz islamischer Oberherrschaft immer mehr oder minder unabhängige Hindufürsten halten können, und die Versuche der Lodis, sie endgültig zu unterwerfen, hatten sie eher stärker gemacht. Baburs Einzug in Hindustan war nun für Rana Sangha von Tschitor ein Zeichen, den allgemeinen Aufstand auszurufen. Etwa vierzig Hindukönige fanden sich in der »Radschputischen Konföderation« zusammen, wohl ausgerüstet mit portugiesischen Kanonen, und diesmal gab es auch wirklich eine hunderttausend Mann starke Armee.

Anfang März standen die beiden Heere einander bei Kandschaur gegenüber, etwa neunzig Kilometer westlich von Agra. Baburs Soldaten wollten ihren neuen Reichtum nur sehr ungern den

Radschputen aussetzen, und so mußte der Tiger eine wahre Klaviatur der Demagogie bemühen. In flammenden Worten malte er aus, daß er nun nach dreißig Jahren ständiger Kämpfe das erste Mal Ungläubigen gegenüberstand, und dann brachte er ein persönliches Opfer, das seine Kämpen fast zu Tränen rührte: Eine ganze Ladung köstlichen afghanischen Weines, auf die er sich monatelang gefreut hatte, ließ er verschütten und alle seine geliebten Trinkbecher aus Silber und Gold zerbrechen und an die Armen verteilen. »Es war einfach grauenvoll, leider aber notwendig.«

Am 16. März kam es zur Schlacht, und wieder siegte der Tiger, allerdings unter wesentlich größeren Verlusten als vor Panipat. Von nun an bemühte er sich, Schlachten tunlichst zu meiden. Da er mit der Ausdehnung seines Reiches immer noch nicht zufrieden war, belehnte er seine Generäle mit weiten Landstrichen, deren Einkünfte zu fünfzig Prozent ihre sein sollten – sie mußten nur erst noch erobert werden.

Damit hatte er Zeit für seine vielen Hobbys gewonnen. Gleich nach seiner Ankunft in Agra hatte er sechs Gärten anlegen lassen, einen davon sogar mit wassergekühlten Aufenthaltsräumen. Dort weilte er am liebsten, heimwehkrank nach Afghanistan, und einer seiner schönsten Anblicke war, als er die ersten selbstgezogenen Melonen und Weintrauben ernten konnte. Ein anderes Vergnügen waren die großen Geschütze, die Ustad Ali nun für ihn goß. »Selbstverständlich kam ich, den Guß zu sehen. Um die Gußform waren acht Öfen mit geschmolzenem Metall aufgebaut, und von jedem ging ein Kanal in die Form. Das Metall floß wie Wasser, doch ehe noch die Form gefüllt war, versiegte ein Ofen nach dem anderen. Ustad Ali mußte sich irgendwie verrechnet haben. Er war untröstlich und wollte sich in das heiße Metall stürzen, doch ich umarmte ihn und bedeckte seine Schande mit einem Ehrenkleid. Dann ließen wir die Form auskühlen, und nach zwei Tagen konnte mir Ali voller Freude melden, daß der Rohrguß gelungen sei und nur die Steinkammer angesetzt werden müsse, was wohl kein großes Problem war.« Gefährlich allerdings war solches Flickwerk – ein anderes Geschütz explodierte bei der ersten Erprobung und tötete acht Umstehende. Dennoch stand Babur leidenschaftlich gern bei den Kanonen, und manchmal mußte mit dem Abfeuern großer

Steine gewartet werden, bis er selbst auf dem Kampfplatz erschien.

Dies geschah allerdings nur noch, wenn eine besonders berühmte Stadt erobert werden sollte. An Taschanderi beispielsweise, das er am 28. Januar 1528 einnahm, beeindruckten ihn »die vollkommen aus Stein errichteten Häuser – sogar die Dachziegel waren Stein«.

Neugierig versuchte er auch alle Drogen, nicht immer mit angenehmen Folgen. So am 26. September in Gwalior: »Ich versuchte einmal Opium, einesteils weil ich Ohrenschmerzen hatte, anderenteils weil der Mond so schön schien. Am nächsten Tag aber fühlte ich mich sehr unwohl. Ich hatte wahrscheinlich zuviel erwischt und mußte ständig erbrechen. Trotzdem sah ich mir die Stadt genau an.«

Der Palast Radschah Man Singhs fand seine ungeteilte Bewunderung. Gar nicht hingegen gefielen ihm die großen Dschain-Statuen aus dem zwölften Jahrhundert: »Sie sind gut fünfzehn Meter hoch und ganz nackt. Die Gegend wäre ohne sie viel schöner, und so ließ ich sie zerstören.« Der Fall ist ungewöhnlich für Babur, der sonst strikte Anweisungen gegeben hatte, Hindu-Tempel unverletzt zu lassen. Doch auch diesmal ließ Babur nur Gesichter und Geschlecht verstümmeln. So sind die großen Figuren noch heute eine Sehenswürdigkeit, mit restauriertem Gesicht, aber ohne die anstößigen Phalli.

Auch seine vielen Tagebücher brachte er nun in Memoirenform. Eine wunderschöne Miniatur zeigt ihn in seinem Garten auf dem Thron, zu Füßen einen Sekretär. Nicht immer war die Szene so gemütlich: »Eines Abends war ich gerade mit meinen Schreibereien beschäftigt, als ein ganz böser Sturm losbrach. Es begann in Strömen zu gießen, und plötzlich knickte der Zeltmast. Gott schützte mich, und so geschah mir kein Leid. Doch meine Notizen und das Manuskript waren klitschnaß und verklebt. Wir wickelten die Blätter in einen wollenen Thronteppich und alle erreichbaren Decken und stapelten dann alles auf dem Thron.«

Babur schrieb in Turki, einem komplizierten, mittlerweile fast ausgestorbenen Idiom, wie geschaffen für Wortspiele. Natürlich beherrschte er auch Persisch, die Bildungssprache seiner Zeit, und verfaßte sogar einige Gedichte, die es getrost mit bester persischer Lyrik aufnehmen können. Daß er selbst Turki bevorzugte, lag an seiner lebenslänglichen Sehnsucht nach Transoxanien. Was er schrieb, liest sich noch heute hinreißend. Der Name Babur bedeutet nicht nur Erinnerungen eines Abenteurers, der es vom Nomaden zum Kaiser Indiens brachte, sondern auch eine Fundgrube für alle Bereiche damaligen Lebens. Wie ein Liebhaber konnte dieser Krieger über Blumen und Tiere schreiben und mit herrlicher Selbstironie über sich. In den Berichten über Indien wird sein Stil merklich schwächer. Nach der großartigen Einleitung fiel dem Tiger nur noch Chronik ein. Mag sein, daß er alles später einmal umformulieren wollte, doch er liebte das Land nicht und fühlte sich hier, obwohl Kaiser geworden, nur als Fremder.

Sein größtes Vergnügen war ein Fest, zu dem die Einladung gleich nach der Schlacht von Panipat ergangen war. »Alle Nachkommen Timurs und Dschingis Khans und alle Menschen, die mir in meinem Leben irgendeine Gefälligkeit erwiesen hatten«, wurden eingeladen, »den angemessenen Lohn für alle Taten in Empfang zu nehmen.« Mitte Dezember 1528 war es soweit. Vierzigtausend Gäste waren gekommen, Fürsten aus Persien, Samarkand, Transoxanien und Afghanistan, Kaschmir, Bengalen und sogar Nepal, fast alle Veteranen und sogar an die hundert Bauern, die dem Tiger in seinen »thronlosen Zeiten« Unterschlupf gewährt hatten. Sie alle wurden in einer Zeltstadt am Ufer des Jamuna untergebracht, und zum Auftakt des Festes wurde die erste Landkarte des neuen Reiches veröffentlicht.

Allein der Tisch für die Fürstlichkeiten maß über hundert Meter, und während auf dem Uferstreifen Kampfelefanten aufeinandergehetzt wurden – ein kaiserliches Vergnügen, bei dem es jedesmal Tote gab –, verteilte der Tiger seine Gaben. Fünf Milliarden Mark wurden verschenkt, und nur eine Million kostete das Abendessen danach, bei dem sich auch ein halbes Tausend Akrobaten produzierte.

Für die Staatskasse war das Fest allerdings ein böser Schlag. Schon ein Jahr davor hatten Baburs Offiziere Gehaltskürzungen in Kauf nehmen müssen. Daß sie es ohne Murren taten, beweist, daß sie sich selbst überbezahlt fühlten – bei Babur verdiente bereits ein Soldat mehr als in Persien ein Oberst. Und nicht nur die Militärs liebten den Tiger – die Gunst der Händler gewann er durch eine fünfzehnprozentige Steuersenkung, und sogar die Pacht der Bauern wurde um zwölf Prozent ermäßigt. Bei soviel Großzügigkeit konnte allerdings die Staatskasse keine Reserven sammeln, und das wurde gefährlich, als Babur starb.

Seine Gesundheit war nie die beste. Immer wieder berichtet er von bedenklichen Krankheiten und noch bedenklicheren Kuren. Seine zerrüttete Gesundheit wird gern mit seiner Experimentierfreudigkeit bei Drogen in Zusammenhang gebracht, doch dürften ihre Ursachen eher in seinen harten Jugendjahren liegen. Höchstwahrscheinlich litt der Tiger an Tuberkulose – immer wieder hustete er Blut –, mit Sicherheit quälten ihn Rheuma und Ischias, und immer wieder klagt er über Furunkulose und eiternde Ohren. In Indien häuften sich die Krankheitsphasen besorgniserregend.

»Aus reiner Sorge« verließ Ende 1529 Humayun die ihm unterstellten Nordprovinzen Afghanistans und kam nach Agra, gegen den Befehl seines Vaters. Doch Baburs Nachfolge wurde bereits damals ganz offen diskutiert, und einige Offiziere hatten geplant, Humayun dabei zu übergehen. Kaum in Indien eingetroffen, wurde nun allerdings Humayun lebensgefährlich krank. Auch seriöse Geschichtsbücher berichten seitdem eine rührende Legende: Verzweifelt sei Babur um das Krankenbett seines Sohnes gegangen und habe zu Allah gebetet, das Leben des Sohnes zu schonen und dafür seines zu nehmen. Und noch am selben Tag sei Humayun genesen, Babur aber tödlich erkrankt.

Doch Humayun konnte das Krankenbett bereits im März 1530 verlassen, während Baburs letzte Krankheit erst Anfang Dezember ausbrach. Außerdem war das Verhältnis zwischen Vater und Sohn damals ziemlich gespannt – einmal hatte sich Humayun selbst aus der Staatskasse bedient, etliche Male befehlswidrig gehandelt oder Anordnungen Baburs torpediert, und im Mai 1530 schrieb der Tiger: »Leider muß ich die Überzeugung gewinnen, als Vater und Erzieher gescheitert zu sein.«

Babur starb am 26. Dezember 1530, sechsundvierzig Jahre alt. Allen Anzeichen nach fiel er einem Paratyphus zum Opfer. Von seinen Söhnen war nur Humayun nahe genug, an das Sterbelager kommen zu können. Drei Nebenfrauen fungierten als Krankenschwestern – der Harem wartete immer noch in Kabul. Gern hätte Babur noch den elfjährigen Hindal gesehen. Wiederholt fragte er nach dem Jungen, der gerade von Lahore aus nach Agra unterwegs war. Man fand ein Kleidungsstück und hängte es an das Fußende des Bettes, damit Babur wenigstens sehen konnte, wie groß sein Jüngster bereits sei. Lange starrte der Tiger darauf, dann begann er zu phantasieren. Zur Zeit des Abendgebetes war alles vorbei.

Zunächst wurde er in seinem Garten am Jamuna-Ufer zu Agra beigesetzt. Etliche Jahre später wurden, seinem letzten Wunsch entsprechend, seine Gebeine nach Kabul gebracht, in den Garten, den er als ersten angelegt hatte. Er liegt etwas außerhalb der heutigen Stadt, und so verirren sich kaum Touristen hierher. Hauptsächlich Afghanis genießen »die Freuden dieses schönsten Platzes unter Allahs Himmel«, und manchmal ziehen Haschischwölkchen hoch, ganz wie zu Baburs Zeiten. Von den fünfzehn Terrassen sind die unteren sieben leider arg verwildert, doch der obere Teil des Gartens würde den Tiger erfreuen. In zahllosen Tontöpfen leuchten alle Blüten Afghanistans, die Springbrunnen plätschern noch, und die von ihm gepflanzten Obstbäumchen sind dicke, alte Herren geworden. Auf der elften Terrasse hat ein späterer Fürst einen Gründerzeittraum von Teepavillon errichtet, und daneben wurde jüngst ein Schwimmbecken zementiert, in dem braunhäutige Afghanijungen planschen. Ästheten ist gerade dies ein Dorn im Auge – schließlich liegt zwei Treppen höher eine zauberhafte Marmormoschee und darüber Baburs Grab –, doch Babur hätte mit Sicherheit nichts dagegen. Babur hatte sich jedes Bauwerk über seiner letzten Ruhestätte verbeten, und so ruht er zwischen immergrünen Sträuchern und sozusagen im Familienkreis: Gesellschaft leisten ihm seine Schwester Khansada, drei Frauen und Hindal. Leider hat vor einigen Jahren ein pietätloser Regierungsbeamter gerade über Baburs Grab ein Schutzdach errichten lassen, das einer afghanischen Bushaltestelle verzweifelt ähnlich sieht, doch der selbstverfaßte Grabspruch leuchtet immer noch in schwarzer Einlegearbeit aus dem weißen Stein: »Hier ruht Babur Padschah, der hofft, daß Gott ihm gnädig sei. Gefällt dir mein Garten, bete für mich.«

Sonst hat der Tiger kaum Greifbares hinterlassen: Kein Denkmal markiert seinen Lebensweg, nur seine zauberhaften Memoiren. Und überall in Asien wird auch heute noch sein Name nur mit liebevollem Respekt genannt.

EIN HIPPIE AUF DEM KAISERTHRON

Der sanfte Krieger

Mit der stichwortartigen Knappheit seiner letzten Jahre hatte Babur notiert: »Ein Obstbaum steht auf einem Berg, und die Äpfel rollen zu weit vom Stamm.« Das Bild galt seinem ältesten Sohn, und tatsächlich erscheint Humayun wie eine Musterillustration zur Geschichte der Söhne allzu dynamischer Väter.

Humayun heißt »der Glückliche«, was für seine Kindheit zweifellos nicht zutrifft. Sein Vater hatte ihm ein gnadenloses, erschreckend umfangreiches Erziehungsprogramm verordnet und – mit der Angst vieler Väter, die sich persönlich wenig um ihre Söhne kümmern können – den Lehrern aufgetragen, den Prinzen »nur nicht zu selten die Rute fühlen zu lassen«. Mit sieben sollte der Kleine bereits die Integralrechnung beherrschen, mit acht Jahren mußte er bereits an den stundenlangen Staatsratsitzungen teilnehmen, wurde auch fallweise um seine Meinung gefragt und – sobald er etwas Kindliches sagte – ausgelacht oder rüde zurechtgewiesen. Der dreißigjährige Humayun erinnerte sich des Neunjährigen, der einmal seine Notdurft sechs Stunden lang verhalten mußte, da eine Sitzung auch aus menschlichen Gründen niemals verlassen werden durfte.

Auf der anderen Seite war der Harem. Da Babur dort nicht allzuhäufig auftrat, war Humayun »der älteste Mann«, ein sehr junger Hahn in einem goldenen Korb voller Stiefmütter, Tanten, Schwestern, Cousinen und Dienerinnen. Hier wurde der übertrieben streng erzogene Kleine ebenso übertrieben getröstet, mit Zukkerzeug vollgestopft und gehätschelt.

Es ist schon bemerkenswert, daß ein derartiger Mechanismus nicht eine komplette Niete produzierte. Der Junge war wirklich intelligent, manchmal auch bis zur Tollkühnheit tapfer und in seltenen Augenblicken sogar staatsmännisch vernünftig. Im übrigen war er das ziemlich haargenaue Gegenteil seines Vaters. Babur war ein fast moderner Rationalist und der einzige Fürst seiner Zeit, der ohne einen Hofastrologen auskam. Nur ein einziges Mal hatte er einem Horoskop geglaubt, um hinterher zu notieren: »Nun weiß ich, daß die ganze Sache nichts taugt.« Humayun war in einem Maß abergläubisch, daß sogar seine Astrologen lachten: Zu seinem Hofstaat gehörten siebenunddreißig Sterndeuter, achtzehn Handlinienleser, sechs Kristallkugelschauer, vierundzwanzig Traumdeuter und gut ein halbes Schock nicht näher klassifizierter Zukunftsexperten. Wer es wagte, mit dem linken Fuß zuerst einen Raum zu betreten, wurde sofort wieder hinausgeschickt, und einmal verbrachte der Kaiser etliche Tage damit, Pfeile in die Luft zu schießen. Auf ihnen stand sein Name oder der des Schahs von Persien, und die Art ihres Falles sollte anzeigen, welches Volk dereinst mächtiger würde.

Aus dieser Beschäftigung mit der Zukunft ergab sich allerdings nie ein Plan oder gar ein Konzept. Humayuns Kriegführung beispielsweise war aufreizend gemütlich – und jeder kleine Sieg wurde monatelang gefeiert, und fast regelmäßig ging in dieser Zeit das Erreichte wieder verloren. Über lange Zeiträume war der Herrscher einfach nicht ansprechbar, und es war ein offenes Geheimnis, warum: Humayun war spätestens seit seinem siebzehnten Lebensjahr opiumsüchtig. Sein Kammerdiener hat das Rezept für die Fahrkarte in künstliche Paradiese hinterlassen: »Nimm Opium von der feinsten Qualität, wie sie aus dem Tal von Swat kommt, ein Teil oder zwei Teile Opium aus Jalalabad. Nimm drei Teile hart gewordenen Rosenhonig und verknete es gründlich. Forme daraus Kugeln von der Größe einer Rosine. Wälze sie in Varak (sehr fein gehämmertem Silber, das heute noch in Indien für Delikatessen verwendet wird) und lege sie in Rosenwasser.« Mindestens vierundzwanzig solche Pillen genehmigte sich Humayun täglich, und dem Ganzen wurde noch mit Alkohol in jeder Form und Menge nachgeholfen. In dieser Trance verfaßte der Kaiser bemerkenswert wirre Gedichte, die mit ihren Querbeet-Assoziationen an Produkte von Hippies erinnern:

»Manchmal am grüngelben Morgen
möchte ich Sterne sehen,
wie Plaumen am Himmelsbaum hängend.
Seltsame Fragen stehen im Raum,
wenn ich auf dem Thron sitze.«

In der Tat. Kaum hatte der Zweiundzwanzigjährige den Thron bestiegen, organisierte er das Staatswesen nach den Prinzipien fortgeschrittener Mystik neu. Regierungsgrundlage wurden die vier Elemente. Logischerweise war das Ministerium »Erde« für Landwirtschaft, Architektur und Straßenbau zuständig, »Wasser« für Kanalisation, Dammbau und Weinkellereien. Auch daß Militärangelegenheiten unter »Feuer« abgehandelt wurden, erscheint verständlich. Alles andere aber wurde zwangsläufig mit dem Element »Luft« in Verbindung gebracht: Justiz, Handel, Wirtschaft, Finanzen und »Garderobe, Küche, Stallungen und Fuhrpark«. Sich selbst betrachtete Humayun den irdischen Elementen entrückt – seinen Terminkalender bestimmten die Planeten. Am Sonntag war der Kaiser Jupiter, glänzte in gelber Seide und befaßte sich mit Staatsangelegenheiten. Montags war Venus – da kam Humayun grün daher, war fröhlich und für ernste Probleme unansprechbar. Pech hatte eine Gruppe korrupter Finanzbeamter, die ausgerechnet an einem Dienstag zur Verhandlung vor den Herrscher geführt wurde: »Da trug der mächtige Kaiser das rote Gewand des Mars und saß auf dem Thron der Rache und des Zorns.«

Es war schon ein Wunder, daß solche Kindereien nicht gleich zu einem Autoritätszerfall führten. Baburs größte Sorge war, seine Söhne könnten sich um das Erbe streiten und dabei das noch nicht genügend gesicherte Indien verlieren. Daher hatte er Humayun, bei aller Kritik und trotz vieler Auseinandersetzungen, stets als Thronfolger behandelt, und eines seiner letzten Worte war: »Unternimm nichts gegen deine Brüder, auch wenn sie es noch so sehr verdient haben mögen.« Eigentlich ein überflüssiger Rat, denn Humayun liebte nichts mehr als rührende Familienszenen. Für lange Zeit fügten sich die Brüder der väterlichen Entscheidung. Kamran verwaltete den Pandschab und ergänzte sorgfältig die von Papa gefledderte Bibliothek Ghazi Khans in Lahore; Askari hielt den Nordwesten des Reiches und legte Gärten in Badakhschan an, während Hindal als eine Art Minister ohne Portefeuille an Humayuns Hof agierte. Ein eigenes Familienleben hatte Humayun vorerst nicht. Babur hatte, aus eigener Erfahrung klug, nicht auf eine Ehe gedrängt, und auch als Kaiser blieb Humayun vorläufig noch Junggeselle, vorzugsweise mit Freunden beschäftigt.

Auch die Fürsten des Reiches verhielten sich lange Zeit erstaunlich loyal. Im Grunde war Indien bei Baburs Tod rechtliches Niemandsland – der Tiger war ein Fremdherrscher, ein anerkannter Eroberer, leutselig und weniger schlimm als die anderen, aber keinesfalls einer, dem die Gründung einer Dynastie rechtlich zustand. Die Anerkennung durch seine Militärs bezahlte Humayun mit einem doppelten Jahressold; interessanter aber ist, daß ihm auch die von Babur nur formell unterworfenen Fürsten huldigten und nur zwei das Herrschaftsverhältnis aufkündigten.

Ein Grund dafür war zweifellos, daß Humayun bei aller Exzentrik ein Kaiser war, mit dem sich leben ließ. Er hatte sich wohl vorgenommen, dereinst als Muster von Toleranz, Großzügigkeit und Glanz in die Geschichtsbücher einzugehen. Insoweit ist er charakterlich am ehesten Bayerns Märchenkönig Ludwig II. zu vergleichen, nur daß er das Glück hatte, nicht gleich einem Richard Wagner zu verfallen. Doch auch ohne einen geldgierigen Künstler zur Seite gelang es Humayun schnell, die Staatskasse zu leeren. Schuld daran war sein Plan, eine Stadt zu bauen, wie sie sich nicht einmal Timur hatte leisten können.

Din-panah sollte sie heißen, »Zufluchtsstätte des Glaubens«, denn sie sollte außer Residenzstadt auch ein Platz für alle Künstler und Denker werden, die irgendwo in der Welt unter Verfolgung zu leiden hatten, »ohne Rücksicht auf Glauben, Religion und Schule«. Die Zeit war einer derartigen Gründung günstig – Perser und Türken leisteten sich gerade Orgien an Bigotterie und jagten alle Vertreter unorthodoxer Meinungen außer Landes, und für Humayuns Informationssystem spricht, daß er auch in die Länder der Inquisition Einladungen verschickte. Auch ein Standort war bald gefunden : ein kleiner Hügel am Nordufer des Jamuna, zwei Meilen südöstlich des Trümmerfeldes Delhi, das Timur hinterlassen hatte, vier Meilen südlich der ersten islamischen Stadt Delhi mit dem grandiosen Turm Kutab Minar, zwei Meilen nördlich der zweiten islamischen Stadt Delhi und ziemlich genau gegenüber der Stadt Delhi, die Babur erobert hatte. Auch der Hügel von Humayuns Stadt war wie der von Troja das Grab etlicher Generationen von Städten. Die erste, unterste Schicht stammt aus dem fünften vorchristlichen Jahrtausend, und die fünfte Schicht dürfte

Indrapastha gewesen sein, die sagenhafte Himmelsstadt der ersten arischen Einwanderer. Etwas nördlich sollte später Humayuns Urenkel noch eine Stadt gründen, die Briten setzten zwischen diese beiden Städte schließlich einen architektonischen Alptraum von Imperialismus... wohl keine Stadt der Welt wurde so oft gegründet wie Delhi, allein geschichtlich nachweisbar zwölfmal.

1533 war Grundsteinlegung für Humayuns Stadt, »zu von den Sternen günstig bezeichneter Stunde«. Einen Unstern aber dürften die Weisen übersehen haben, denn schon die Baugeschichte der Umfassungsmauer liest sich wie die des babylonischen Turmes. Einmal stürzte ein halbfertiges Stück Mauer ein und erschlug außer nicht registrierten Bauarbeitern auch zwei portugiesische Patres, die eigentlich den Kaiser bekehren wollten und genau vierhundert Jahre nach dem Unfall als Märtyrer heiliggesprochen wurden. Ein anderes Mal mußte ein Torbau abgerissen werden, weil er »nicht in die glücksbedeutende Richtung zeigte«. Wieder ein anderes Mal brach bei einer Parade ein bis dahin unbekanntes Kellergewölbe ein und beförderte acht Kampfelefanten sowie zwei Generäle in die Versenkung, und ein anderes Mal blies eine kräftige Brise die Zeltstadt des Kaisers davon.

Humayun tüftelte indessen ein neues Spiel für seinen Staatsrat aus. Es hieß »Teppich der Fröhlichkeit« und basierte auf einem Seidenteppich von etwa zwanzig Quadratmetern Größe. Eingeknüpft waren die wichtigsten Gestirne. Selbstverständlich saß der Kaiser auf der Sonne und die Minister auf ähnlich symbolischen Plätzen. Zusätzlich aber gab es noch Würfel, die mit allen möglichen und unmöglichen Körperhaltungen bezeichnet waren. Mit ihnen mußte das Kabinett zwischen den Tagesordnungspunkten spielen, was zur Folge hatte, daß eines Tages der Finanzminister im Kopfstand über den Etat referierte.

Zuerst begann man im Süden, sich diese Zustände zunutze zu machen. In Goa hatten sich seit 1510 Portugiesen im Schutze von Kanonen häuslich eingerichtet, und immer wieder kamen neue nach, in kleinen Segelschiffen um Südafrika, skorbuterkrankt, halb verhungert und meist nur als halbe Mannschaft. Die Frühzeit des Kolonialismus ist der rührend brutale Offenbarungseid des Christentums – nie wieder fanden sich Straßenräuber, Totschläger,

Priester und Krämer zu so inniger Allianz. Papst Alexander VI. Borgia hatte seinen Segen gegeben, die Glaubensstreiter beim Umgang mit Ungläubigen von allen christlichen Anstandsregeln entbunden und mit einem Kreidestrich auf einer hinreißend ungenauen Karte die Welt zwischen Portugiesen und Spaniern geteilt. In Westindien, also Amerika, stritten die beiden katholischen Vormächte bereits an der Grenzlinie; Ostindien, also Indiens Westküste, war unangefochten portugiesischer Missions- und Handelsbereich. Wie sehr das eine mit dem anderen verbunden war, beweist eine Scharfschützenkompanie des Franziskanerordens, deren pulverdampfender Glaubenseifer mit einem Beteiligungsdrittel am Seidengeschäft belohnt wurde. Eigentlich gehörte Goa zum Territorium des Sultan Bahadur von Gudscherat, der den Glaubensbrüdern auch immer wieder Scharmützel lieferte, doch militärische und Handelsinteressen standen einander so sehr im Wege, daß es zu einem Krieg mit Endsiegplänen nie kam. Und als Humayun den Thron bestieg, schloß Bahadur mit den lästigen Weißen einen Waffenstillstands- und Handelsvertrag. Von nun an nahm er dem Mogul eine Festung nach der anderen ab und bediente sich großzügig bei deren Karawansereien. Die geraubten Güter – hauptsächlich Baumwolle, Seide und Halbedelsteine – tauschte er bei den Portugiesen gegen Gewehre und afrikanische Sklaven ein, mit denen er seine Armee vergrößerte.

1535 entschloß sich Humayun, nun doch gegen Bahadur zu marschieren. Mit vierzigtausend Mann, dreihundert Elefanten und fast zweitausend Zelten zog er nach Südwesten, eroberte in Windeseile die verlorenen Festungen zurück und nahm auch die beiden wichtigsten Forts von Gudscherat, Mandu und Tschampaner. Bahadur konnte dem nichts entgegensetzen, mußte sich bis an die Küste zurücktreiben lassen und schließlich beim portugiesischen Vizekönig um »vorübergehende Gastfreundschaft« ersuchen.

Humayun beschloß nach diesem ersten Gewaltmarsch, nun erst einmal die Früchte seines Sieges zu genießen. Aus Delhi ließ er den Harem nachkommen, außerdem gut zweihundert Astrologen, Lyriker und viele andere. Um nicht mehr »unter der herrscherlichen Würde« kampieren zu müssen, ließ er von örtlichen Konstrukteuren eine transportable Holzstadt erfinden, rot und golden lackiert, und mit der bereiste er nun gemächlich die neu erworbenen Festungen.

Im Osten des Reiches hatte ein Mann nur auf diese Gelegenheit gewartet: Scher Khan, der zweite Fürst, der Humayun den Treueschwur versagt hatte. Seine Rebellion war exzellent vorbereitet, und Humayun mußte seine Holzstadt abbrechen und schleunigst nach Nordosten marschieren.

In aller Ruhe holte sich nun Bahadur alle Forts wieder und einige mehr. Probleme schufen ihm nur die Portugiesen, die nämlich meinten, der Sultan schulde ihnen zum Dank für die Gastfreundschaft zumindest einige Hafenstädte. Es kam über diese Frage im Januar 1536 zu einer Gipfelkonferenz zwischen dem ruppigen Mittvierziger Bahadur und dem portugiesischen Vizekönig. Beide Parteien erschienen gut vorbereitet: Bahadur wollte den Vizekönig kidnappen, der hatte dasselbe mit Bahadur vor, und beide hatten starke Truppeneinheiten im Hinterhalt. Ganz programmgemäß verlief die Sache dann doch nicht, denn am Abend steckte Bahadurs Kopf auf einem Speer vor dem Zelt des Portugiesen.

Ein Reich geht verloren

In Scher Khan hatte Humayun einen Gegner anderen Kalibers gefunden. Den Namen Scher Khan hat später Rudyard Kipling für Europäer prominent gemacht, im Dschungelbuch, diesem Sammelsurium menschlicher Tiere und tierischer Menschen, das vor allem die Überlegenheit weißer Hautfarbe erzählen soll. Da ist das gefährlichste Tier der Tiger Scher Khan. Humayun würde diesen Teil der Geschichte goutiert haben, doch der wahre Scher Khan war noch mehr: ein hervorragender Stratege, gefinkelter Taktiker und später genialer Staatsmann.

Scher heißt in der Sprache der Bihari »Tiger«, doch dieser Tiger war Afghane, Nachkomme einer Nomadensippe, die um 1480 die Gegend um Kabul verlassen hatte und in Indien bei den Lodi-Sultanen in den Militärdienst eingetreten war. Für die afghanischen Paschtuni und Pathanen war damals Indien, was Amerika dreihundert Jahre später für die Arbeitslosen Europas wurde – das Land der unbegrenzten Möglichkeiten, in dem man auf die angestammte Bevölkerung keine Rücksicht zu nehmen brauchte. Die Afghani errichteten kleine Raubrittergüter und waren auch sonst Kolonialisten im modernsten Wortsinn: So viele Stammesbrüder ihnen auch nachzogen – es wurden nie mehr als 0,5 Prozent der Gesamtbevölkerung. Den Moslems Nordindiens stand außerdem eine fünfzehnfache Hindumehrheit gegenüber, und so waren Afghanis zumindest damals alle Karrierewege geebnet. Auch der um 1485 geborene Scher Khan wurde bereits 1512 zum General der Lodi-Sultane befördert und hätte als solcher eigentlich gegen Babur kämpfen sollen, doch es kam nicht zum Kampf zwischen den beiden Tigern. In aller Ruhe hatte Scher Khan hundert Meilen hinter Panipat gewartet und danach Babur seine Dienste angeboten. Der ernannte ihn zum Gouverneur von Bihar, dem Landstreifen zwischen dem Sultanat Delhi/Agra und Bengalen, und im Krieg gegen die Radschputen hatte Scher Khan tapfer an der Seite des Tigers gekämpft. Humayun allerdings nahm er nicht für voll. Trotz dreimaliger Mahnung, nach Agra zu kommen und den Treueid nachzuholen, war er immer »unpäßlich«, und Humayun nahm das auch nicht so übel, sondern schrieb rührende Briefe, wann nun endlich die ausstehenden Steuern einträfen.

Auch Scher Khans offene Rebellionen versuchte Humayun, der nun nach Agra marschiert war, durch Briefe niederzuschlagen. »Bei der Sonne, allen Fixsternen und Planeten – ich verstehe nicht, warum Du mir nicht gerne und liebevoll gehorchst«, begann einer. Scher Khan knackte unterdessen eine Mogulfestung nach der anderen. Erst nach zwei Jahren, 1537, entschloß sich Humayun zum Kriegszug, nach Konsultation sämtlicher Astrologen und ausgerechnet zur Regenzeit. »Dies ist die bequemste Zeit für einen Feldzug«, befand er, und für seinen Teil hatte er sogar recht – in fünfzig vergoldeten Booten reiste er samt Harem und seinen Brüdern Askari und Hindal den Jamuna hinab zum Ganges, während das Heer durch endlose Schlamm-Märsche demoralisiert wurde. In Allahabad, dem Zusammenfluß der Ströme, ließ er Hindal und einige Armeeinheiten zurück, und er selbst blieb achzig Kilometer weiter, vor Dschumar, stecken. Dort hatte Scher Khan eine starke Festung errichten lassen und seinem Sohn übergeben. Humayun wollte nicht daran vorbeiziehen, ohne sie erobert zu haben, doch anscheinend unterschätzte er das Gemäuer: Volle sechs Monate verlor die Armee durch erfolglose Sturmangriffe, und als Humayun endlich weiterzog und diese Sisyphusarbeit Askari überließ, hatte Scher Khan bereits ganz Bengalen erobert.

Scher Khan beherrschte meisterhaft die Taktik der verbrannten Erde, und dementsprechend groß waren bald Humayuns Versorgungsprobleme. Eine letzte Hoffnung war die Stadt Gaur, »das Herz von Bihar«, berühmt für ihre Linsen und Getreidespeicher. Nach Humayuns eigenen Versen »strebten die Tapferen dem Ort zu wie der Durstende in der Wüste der Oase«, doch als sie ankamen, fanden sie die Stadttore offen und die Straßen mit Leichen übersät – Scher Khan war wieder einmal schneller gewesen. Humayun »wollte nun dieser Welt entsagen«, und sein Kammerdiener Dschauhar berichtet, wie dies in der Praxis aussah: »Zu aller Befremden schloß sich nun der Herrscher für beträchtliche Zeit in seinem Harem ein und gab sich jeglicher Art von Luxus hin.«

Da fand Hindal, des Kaisers nunmehr neunzehnjähriger Bruder, es sei Zeit, etwas für die eigene Unsterblichkeit zu tun. Er verließ den Posten in Allahabad, wo er die Verbindungslinie zwischen Residenz und Hauptheer hätte decken sollen, marschierte nach Agra und nannte sich nun selber »Kaiser von Hindustan«. Vier Tage lang mühte sich Dschauhar, »dem allmächtigen Herrn diese böse Nachricht beizubringen, doch dieser hatte sich durch Opiumpillen in andere Welten begeben«. Schließlich sandte Humayun den gemeinsamen Lehrer der Brüder, den ehrwürdigen Scheich Buhlul, nach Agra, er solle doch Hindal gut zureden, solchen Unfug zu lassen. Hindal aber empfing seinen Lehrer nicht, sondern ließ ihn erschlagen und seinen Kopf »in einem zierlich dekorierten Messingbehälter« an Humayun zurückschicken.

Die Reaktion des Kaisers empörte selbst dessen Schwester: »Ich weilte gerade bei der Mutter dieses vierten Prinzen, und gemeinsam mit vier Hofdamen übten wir Musik, als plötzlich der Herrscher eintrat, in der einen Hand den Koran, in der anderen einen Koffer mit dem schon sehr übel riechenden Kopf des verehrungswürdigen Scheichs. Wir wußten nicht, wie wir reagieren sollten, als der Herrscher immer wieder in Tränen ausbrach und auf den Koran schwor, er hege wahrlich keinen Groll gegen seinen unartigen Bruder, sondern wünsche ausschließlich, derselbe möge auf seinen angewiesenen Platz zurückkehren. Er weinte wie ein kleines Kind und beruhigte sich erst, als die Mutter dieses treulosen Hindal einwilligte, nach Agra zu gehen oder wohin auch immer, um ihren Sohn zurückzuholen.«

Die Dame mußte weite Umwege machen, denn Scher Khan hatte die Gelegenheit genutzt, Humayun endgültig von seinem Hinterland abzuschneiden. Stolz nannte er sich nun Scher Schah, und der Subkontinent mußte mit drei Kaisern leben – fast gleichzeitig hatte Hindal in Delhi die Chutba in seinem Namen lesen lassen. Dies empörte Bruder Kamran, der sich bislang in Lahore ziemlich ruhig verhalten hatte. Nun marschierte auch er nach Delhi, offiziell, um Hindal vom Bruderkrieg abzuraten, in Wahrheit natürlich, um von dem zerfallenden Reich selbst die größten Brocken zu behalten. Immerhin sah Hindal angesichts der Truppen Kamrans ein, für die Herrscherwürde noch nicht reif zu sein, und Kamran erklärte feierlich, »die Chutba nicht so bald in meinem Namen lesen zu lassen«. Unterdessen war Humayun bei Tschausa, einen Tagmarsch östlich von Benares, auf die Hauptstreitmacht Scher Schahs getroffen und bat verzweifelt um Verstärkung. Bruder Nummer zwei und vier beschlossen, die Hilferufe zu ignorieren.

Die Feldherren Indiens hatten aus Baburs Siegen schnell gelernt, daß es im Zeitalter der Feuerwaffen besser war, nicht der Angreifer zu sein. Sowohl Humayun als auch Scher Schah verfügten über beachtliche Artillerie, doch diese Wunderwaffen waren nur sehr schwer zu transportieren. So bauten beide Parteien stark befestigte Lager, brachten ihre Kanonen auf die Barrikaden und hofften innig, daß der andere so dumm sein würde, anzugreifen.

Drei Monate lang lagen sie einander gegenüber, bauten gemächlich ihre Stellungen aus, und Humayun fand sogar Zeit, sich in der heiligen Stadt Benares umzusehen. Wohl kaum eine Stadt der Menschheit kann auf eine längere Geschichte zurückblicken – seit dem sechsten vorchristlichen Jahrtausend war dieses stets unterspülte Steilufer des Ganges Heimat einer Hochkultur, und Schiwa selbst, der Gott des Sexus und der Ekstase, soll hier die wunderbare Reinigungskraft des heiligen Stromes entdeckt haben. Auch durch die Jahrhunderte islamischer Herrschaft blieb Benares die heiligste Stadt der Hindus, und die Moslems verzichteten auf Bekehrungsversuche; sie zogen lieber eine fette Steuer von allen Hindupilgern ein, die hier auf Nachlaß aller Sünden und oft auch auf ihren Tod warteten. Mehr als siebenhundert Tempel zählte Humayun bei seinem Besuch – ein Beweis für die damals übliche Toleranz zwischen den Religionen –, doch sonderlich gefielen sie ihm nicht: »Diese Ungläubigen beten zu den obszönsten Götzenbildern und schmieren sie pausenlos mit Farbe und Öl ein, um ihr ekelhaftes Aussehen noch zu verstärken. Wie man solche Götzendiener unter die Menschen rechnen kann, ist mir unverständlich.«

Da war er einer Meinung mit Scher Schah, der Benares zwei Wochen später besuchte und dessen Abscheu etwas weiter ging: »Da mir der ganze Platz nicht gefiel, ließ ich ihn durch meine Truppen ein wenig plündern.«

Im übrigen pflegten die Feinde gemütlich die Diplomatie. Täglich ritten Kuriere mit grünen Wimpeln zwischen den beiden Lagern hin und her: Es ging darum, wer angreifen sollte, und Humayun bot für einen Angriff sogar eine beträchtliche Summe. Selbstverständlich bestand Scher Schah darauf, Humayun der Vortritt zu lassen: »Da schließlich der Mogul den Krieg gegen mich, der nur rebellierte, begonnen hatte.«

Als Botschafter fungierten ausschließlich Geistliche, und Humayuns Privatpriester Mohammed Asis konnte nach drei Monaten auch die ersten Verhandlungsergebnisse präsentieren. Er hatte Scher Schah getroffen, als der gerade mit aufgekrempelten Hemdsärmeln seinen Soldaten bei der Verstärkung einer Barrikade half, und die beiden setzten sich bei der Baustelle auf den Boden. Nach der vierten Tasse Tee kam es zu einer Vereinbarung: Scher Schah sollte als »Gouverneur mit allen Vollmachten der Unabhängigkeit« Bengalen und Bihar erhalten und Humayun hinfort in Ruhe lassen.

Bezeichnenderweise bestand nun Humayun auf einer »Sichtbarmachung der Unterwerfung«. Nach weiteren drei Verhandlungstagen kam ein skurriles Geschäft zustande: Humayun würde »zum Schein und wie zum Angriff« aus dem Lager der Armee Scher Schahs entgegenziehen, die daraufhin »mit allen Anzeichen der Furcht und Unterwerfung« davonmarschieren sollte. Scher Schah hatte nichts dagegen, und am nächsten Morgen fand die Komödie statt.

Bei Sonnenaufgang zerstörten beide Armeen ihre Lager, und dann begann eine Art Spaziergang das Gangesufer entlang. Nach acht Meilen fand Humayun, es sei genug getan, und gestattete den Seinen eine Art lockeres Campinglager am Fluß, sich selbst außerdem eine besonders reichlich bemessene Dosis Opium.

Scher Schah hatte das so erwartet. In der Nacht kam er wieder, und was von Humayuns Armee dem Gemetzel entging, wurde in den Ganges getrieben. Der Kaiser – wie die meisten Moslems Nichtschwimmer – kam nur knapp mit dem Leben davon. Als er hilflos am Ufer stand, blies ein Wasserträger namens Nisam seine beiden Lederschläuche auf, und mit ihrer Hilfe konnte Humayun das rettende Ufer erreichen. Anscheinend kannte Humayun diesen urältesten Schwimmbehelf nicht, denn er gelobte an Ort und Stelle, den Wasserträger »als Dank für diese einmalige Erfindung« auf den Kaiserthron zu setzen.

Der allerdings war zu diesem Zeitpunkt schon ein eher bedeutungsloses Möbel – zwei Drittel von Humayuns Armee waren verloren und – was in den Augen aller Moslems besonders schlimm wog – sogar der Harem war in die Hände des Feindes gefallen. Einige Witwen Baburs hatten zusammen mit Humayuns einziger Tochter versucht, den Fluß zu überqueren, und waren dabei ertrunken. Die übrigen Damen wurden gefangengenommen und nach einigen Tagen erstaunlich höflicher Gastfreundschaft von einer stattlichen Eskorte nach Agra geleitet, wohin sich der schwer angeschlagene Kaiser zurückgezogen hatte.

Es gehörte zu den Traditionen islamischer Fürsten, die Familie des Feindes weitgehend zu schonen und zu respektieren. Hindufamilien allerdings konnten auf solche Fairneß nicht rechnen. Als Scher Schah einmal die Sippe eines Radschas gefangennahm, gab er dessen Tochter »irgendeinem fahrenden Sänger, um sie auf den Bazaren tanzen zu lassen, während die Söhne entmannt wurden, damit sich das Geschlecht des Unterdrückers nicht weiter vermehren könne«. Ähnlich rauhe Sitten herrschten allerdings auch im Abendland, wo die Söhne entmachteter Fürsten in Klöster gesteckt wurden, was ja auf dasselbe hinauskam.

In Agra wurde dann öffentlich die familiäre Schmutzwäsche gewaschen. Die vier Brüder setzten sich um das Grab ihres Vaters, und sechshundert Adlige waren Zeugen, als zunächst einmal Hindals Rebellion ausführlich diskutiert wurde, dann sämtliche anderen Zerwürfnisse und schließlich Humayun als Familienoberhaupt »unter Tränen der Rührung allen verzieh«.

Nun aber bestand der Kaiser darauf, sein Wort zu halten und den Wasserträger Nisam auf den Thron zu setzen. Schwester Gulbadan, normalerweise ihrem Bruder wohlgesonnen, empörte sich, »daß der Herrscher für mehr als zwei Tage diesem Knecht königliche Macht verlieh«, und Kamran meinte nur: »Was für ein Wahnsinn, auf den sich der Herrscher einläßt, nun, da Scher Khan nahe ist!«

Humayun hätte wirklich keinen dümmeren Zeitpunkt für Nisams Thronbesteigung wählen können. Scher Schah war mit einer verstärkten Armee westwärts gezogen und hatte nur zweihundert Kilometer vor Agra sein Lager angelegt, aber Humayun weigerte sich, »anderes zu sein als der erste Untertan dieses hochwerten Herrn«. Der arme Wasserträger wußte nicht, wie ihm geschah. Schon in der ersten Stunde seiner Herrscherwürde fiel er vor Aufregung vom Thron, und seine ziemlich einzigen königlichen Worte waren: »Sagt mir, was ich sagen soll!« Genau das aber hatte der Herrscher verboten, und so saß der Ärmste zwei Tage und eine Nacht lang tiefunglücklich, verlegen und stumm auf dem Thron, wagte nicht einmal, einen Bissen zu essen, und ward, als er sich endlich davonmachen durfte, nicht mehr gesehen.

Immerhin kostete diese lächerliche Episode den Kaiser die Loyalität seines zweiten Bruders. Kamran hatte nie einen Hehl daraus gemacht, daß er sich für den fähigeren Herrscher hielt, und tatsächlich funktionierte die Verwaltung in seinen Provinzen Pandschab und Afghanistan mustergültig. Auch waren die beiden charakterlich zu verschieden. Nun, da jederzeit mit einer neuen Attacke Scher Schahs gerechnet werden mußte, kam es zum Bruch.

Kamran war mit etwa 12000 auf ihn persönlich vereidigten Soldaten aus Lahore gekommen, und nun schlug er seinem älteren Bruder vor: »Sehr brenne ich darauf, meine tapferen Krieger gegen Scher Khan zu führen, dem du nicht beikommen konntest. Vereinige daher die Reste deines Heeres mit meinem und gib mir das Kommando, deinen Thron zu retten.« Sogar Humayun begriff, daß dies seine glatte Entmachtung gewesen wäre, und Scher Schah baute unterdessen ungestört ein neues Fort bei Kandausch, 150 Meilen östlich von Agra. Nach einigen Monaten zermürbender Verhandlungen zog schließlich Kamran mit den Seinen ab, dem Kaiser nur zwei schwache Divisionen hinterlassend, die innerhalb von zwei Wochen desertierten. Schließlich zog Humayun mit einem fast 20000 Mann starken, aber völlig demoralisierten Heer zum Kampf um den Rest seines Reiches.

Anscheinend hatte der Kaiser mittlerweile selbst die primitivsten Regeln der Strategie vergessen, denn er schaffte es wieder einmal, seine Truppen so aufzustellen, daß er den Ganges im Rücken hatte. Am 17. Mai 1540 kam es zur Schlacht. Schon in den ersten beiden Stunden flüchteten gute zwei Drittel der kaiserlichen Armee, und der Rest wurde wieder einmal samt Humayun in den Fluß geworfen. Immerhin brauchte der Kaiser diesmal keinen Wasserträger, sondern konnte den Ganges auf einem vorsorglich bereitgestellten Elefanten überqueren.

Askari hatte in der Unglücksschlacht den linken Flügel kommandiert, Hindal den rechten. Am frühen Abend sammelten die drei, was von ihrem Heer übriggeblieben war, und zogen in Eilmärschen nach Agra. Die Nachricht der Niederlage war ihnen schon vorausgeeilt, und das Ansehen der Moguln war schon so tief gesunken, daß laut Dschauhar »selbst die schmutzigsten Bewohner der kleinsten Dörfer es wagten«, den Troß zu plündern. Auch in Agra blieben die drei nur so lange, bis sie Familien und Staatsschatz eingepackt hatten, »dann zog sich die kaiserliche Eskorte nach Lahore zurück«, Der Rückzug war bereits Flucht: Die ganzen sechshundertfünfzig Kilometer gönnten sich die Geschlagenen keine Rast, und bei dem Gewaltmarsch schrumpften ihre Truppen auf ganze siebenhundert Mann.

Baburs Reich war verloren.

Wieder einmal in die Wüste

Für Hippies und andere Globetrotter heißt Lahore gemeinhin »La Horror«, denn hier zeigt sich das Klima Nordindiens von seiner allerschlimmsten Seite. Das wirkliche Klima ist nur Nuancen härter als sonstwo in Hindustan – im Sommer Treibhaus, im Winter böse Temperaturstürze und ein knochentrockener Wind, der selbst kleinste Zweiglein unter Elektrizität setzt. Hinzu kommt die gespannte Lage an einer der absurdesten Grenzen dieser Welt. Jahrhunderte war hier ein Reich, bis sich zwei Staaten im ersten Dämmerhauch der Freiheit blutig auseinanderdividierten, die islamische Republik Pakistan und das schier endlose Indien. Ein kleines Bächlein, das jedes Kind bequem überspringen kann, bildet die Scheide – westlich davon nur noch Moslems, östlich eine riesige Hindumehrheit, jahrhundertelang von Moslems beherrscht. Drei Stunden Fußmarsch östlich von Lahore leuchtet der Goldene Tempel von Amritsar, das Hauptheiligtum der Sikhs. Dort erzählen große Marmortafeln alle Greueltaten, die von bösen Moslems gegen das Heiligtum verübt wurden, und an keinem öffentlichen Gebäude Lahores fehlt der Hinweis, daß sämtliche Scherben im Umkreis auf das Konto der Sikhs gingen, der Guerillas gegen die Herrschaft des Islams.

Zu Humayuns Zeiten waren die Sikhs noch eine kleine Sekte, mehr mit Meditation beschäftigt als mit Kriegen, doch der kleine Bach Attar war schon damals Grenze zwischen eindeutig islamischem Territorium und »dem weiten Sumpf der Ungläubigen, in dem Tugendhafte selten sind wie Fettaugen auf der Fastensuppe«. Humayun jedenfalls war heilfroh, Lahore zu erreichen. Anscheinend hatten Hindus seine Flucht genutzt, es einmal den verhaßten Moslems zu zeigen, und nicht einmal seine Leibgarde hatte verhindern können, daß »bei einer kurzen Rast ein unbekannter Pfeil dahersurrte, welcher durch Allahs Gnade im Sitzkissen des Herrschers steckenblieb«. In Lahore konnte derlei kaum geschehen.

Dafür ging hier der Streit zwischen den beiden älteren Brüdern unvermindert heftig weiter. Anscheinend hatte Humayun erwartet, Kamran würde ihm nach dem Verlust Hindustans Afghanistan als eine Art Ersatz überlassen. Schließlich hatte ja Babur verfügt, das Reich solle nicht geteilt werden. Kamran fand, sinnigerweise unter Berufung auf denselben Passus, Humayun sei nur Eigentümer Hindustans, wenn dieses auch »durch gewisse Umstände der rechten Verwaltung vorübergehend entglitten sei«. Nach einer handgreiflichen Auseinandersetzung mußte Humayun schließlich einen Vertrag unterschreiben, in dem er sämtliche Ansprüche westlich des Attar abtrat.

Scher Schah rückte unterdessen gemächlich nach Westen vor. Als er in Sirhind anlangte, einhundertfünfzig Kilometer vor Lahore, erreichte ihn ein Angebot Humayuns, wie es selbst Babur nicht optimistischer hätte machen können: »Ich habe Dir ganz Hindustan überlassen. Laß dafür Lahore in Ruhe und Sirhind die Grenze zwischen Dir und mir sein.« Ähnlich humorig antwortete Scher Schah: »Ich habe Dir Kabul überlassen, geh doch dorthin.«

Natürlich wußte Scher Schah, daß Humayun gerade das nicht konnte. Kamran nämlich bemühte sich bereits seit geraumer Zeit, mit dem Erzfeind handelseinig zu werden. In einem von diplomatischen Komplimenten nur so triefenden Brief bot er an, als Gegenleistung für den Erhalt des Pandschab seinen Bruder »in die Wüste zu jagen oder wohin auch immer Eure Herrlichkeit wünschen«. Scher Schah war auf der Hut vor Hochverrätern, traute sich außerdem durchaus zu, auch ohne Hilfe die Moguln in die Wüste zu jagen, und sandte das Schreiben postwendend an Humayun, »um zu erfahren, wie nun der ältere Bruder mit dem Treulosen verfahren werde«. Humayun war »sehr traurig« und »verharrte tatenlos im Palast von Lahore, nicht wissend, was er tun und wohin er sich wenden solle«.

Schließlich zogen sich Kamran und Askari nach Kabul zurück. Humayun und Hindal blieben mit einigen Corps in Lahore. Der Bruch der Familie war perfekt.

Da es kein Reich mehr gab, wurden wenigstens noch täglich Feste gefeiert, und bei einem wäre es fast noch zu einem Zerwürfnis Hindals mit Humayun gekommen. Bei einer Party der Haremsdamen – einer besonderen Attraktion, konnten doch wenige Auserwählte die Damenwelt der Stadt einmal unverschleiert sehen – lernte Humayun »die Zierde aller Frauen, die zweite Jungfrau Maria, Hamida Banu« kennen. Die so Gepriesene war gerade vierzehn Jahre alt und Tochter Ali Akbar Scheichs, des Haushofmeisters von Hindal. »Sofort gefiel sie dem Herrscher gar sehr«, berichtet Dschauhar, »und er erkundigte sich, ob sie schon verlobt sei. Da wurde ihm auch erzählt, daß es zwar einen Freier gäbe, die Zeremonie jedoch noch nicht stattgefunden habe. Da rief der Herrscher: ›Ich will sie heiraten!‹ Prinz Hindal aber wurde sehr zornig zu seinem Bruder und rief: ›Ich dachte, du seist gekommen, um mich zu ehren. Statt dessen kommst du auf Brautschau. Wenn du dich so lächerlich machst, werde auch ich dich im Stich lassen!‹ «

Anscheinend war die Kleine ihm selbst zugedacht, doch in diesem einen Fall dachte Humayun nicht daran nachzugeben. Nach einem Monat wurde der Streit von den älteren Damen des Harems geschlichtet. Dann mußte der Kaiser beim Schwiegervater betteln – er war, alles in allem, keine gute Partie, neunzehn Jahre älter als die Braut, selten nüchtern und bislang nie von Erfolg begleitet. Erst nach sechs Wochen durfte Humayun die Sterne nach dem günstigsten Hochzeitstermin befragen. Sie bestimmten die Hochzeitsnacht für Montag, den 21. August 1541, 11 Uhr 59.

Statt seine letzten Kräfte gegen Scher Schah zu konzentrieren, begann nun Humayun einen Kleinkrieg gegen einen Fürsten von Sind im südlichen Pandschab, weil dieser versprochene Hilfstruppen nicht geschickt hatte. Der einzige Erfolg war, daß Scher Schah kampflos in Lahore einmarschieren konnte und Humayun nahezu Bankrott anmelden mußte – nur mehr sechshundert Soldaten konnte er in Sold halten, und selbst dazu mußte er oft Geld zu zwanzig Prozent Zins bei seinen Generälen borgen.

Im Mai 1542 versuchte er noch einmal, Scher Schah von Süden her anzugreifen, und marschierte tapfer nach Radschastan, dessen Hindufürst ihm eine höfliche Einladung geschickt hatte. Als er jedoch den demoralisierten Trupp sah, entschloß er sich, lieber auf Scher Schah zu setzen, und Humayun mußte zurück in die Wüste.

Unglücklicherweise hatten einige Mogul-Soldaten »voll Empörung über die Treulosigkeit des Radschas« ein paar Kühe geschlachtet. In den Augen der Hindus ist das eine Todsünde, und so zogen vor dem Trupp Humayuns hinduistische Freiwillige und schütteten die ohnedies spärlichen Brunnenlöcher mit Sand zu. An den wenigen Wasserstellen, die von den Moguln gefunden wurden, kam es zu wilden Kämpfen in der Mannschaft. Bei den Offizieren galt der Erbe Baburs mittlerweile so wenig, daß einer der Generäle, bei dem er mit Soldzahlungen besonders im Rückstand war, eines Morgens die kaiserlichen Pferde pfändete. Hamida war bereits hochschwanger, dennoch wollte ihr niemand ein Pferd leihen. Da stieg Humayun von seinem Schimmel, bot ihn seiner knapp fünfzehnjährigen Gattin und bestieg selbst das Packkamel seines Butlers

Dschauhar. Lange Zeit ritt er so »daher wie das Weib eines Krämers«, bis sich der Feldwebel Khalid Beg erbarmte und »durch vorübergehendes Verlassen seines Pferdes das kaiserliche Gesicht wieder herstellte«.

Zufällig erschien am selben Tag eines jener »glückbedeutenden Zeichen«, die allein geeignet waren, Humayuns Selbstbewußtsein zu stärken. Wie viele Schwangere entwickelte auch Hamida manchmal einen geradezu penetranten Appetit auf etwas Bestimmtes. Diesmal mußte es, mitten in der Wüste, ein Granatapfel sein. Und siehe, wenige Minuten später kündeten helle Kamelglöckchen einen Wanderhändler an, der – Wunder über Wunder – wirklich einen Granatapfel in der Tasche trug.»Da erhellte sich das Gesicht Seiner Majestät, das den ganzen Morgen lang durch seine Düsternis allen Getreuen Anlaß zu ernstester Besorgnis gegeben hatte, und der große Herrscher strahlte wie ein glückliches Kleinkind.«

Das Glück wurde vollkommen, als der übermüdete Trupp am Abend das Provinzstädtchen Umarkot erreichte und ihm dessen Radscha »mit glänzendem Gefolge entgegenritt und in wahrhaft würdiger Weise Gastfreundschaft bot«. Der Provinzhäuptling bot noch mehr, nämlich siebentausend Soldaten – also im Rahmen der damals handelsüblichen Übertreibungen bestenfalls siebenhundert – für einen Feldzug gegen jenen Hussein von Sind, den zur Strecke zu bringen Humayun nicht gelungen war und der angeblich den Vater des Radscha ermordet hatte. Immerhin konnte sich jetzt der stark geschrumpfte Mogultroß von den Strapazen der Wüste erholen, und in Umarkot genas Hamida am 23. November 1542 eines Knäbleins, das nach ihrem Vater Akbar benannt wurde.

Ein späterer Biograph fand für das erfreuliche Ereignis die gebührenden Worte: »In einem glücklichen Monat überkamen die Schmerzen der Wehen Ihre Majestät, und in einem erfolgverheißenden Augenblick erschien die einzigartige Perle des Vertreters Gottes auf Erden in ihrem einzigartigen Glanz. Daraufhin wurde sie von den Händen schattenliebender, Sonnenstrahlen aussendender, keuscher, herrlich gestalteter Nymphen gebadet und geschmückt. Kinderschwestern von harmonischer Wesensart und tiefer religiöser Gesinnung wickelten die göttliche Form des himmlischen Körpers in glückverheißende Windeln. Dann wurden die Honiglippen an die fruchtbaren Brüste gelegt, und der majestätische Mund saugte die Süße des lebenspendenden Trankes.«

Der Autor dieses Ergusses heißt Abul Fasl, und die »fruchtbaren Brüste« waren mit Sicherheit nicht die Hamidas. Kaiserliche Kleinkinder wurden selbstverständlich von Ammen gesäugt, deren Bestellung ein wichtiger politischer Akt war: Die Würde einer »kaiserlichen Nährmutter« strahlte auch auf deren Gatten ab, der als »kaiserlicher Nährvater« im Kronrat beratende Stimme hatte, was später auch für »kaiserliche Milchbrüder« galt. So war diese Geburt für Humayun eine günstige Gelegenheit, Ehren zu verteilen, die ihn nichts kosteten. Neun Damen wurden erwählt, und eine war Gattin des Generals, von dem Humayun kurz zuvor Geld zu zwanzig Prozent hatte borgen müssen, um seine Leibgarde bezahlen zu können. Natürlich revanchierte sich der so Geehrte mit einem vollkommenen Schuldennachlaß.

Überhaupt war diese Geburt ein schon lange erwartetes Ereignis. Humayun war immerhin schon vierunddreißig Jahre alt. In Agra hatte es eine seiner Haremsdamen sogar einmal geschafft, sich zwölf Monate lang schwanger zu stellen, nur um den Glanz zu genießen, der hoffnungsvolle Damen am Hof umgab. Daß solche Ehren im Grunde beleidigend für die kaiserliche Potenz waren, liegt auf der Hand – hinter vorgehaltener Hand wurde Humayun oft genug als »verschnittener Hahn« bezeichnet.

Wahrscheinlich ist eher, daß bei Humayuns sexuellen Interessen Frauen eher zweitrangig zählten und der Kaiser zu diesem Tagesordungspunkt meist wenig Zeit hatte. Da war zunächst das Hofprotokoll mit den zahllosen Anlässen für »die allerleuchtendste, strahlende Gegenwart«, wobei sich letzteres durchaus nicht auf die geistige bezieht. Humayun konnte ruhig auf dem Thron dösen, darauf sitzen aber mußte er. Konnte er dieses stets mit ihm reisende Möbel verlassen, stand er meist schon unter Opium, bekanntermaßen keinem Sexualtonikum. Außerdem war er ein schüchterner Schöngeist – Büchern und Bildern galt seine ganze Liebe.

Kurz nach dem freudigen Ereignis unternahm er den versprochenen Feldzug nach Sind. Es kam nur zu einem kleinen Geplänkel, doch bereits das war Hussein so lästig, daß er Humayun zweitausend Ladungen Getreide und dreihundert Kamele anbot, falls er abziehe. Der Kaiser ging auf den Kamelhandel ein und wurde auch dabei hereingelegt. Schwester Guldbadan erinnerte sich: »Die Getreideladungen hätten zweckmäßiger von kleinen Kindern als von Kamelen transportiert werden können, zumal die Kamele so wild waren, als hätten sie seit sieben oder gar siebzig Generationen keine Last getragen.«

Mit ihnen überquerte Humayun am 11. Juli 1543 den Indus und zog Richtung Kandahar, das allerdings Kamran für sich beanspruchte.

Zuvor war dort der nun Humayun treue Hindal eingetroffen. Bruder Askari hatte ihn mit einer starken Streitmacht erwartet und der Aufforderung, entweder Kamran zu huldigen oder sich wieder in die Wüste zu scheren. Da Hindal beides nicht wollte, wurde er förmlich verhaftet und in Kabul unter Hausarrest gestellt.

Humayun hoffte wohl, seine Brüder würden sich ihm gegenüber eine derartige Respektlosigkeit nicht erlauben. Doch als er nur noch einen Tagritt vor Kandahar lagerte, meldeten seine Späher, Askari käme mit einem Heer und eindeutig feindlichen Absichten entgegen. Einen Kampf konnte sich der Mogul nicht mehr leisten. So flüchtete er in einer eisigen Dezembernacht Richtung Persien, wo er auf Asyl rechnete. Mit von der Partie waren Hamida, eine Tante und vierzig Getreue. Hauspersonal und sogar Kochgeschirr blieben im Lager, aber auch Kronprinz Akbar – das gerade vierzehn Monate alte Kind hätte den Treck über verschneite Gebirgspässe nicht überlebt. Kammerdiener Dschauhar brachte den Kleinen zu Askari, der kurz darauf das Lager besetzte, und der böse Onkel »nahm den Säugling in die Arme und herzte ihn, ehe er ihn der eigenen Frau an die Brust legte«. In Europa wäre zu jener Zeit ein feindlicher Thronaspirant zweifellos ermordet worden. Bei den Timuriden aber genossen Kinder »göttlichen Schutz«, sosehr sich auch die Väter bekämpften.

Wesentlich riskanter war Humayuns Reise. Streckenweise mußten sich die ungenügend Ausgerüsteten durch zwei Fuß hohen Neuschnee kämpfen, und da sie nicht einmal Kochgeschirr mithatten, mußten sie einmal Pferdefleisch im Helm eines Offiziers kochen. Anfang Januar erreichte der kleine Trupp persisches Territorium, und Schah Tahmasp war über den Familienzwist schon so gut informiert, daß er dem Provinzgouverneur Anweisung gegeben hatte, wie der seltsame Staatsgast zu empfangen sei.

Humayun konnte gar nicht mehr fassen, »wie königlich das Leben sein könne«: Prunkvolle Kleider wurden vor den Flüchtlingen ausgebreitet, alle Leckereien Nordpersiens serviert, Quartier stand selbstverständlich im kaiserlichen Gästehaus bereit, die Straßen wurden vor den Ankömmlingen gefegt, und sogar Opiumpillen standen bereit.

Das Exil ließ sich komfortabel an.

Der »Große Hätte-sein-Können«

Indien aber hatte mit Scher Schah nicht nur einen neuen Herrn erhalten, sondern auch einen Staatsmann von Graden, im Grunde den ersten seit der islamischen Eroberung vor nunmehr gut siebenhundert Jahren. Trotz seiner ununterbrochenen Feldzüge nahm er sich Zeit, ein Staatssystem auszudenken und – in Ansätzen – zu verwirklichen, das ihn als geistigen Schöpfer des Mogul-Reichs erscheinen läßt und zumindest als ersten Moslem-Fürsten, der in Indien mehr sah als nur auszubeutendes Feindesland.

Scher Schah war bereits Mitte Fünfzig, als er an die Macht kam, doch in die Politik warf er sich mit dem Elan eines Jünglings. Unter anderem danken wir ihm die erste Volkszählung des Subkontinents. Sie wurde 1541 durchgeführt und zeigt, daß Indien schon damals das nach China volkreichste Land der Erde war. Vierundzwanzig Millionen Menschen wohnten in Scher Schahs Gebiet. Heute hausen im selben Raum an die dreihundert Millionen, und vom Wohlstand seines Mittelalters kann das heutige Indien nur träumen: Trotz aller Kriege betrug 1541 die Zahl der Kühe zwanzig Millionen, während sie heute auf dreißig veranschlagt wird, und das fruchtbare Ackerland wurde seitdem nur um dreißig Prozent vergrößert. Damals wie heute lebten 85 Prozent der Bevölkerung von Landwirtschaft, doch die Versorgung mit Milchprodukten funktionierte um 833 Prozent besser, während die Getreideernte, pro Kopf gerechnet, siebenmal höher war.

Zweifellos beschönigt sind die Zahlen der Religionszugehörigkeit: Jeder Fünfte gab an, Moslem zu sein. Damit war er der unbeliebtesten Steuer Asiens entronnen, der Dschisdscha, dem von Mohammed eingeführten »Kopfgeld für Ungläubige«. Zu Scher Schahs Zeiten hieß dieser Posten euphemistisch »freiwillige Leistung für die Gewährung von Religionsfreiheit« und wurde nach dem System unserer Mehrwertsteuer eingetrieben, eine Neuerung, auf die der Bengaltiger besonders stolz war.

Zu seinem Glück und dem aller Herrscher Indiens garantierte das schon gut ein Jahrtausend alte Kastensystem, daß aus der Bevölkerungsmehrheit nie eine Einheit werden konnte. Dabei spielten die Parias, die »Unberührbaren«, in Nordindien nur eine relativ geringe Rolle. Sie stellten höchstens zehn Prozent der Hindus. Drei von vier Prozent zählten zu den Schudras, den Handwerker- und Bauernkasten. Unabhängige waren unter ihnen allerdings selten – nur ein Zehntel des Grundbesitzes gehörte denen, die das Land auch bearbeiteten, und die Pacht betrug auf dem Papier fünfzig Prozent der Ernten. In Wahrheit lag sie stets höher: War der Großgrundbesitzer selbst Hindu, mußte er wiederum fünfzig Prozent abliefern, und dieses System war eine Art staatlicher Aufforderung zur schrankenlosen Ausbeutung. Etwas besser fuhren die Pächter islamischer Grundherren – da von ihnen der Staat nur dreiunddreißig Prozent Steuern holte, lag die Realpacht doch meist zwischen sechzig und fünfundsiebzig Prozent.

Als eigentliche Gesprächspartner der islamischen Herren fungierten die Radschas, Angehörige der Kriegerkaste und Nachkömmlinge der zweiten indoarischen Einwanderungswelle. Der Titel bedeutet König oder Fürst, doch die Wahrheit entsprach eher unserem mittelalterlichen Adelssystem samt »Gefolgschaftsprinzip«. Neun von zehn Radschas waren einfache Großgrundbesitzer, unseren Baronen und Freiherren vergleichbar und anderen Radschas verpflichtet, die sich dann fallweise Maharadschas, Großfürsten, nennen durften. Mit ihnen mußten sich auch die islamischen Herrscher gutstellen, denn im Süden Hindustans kontrollierten manche Maharadschas Landstriche von der Größe der Bundesrepublik. Sie galten nicht als Untertanen, sondern als Verbündete, und durften häufig auch den islamischen Titel Sultan führen, der sie von der Dschisdscha befreite. Bei ihnen begnügte sich Scher Schah mit einer Abgabe von annähernd zehn Prozent des Einkommens, deklariert als »Leistung für die Aufrechterhaltung des äußeren Friedens«, und auch damit konnte er nicht immer rechnen: Stand nicht gerade ein starkes Moslemheer in der Nähe, war den Fürsten der Friede keinen Pfennig wert.

Auf der Pyramidenspitze der Hindugesellschaft aber machten sich die Brahmanen bereit, als Priester unentbehrlich für den Umgang mit den vielen Göttern, deren Wohlwollen sie nur gegen Barzahlung zu vermitteln bereit waren. Schließlich beherrschten sie Sanskrit, die einzige Sprache, die angeblich von den Göttern verstanden wird, und die Götter ließen die Ihren nicht verkommen. Ach ja, schon die ersten christlichen Missionare fanden dieses System »abscheulich und verwerflich«. Ein portugiesischer Jesuitenpater schrieb an seinen Ordensgeneral: »Diese Götzendiener feilschen und betrügen nur für ihr eigenes Wohl. Mögen wir Gott danken, daß in der wahren Religion Priester nie an ihre Vorteile denken!« In der Anlage sandte der Gottesmann noch dreihundert Ballen Seide, »erhalten als freiwillige Spende für Gewährung des heiligen Sakraments der Taufe«.

Tatsächlich war das Einkommen der Brahmanen nicht niedriger als das der Kirche in unseren Breiten und ebenso steuerfrei. Schließlich hatten die Götter durch Brahmanenmund einen Spruch verkünden lassen, den heute noch jedes indische Kind lernt: »Was du einem Brahmanen gibst, erhalten deine Eltern im Himmel – was du einem Brahmanen nimmst, stürzt dich und fünf Generationen Nachkommen in die ewige Qual.« Im Unterschied zu ihren christlichen Kollegen durften jedoch die Brahmanen gar keine Reichtümer sammeln, denn die Religion verurteilte sie zu vegetarischer Kost, alkoholfreiem Lebenswandel und der Vermeidung jeglichen Luxus. Erlaubte Kapitalanlage waren einzig Edelmetalle, die sie allerdings auch nicht selbst tragen durften, sondern nach asiatischer Tradition reichlich ihren Frauen um den Hals hängten. Ausgerechnet den Schmuck der Brahmanenfrauen besteuerte nun der Bengaltiger, und sein Rechtsgutachten gipfelt in der gerade für einen Moslem erstaunlichen Erkenntnis: »Dies ist richtig so und unanfechtbar, da die Ungläubigen in ihrer Verblendung Frauen immer geringer einschätzen als sich selbst, vor den Gesetzen benachteiligen und überhaupt unterdrücken.« Bei der Abrechnung stellte sich übrigens heraus, daß die drei Prozent Brahmanen achtzig Prozent aller unter Hindus kursierenden Edelmetalle besaßen.

Als dies erledigt war, machte sich Scher Schah an die Verwaltungsreform. Zuvor wurden Beamte mit einer Art Provision aller eingetriebenen Gelder entlohnt, was natürlich ungeheure Ausbeutung zur Folge hatte. Scher Schah führte neue Verwaltungsbezirke und feste Gehälter ein. Für seine Autorität spricht, daß er dies auch weitgehend durchführen konnte, ohne – immerhin kämpfte er auch noch gegen Humayun – einen Beamtenaufstand zu riskieren. Allerdings brachen sich die Staatsdiener, denen nun »der Weg zu den goldenen Bergen vermauert war«, sofort ein Hintertürchen: Die Korruption nahm ihren Lauf.

Eine wichtige Voraussetzung für jede funktionierende Verwaltung ist ein gutes Postsystem, und Scher Schah fand auch dafür eine ebenso einfache wie geniale Lösung. An allen wichtigen Wegen des Riesenreiches wurden kleine Hütten errichtet, jeweils 1100 Meter entfernt, und samt kleinem Gartenland steuerfrei an »Postläufer« übergeben. Ihr Abzeichen war ein Schellenstab, dessen Klingeln den jeweils nächsten in der Staffette vorwarnte, und die Mindestleistung dieser Post betrug pro Tag 264 Kilometer. Ein ähnliches Tempo ließ Scher Schah auch bei der Errichtung seiner Residenz entwickeln. Nach einer kurzen Besichtigung von Humayuns chaotischer Baustelle entschied er, dieser Platz sei »ausnahmsweise klug gewählt«, und bereits zwei Jahre später waren sämtliche Steinbauwerke vollendet, die sich als Purana Quila, »Alte Stadt« in Neu-Delhi erhalten haben. Ein bereits unter Humayun errichteter Torbau wurde in die Anlage einbezogen; die achtzehn Meter hohen Massivsteinmauern mit ihren drei Kilometern Umfang planten die Architekten des Afghanen. Mit der Scher-Schah-Moschee gelang ihnen das vollendetste Beispiel »afghanischen Stils« in Indien, und daneben bauten sie einen eleganten, achteckigen Pavillon als Wohnpalast für den Herrscher, das Scher Mandal. Heute wirken die beiden leider etwas verfallenen Bauten ziemlich verloren in dem riesigen Mauerring. Zu Scher Schahs Zeiten waren sie jedoch das Zentrum einer Stadt von zwölftausend Häusern, die allerdings nur leichte Holzkonstruktionen mit Stoffverspannungen auf Backsteinfundamenten waren, dreistöckige Nomadenzelte gewissermaßen, und schon vierzig Jahre später einem gründlichen Stadtbrand zum Opfer fielen.

Sehr viel hielt sich Scher Schah in seiner Residenzstadt auch nicht auf. Mit einem für sein Alter unfaßbaren Ehrgeiz versuchte er ständig, sein Territorium noch weiter zu vergrößern, und so kam es, daß sich fast seine gesamte Regierungstätigkeit in irgendwelchen Zelten bei irgendwelchen Feldzügen abspielte. Seine Historiker dürften nicht übertrieben haben, wenn sie ihm ein Arbeitspensum von achtzehn Stunden pro Tag nachsagen, und ein europäischer Besucher hinterließ eine anschauliche Schilderung vom Arbeitssystem des Haudegens: »Das Zelt des Herrschers war sehr einfach eingerichtet, der Thron stand in einer Ecke, über und über mit Papieren beladen. Der Große Herr selbst saß davor auf einem Teppich, zu seiner Rechten standen Militärs, zu seiner Linken die Schreiber. Ich konnte ihn lange beobachten, bevor er sein Wort an mich richtete. Er saß barfuß; zwischen den Zehen des linken Fußes hielt er Papiere, die Zivilangelegenheiten betrafen, zwischen denen des rechten Gerichtsakten. Der Reihe nach zog er die Schriften an sich, las sie durch und diktierte kurze Anweisungen, während er sich gleichzeitig mit den Kommandierenden unterhielt. Dann unterhielt er sich geraume Zeit mit mir, ohne währenddessen vom Aktenstudium zu lassen.«

Ungefähr fünfhundert Akten wurden täglich auf diese Weise bearbeitet, durchschnittlich vierzig Besuche empfangen, und Hindustan wurde von Scher Schah reformiert und regiert wie noch nie in den siebenhundert Jahren islamischer Vorherrschaft. Für Geschichtsschreiber Asiens ist er meist der »Große Hätte-sein-Können«, denn seine Regierungszeit war zu kurz, um Erfolge ernten zu können, wo er gesät hatte. Eines schönen Herbsttages 1545, als er gerade die Radschputenfestung Kalandschar belagerte, die Zehen voller Papiere, und mit Offizieren nebstbei beriet, wie man die Treffsicherheit von Feuerwaffen verbessern könne, setzte eine gutgezielte Kanonenkugel seiner Arbeitswut ein Ende.

Humayun gestaltete sein Exil vergleichsweise gemütlich. Kaum war er der unmittelbaren Gefahr entronnen, spannte er einen Monat lang in Herat aus. Das Tagebuch seines Vaters als Fremdenführer benutzend, schwelgte er in allen Sehenswürdigkeiten, und nebenbei lernte er auch die beiden bedeutendsten Maler des damaligen Persien kennen, Kwaja Abdus Samud und Mir Sajid Ali. Die Entwicklung der Künste nahm damals in Abend- und Morgenland dieselbe Richtung: Ein neuer Realismus entstand, geschult an ausführlichen Naturstudien. Und so hoch wurde die Bildende Kunst geschätzt, daß der Schah selbst Zeichenunterricht nahm – ein Erziehungssystem, das Humayun sofort seinen Nachkommen zu verschreiben gedachte. So war es für ihn auch »eine kaiserliche Selbstverständlichkeit«, die beiden nach Indien einzuladen, »falls die Sterne mir wieder günstig sein sollten«.

Einen weiteren Monat verbrachte der Exilkaiser in Meschhed, wo er sich in ausführliche theologische Debatten einließ, und erst im Juli 1544 begegnete er seinem Gastgeber persönlich in dessen Sommerresidenz bei Kaswin.

Noch ein halbes Jahrhundert später wurde diese Begegnung zu den Glanzpunkten persischer Geschichte gerechnet und auf einem Kolossalgemälde im »Palast der vierzig Säulen« zu Isfahan verewigt. Ein riesengroßer, waffenstrotzender Schah Tahmasp bietet da einem kleinen, ärmlich gekleideten Humayun gnädig Essen und Trinken an, ganz Großer Bruder aller Herren Asiens, die die Herrscher Persiens immer schon sein wollten. Etwas höflicher beschrieb der Hofdichter des Schahs die Begegnung: »Zwei Augenpaare, die Welt gemeinsam überstrahlend, fanden sich höfisch zusammen wie zwei Augenbrauen.«

Das Resultat dürfte ein ungeheures Schielen gewesen sein, denn von Anfang an herrschten hinter den Kulissen der obligaten Jagdausflüge und Bankette ernste Spannungen: Schah Tahmasp war wie sein Vater fanatischer Schiit und wollte selbstverständlich seine Gastfreundschaft mit der Bekehrung des Sunniten Humayun honoriert sehen. Nun hatte Humayun zwar höchstes Interesse an theologischen Spitzfindigkeiten, doch persönlich war ihm die Zugehörigkeit zu irgendeiner Glaubensgemeinschaft herzlich egal. Seine Frau Hamida war selbst Schiitin, vor allem aber sein treuer Großwesir Bhairam Khan. Und gerade der riet von einer Bekehrung ab – da sich der Schah als eine Art Papst der Schiiten empfand, hätte sich Humayun bei einem Glaubensübertritt gewissermaßen »unter die Leitung des Vaters aller Rechtgläubigen« begeben müssen. So begann ein zähes Pokern.

Natürlich war der Schah im Vorteil, und »als Zeichen äußerster Höflichkeit« erklärte sich Humayun nach zwei Wochen bereit, Haartracht und spitze Mütze der Schiiten zu tragen. Danach wurde ihm die Glaubenslehre der Schiiten, säuberlich auf Pergament geschrieben, vorgelegt. Humayun bekundete allerhöchstes Interesse und erklärte, er würde das interessante Schriftstück gern für seine private Sammlung abschreiben. Der Schah aber wollte, daß der Kaiser unterschreibe.

Während darüber noch gefeilscht wurde, griff der Mogul in die grüne Leinenbörse, die er stets an seiner Brust trug. Sie enthielt seine eiserne Reserve an Hochkarätigem. Einige Rubine und Smaragde hatten bereits zur Bestechung von Stammesfürsten gedient; nun nahm Humayun das Prachtstück der Sammlung, den Kohinoor, legte ihn in eine Perlmuttdose, garnierte darum noch etliche Rubine und kleinere Diamanten und ließ die Glitzerpracht durch Bhairam Khan dem höchst erfreuten Schah überbringen.

Vom förmlichen Glaubensübertritt konnte er sich damit nicht freikaufen, wohl aber von einer größeren Gefahr: Am Vortag waren aus Kabul Gesandte Kamrans gekommen, die Kandahar im Austausch gegen Humayun boten. Das Feuer des Kohinoor aber entflammte das Herz Sultanas, der Lieblingsschwester des Schah, und so kam es zu einem bombastischen Fest: Dreihundert Zelte wurden aufgeschlagen, zwölf Militärmusikcorps wummerten Tafelmusik, und nach den Vorspeisen erfuhr Humayun, dies alles samt 12000 Mann Kavallerie gehöre nun ihm zur Rückeroberung seiner Gebiete. Als Gegenleistung solle er nur vorher Kandahar erobern und dem Schah überlassen.

Humayun ließ sich damit wie üblich Zeit. Während Bhairam Khan samt Heer und einem Sohn des Schahs – »Prinz Murad, wahrlich ausersehen, den Herrn der Herren zu vertreten«, nämlich einem zehn Monate alten Säugling – Richtung Kandahar marschierte, besichtigte Humayun zum Ärger des Schahs erst ausgiebig alle Sehenswürdigkeiten Persiens. Erst im Februar 1545 stieß er zur Truppe, und einige Tage später begann er, seinen Bruder Askari in Kandahar zu belagern.

Kandahar fiel am 3. September und wurde in einer lächerlich pompösen Zeremonie dem Säugling Murad übergeben. Dennoch signalisiert dieses Ereignis die Wende in Humayuns Leben: Von nun an begannen die Adligen Afghanistans, ihn als ihren rechtmäßigen Herrn anzuerkennen, zumal wenige Tage später aus Hindustan die Nachricht von Scher Schahs Tod eintraf und daß dessen Sohn Islam Schah neuer Herr Indiens geworden sei.

»Wahrlich und wahrhaftig sind die meisten Bewohner dieser Erde wie eine Herde von Schafen – wohin auch immer eines hingeht, folgen die anderen«, beschrieb ein Zeitgenosse diese Entwicklung, und wie recht er hatte, zeigte sich schon einen Monat später, als der Säugling Murad starb. »Auf diese Weise entstand zu Kandahar ein Fehlen der Macht, was kein Herrscher gerne sieht«, und Humayun nahm den Persern die Festung in einem mitternächtlichen Handstreich, der selbst Babur alle Ehre gemacht hätte. Zu seiner größten Überraschung huldigten ihm noch in derselben Woche fast alle Adligen Afghanistans.

Kamrans Position in Kabul war dadurch unhaltbar geworden. Er konnte schließlich nicht einmal mehr seiner Leibgarde trauen und floh aus der Stadt, die Humayun noch im November kampflos besetzte. Eine rührende Miniatur feiert »das glückverheißende Wiedersehen der zärtlich liebenden Eltern mit der Perle Akbar«. Der Junge war nun schon drei Jahre alt und hatte einige Monate zuvor »ein deutliches Omen« geliefert, als er nämlich mit dem ein wenig älteren Sohn Kamrans um eine bemalte Trommel stritt. Kamran hatte entschieden, die Kinder sollten den Zwist in einem afghanischen Ringkampf austragen, und Abul Fasl blieb es vorbehalten, die Bagatelle würdig zu schildern: »Obwohl in zarten Jahren, doch voll göttlicher Eingebung und himmlischer Unterweisung rollte das unfaßbare Kind ohne Zögern seine Ärmel hoch, rang mit dem Vetter nach allen Regeln der Kunst und hob ihn hoch und schleuderte ihn derart zu Boden, daß die versammelte Zuschauerschaft in einen Schrei des Erstaunens ausbrach.«

Auch das Wiedersehen der Familie wurde ausgiebig mit Ringkämpfen gefeiert, wobei Humayun »durch ein Versehen« von seinem Großwesir aufs Kreuz gelegt wurde. »Bis auf den treulosen Kamran waren nun alle Brüder vereint und glücklich«, berichtet Dschauhar, doch Askari hatte wenig Anlaß zur Freude: Die nächsten sechs Jahre wurde er in Ketten im Reisegepäck Humayuns mitgeschleppt und schließlich auf eine Pilgerreise nach Mekka geschickt, die mogulische Form der Verbannung. Irgendwo hinter Damaskus starb er dann.

Hindal kämpfte die nächsten sechs Jahre tapfer an der Seite seines Bruders. Als er 1551 fiel, wurde er in Kabul neben Babur beigesetzt, dessen Gebeine Scher Schah aus Agra überführt hatte.

Die Auseinandersetzung mit Kamran sollte noch acht Jahre währen, obwohl von nun an Humayun die Oberhand behielt. Doch immer noch liebte der Mogul tränenreiche Versöhnungsszenen, und immer wieder vernachlässigte er die Rückendeckung, so daß Kamran zweimal Kabul wiedererobern konnte; einmal hätte er beinahe seinen Bruder erschlagen, und viermal konnte er ganze Provinzen Afghanistans an sich reißen. Im Umgang mit Menschen aber hatte Kamran eine weniger glückliche Hand, und so hielten die Adligen nun eindeutig zu Humayun, obwohl oder weil er persönlich sehr wenig regierte. Bhairam Khan und seine Hofbeamten machten die Politik, und ein persischer Gesandter notierte über den allmächtigen Kanzler, er sei »so eigentlich der Kaiser, daß man Humayun zu Recht nur als dessen Mantel bezeichnen könne«. Neuere Geschichtsschreiber vergleichen Bhairam gern mit Bismarck, der ja auch einem äußerst schwachen Fürsten diente und teilweise sogar gegen dessen Willen ein Reich zimmerte.

Kamran bekam diesen neuen Wind zuerst zu spüren, als er sich um Hilfe an Islam Schah wandte. Der hatte von Vater Scher Schah wohl das Reich geerbt, nicht aber dessen Autorität, und so wollte er mit dem Mogul lieber in Frieden leben. Er sandte Kamran nur einen Betrag, der selbst als Taschengeld lächerlich war, und schickte ihn weiter an Sultan Adam Gakkhar in den Pandschab, der ihn jedoch an Humayun auslieferte. Im Frühling 1553 kam Kamran »als verschnürtes Paket« im Lager seines Bruders an.

Dschauhar hatte den Gefangenen zu betreuen und erinnert sich an »ein melancholisches Gespräch«, während er den Prinzen massierte. Kamran ahnte, daß er sich nicht mehr auf Humayuns Gutmütigkeit verlassen konnte, und fragte den Kammerdiener: »Glaubst du, er wird mich umbringen lassen?« Dschauhar antwortete diplomatisch: »Nur Prinzen wissen, wie Fürstlichkeiten denken. Ich aber bin der Meinung, daß kein Mensch Selbstmord begehen darf, und ich weiß, daß Seine Majestät eine sehr mitleidsvolle Persönlichkeit ist.«

Am nächsten Morgen aber bestand Bhairam Khan und die Kronratsmehrheit darauf, Kamran zumindest blenden zu lassen. Humayun gab nur widerwillig den Befehl, den zunächst keiner der Hofbediensteten ausführen wollte, »denn sonst würde morgen der Kaiser fragen: ›Was habt ihr mit den Augen meines Bruders getan?‹« Erst am Nachmittag betraten sieben Offiziere und Dschauhar das Zelt des Prinzen. »Nachdem wir ihm höflich und bedauernd erklärt hatten, daß wir ihn nun leider blenden müßten, stopften wir ein Handtuch in seinen Mund. Dann schleiften wir ihn aus dem Zelt, legten ihn zu Boden, und während vier Mann auf seinen Gliedmaßen knieten, stachen zwei Offiziere mit einer Lanzette in die prinzlichen Augenhöhlen. Dies wiederholten sie mindestens fünfzigmal. Der Prinz ertrug alles sehr männlich und seufzte nicht einmal. Nur als ihm am Ende Zitronensaft und Salz in die Augenhöhlen gerieben wurde, konnte er sich nicht beherrschen und schrie: ›Gott, was ich auch immer gesündigt habe – nun bin ich mehr als genug bestraft! Erbarme dich nun meiner!‹«

Überall im Mittelalter war die Blendung nach der Ermordung der sicherste Weg, jemanden vom Machtkampf auszuschalten, und damit war der lange Bruderkrieg entschieden. Humayun selbst gab unter vielen Rührseligkeiten Kamran Reisegeld für eine Pilgerfahrt nach Mekka, und dort starb Kamran 1557.

Humayun konnte nun in aller Ruhe die Rückeroberung Hindustans vorbereiten, genauer: vorbereiten lassen, denn er selbst beschäftigte sich vorwiegend mit der Erstellung von Horoskopen und »der eifrigen Suche nach Zeichen günstiger Vorbedeutung«. Fast alle Historiker nehmen an, der Kaiser habe sich im persischen Exil »geläutert«. Doch bei genauerer Überprüfung stellt sich heraus, daß er nach wie vor nur selten nüchtern war, obwohl er zwar wenig Opium zu sich nahm, dafür um so mehr Branntwein. Doch die Adligen sahen mangels Konkurrenz in ihm nun ihren Herrn, und Bhairam Khan sorgte mit eiserner Hand dafür, daß es auch so blieb.

»Der Herrscher folgte den erhabenen Spuren seines Vaters«, umschreibt Dschauhar die langsame Rückeroberung Indiens. 1554 schließlich ereignete sich einer jener innenpolitischen Katastrophenfälle, die bislang immer Auftakt für einen Einfall in den Subkontinent waren: Islam Schah starb – die Todesursache wurde nie geklärt –, und sofort marschierten drei potentielle Thronfolger gegeneinander. Während sie einander noch in sorgsam befestigten Lagern gegenüberstanden, begannen die einzelnen Landesfürsten, ihre eigenen Machtpositionen auszubauen, und über den Khaiber-Paß marschierte Bhairam Khan mit einem stattlichen Heer.

Die Moguln trafen kaum auf Widerstand. Ohne jede Kampfhandlung marschierten sie in den Pandschab. Sogar die prächtige Festung Rohtas, die Scher Schah gegen mogulische Rückeroberungspläne hatte errichten lassen, fiel ohne Schwertstreich. Erst bei Sirhind wartete der stärkste der Thronrivalen, Sur, mit einem Heer. Das war mindestens doppelt so groß wie das der Moguln, doch Bhairam war der bessere Taktiker. Am 22. Juni 1555 formierte er seine Truppen zur offenen Feldschlacht, und begeistert griff der Gegner an. Doch im Rücken der Moguln wartete ein schwerbestücktes Feldlager, in das sich die Truppen scheinbar flüchtend zurückzogen, und ehe die Sur-Armee so recht wußte, wie ihr geschah, hatte das Trommelfeuer der Moguln die Schlacht entschieden.

Am 23. Juli, fast auf den Tag genau zwölf Jahre nach seiner Flucht, konnte Humayun in Delhi Einzug halten. Stolz setzte er sich auf Baburs Thron, den Scher Schah aus Agra hatte hierher bringen lassen.

Für Regierungsgeschäfte allerdings war er nun kaum mehr zu gebrauchen. Eine seiner letzten Amtshandlungen war, den bescheidenen Kammerdiener Dschauhar zum Schatzmeister von Lahore zu ernennen. Dann begann er, Scher Schahs Palastbau als seine Privatbibliothek einzurichten. Immer schon war er ein begeisterter Bücherwurm gewesen, allerdings nicht immer zum Vorteil seiner Bücher – da er auch in den schlimmsten Zeiten seine Bibliothek mitschleppen ließ und seine Unikate eifersüchtig vor allen Kopisten hütete, ging unterwegs ein wichtiger Teil der Babur-nama für immer verloren. Auch Timurs Memoiren hatten gelitten. Sie und etwa siebenhundert andere Handschriften ließ er nun restaurieren, und die aus Persien mitgebrachten Maler begannen im Erdgeschoß des Palastes einen Zyklus großer Gemälde zur Verherrlichung der Timuriden. Für Humayuns Einschätzung alles Irdischen spricht, daß er sie auf Leinen malen ließ, »da nur Allah weiß, wie lange ich auf dem Thron sitzen kann und wohin dereinst meine Schätze gelangen«. Ein fast zwei Quadratmeter großes Fragment blieb von den sechzehn Wandbehängen und gelangte nach dreihundert Wanderjahren in das Victoria-and-Albert-Museum zu London.

Ganz nebenbei hatte Humayun für eine Verwaltungsreform Pläne, die besser waren als seine früheren astrologischen Spielereien. Ernsthaft ausführen ließ er sie jedoch nicht, denn er wollte warten, bis seine Generäle ganz Indien erobert hätten. Bis dahin wollte er lieber »darüber sinnieren, wie doch alles im Grunde sehr zufällig, eher beiläufig und meist lächerlich geschieht«.

So auch am Freitag, dem 24. Januar 1556. Humayun saß auf dem Dach seiner Bibliothek unter einem eleganten Steinpavillon mit schöner Aussicht. Er hatte schon einiges getrunken, über Dichtkunst philosophiert und hörte sich gerade die Neuigkeiten einiger Pilger an, die aus Mekka gekommen waren. Dann ließ er seine Astrologen rufen, um die Sekunde des Aufgangs der Venus herauszufinden – für genau die nämlich plante er eine galante Verabredung. Schließlich erhob er sich und ging zu der Treppe, die beinahe senkrecht in das Obergeschoß des Palastes hinabführt. Just in diesem Augenblick erscholl von der benachbarten Moschee der Gebetsruf des Muezzins. Als frommer Moslem drehte sich Humayun um, sein Knie zu beugen, verhedderte sich in seinem Mantel, verlor das Gleichgewicht, stürzte fünfzehn Stufen hinab und schlug mit der rechten Schläfe hart auf eine Steinkante.

Drei Tage später erfuhr Dschauhar, »daß Kaiser Humayun sein letztes Glas aus der Hand des Todesengels getrunken hatte«.

DER GENIALE ANALPHABET

Der Aufstieg eines schwierigen Jungen

Humayuns Ende war eine Mischung aus Zufall und Unachtsamkeit wie sein ganzes Leben, ein lächerlich würdiger Schlußstrich unter eine Farce, bei der die Moguln nicht einmal als Dynastie unter den Herrschern Indiens erscheinen. Timur war als Räuber gekommen, Babur und Humayun kamen als Eroberer mit der festen Absicht, sich hier häuslich niederzulassen. Ihre Geschichte wäre höchstens ein amüsantes Glanzlicht gewichtigerer Ereignisse, hätte nicht Humayun zwei Monate vor seinem Tod den unentbehrlichen Bhairam Khan zum Vormund seines dreizehnjährigen Sohnes Akbar ernannt.

Die beiden befanden sich gerade im Pandschab auf einem Feldzug gegen Sikander Schah, einem der Enkel Schers, als sie die Nachricht von Humayuns Todessturz erreichte. Nach islamischem Recht hatte sich damit ihre Lage schlagartig verändert: Babur und Humayun hatten zusammen fünfzehn Jahre über Indien geherrscht, Scher Schah samt Familie ebensolange. Damit waren die Rechtsansprüche Akbars und der drei Afghanenenkel gleichwertig. Bhairam beschloß, nun auch Akbar zum Kaiser ausrufen zu lassen. In aller Eile wurde eine Krönungsplattform gemeißelt, die heute ziemlich verloren auf einem Acker bei Kalanaur steht. Auf ihr nahm am 14. Februar 1556 der Dreizehnjährige Platz, in einen viel zu großen Brokatmantel gewickelt und mit einem schwarzen Turban, wie er eigentlich nur dem geistlichen Oberhaupt der Sunniten zustand. Seine Thronrede war »ein erhabenes Gicksen«, wie der Chronist Badauni vermerkte – immerhin befand sich Akbar im Stimmbruch –, und damit hatte Indien vier Kaiser.

Das Rennen machte allerdings vorübergehend ein krasser Außenseiter, ein Hindu namens Hemu. Als Akbar gekrönt wurde, nannte dieser sich gerade »begnadetster Feldherr der Welt, in allen Künsten des Krieges von Grund auf erfahren«, doch begonnen hatte seine Karriere in einem Kaufmannsladen zu Revari, dessen einziger militärischer Artikel Salpeter war. Als »amtlicher Waagemeister« fiel er Islam Schah auf und wurde schließlich Finanzminister und Wesir Adil Schahs, eines der rivalisierenden Fürsten. Unter ihm wagte er sich erstmals auf das Schlachtfeld und gewann tatsächlich hintereinander zweiundzwanzig Gefechte. Dabei kam ihm die Idee, besser auf eigene Rechnung zu arbeiten, und im Oktober 1556 erschien er mit einer großen Streitmacht vor Delhi, das Baburs alter Saufkumpan Tardi Beg kommandierte.

Tardi Begs Spione hatten herausgefunden, daß Hemu keine Kanonen hatte, und so stellte sich der General dem Hindu in schönster altmodischer Schlachtordnung gegenüber. Leider aber hatte Hemu dreihundert Kampfelefanten in der Hinterhand, und beim Anblick dieser Kolosse geriet die Mogularmee in Panik. Die Schlacht endete in wilder Flucht, und am Abend zog Hemu in Delhi ein, wo er sich mit dem stolzen Titel Radscha Vikramadya auf Baburs Thron niederließ.

Gut achthundert Jahre hatte zu Delhi kein Hindu mehr residiert, und Indiens derzeitige Machthaber feiern den emporgekommenen Kaufmann gern als ihren erlauchten Vorfahren. Zu Hemus Zeiten wird sich der Jubel in Grenzen gehalten haben – achtzig Prozent der Stadtbevölkerung waren Moslems, und die Hindus hielten sich zurück. Die Herren wechselten zu schnell, um sich gegenüber einem allzusehr mit Jubel zu engagieren.

Schlimm allerdings war die Stimmung im Lager der Moguln. Selbst alte Haudegen bedrängten Bhairam Khan, »den Spuren Humayuns zu folgen«, also Indien wieder einmal aufzugeben und sich ins sichere Kabul zurückzuziehen. Schließlich stammten immer noch neun von zehn Offizieren aus Afghanistan und fühlten sich fremd in diesem unberechenbaren Land. Bhairam versuchte, die Stimmung mit psychologischen Tricks zu heben. Unter anderem befahl er »ein Feuerwerk zum Vergnügen der Soldaten«, an dessen Höhepunkt »ein Abbild Hemus, mit Schießpulver gefüllt«, verpuffte. Das half, und als die Reste der Armee Tardi Begs bei Bhairam eintrafen, wurden die Ankömmlinge meist schon als Feiglinge beschimpft.

Mit Tardi Beg hatte Bhairam schon seit langem eine Rechnung offen. Tardi Beg hatte in der Wüste von Radschastan der schwangeren Hamida das Pferd verweigert. Tardi Beg hatte Humayun Geld zu zwanzig Prozent geborgt. Tardi Beg hatte sich mehrmals unerlaubt aus Schlachten zurückgezogen, und vor allem war Tardi Beg als reichster Adliger Bhairams einziger Rivale. Nun war die Gelegenheit günstig, und Tardi Beg wurde nach kurzem Prozeß wegen »Feigheit vor dem Feind« geköpft.

Danach marschierten die Moguln gegen Hemu und trafen ihn auf dem Feld von Panipat. Das war kein Zufall: Auch in unseren Breiten bemühten sich in jener Zeit Armeen, wenn eine Schlacht bevorstand, ein Schlachtfeld zu erreichen, das bekannt war und aus dessen geographischer Lage Vorteile gezogen werden konnten. Am 5. November 1556 war der Vorteil allerdings eindeutig auf seiten Hemus, und die Schlacht war fast schon entschieden, als ein verirrter Pfeil den winzigen Hemu auf seinem Kampfelefanten ins Auge traf. Hemu verlor nur das Bewußtsein, doch mittelalterliche Schlachten wurden durch den Fall des Führers unweigerlich entschieden. So konnten die Moguln den Elefanten samt Hemu einfangen und im Triumph zu Bhairams und Akbars Zelt bringen.

Dem Vierzehnjährigen »wurde die Auszeichnung zuteil«, den Bewußtlosen zur Strecke bringen zu dürfen. Da es sich um einen Hindu handelte, verdiente Akbar somit den Titel eines Ghazi, eines Glaubenskämpfers, und unter den entsprechenden Beglückwünschungen führte er »den glorreichen Schwertstreich«. Akbars Biograph verschwieg allerdings, daß der Junge ihn nur symbolisch führte – zum Erstaunen aller Hofbeamten hatte er plötzlich Hemmungen, Blut zu vergießen.

Hemus Haupt wurde nach Kabul gesandt und war in der Tat »eine höchst willkommene Botschaft für die Damen des Harems«. Die Damen waren im sicheren Kabul geblieben, als Humayun zur Rückeroberung Indiens auszog. Der seiner selbst nie ganz Sichere wollte »diesen kostbarsten Schatz jedes Fürsten« keinen unnötigen Gefahren mehr aussetzen. Hemus Haupt und die Nachricht, daß der zweitgefährlichste Gegner Sikander Schah mit Akbar Frieden geschlossen hatte – er erhielt ein Landgut, starb jedoch kurz darauf –, boten nun doch einige Garantie, daß die Damen in Indien friedlich leben konnten.

Die anderen Rivalen um die Macht wurde der Mogul ohne eigene Initiative los: Adil Schah fiel im Kampf mit einem bengalischen Stammesfürsten, der dritte Prinz wurde von einer Geliebten vergiftet. Innerhalb eines Jahres hatte sich alles zum Guten gewendet, und »Hamidas sehnsuchtsvolle Augen wurden«, so Abul Fasl, »erfreut durch die das Erdenrund schmückende, himmlisch strahlende Schönheit des Padschah«.

Daß Akbar allerdings gezögert hatte, Hemu zu köpfen, erstaunte alle, die ihn kannten. Derlei Zurückhaltung hatte er sich bislang nur bei Büchern gegönnt. Nach allem, was wir über seine Jugend wissen, muß er ein sehr schwieriges Kind gewesen sein, kein Wunder, wenn man die Umstände seiner Kindheit bedenkt. Als Kleinkind erlebte er die Flucht seiner Eltern, dann wurde er als eine Art Faustpfand im Harem seines Onkels gehalten, und seine weitere Jugend war eine einzige Folge von Feldzügen. Da immer ein Vertreter des Kaiserhauses im Heerlager zu sein hatte, dies Humayun aber gar nicht lag, war Akbar eigentlich nur unter Soldaten aufgewachsen. Mit neun Jahren erhielt er das formelle Oberkommando über die Einheiten seines gefallenen Onkels Hindal, und mit zwölf war er bereits bei Schlachten in der Vorhut zu treffen. Natürlich wollte Humayun seinen einzigen Sohn nach allen Regeln der Kunst erziehen lassen, und auch Bhairam bemühte sich in dieser Hinsicht. Akbar aber weigerte sich standhaft, »etwas Nützliches« zu lernen. Ein Lehrer wurde gefeuert, weil er angeblich den Knaben zum Taubenzüchten verführt hatte. In Wahrheit hatte natürlich Akbar den Lehrer bestochen; ebenso kapitulierten acht andere Lehrer, da es ihnen nicht einmal gelang, den Prinzen an ein Lesepult zu locken. Lieber ritt er wilde Kamele, und seine zahllosen, meist frivolen Streiche brachten Abul Fasl in die neckischsten Verlegenheiten: Falls Akbar »den Deckmantel eines völlig interesselosen und sich um nichts kümmernden Menschen trug, war er doch in Wahrheit zutiefst mit dem Studium aller Dinge befaßt und wollte auf diese Weise die Klugheit seiner Getreuen erproben«. Sobald aber Unterrichtsstunde war, »hatte sich jener vortreffliche Schüler der Schule Gottes gerade zum Sport fertiggemacht und war entschwunden«, und für das diplomatische Geschick seiner letzten Lehrer spricht die Benotung im Abschlußzeugnis, Akbar habe »den Ball der Vortrefflichkeit mit dem Polostock göttlicher Hilfe davongetragen«.

So kam es, daß der Kaiser Indiens, Sproß einer Sippe, die Kultur und Gelehrsamkeit höher schätzte als jedes andere Fürstenhaus, Analphabet blieb. Wieweit er vielleicht doch die Anfangsgründe von Lesen und Schreiben erlernte – Abul Fasl behauptet, Akbar habe mit dem Finger auf die Zeilen gezeigt, die ihm gerade vorgelesen wurden –, ist nicht mehr festzustellen. Auf jeden Fall machte Akbar davon nie Gebrauch, möglicherweise auch, weil schlecht Lesen und Schreiben blamabler war, als es gar nicht zu können. Im Leben mittelalterlicher Fürsten spielte das ohnedies nur eine geringe Rolle: Schreibarbeiten wurden prinzipiell von Sekretären erledigt, Befehle ausschließlich diktiert, und im übrigen war es durchaus von Vorteil, alle notwendigen Informationen aus dem Vortrag zu erfahren – Akbar lernte dadurch, seine Meinung in ständiger Diskussion, durch verbales Abwägen der Argumente zu bilden, ganz abgesehen davon, daß er wie jeder Analphabet ein exzellentes Gedächtnis entwickeln mußte. Das setzte nicht nur seine Offiziere und Beamten in Staunen, sondern auch ein Rudel Jesuiten, die längere Zeit an seinem Hof lebten und dem Kaiser mit christlichem Mißtrauen begegneten. Der hochgelehrte Pater Monserrate mußte zugeben, daß Akbar »nicht nur auf erstaunliche Weise über alle Angelegenheiten seines Reiches informiert war, sondern darüber hinaus über eine Bildung und ein Wissen auf allen Gebieten der Philosophie und der Künste verfügte, daß man nie auf den Gedanken gekommen wäre, er könne weder lesen noch schreiben«.

Mehr Sorge bereitete seinen Zeitgenossen des Kaisers Hang zu physischen Bravourstücken. Als Junge ritt er am liebsten wilde Kamele, und später beteiligte er sich wiederholt an Elefantenkämpfen, dem allerlebensgefährlichsten Spiel, das veranstalten zu lassen nur dem Kaiser vorbehalten war. Die Spielregeln waren einfach: Zwei Elefantenbullen wurden wild gemacht und aufeinander gehetzt. Das konnte für die Reiter mörderisch werden, und sie mußten vor Kampfbeginn stets ihr Testament machen. Gerade das aber reizte Akbar, »ohne Rücksicht auf sein Leben und die politischen Konsequenzen eines Unfalls«. Nicht einmal Abul Fasl brachte Verständnis auf, als Akbar eines Tages den berühmten Hawai bestieg, den Kampfelefanten Hemus, und damit einen nicht weniger berüchtigten Giganten über die Pontonbrücke des Jamuna jagte, die hinter den Kolossen zusammenbrach. Später ließ Akbar erklären, »sein Motiv für derartige Streiche sei, Gott Gelegenheit zu geben, seinem Leben ein Ende zu setzen, falls Seine strahlende Majestät einen Schritt getan hätte, der Allahs Allmacht mißfiel. Denn, sagte er, wir könnten die Last des Lebens bei Gottes Mißfallen nicht ertragen.«

Lebensüberdrüssig schien der Kaiser allerdings oft. Einmal trieb er seinen Elefanten durch die Mauer in ein Haus voller Rebellen, ein anderes Mal trat er ohne Pferd zum Kampf mit einer Tigerin an, die gerade fünf Junge hatte. Nur mit sehr viel Glück oder – so Abul Fasl – »durch die göttliche Gnade und in einem Augenblick himmlischer Vorbedeutung, geschirmt durch alle guten Genien und beträufelt vom Balsam der Unverwundbarkeit«, gelang es ihm, der gereizten Bestie Herr zu werden. Er war ein leidenschaftlicher Jäger, der es verstand, jeden Jagdausflug zu einer lebensgefährlichen Sache zu machen, und sich zweimal so verirrte, daß man ihn »nur noch ganz knapp vor dem Verdursten fand«. Allerdings: Genau das waren die Voraussetzungen, die ein Soldatenkaiser brauchte.

Andererseits hatte Akbar ein geradezu leidenschaftliches Interesse an allem, was mit Mystik zusammenhing. Wochenlang konnte er sich mit mystischen Spekulationen beschäftigen, und seine Biographen berichten von »Visionen, die Ihre Majestät in unvorhersehbaren Zeiträumen zu überkommen pflegten«, einmal sogar bei einer Jagd, die Akbar urplötzlich abbrechen ließ, »aus Ekel vor der Grausamkeit«, und nach der er auf seinen Lieblingssport jahrelang verzichtete. Manche Historiker haben daher angenommen, Akbar sei Epileptiker gewesen, zumal sein anderer Biograph Badauni erwähnt, der Kaiser sei »von der Krankheit des Propheten gezeichnet«; Mohammed war zweifellos mit Epilepsie geschlagen. Bei Akbar ist dies nicht so sicher – nirgendwo wird von den typischen Symptomen berichtet, hingegen von »Zeiten allerhöchster Aktivität«, die genau jenen kontemplativen, »melancholischen« Perioden vorausgingen. Wahrscheinlicher ist daher die Annahme einer manisch-depressiven Disposition, wenn auch ein Zeitgenosse schreibt: »Natura erat melancholicus et epileptico subjectus morbo«, »seine Natur war aufgrund von Epilepsie melancholisch«.

Eine Ursache jener »rätselhaften Verfinsterungen« war zweifellos Akbars ausgeprägter Hang zu Rauschmitteln, den er ja mit allen erlauchten Vorfahren teilte. Er war ein starker Trinker, bevorzugte jedoch Posto, ein scharfgewürztes Opiumgebräu. Einmal, schwer berauscht, erklärte er dieses Laster »mit der Liebe zu meinem Vater«. Ähnlich vielen vaterlos aufgewachsenen Söhnen pflegte er ein Vater-Image und versuchte, dieser Vorstellung weitgehend zu gleichen. Wie Humayun trug er täglich wechselnde, den Planetenfarben entsprechende Kleider, und auch sonst übernahm er einige Marotten seines Papas. Doch zum Glück für das Mogulreich war er charakterlich so ziemlich das Gegenteil, und daher fielen solche Bizarrerien nicht negativ auf.

Mehr noch als mit seinem Vater identifizierte er sich mit dem Propheten und war schließlich selbst davon überzeugt, einer zu sein. Doch ging sein Interesse weit über diese eine Religion hinaus. Abul Fasl erklärt: »Seit seiner frühen Kindheit ist er mit den verschiedensten religiösen Riten und Anschauungen vertraut geworden und hat mit großem Talent, sich das für ihn wichtigste Wissen anzueignen, Bücher gesammelt, die er sich vorlesen ließ. Allmählich wuchs die Überzeugung in ihm, daß es in allen Religionen gemütstiefe Menschen und ausgezeichnete Denker gab und in allen Völkern Menschen mit hervorragenden Fähigkeiten. Wenn man die Wahrheit überall finden konnte, warum sollte sie dann einer einzigen Religion vorbehalten sein und noch dazu einem so jungen Glauben wie dem Islam, der kaum 1000 Jahre alt war?« So ließ sich Akbar von Jesuiten eingehend über das Gottesgnadentum christlicher Fürsten berichten, ging aber in diesem Punkt noch weiter, indem er sich später selbst »für irgend etwas Göttliches« hielt. Doch mystische Spekulationen waren ein Kennzeichen seiner Zeit – das erste islamische Jahrtausend ging zu Ende, und ähnlich der christlichen Jahrtausendwende traten alle möglichen Weltuntergangspropheten und Paradiesprediger auf. Akbar war nicht der einzige, der sich als »die Vollendung des Zeitalters« sah, wenn auch der einzige, der Gott gewissermaßen naturwissenschaftlich auf die Schliche zu kommen versuchte. Um herauszufinden, ob es tatsächlich göttliche Inspiration gab, ließ er einmal Kleinkinder ohne sprachlichen Kontakt mit der Umwelt aufziehen. Würden sie sprechen, hoffte er, wären ihnen ja die Worte von Gott eingegeben. Dementsprechend groß war seine Enttäuschung, als sich die »göttlichen Knaben« stumm erwiesen.

Mit Astrologie befaßte er sich nur wenig – nur sein Geburtstag war das Ergebnis astrologischer Spielereien. An einem Donnerstag, der Vollmondnacht des islamischen Monats Shaban geboren, hatte er ursprünglich den Namen Bahruddin, »Vollmond des Glaubens«, erhalten. Da jedoch für diesen Tag die Sterne nicht sonderlich günstig standen, wurde der Geburtstag auf einen Sonntag, den 5. Rädschäb, zurückverlegt, den »Tag der Empfängnis des Propheten«, und bei diesem 15. Oktober blieb es offiziell, nachdem auch der Name in Dschalaluddin, »Glanz des Glaubens«, abgeändert wurde.

Daß Akbar es mit dem Glauben nicht so genau nahm und ihn schließlich laut Badauni »die Moslems für einen Hindu, die Hindus für einen Christen und nur die Christen für einen Moslem« hielten, dankt er wahrscheinlich einem seiner erfolglosen Lehrer, dem Perser Mir Abdul Latif, der ihm nachdrücklich das Prinzip des Sulh-i-kull erklärte, eine orthodoxen Moslems verhaßte Lehre »allgemeiner Toleranz«, die Akbar erstaunenswert in die Tat umsetzte. Das einzige, was er nie ertragen konnte, war, wenn sich jemand hartnäckig seinem Willen widersetzte.

Akbar setzt sich durch

Auch das ist kein Wunder – denn zumindest bis zu seinem siebzehnten Lebensjahr lebte Akbar »hinter dem Schleier«. So dezent kann nur Abul Fasl umschreiben, daß der junge Kaiser kaum mehr war als ein Spielball der rivalisierenden Gruppen am Hofe. Beschreibungen jener Zeit zeichnen das Bild eines mittelgroßen Jungen mit den typischen O-Beinen eines leidenschaftlichen Reiters, der »das linke beim Gehen etwas nachzog, obgleich ihm nichts fehlte«. Den Kopf hielt er stets schräg gegen die rechte Schulter geneigt, und mit der »wohlgefälligen Sprache starker Stimme« haperte es noch – der Junge stotterte. Bhairam Khan beschreibt seinen Schützling als »in handwerklichen Dingen gar nicht ungeschickt, insgesamt jedoch sehr linkisch«.

Genau einen solchen Kaiser aber hatte er sich auch gewünscht. Wurde Akbar überhaupt zu den Staatsratsitzungen zugelassen, dann nur als schweigender Zuhörer. Den Staat besorgte der Wesir. Von Agra aus hielt er das Zentrum des Reiches unter eiserner Kontrolle, schickte er »militärische Expeditionen in alle Richtungen der Windrose« und hielt Akbar unter ständigem Verschluß, »um ihm die Versuchungen böser Einflüsse zu ersparen«.

Aus dem Harem allerdings konnte er ihn nicht fernhalten, und dort saß seine Opposition. Hamida selbst hatte sich bald nach Humayuns Tod auf eine Art Witwensitz nach Delhi zurückgezogen, wo sie ihrem Gemahl ein prunkvolles Grabmal errichten ließ. Der von persischen Architekten geplante Kuppelbau wurde der Prototyp des Mogul-Mausoleums. Überkritische Architekturkenner bemäkeln manche verunglückten Proportionen, doch zählt das Grab mit dem darumliegenden großen Garten heute noch zum Schönsten in Delhi. Später unternahm die abenteuerlustige Dame sogar eine Wallfahrt nach Mekka, von der sie mit dem stolzen Titel Hadschi Begam heimkehrte, um schließlich in Agra gefeierte Herrin des Harems zu werden.

An Damen, die Akbar derweilen bemuttern wollten, herrschte jedoch kein Mangel – die noch von Humayun bestellten Ammen bemühten sich nach besten Kräften, die einst gespendete Milch in bare Münze umzuwandeln. Die sympathischste dürfte noch Dschidschi Anga gewesen sein, die Gattin jenes Wasserträgers Nisam, der einst Humayun vor dem Ertrinken gerettet hatte. Humayun hatte seiner nicht vergessen und in den turbulenten Tagen seiner Pandschab-Flucht eine Expedition auf die Suche nach ihm losgeschickt. Nisam wurde in einer einfachen Hütte gefunden, samt Familie nach Umarkot deportiert, wo er den Titel Shamsuddin Khan erhielt und seine Frau zur Amme ernannt wurde. Gleich nach Akbars Thronbesteigung erhielt Nisam den Titel Atga, kaiserlicher Pflegevater, und wurde Zivilgouverneur von Kabul – eine reine Sinekure, da Stadt und Umland einem Militärgouverneur unterstanden. Sein Sohn Asis, zuvor schon mit dem Titel Koka, kaiserlicher Milchbruder, ausgezeichnet, wurde General und sogar einer der fähigsten in Akbars Heer, und bald bekleideten auch sämtliche männlichen Angehörigen der Sippe hohe Hofämter.

Weit ehrgeiziger war Maham Anga, die »Hauptamme« des Kaisers, die ihn jedoch nie gestillt hatte, da ihr eigener Sohn Adham Khan erst etliche Monate später zur Welt kam. Sie war eine Schwester Tardi Begs und daher Bhairams natürliche Feindin.

Diese beiden Damen suchten unermüdlich nach dunklen Flecken auf der Weste Bhairam Khans und fanden auch genügend. So fähig der Khan auch als General und Kanzler war – Diplomat war er nicht. Schon sein überaus selbstbewußtes Auftreten schuf ihm täglich Feinde. Außerdem war er Schiit, während nahezu alle hohen Adligen Sunniten waren, und hatte »aus keinen anderen Gründen als um seine Macht zu zeigen« einen bis dato völlig unbekannten Schiitenpriester zum obersten Hofgeistlichen bestellt. Vor allem aber war sein offen zur Schau gestellter Reichtum ein Ärgernis für den Harem. Akbar selbst klagte, daß seine Diener, verglichen mit denen seines Kanzlers, »wie Bettler daherkommen«.

Schließlich wurde eine geschickte Intrige eingefädelt. Adham Khan lud »als Milchbruder« Akbar zu einem Jagdausflug ein, während Bhairam in Delhi blieb. »Wie zufällig« stieß zu der Jagdgesellschaft ein Bote mit der Nachricht, Hamida sei in Delhi schwer erkrankt. Sofort ritt Akbar weiter und traf in Delhi nicht nur seine – kerngesunde – Mutter, sondern auch Maham Anga, die sich heimlich aus dem Harem davongemacht hatte. Maham Anga »unterzog nun die Seele des strahlenden Kaisers einer wirkungsvollen Massage«, und am 2. April 1560 schickte Akbar die Entlassungsurkunde Bhairams nach Agra. Der Historiker Percival Spear verglich »diese Aktion schwärzesten Undanks« mit der Entlassung Bismarcks durch Wilhelm II., einer tatsächlich augenfälligen Parallele. Doch wie Bismarck hatte auch Bhairam seinen jungen Kaiser genau über jenes Maß bevormundet, das kein halbwegs gesundes Selbstwertgefühl rechtfertigen kann. Akbar war für mogulische Verhältnisse ein erwachsener Mann, reif genug, die Regierungsgeschäfte selbst in die Hand zu nehmen, und damit war der Bruch zwischen beiden unvermeidbar.

Bhairam Khan trug seine Absetzung mit bewundernswerter Loyalität. Zwar überlegte er lautstark, mit der Armee nach Delhi zu marschieren und Akbar von seinen neuen Ratgebern zu befreien, doch dann willigte er in die Pilgerfahrt nach Mekka ein, die Akbar vorgeschlagen hatte.

Der »Haremskohorte« genügte diese Demütigung noch nicht, und sie überredete Akbar, hinter Bhairam eine Division herzuschicken, »um den Antritt der Wallfahrt auch zu garantieren«. Das war dem Alten zuviel. Er kehrte um, versuchte eine Rebellion, wurde jedoch gefangen und vor seinen Kaiser geführt. Nun handelte Akbar vernünftig und gegen den Rat seiner Milchmütter: Er erwies dem Mann, dem er schließlich Reich und Würden verdankte, alle Ehren und schickte ihn so wieder auf die Pilgerreise. In Patan, der Hauptstadt von Gudscherat, wurde Bhairam dann am 31. Januar 1561 aus Blutrache von einem Afghanen ermordet, dessen Vater fünf Jahre zuvor in einer Schlacht gegen die Moguln gefallen war. Trotz vieler Spekulationen war Akbar an diesem letzten Akt mit Sicherheit unbeteiligt; wieweit der Harem hier der Blutrache nachhalf, kann nicht mehr festgestellt werden.

Zur größten Enttäuschung Maham Angas bestellte Akbar als neuen Premier nicht ihren Sohn, sondern einen farblosen Hofbeamten – deutliches Zeichen, daß der Kaiser nunmehr selbst zu regieren gedachte.

Adham Khan wurde nur zum General befördert und im Februar 1561 mit einem Heer in den Süden gesandt, um »die treulos gewordene Provinz Malwa wieder dem Reich einzugemeinden«. Dort hatte sich ein Stammesfürst namens Bhes Bahadur selbständig gemacht. Bahadur heißt »der Starke«, aber bei Bhes konnten damit nur seine Qualitäten als Liebhaber und Dichter gemeint sein. Seine Liebeslieder an Rupmati wurden auf allen Bazaren Indiens gesungen – einige von ihnen sogar heute noch –, und die Gepriesene war »nur eine der vielen Perlen seines Harems«. Als Feldherr gab Bhes Bahadur nur Fersengeld und den Befehl, sämtliche Frauen umzubringen. Die Damen aber waren lebenslustig, verschanzten sich im Harem und konnten sich gegen die Eunuchen so lange verteidigen, bis Adham Khan das Fort besetzt hatte. Sogar Rupmati fiel lebend in seine Hände, vergiftete sich aber, als Adham Khan auf einem Schäferstündchen bestand.

Adham Khans und seines Mitstreiters Pir Mohammeds Verhalten waren für den anwesenden Chronisten Badauni »ein himmelschreiender Skandal«. Adham befahl ein allgemeines Massaker, obwohl die Mehrzahl der Opfer Moslems waren, »und schonte auch heilige Priester nicht, die mit dem Koran in der Hand zu ihm kamen«.

Auch Akbar war über diese Vorgänge hellauf empört, weniger über das Massaker – schließlich hatte er selbst nach dem Sieg bei Panipat einen Schädelturm errichten lassen, allerdings aus Hinduköpfen – als darüber, daß Adham mit der Siegesmeldung nur einige Elefanten nach Agra geschickt, die Frauen, Gefangenen und Beutestücke aber für sich behalten hatte. Am 27. April ritt er mit einigen Divisionen aus Agra los und kam schon am 13. Mai in Malwa an, schneller als die Post, mit der Maham Anga ihren Sohn zu warnen versucht hatte. Adham Khan verbrachte einige Tage in Ketten und qualvoller Ungewißheit, ehe Maham Anga ihn besänftigen konnte. Nun rückte Adham die volle Beute heraus, behielt aber immer noch zwei erlesene Schönheiten für sich, die seine Mutter kurz darauf vergiften ließ, um weitere Skandale zu vermeiden.

Die nächste Konfrontation mit Maham Angas Anhang erfolgte, als im November das Amt des Premierministers vakant wurde. Sosehr sich Maham auch für ihren Sohn ins Zeug legte – Akbar berief aus Kabul Nisam, der inzwischen offensichtlich Politik und Verwaltung gelernt hatte. Zwischen den beiden Milchmüttern kam es daraufhin zu derartigen Streitereien, daß Akbar »des Friedens wegen« seinen Harem mittels einer hohen Mauer teilen mußte. Der Anlaß des Kampfes war damit jedoch nicht aus dem Weg geschafft. Das besorgte am 16. Mai 1562 Adham Khan. Er erschlug den alten Nisam, der gerade auf einer Terrasse Akten bearbeitete.

Ob Adham Khan wirklich auch Akbar ermorden und sich selbst zum Kaiser machen wollte, ist umstritten. Auf jeden Fall rannte er sofort nach dem Mord ein Stockwerk höher an die Tür des Harems. Während er diese einzutreten versuchte, trat aus einem Hintertürchen Akbar, der den Lärm gehört hatte. Adham erschrak und legte seine Hand auf Akbars Arm, in einer zweideutigen Geste, die gleichermaßen Angriff wie Unterwerfung bedeuten konnte. Akbar zögerte keinen Augenblick, schlug Adham mit der geballten Linken bewußtlos und befahl, den Kerl auf die Terrasse hinabzustürzen. Als der Milchbruder daraufhin immer noch atmete, wurde er an den Haaren die Treppe hochgezerrt und noch einmal »hinabgeworfen, bis sein Hirn auf die Fliesen spritzte«.

Akbar selbst ging in den Harem zurück und erzählte Maham Anga, was vorgefallen war. Sie konnte nur stammeln: »Majestät haben richtig gehandelt.« Vierzig Tage später hängte sie sich an ihrem Seidengürtel auf.

Akbar war nun neunzehn und sein eigener Herr.

Die neue Politik

Die erste politische Aktion des jungen Herrschers war eine Hochzeit. Die »von Lieblichkeit strotzende Braut, bei deren Anblick die Natur stets ihr Blütenkleid anlegte, diese Rose aller Frauen« war dem Hof zunächst allerdings ein Dorn im Auge, war sie doch Tochter des mächtigsten Hindufürsten im Südwesten des Reiches, des Radschas von Amber. Heute heißt dieser Landstrich Dschaipur und ist den Deutschen jährlich viele Gruppenreisen wert. Zu bestaunen gibt es Wüste, Juwelierläden, die militantesten Vertreter der eigentlich sanften Hindureligion und zahllose Paläste, die nun zwar als Hotels dienen, aber immer noch derselben Sippe gehören. Deren jeweiliger Boß, Maharadscha Singh, ist traditionsgemäß General der indischen Armee, und diese Tradition wurde mit Akbars Hochzeit begründet.

»Eine Heirat erspart zehn Kriege«, kommentierte der Bräutigam, und mit Dschaipur ersparte sie zumindest einen ständigen. Mit den Radschputen wären auf Dauer auch die Moguln nicht fertig geworden. Unter Opiumeinfluß zogen sie in die Schlacht, »äußerlich berauscht, aber kaltblütig und ohne Rücksicht auf ihr Leben«, und waren damit so erfolgreich, daß auch die Afghanen dieses Rezept übernahmen – mit weniger Glück, denn einer ihrer Feldzüge mußte abgebrochen werden, als der Mohn einer Mißernte zum Opfer fiel. Rauschmittelmißbrauch zu militärischen Zwecken wurde übrigens auch in unseren Breiten imitiert: Im Ersten Weltkrieg spritzten deutsche Feldärzte deutschen Soldaten an der Westfront massenhaft ein Mittel, das ein deutscher Apotheker entwickelt hatte und »aufgrund seiner günstigen Eigenschaften für die Hebung der Kampfmoral« Heroin nannte. Die wohlwollende Toleranz amerikanischer Offiziere diesem gefährlichsten Suchtgift gegenüber bescherte auch den USA nach Vietnam Legionen menschlicher Wracks.

Akbars Methode, aus politischen Gründen auch Angehörige

fremder Religionen zu heiraten, war für Asien zumindest neu. Noch aufregender für die islamischen Zeitgenossen war, daß auch die Familie der Braut sofort in höchste Hofämter aufstieg: Von nun an war der jeweilige Radscha Erster Ratgeber des Kaisers, während einer seiner Brüder als Erster General Bogen- und Scharfschützen der gesamten Mogularmee formell kommandierte. Von nun an wurden die periodischen Hinduaufstände im Süden des Reiches stets von Hindus niedergeschlagen.

Diese erste Heirat und die kurz darauf folgenden mit siebzehn weiteren Hinduprinzessinnen zeigten, daß Akbar etwas anstrebte, was keiner seiner Vorgänger zu denken gewagt hätte: ein überreligiöses Großreich. Zu dieser Politik gehörte auch die Abschaffung einiger diskriminierender Steuern, die beispielsweise von islamischen Gouverneuren für hinduistische Pilgerfahrten erhoben wurden. Prompt probten einige Moslems den Aufstand, und eine regelrechte Kette von Meutereien brach los, als Akbar zwei Jahre später die Dschisdscha aufhob.

Akbar mußte eine Reihe von »Jagdausflügen« inszenieren, bis die Ordnung wiederhergestellt war. So eine Moguljagd erfolgte nach den Regeln des »Qarmagah«, der Einkreisung, und war eine rein militärische Sache. Dreißig- bis sechzigtausend Soldaten bildeten einen großen Kreis, manchmal bis zu achtzig Kilometern Durchmesser, und trieben allmählich alles Wild der Mitte zu. Manchmal dauerte es einen Monat, ehe das Areal etwa sieben Kilometer Durchmesser aufwies, und wer ein Tier ausbrechen ließ, mußte Strafe zahlen. War es dann soweit, ritt der Kaiser mit einigen Höflingen in den Kreis, um allein zu jagen. Abwechselnd benutzte er Pfeil und Bogen, Schwert, Lanze, Muskete und häufig auch ein Lasso. Währenddessen wurde der Kreis immer enger gezogen und schließlich mit einem Holzgeflecht eingezäunt. Meist gab der Kaiser nach einigen Tagen das Jagdgebiet seinen Höflingen frei und endlich allen Soldaten. In einem derartigen Gewimmel zu jagen muß ziemlich gefährlich gewesen sein, zumal die Gelegenheit wiederholt genützt wurde, private Händel auszutragen. Meist baten nach einiger Zeit »heilige Männer« um Schonung der überlebenden Tiere, und dann wurde Halali geblasen. Als militärische Übungen waren solche Jagden hervorragend, vor allem aber waren sie eine gute

Gelegenheit, große Armeeinheiten in unruhigen Gebieten zusammenzuziehen, »ohne Gesicht zu verlieren«. Stets trat nach der Ankündigung einer solchen Treibjagd bereits auffällige Ruhe ein.

Zu seinem Privatvergnügen jagte der Kaiser lieber mit Geparden, den Tschitahs. In der Regel wurden sie wild gefangen und waren nach einem Monat so weit abgerichtet, daß sie als »Jagdfalken zu Lande« eingesetzt werden konnten. Akbars Zuneigung zu »diesen seltsamen Tieren« nahm geradezu Humayunsche Ausmaße an: Sie wurden in acht Klassen eingeteilt, mit entsprechenden Fleischrationen gefüttert und mit verbundenen Augen, auf kostbaren Teppichen sitzend, zur Jagd und zu den täglichen Paraden geführt. Ein besonders tüchtiges Tier brachte es sogar zum Rang eines Obertschitah, und bei Umzügen wurde vor ihm die Trommel geschlagen.

Riskanter war Akbars Jägerehrgeiz auf einem anderen Gebiet. Im Winter 1563/64 bekam er zu Delhi die schöne Frau eines Scheichs zu Gesicht, der seinem Herrscher den Zutritt zum Harem nicht zu verweigern wagte, und erinnerte sich plötzlich eines uralten Gesetzes seines Ahnherrn Dschingis Khan. Der hatte befunden, das schönste Zeichen von Untertanentreue sei, sich von einer Frau scheiden zu lassen, die dem Herrscher gefalle. Nun war Dschingis kein Moslem gewesen, für die ein solcher Gedankengang geradezu Gotteslästerung ist. Doch Akbar setzte sich in diesem Falle durch und – auf den Geschmack gekommen – noch in einem guten Dutzend anderer, bis ihn bei einem Moscheebesuch ein Pfeil traf. Die Wunde war unbedeutend, der Attentäter ein Sklave, doch bereits nach einem kurzen Verhör verbot Akbar sämtliche Untersuchungen in diesem Fall – »um nicht alle Würdenträger des Reiches in schlimmen Verdacht zu bringen«, wie Badauni ziemlich schlüssig erklärt –, ließ aber hinfort auch fremde Ehefrauen in Ruhe.

Außerdem feierte der Kaiser mindestens zweimal pro Monat Hochzeit. Mal bot ein Radscha seine Tochter an, mal ein afghanischer Fürst – stets wurde »die Inhaberin des Sitzes der Keuschheit in den Bereich der Reinheit gebracht«. In dem herrschte bald ziemliches Gedränge: Akbar brachte es auf 328 Frauen, und zur Kollektion gehörten türkische Prinzessinnen, eine tibetische Königstochter, russische Fürstinnen und – als exotisches Glanzstück der Sammlung – ein portugiesisches Mädchen, das dem Kaiser als Prinzessin angedreht wurde. Insgesamt tummelten sich im Harem fast fünftausend Frauen. Etliche davon waren natürlich betagt und die Mehrzahl waren Sklavinnen, unter ihnen russische Amazonen und eine Hundertschaft Mädchen aus Abessinien, die dem Kaiser aber auch gern zu Willen waren, falls er danach verlangte. Dieser überreiche Damenflor erregte begreiflicherweise bei orthodoxen Moslems Anstoß – so viele Frauen hatte der Prophet denn doch nicht erlaubt –, und Akbar gelobte Besserung und versprach, sich die Argumente der Theologen anzuhören, um sie sich anschließend zu Herzen zu nehmen. Als ihm jedoch die Hofpriester nur die erlaubten vier Gattinnen gestatten wollten, entließ er sie auf der Stelle. Erstaunlicherweise schrieb der Kaiser einige Jahre später seinen Untertanen als Ideallösung eine einzige Frau vor.

Wahrscheinlich war auch der Platzmangel im Harem Anlaß, in Agra eine neue Residenz errichten zu lassen. Sie entstand in fünfzehnjähriger Bauzeit auf dem rechten Jamuna-Ufer, gegenüber der alten Stadt Agra. Daß das Mogulreich ein Militärstaat war, zeigte sich nicht nur in der Verwaltungsstruktur – sämtliche Beamte waren militärisch eingestuft, und selbst die Dichter, Maler und Musiker wurden als Offiziere geführt –, sondern auch in der Architektur: Die Umfassungsmauer ist dreieinhalb Kilometer lang, 21 Meter hoch und 12 Meter stark. Nach dem Urteil vieler Kunstwissenschaftler ist sie die schönste Festungsmauer der Welt. Aus leuchtendrotem Sandstein und mit feinsten Steinmetzarbeiten verziert, sieht sie eigentlich ziemlich unkriegerisch aus, und Akbar hatte sie auch weniger als militärische Zweckmäßigkeit errichten lassen denn »als imponierendes Monument der Macht«. Denselben Zweck hatten auch die riesigen Empfangsgebäude, auf einem künstlichen Hügel dem Jamuna-Ufer zu errichtet. Europäische Paläste jener Zeit schrumpfen bei einem Vergleich zu Gartenhäuschen, und das Erstaunlichste an diesen architektonischen Kolossen ist, daß sie in Fertigbauweise errichtet wurden. Das System hatte in Indien Tradition, und schon Babur war beim Anblick der ersten Steinpaläste aus dem Häuschen geraten: Noch im Steinbruch wurde der relativ weiche Sandstein bearbeitet und – da Holz in Indien stets Mangelware und außerdem leicht brennbar war – auch Balken und Dachstützen gemeißelt. Die fertigen Teile wurden auf Ochsenkarren zur

Baustelle gebracht und nach einer Art Baukastensystem zusammengefügt. Mörtel oder Verbindungsteile aus Metall waren dabei überflüssig – das natürliche Gewicht der Steine sorgte mit den sorgfältigen Berechnungen der Statiker für eine Stabilität, von der heutige Architekten nur träumen.

Entsprechend Akbars Einstellung ist der Baustil seiner Zeit sehr unislamisch. Typische Elemente der Hindukunst gingen mit einigen islamischen Grundformen eine durchaus harmonische Verbindung ein. Architektonische Puristen rümpfen über den Eklektizismus des Akbarstils gern die Nase, doch entstand hier durchaus Eigenständiges, und gerade die Haremspavillons auf dem Dach der Palastanlagen zählen zum Schönsten, das in jener Zeit weltweit geschaffen wurde. Heute sind nur noch die Steinbauten auf den Dächern erhalten. Zu Akbars Zeiten waren die weiten Flächen zwischen ihnen mit Blumen und sogar Bäumen bepflanzt, zwischen denen üppige Teppiche lagen. Fünfzehn goldene und siebzig silberne Springbrunnen verzeichnet ein altes Inventar, und darüber blähten sich Sonnensegel aus hauchdünner, bunter Seide. Durchsichtige Seidenvorhänge waren auch vor die Fensteröffnungen zu den tieferliegenden Regierungshöfen gespannt, durch die zwar die Haremsdamen alles sehen konnten, selbst aber nie gesehen wurden. Unbequem bei dem ganzen Komfort waren nur die Treppen, die Akbar mörderisch steil errichten ließ, als hätte er das traurige Ende seines Vaters vergessen.

Der Neubau hatte fast drei Millionen Rupies gekostet, 36000 Kilogramm reines Silber, und das war auch für Akbars Staatsschatz keine Kleinigkeit, zumal durch die Steuerabschaffungen die laufenden Einkünfte um fast ein Drittel zurückgegangen waren und – eine in Asien einmalige Neuerung, die auch in Europa erst dreihundert Jahre später kopiert wurde – nun von Armeerequirierungen betroffenen Gebieten Entschädigungen gezahlt wurden. Die naheliegendste Einnahmequelle war, das Reich ständig zu vergrößern, und so fand Akbar in den nächsten Jahren nicht viel Zeit für seinen Harem.

1564 zog er aus, Gondwana zu erobern. Dort regierte eine Dame namens Rani Durgawati, eine wahre Amazone, die mit einer Muskete bewaffnet bis in die vorderste Schlachtlinie ritt, was ihr auch nichts half. 1573 eroberte er schließlich Gudscherat und wurde so direkter Nachbar der Portugiesen, die ihren kleinen Kolonialstaat ebenfalls ständig erweitert hatten.

Das bedeutendste Kriegsereignis jener Jahre aber fand in Radschastan statt, das Akbar mit seinen vielen Heiraten schon weitgehend unterwandert hatte. Nur ein Fürst trotzte seinen Heiratsangeboten ebenso wie der darauffolgenden Aufforderung zur Unterwerfung: Rana Udaip Singh, Herr der als uneinnehmbar geltenden Festung Tschitor. Er war Galionsfigur aller Hindus, wie es Akbar für die Moslems war, nicht nur als Eigentümer der stärksten Festung Indiens, sondern auch, weil sich sein Stammbaum aktenkundig über achthundert Jahre Fürstlichkeiten zurückverfolgen ließ und darüber hinaus zu Gott Rama und bis zur Sonne.

Akbar plante die Auseinandersetzung »in glanzvoller Größe« und mit einem fast 200000 Mann starken Heer. Der Rana wollte da nicht mitspielen. Als Akbar nahte, ließ er 8000 Radschputen Garnison in Tschitor und zog sich hundert Kilometer südwestlich zurück, in die schönste natürliche Festung der Welt: In weiser Voraussicht hatte er schon vor einigen Jahren in einem sehr schwer zugänglichen, überaus fruchtbaren Tal einen Stausee und die nach ihm benannte Stadt Udaipur anlegen lassen. Sein Palast auf einer künstlichen Insel ist heute noch zu bestaunen, Asiens luxuriösestes Hotel, wenn nicht der Welt, und glanzvoller Höhepunkt jeder Neckermann-Reise in den Subkontinent.

Akbar aber biß sich an Tschitor monatelang die Zähne aus. Zunächst ließ er Minen legen, um so das Fort von seinem Felsenrücken zu sprengen. Mit dem Erfolg, daß er einmal seinen Gegnern Munition lieferte – sie hatten eine Gegenmine gelegt und zogen den Moguln die Pulverfässer ebenso schnell weg, wie sie herangeschafft wurden – und daß eine andere Mine zur Unzeit explodierte und nur in den eigenen Reihen Schaden anrichtete. Schließlich ließ Akbar einen Sabat errichten, ein überaus kunstvolles Bauwerk, das sich als gedeckter Gang nach Art einer wachsenden Festung langsam den Berg hochschlängeln sollte, um schließlich an der Festungsmauer zu knabbern.

Täglich wuchs der Sabat um etwa fünfzehn Meter, und an ihm zu bauen war ein Himmelfahrtskommando: Trotz ständigen Feuerschutzes starben täglich rund zweihundert Soldaten im Kugelhagel der Belagerten. Akbar selbst kam etliche Male in Lebensgefahr, weil er es sich nicht nehmen ließ, selbst vom Dach des Sabat aus in die Festung zu feuern. Als am 23. Februar 1568 endlich die entscheidende Bresche in die Mauer geschlagen war, befahl er ein allgemeines Massaker, »um nur ja nicht jene tausend Musketiere entkommen zu lassen, die durch ihre ständigen Scharfschüsse den allerhöchsten Zorn erregt hatten«. Gerade die aber entkamen durch einen tollkühnen Trick: Sie fesselten ihre Frauen und Kinder und stießen sie derart roh vor sich her, daß sie in dem allgemeinen Durcheinander für Moguln gehalten wurden.

Eine Stadt für einen Sohn

Akbar war nun unumstrittener Herr über den Großteil des Subkontinents. Nur um Kabul gab es einen endlosen Familienstreit nach bester Timuridentradition: Dort saß, noch von Humayun eingesetzt, sein Halbbruder Hakim, der sich ebenfalls als Herr Indiens fühlte. Mit rechtlichen Argumenten war ihm nicht beizukommen, fehlte doch Akbar immer noch, was einen Mann in den Augen von Moslems erst zum Mann macht, ein Sohn.

Bei Akbars reichem Vorrat an Frauen verwunderten sich darüber schon seine Zeitgenossen. Nur ein Zwillingspaar wurde geboren, verstarb aber bald nach der Geburt, und auch Akbar schien nicht allzuviel Vertrauen in seine Männlichkeit zu haben: Einmal pro Jahr unternahm er, meist zu Fuß, eine Wallfahrt »zu heiligen Männern« der Tschischti-Sekte, einer kleinen islamischen Eremitengruppe, deren Gebet als besonders potenzfördernd angesehen wurde. Badauni, der als zweiter Hofgeschichtsschreiber angestellte orthodoxe Moslem, mokierte sich »über diese zeitweise auftretenden Anfälle von Frömmigkeit, wo doch allgemein bekannt war, daß Seine Majestät die wahre Lehre schon lange aus dem Herzen gerissen hatte«, zumal der ganze Hofstaat bei solchen Pilgerfahrten fasten mußte.

Meist ging die fromme Tour nach Adschmir an das Grab des Kwadscha Muinuddin Tschischti, das heute noch ein Wallfahrtsort aller Impotenten Indiens ist, mittlerweile aber benachbart dem größten Sterilisationszentrum der neueren Regierung. Um der von allen Adligen beklagten »endlosen Langeweile und Reizlosigkeit des Weges« abzuhelfen, wurde die Straße von Agra mit einer Reihe eleganter Ziegeltürme garniert, die überreich mit den Geweihen von Akbar erlegter Hirsche behängt wurden – aber auch das half nicht. Auch half nicht, daß der Kaiser jeden Morgen pulverisiertes Rhinozeroshorn zu sich nahm – noch heute das unfehlbarste Aphrodisiakum Asiens –, das man außerdem für eine Weile in das Grab des Heiligen gelegt hatte.

Erfolg hatte erst ein lebender Heiliger der Tschischtis, der außerdem bequeme 27 Kilometer südöstlich von Agra hauste, Scheich Selim aus dem kleinen Dorf Sikri. Er prophezeite dem Kaiser, Vater dreier Söhne zu werden, und als kurz darauf die Tochter des Radscha von Jaipur tatsächlich schwanger wurde, brachte sie Akbar persönlich in die Eremitage des Heiligen, wo sie am 30. August 1569 eines Knaben genas. Nach dem Heiligen wurde er Selim benannt, später aber nahm er den Namen Dschahangir an, Eroberer der Welt. Kurz darauf konnte eine zweite Schwangere nach Sikri geschickt werden, die Mutter des Prinzen Murad wurde. Und als 1572 während einer Wallfahrt nach Adschmir auch noch Prinz Danijal geboren wurde, beschloß der Kaiser, Selim Tschischti »durch den Bau einer in der Welt noch nie dagewesenen Stadt« zu ehren.

Glücklicherweise hatte der Heilige seine Klause auf einem Hügel aus solidem rotem Sandstein errichtet, der sich leicht bearbeiten ließ, und 40000 Steinmetze wurden an die Baustelle kommandiert. Dem armen Scheich Selim war diese lautstarke Ehre zuviel. Er starb noch im Jahr des Baubeginns und wurde von seinem dankbaren Kaiser – ganz gegen seinen Willen – überaus prunkvoll eingesargt. Aber auch Akbar hielt sich dem Getöse tunlichst fern. In einer provisorischen Stadt spielte er derweilen Polo und betätigte sich dabei auch als Erfinder: Um nächstens den Ball nicht aus den Augen zu verlieren, ließ er welche aus dem fluoreszierenden Palaholz drechseln. Er war übrigens ein scharfer Spieler, und einer seiner Partner wurde »wegen mangelndem Sportsgeist« zu einer Wallfahrt nach Mekka verurteilt.

In Windeseile wuchs Sikri zu einer Großstadt, die nach dem Sieg über Gudscherat noch den Vornamen Fatehpur, »Siegesstadt«, erhielt. Als die ersten Europäer sie besuchten, wohnten etwa 600000 Menschen am Fuße des Hügels mit der grandiosen Residenz des Kaisers. Achtzehn Kilometer maß das Mauerrund, einen großen künstlichen See an einer Breitseite nicht gerechnet. Die emporgeschossene Größe war aber auch das Todesurteil für die Stadt: Die Wasserversorgung reichte nie aus, und ehe noch alle Prunkbauten vollendet waren, wurde Akbar die ganze Sache leid, und er übersiedelte samt Hof wieder nach Agra.

Fatehpur Sikri wird gern das »Pompeji Asiens« genannt und ist mit Sicherheit die besterhaltene Geisterstadt der Welt. Von der Großstadt am Fuße des Hügels ist ein armseliges Dorf geblieben, eine kleine Geschäftsstraße mit den luxuriösen Läden einstiger Hoflieferanten, in denen das Warenangebot des heutigen Indien doppelt trist wirkt. Darüber türmt sich, was Akbar zu seiner höheren Ehre errichten ließ, vor allem das Buland Dawarza, das wohl größte Tor der Welt. Sechzig Meter hoch ist der Koloß auf der Höhe einer gigantischen Treppenanlage, Denkmal für den Sieg über Gudscherat, und der nicht minder größenwahnsinnige Hof der Freitagsmoschee wirkt dahinter fast intim. Da leuchtet das Grabmal Scheich Selims, das Akbars Enkel Schahdschahan mit einem atemberaubend filigran gestalteten Pavillon aus weißem Marmor zierte, und im Umkreis des Heiligen ruhen so ziemlich alle, die Akbar lieb waren: der Abenteurer Radscha Birbal, dessen witzige Konversation Akbar so schätzte, daß er ihm gleich nebenan einen zauberhaften Palast erbauen ließ, der Erste Hofhistoriker Abul Fasl und sein ewiger Gegenspieler Badauni, gut dreihundert Damen aus dem Harem und sogar der Obertschita.

Die Palastanlage hinter der Moschee sieht aus wie eine utopische Stadt. Zu Steinen ist das indische Klima immer schon freundlich gewesen, und so blieb alles erhalten. Es fehlen natürlich die Teppiche, die den weiten Plätzen »das paradiesische Aussehen himmlischer Gärten« gaben, und die vielen bunten Sonnensegel und Vorhänge aus Seide. Erhalten blieben immerhin als Reste einige Wandmalereien, Andeutungen, wie bunt einst der heute etwas stumpf wirkende Sandstein gewesen sein muß. Das kaiserliche Schlafzimmer war ein kleiner Palast für sich und ist heute noch, dank einer raffinierten natürlichen Lüftungsanlage, auch im heißesten Sommer angenehm kühl. Von dort hatte der Kaiser nur ein paar Schritt zum Dscharoka-Balkon, auf dem er sich pünktlich jeden Morgen bei Sonnenaufgang zeigte. Die Sitte als solche war alt und sollte zeigen, daß der Herrscher am Leben und bei Gesundheit sei – nach Humayuns Tod wurde, um Meutereien zu vermeiden, ein paar Tage lang ein Mann hergezeigt, der dem Kaiser »gewissermaßen ähnlich« war –, doch Akbar verlegte die Zeremonie auf diesen pathetischen Zeitpunkt und erntete von den orthodoxen Moslems herbe Kritik, als er für seine Untertanen auch noch einen obligatorischen Kniefall einführte, »als sei er nicht Kaiser, sondern auch Gott«.

Ein großer Hof diente als Diwan-i-am, »Halle der öffentlichen Audienzen«, wo täglich »unter den strahlenden Augen der Majestät« alle möglichen Nachrichten und Ernennungen verlautbart wurden, während sich der Kaiser mit endlosen Truppenparaden und den Aufzügen von Jagdtieren vergnügte.

Den eigentlichen Regierungsgeschäften war der Diwan-i-khas vorbehalten, die »Halle der privaten Audienzen«. Auch hier hielt Akbar auf Stil: In der Mitte der zweigeschossigen Halle ragt eine überaus feingemeißelte Säule auf, zu der vier elegante Brücken führen. Dort oben thronte der Kaiser auf einem meterhohen Glaspodest und einem goldenen Thronsofa, der Welt entrückt und offensichtlich schwindelfrei.

Die Paläste für Harem und Hofstaat sind architektonische Juwelen und verfügen ganz nebenbei über die ersten funktionierenden Kamine Indiens. Der Harem durfte Staatsangelegenheiten vom Panch Mahal aus zusehen, einer fünfgeschossigen Spielerei aus 177 zierlichen Säulen. »Wahrlich, die Welt hat diese Herrlichkeit und Pracht noch nie gesehen«, staunte ein Jesuitenpater, als er das erste Mal einen Teil der Anlagen durchwandern durfte. Heutigen Europäern, die sich durch die Meute »Icecold Cola«-quäkender Jungen durchgekämpft haben und dann plötzlich zwischen all den weiten Palästen stehen, geht es kaum anders. In seltsamem Kontrast dazu steht nur die Inschrift, die Akbar Jahre später, als Fatehpur schon Geisterstadt war, auf das Siegestor meißeln ließ: »Jesus, sein Name sei gepriesen, sagte: Die Welt ist eine Brücke – gehe darüber, aber baue kein Haus.«

Vom berühmtesten Gebäude der Stadt blieb allerdings kein Stein, und so gibt es nur Vermutungen, wo das Ibadat-khana gestanden habe, das »Haus der Anbetung«. Das schon seinen Zeitgenossen mysteriöse Gebäude dankte seine Entstehung der langlebigsten kaiserlichen Laune, der Beschäftigung mit Religion.

Unweit der Zelle Scheich Selims lebte in einer kleinen Bretterbude noch ein Eremit, der Akbar schon deshalb als Wunder erschien, weil er – so Abul Fasl in seiner vielleicht schönsten Formulierung – »dreißig Jahre lang in einer unbeachteten Ecke auf seiner Matte Glück gesammelt hatte«. Ein Platz, wo dieses möglich sei, entschied der Kaiser, sei genau der richtige für ein Projekt vergleichender Religionswissenschaften, und so wurde der Einsiedler 1575 in einen Palast delegiert, wo er bald »sehr traurig« verstarb. Seine Zelle aber wurde überaus prächtig ausgestattet, und in der Mitte stand ein Podest, von dem aus Akbar die Argumente verschiedener geladener Theologen anzuhören gedachte.

Gute Argumente waren bei Akbar Gold wert. Stets trug der Kaiser einen prallen Sack Goldmünzen bei sich und honorierte manchmal auch Äußerungen, die unter anderen Majestäten den Kopf gekostet hätten. So einen Kammerdiener mit zehn Goldstükken, der ihn bei einer Staatsratsitzung darauf aufmerksam gemacht hatte, daß Majestät wohl zu betrunken seien, noch vernünftige Beschlüsse fassen zu können.

Bei den Theologen blieb Akbars Sack zu. Der Kaiser war in akademischen Diskussionen nicht bewandert und wunderte sich gar sehr, als sich die Vertreter der verschiedenen islamischen Religionsgemeinschaften bereits bei der Frage über die Sitzordnung in die Haare gerieten. Ein kaiserliches Machtwort verteilte sie schließlich in die vier Himmelsrichtungen, doch auch dann »beschimpften die Gelehrten einander sehr schnell als Narren und Ketzer, bis sie sämtliche Grundsätze des Glaubens in Frage stellten und aus gegenseitigem Haß zu echten Juden und Ägyptern wurden«, wie der anwesende Badauni voller Ekel notierte.

Akbars Respekt vor Theologen verflog bereits an diesem Abend, und in der Folge war eine stete Abkehr des Kaisers von den Glaubenssätzen des Islam unübersehbar. Abdul Qadir ibn-i Muluk Schah al Badauni bekam dies als einer der ersten zu spüren. Ein

Jahr zuvor war der Vierunddreißigjährige als Hofgeschichtsschreiber verpflichtet worden, gemeinsam mit seinem Lehrer Scheich Mubarak und dessen beiden Söhnen. Badauni war ein brillanter Kopf, zu seinem Pech aber orthodoxer Sunnit. Mit verbissener Wut mußte er nun mitansehen, wie der notorische Freigeist Mubarak führender Hoftheologe wurde und auch seine Söhne Karriere machten. Faisi, des Scheichs Ältester, avancierte blitzschnell zum Hofdichter, während der dreiundzwanzigjährige Abul Fasl zunächst Badauni gleichgestellt wurde. Akbar nahm auf psychologische Feinstrukturen in seiner Umgebung wenig Rücksicht, und die erste Aufgabe der beiden rivalisierenden Intellektuellen war, die Markierung von Pferden zu überwachen. Sehr bald trennten sich dann ihre Wege – Abul Fasl wurde offizieller Hofberichterstatter und engster Vertrauter des Kaisers, während Badauni bald nur noch als Übersetzer beschäftigt wurde. Voll kaiserlicher Ironie beauftragte Akbar den Frommen, das klassische Hindu-Epos Mahabharata ins Persische zu übersetzen, was vier Jahre dauerte. Außerdem aber hat Badauni ein Geschichtsbuch hinterlassen, im geheimen geschrieben und selbstverständlich aus seiner Sicht. Es liest sich streckenweise hinreißend modern und enthält außer herber Kritik an Akbar auch eine Fülle ausgewählter Beleidigungen Abul Fasls und der anderen Freigeister des Hofes.

Die stellten bald zwei Drittel des Gelehrtenflors, denn Akbars religiöses Interesse war nach der islamischen Enttäuschung keinesfalls geringer geworden. Nun wurden allerdings auch die Vertreter anderer in Indien bekannter Glaubensrichtungen eingeladen, Hindus, Dschains, Anhänger Zoroasters und sogar Juden. Den Buddhismus lernte Akbar nicht kennen. Er war zu jener Zeit in Indien bereits ausgerottet, doch der in vieler Hinsicht ähnliche Dschainismus faszinierte ihn von allen Religionen am meisten. Daß ausgerechnet ein Soldatenkaiser der Lehre strenger Gewaltlosigkeit und der Heiligkeit allen Lebens soviel abgewann, könnte man sich nur mit Ironie erklären, wären da nicht auch noch einige mystische Erlebnisse, deren Ablaufbeschreibungen stark an epileptische Anfälle erinnern. Eines davon fand bei einer Jagd 1578 statt, worauf der Kaiser befahl, die schon zusammengetriebenen Tiere wieder freizulassen, und selbst Vegetarier wurde. Auf die Jagd verzichtete

Akbar nicht allzulange, bei vegetarischer Kost aber blieb er und aß »wie ein Brahmane«, was Badauni natürlich besonders erboste.

Mehr Anlaß zu Ärger hatten die orthodoxen Moslems ein Jahr später, als das Mahsar erschien, das Unfehlbarkeitsdekret. Wahrscheinlich war das Ganze eine Idee von Scheich Mubarak, und darin wurde festgelegt, daß in Zukunft bei theologischem Gelehrtenstreit der Kaiser das letzte Wort haben sollte. Gleichzeitig beendete Akbar den jahrhundertealten Brauch, jährlich beachtliche Summen »für die Armen« nach Mekka zu senden, was die Imams ebenso verärgerte, wie es den Papst gewurmt hätte, wäre ihm der Peterspfennig verweigert worden. Badauni versuchte, diese Entwicklung zu erklären: »Der Hauptgrund ist die große Anzahl Gelehrter aller Farben und Sekten, die von verschiedenen Ländern an den Hof kamen. Seine Majestät holte die Meinung jedes einzelnen ein, behielt aber nur, was ihr paßte, während sie alles andere ihren Wünschen Widersprechende zurückwies. So sammelte Akbar alles, was die Menschen in Büchern finden können, mit einem Forschergeist, der allen Grundsätzen des Islam zuwiderlief. Schließlich verwarf der Kaiser die Offenbarung und horchte auf jede Beschimpfung, die seine Höflinge auf unser ruhmreiches Bekenntnis häuften.«

Das »untrüglichste Zeichen, daß der Kaiser den wahren Weg endgültig verlassen hatte«, war auch für Badauni, daß Akbar im selben Jahr eine uralte Verordnung aufhob, die Hindus zur Unterscheidung von Moslems bestimmte Kleidungsstücke vorschrieb. Damit waren die Hindus den Moslems offiziell gleichgestellt.

Und ebenfalls 1579 versuchte Akbar, persönlich in der Hofmoschee aufzutreten und die Chutba zu lesen. Den Mullahs und Imams muß dies als stärkster Affront erschienen sein, reklamierte doch der kaiserliche Analphabet damit für sich den Status eines gelehrten Theologen. Zu ihrer größten Erleichterung ging die Sache auch schief. Obwohl Abul Fasl eine schöne Einleitungsrede geschrieben und den Moscheeauftritt mit seinem Kaiser auch lange geprobt hatte, war die Aufregung auf der Kanzel zu groß – Akbar geriet ins Stottern, verplapperte sich etliche Male und zog es schließlich vor, die Minbar nach halber Predigt zu verlassen.

Dennoch war nun das Maß für die orthodoxen Moslems voll, und sie begannen, sich nach einem neuen Kaiser umzusehen.

Im Dezember 1578 erging auch ein kaiserliches Schreiben an die exotischste Religionsgruppe des Subkontinents: Die Portugiesen in Goa wurden eingeladen, »einige Vertreter ihrer Religion samt den Hauptbüchern des Alten und des Neuen Testaments dem kaiserlichen Studium zuzusenden«.

Diesmal aber galt das kaiserliche Interesse weniger der Religion. Die Christen betrieben an der indischen Westküste schwungvollen Handel, waren allerdings in Glaubensfragen von einer selbst Moslems entsetzenden Intoleranz und – so ein Hofbeamter des Radscha von Udaipur – »von einer Vertragsbrüchigkeit, wie sie nicht einmal die Kastenlosen in ihren wüstesten Gebräuchen kennen«. Akbar hoffte zum einen, an der Gier der Weißen nach Seide und Edelsteinen profitieren zu können – zu diesem Zweck hatte er bereits 1575 den Außenhandel zu einem kaiserlichen Monopol erklärt. Zum anderen wollte er »diese wilde Rasse durch freundlichen Umgang zivilisieren«.

Die Antwort auf das kaiserliche Schreiben ließ ungebührlich lange auf sich warten, hatte es doch bei den Padres überaus große Hoffnungen erweckt. Sie wollten nichts Geringeres, als ihrem Papst mit Akbar einen neuen Kaiser Konstantin bescheren, also gewissermaßen Indien von oben nach unten bekehren, und dazu schien der Segen des Papstes unerläßlich. So entwickelte sich ein reger Schriftverkehr zwischen Rom, Lissabon und Goa – zwischen den beiden letzten Stationen brauchte ein Schiff immerhin vier Monate –, und Akbar verlor in Fatehpur Sikri allmählich die Geduld. Im September 1579 tauchte sein Gesandter Abdullah in Goa auf, er solle nun endlich »ein Rudel Missionare« gewissermaßen im Handgepäck mitbringen. Nach wiederum vier Wochen Beratungen bestimmte der Ordensprovinzial der Jesuiten drei würdige Väter für diese Aufgabe, und am 28. Februar 1580 trafen sie schließlich in Sikri ein. Noch am Abend wurden sie vor den Kaiser geführt, der sich mit ihnen bis zwei Uhr morgens unterhielt.

Anführer der Delegation war Rodolfo Aquaviva, 1555 als jüngerer Sohn des Herzogs von Atri geboren, der am Hof des Königreichs Neapel als Intrigant eine bedeutende Rolle spielte. Im September

1578 war er, bereits vollwertiger Jesuit, in Goa gelandet und hatte schon einen Monat später eine Prinzessin von Bidschapur samt Gefolge taufen können. Obwohl sich bald herausstellte, daß sich die Dame »nur aus modischer Langeweile« der Prozedur unterzogen hatte, wurde Aquaviva zum Professor der Philosophie ernannt und war nun dabei, eifrig Persisch zu lernen, die Bildungssprache an Akbars Hof.

Er war ein fanatischer Romantiker, der »nichts so sehr suchte als den Märtyrertod«. Für Christen waren Selbstmordabsichten und Masochismus immer himmelschreiende Sünden, in Verbindung mit Religion jedoch göttliche Tugenden. So ist es kein Wunder, daß sich in den Missionsstationen jener Zeit alle Charaktere fanden, die unter anderen Umständen auf dem Scheiterhaufen geendet hätten. Auch Padre Antonio Monserrate gehörte dazu, der zweite von der Partie, zehn Jahre älter als Aquaviva. Bei der großen Pest von Lissabon 1569 hatte er nach eigenem Zeugnis »hunderte Male den Tod gesucht«, und nun wollte auch er partout Märtyrer werden. Seine offizielle Aufgabe war, den Ordensgeneral über alle Vorgänge des Hofes zu informieren. Später, als er in Arabien Märtyrer werden wollte, aber nur für längere Zeit in einem Gefängnis saß, schrieb er ein Buch über seine Zeit bei Akbar mit dem Titel »Mongolicae Legationis Commentarius«, das lange Zeit als verschollen galt, bis es 1906 eher zufällig in einer Jesuitenbibliothek zu Lissabon wiederentdeckt wurde.

Der dritte Padre hieß Francisco Henriquez und war ein waschechter Perser, vor zehn Jahren getauft und nun als Dolmetscher und Assistent eingeteilt.

Die drei nahmen ihre Sache sehr ernst und stürzten sich bereits am ersten Abend mit derartiger Verve auf die versammelten Theologen der anderen Fakultäten, daß Akbar sie beiseite nehmen und ihnen erklären mußte, daß an seinem Hofe mit mehr Toleranz und besseren Umgangsformen diskutiert würde.

Des Kaisers Höflichkeit irritierte die geistlichen Herren in der Folgezeit gründlich. Als sie ihm am dritten Tage ihres Besuchs die Bibel in der polyglotten Prachtausgabe Plantins überreichten, gedruckt für Seine Majestät Philipp II. von Spanien, tat er den Büchern alle Ehre an: Er lüftete den Turban und legte jeden Band auf sein Haupt, wie es fromme Asiaten mit heiligen Büchern immer tun, und er weigerte sich auch nicht, die Lederdeckel zu küssen, als ihn die Padres darum baten. Die mitgebrachten Bilder von Christus und Maria ließ er sofort in seine Malateliers bringen und kopieren, und für ein Stückchen Märtyrerknochen, das ebenfalls zu den Mitbringseln gehörte, wurde eine goldene Kapsel angefertigt.

Akbars Hochachtung für Bücher mag nur die Jesuiten erstaunt haben. Der Analphabet war ein Büchernarr, der allein für seine Bibliothek zweihundert Schönschreiber beschäftigte und am Schluß seiner Regierungszeit 24000 Bände Bestand registrieren konnte. Ein besonderes Interesse galt der Geschichte seiner Familie. Alle noch lebenden Personen aus dem Umkreis Baburs und Humayuns wurden aufgefordert, ihre Memoiren zu schreiben, so auch Dschauhar und Tante Gulbadan, deren Band mit den Worten beginnt: »Ein Befehl wurde ausgeschickt: Schreibt auf, was ihr über die Taten Baburs und Humayuns wißt.« Eine andere Abteilung war mit Übersetzungen beschäftigt. Die klassischen Hinduepen, alte Chroniken, aber auch die Bibel wurden ins Persische übersetzt und prächtig illustriert. Vierhundert Maler wurden auf den Gehaltslisten im Rang eines Majors geführt, und die meisten waren ausgesprochene Spezialisten: Einer legte die Vorzeichnung an, ein anderer malte die Hände, ein dritter bestimmte Faltenwürfe, ein vierter Wolken, während der Kaiser stets nur von einem Künstler gemalt wurde. Viele Bilder aus Akbars Zeit wirken daher etwas zusammengesetzt, vor allem aber überladen mit Details, was jedoch leicht auf Akbars Wunsch »nach einer anschaulichen Schilderung« zurückzuführen ist.

Pater Pierre du Jarric, der später eine Art offiziellen Bericht über diese Zeit verfaßte, hinterließ eine Beschreibung des Kaisers: »Er war damals etwa vierzig Jahre alt, von mittlerer Größe und kräftig gebaut. Er trug einen Turban und golddurchwirkte Kleider. Sein Obergewand reichte bis zum Knie und sein Beinkleid bis zu den Fersen. Seine Strümpfe glichen den unsrigen, aber seine Schuhe, von ihm selbst erfunden, hatten eine andere Form. Um die Stirn trug er einen mehrreihigen Schmuck aus Perlen und Edelsteinen. Für die europäische Tracht zeigte er große Vorliebe, und manchmal machte er sich ein Vergnügen daraus, sich in schwarzen Samt nach der portugiesischen Mode zu kleiden, aber nur bei privaten, nichtöffentlichen Gelegenheiten. Von dem Schwert an seiner Seite trennte er sich nie oder legte es höchstens so dicht neben sich, daß er es jederzeit ergreifen konnte. Seine Leibwache und alle, die er in seiner unmittelbaren Nähe haben wollte, wechselten jeden Tag ab, aber so, daß an jedem achten Tag wieder die gleichen Leute ihren Dienst versahen. Er konnte leutselig und heiter sein, ohne etwas von seiner kaiserlichen Würde einzubüßen. Er erkannte Tugend an und war allen Fremden wohlgeneigt, vor allem Christen, von denen er immer einige um sich haben wollte. Besonders gern sah er dem Gießen von Geschützteilen zu und beschäftigte sogar in seinem Palast dauernd Arbeiter, die Kanonen und Waffen verschiedenster Art herstellten. Obgleich er weder lesen noch schreiben konnte, liebte er es, mit Gelehrten zu disputieren, in der geheimen Hoffnung, dadurch seinen Mangel an Bildung zu überwinden. Bevor er eine Unternehmung begann, befragte er die Mitglieder seines Kronrates, ging aber dann nach seinem eigenen Entschluß den Weg, den er für den besten hielt.«

Die Padres aber hofften sehr bald, den Kaiser in den Schoß der wahren Kirche geführt zu haben: In aller Öffentlichkeit legte er den Arm auf die Schultern Aquavivas, und Monserrate wurde als Lehrer für Prinz Murad angestellt, der gerade zehn Jahre alt »und von guter Veranlagung« war. Allerdings mußte Aquaviva auch Störendes berichten: »Unsere Ohren hören nichts als diesen häßlichen und verruchten Namen Mohammed, der hier alles zu sein scheint. Der Antichrist herrscht. Diesem infernalischen Monstrum zu Ehren beugen sie die Knie, werfen sich nieder, erheben die Arme, geben Almosen und machen sie überhaupt alles. Und wir können nicht die Wahrheit sagen, denn wir würden das Leben des Kaisers gefährden, wenn wir zu weit gingen.«

Sie gingen weit genug, und bei einer Diskussion schlug ein besonders verärgerter Mullah vor, den Streit durch ein Gottesurteil zu entscheiden. Er würde mit dem Koran durchs Feuer gehen, ein Padre solle dasselbe mit der Bibel tun. Akbar war begeistert und nahm Aquaviva zur Seite: Er wolle schon dafür sorgen, daß der Moslem verbrenne. Da aber der Kaiser anschließend auch mit dem Mullah tuschelte, meinte der Jesuit, sicher sei sicher und der ganze Plan gottlos.

Zu Ostern schrieben die Missionare nach Goa, der Kaiser wolle sich taufen lassen und zu diesem Zweck unter dem Vorwand einer Mekkareise die Kolonie besuchen, doch dann wurde der Plan verschoben, bis die Padres wieder desillusioniert waren. Zwar durften sie öffentlich predigen und sogar die Messe lesen, für einen am Hof verstorbenen portugiesischen Handelsdelegierten ein überaus bombastisches Begräbnis veranstalten, aber mehr erreichten sie nicht.

Den orthodoxen Moslems war bereits das zuviel, und sie überredeten Akbars Halbbruder Muhammed Hakim, der als Vizekönig in Afghanistan hauste, zur offenen Rebellion. Einige Zeit sah die Sache für Akbar kritisch aus, doch als der Kaiser im Sommer 1581 ohne größeren Widerstand Kabul besetzen konnte, schloß Hakim Frieden, und Akbar verzichtete auf weitere Nachforschungen der Intrige, um den Adligen »eine Rückkehr zur Loyalität ohne Gesichtsverlust zu ermöglichen«.

Kurz darauf sollten die Padres eine herbe Enttäuschung erleben. Da sich die Moguln bislang nicht mit Seefahrt beschäftigt hatten, beherrschten die Portugiesen die See und ließen keine Gelegenheit aus, das auch zu zeigen. Zu ihrem Geschäft gehörte auch der Transport von Moslempilgern nach Mekka, und es war schon überaus peinlich, die Reise nur mit einem christlichen Ticket samt Kreuz und Maria antreten zu können. Als nun aber die Portugiesen auch noch den Fahrpreis drastisch erhöhten, riß dem Kaiser die Geduld, und er befahl einen Angriff auf die portugiesische Niederlassung in Daman. Zwar wurde der Hafen nicht besetzt, aber die Padres wollten nun zugunsten der Ihren Politik spielen. Da erklärte ihnen Akbar, sich nicht in die Angelegenheiten seines Vizekönigs zu mischen, und »zeigte dadurch deutlich, daß er lieber bei seinem Auswurf bleibt als unter der gnadenreichen Hoheit des Heiligen Vaters und des Königs von Portugal als dem wahren Herrn der Erde«.

Ihre letzten Hoffnungen zerflossen im Herbst desselben Jahres, denn da verkündete Akbar plötzlich eine eigene Religion. Din illahi hieß sie, »Religion Gottes«, und sehr viel mehr wissen wir nicht über sie. Ihr einziger Glaubenssatz war, daß um Akbar selbst etwas Göttliches sein müsse, und der Kaiser gab sich keine Mühe, weitere

Glaubenssätze zu propagieren. Einige Höflinge bekannten sich aus Gefälligkeit dazu, aber im Grunde galt auch weiterhin in Akbars Reich das Prinzip völliger Religionsfreiheit, was um so bemerkenswerter ist, als um dieselbe Zeit im christlichen Abendland wilde Glaubenskriege tobten, allerorten Scheiterhaufen für Hexen und Ketzer loderten und Toleranz im wahrsten Sinn des Wortes ein Fremdwort war.

Die Padres reisten enttäuscht und verärgert nach Goa zurück, und zwei Monate später erreichte Padre Aquaviva auch das Ziel seines Lebens: Als er mit ein paar Glaubensbrüdern einige Hindu-Tempel zerstörte, erschlugen ihn die Tempeldiener. Als Märtyrer wurde er dann 1893 vom Papst seliggesprochen.

Ein überaus moderner Staat

Der unermüdliche Abul Fasl hinterließ uns nicht nur 2506 engbedruckte Seiten über das Leben seines Kaisers, sondern auch noch 1428 Seiten Staatsangelegenheiten, Ain-i-Akbari oder »Erlässe Akbars« genannt. Ein vollständigerer Bericht über die Angelegenheiten eines Hofes wurde nie wieder geschrieben, und genau das war Akbars Absicht, der stets zwei Schreiber mit selbst den allerkleinsten Kleinigkeiten seiner Persönlichkeit beschäftigte bis hin zum kaiserlichen Stuhlgang.

So wissen wir, daß Akbar ein Bad vor dem Geschlechtsverkehr schätzte und damit konträr zu Mohammed handelte, der es den Moslems für danach verschrieben hatte. Wir wissen, daß Akbar nur fünf Stunden pro Tag schlief, nur eine umfängliche Mahlzeit zu sich nahm – die allerdings dreimal nach Gift gekostet wurde, ehe der schon ziemlich kühle Topf mit dem Siegel des Küchenmeisters in den Harem gebracht wurde –, daß er stets nur Gangeswasser trank, daß er leidenschaftlich gern Obst aß und zu diesem Zweck ständig Karawanen durch das ganze Reich unterwegs waren, daß eine Schiffsladung Eis aus Kaschmir knapp zwei Wochen nach Agra brauchte und dabei nur vierunddreißig Prozent tauten und daß im Harem täglich siebenhundert Kilo Quark verbraucht wurden, davon durchschnittlich fünfhundert für die Gesichtsmasken der Damen.

Akbar schien sich für nahezu alles zu interessieren und befaßte sich auch ausgiebig mit Fragen wirtschaftlicher Rationalität. Unter anderem gab er genaue Schätzungen nach dem Anfall von Holzspänen bei Brettersägen in Auftrag, und höchstpersönlich erfand er eine Methode, mit Hilfe einer Kuh sechzehn Luntengewehre auf einmal zu reinigen.

Vor allem aber erfahren wir unzählige Details über die Verwaltung, die zeigen, daß das Mogulreich unter Akbar das modernste Staatswesen seiner Zeit wurde, aus einer Militärdiktatur zu einem zentralistischen Staat auf Beamtenbasis. Es sollte gut zweihundert Jahre dauern, ehe Europa eine ähnliche Regierungsform erreichte.

Das Reich war in Kronländer eingeteilt und in Dschagirs. Die Abgaben der Kronländer gehörten unmittelbar dem Hof und wurden durch direkt dem Kaiser unterstellte Beamte eingetrieben. Die Dschagirs waren als nichterbliche Lehen an Adlige vergeben, und die Einkünfte daraus waren gewissermaßen deren genehmigtes Gehalt. Kaiserliche Beamte kontrollierten, daß Mehreinnahmen der Staatskasse zuflossen, andererseits wurden unverschuldete Verluste aus zentralen Fonds ausgeglichen.

Natürlich blieb die Außenstruktur der Verwaltung militärisch, und so hing der Rang eines Adligen oder auch Beamten davon ab, wieviele Berittene er bei einer Parade vorzuweisen hatte. Natürlich waren die Herren daran interessiert, nur möglichst wenig Soldaten durchfüttern zu müssen, was ihnen in Friedenszeiten auch niemand übelnahm. So entstand eine spezifisch mogulische Form der Inflation, die Akbar dadurch zu steuern versuchte, daß er die Doppelmoral gewissermaßen zur Staatsräson machte: Er führte den Zat-Rang ein, der das Gehalt des Dschagirdars regelte, und einen Sawar-Rang, der die tatsächliche Zahl der Berittenen bestimmte. Wer also in den kaiserlichen Gehaltslisten mit 50 Zat und 25 Sawar geführt wurde, bekam 50 Kavalleristen bezahlt, brauchte aber nur 25 vorzuweisen. Bei Künstlern, Beamten und Angestellten galt natürlich nur der Zat-Rang.

Meist wohnten die Dschagirdars nicht in ihren Gebieten, sondern überließen deren Verwaltung und vor allem die Steuereintreibung Beamten. Der Nachteil dieses Systems liegt auf der Hand: Da das Hauptinteresse beim Einkommen lag, verzichteten die meisten

Dschagirdars auf eine Entwicklung ihrer Länder, und so funktionierte Akbars Staat eigentlich nur in den Kronländern klaglos, obwohl auch dort das asiatische Erbübel der Korruption hemmte, meist »die Justiz des kleinen Mannes« genannt.

Auch der Kaiser selbst war kein Beispiel für Unbestechlichkeit. Wer Karriere machen wollte, mußte seinen Kaiser bei allen möglichen Gelegenheiten beschenken, und seine Schatzkammer war mit Sicherheit die vollste der Zeit. Bei seinem Tod lagen darin elfeinhalb Milliarden Mark in gemünztem Gold, darunter siebzigtausend Münzen, die das größte Ärgernis darstellten, das Akbar seinen Priestern je geboten hatte. Sie trugen die schlichte Aufschrift: »Allahu Akbar«, »Gott ist groß«. Da nun der Kaiser Akbar hieß, »groß«, konnte man natürlich die Sache auch anders lesen: Akbar ist Gott. Als ihm dies seine empörten Theologen vorhielten, meinte der Kaiser mit nicht ganz glaubwürdiger Naivität, daran habe er wirklich noch gar nicht gedacht.

Eine andere Einnahmequelle war die Einziehung freigewordener Dschagirs. Dabei aber mußte der Mogulstaat seine Territorien ständig ausdehnen, und unter Akbar wurden tatsächlich zwei Drittel des Subkontinents »dem Reich einverleibt«, wie schon Abul Fasl das ausdrückte.

Mit einer ganzen Reihe von Maßnahmen versuchte Akbar auch eine Steigerung der landwirtschaftlichen Produktion zu erreichen, so durch längerfristige Steuerfreiheit für Bauern, die bislang nicht bebautes Land übernahmen. Daß ihm dabei nur mäßige Erfolge beschieden waren, lag wieder einmal an der Korruption – diesmal in den mittleren Beamtenrängen –, doch erreichten unter seiner Regierung die Bauern einen Lebensstandard, der den des heutigen Indien etwa zehnfach übertraf. Der darob etwas verärgerte Badauni mußte feststellen, »daß man nun auch um den Hals von Pariaweibern Goldmünzen baumeln sieht«.

Wesentlich erfolgreicher war der Kaiser beim Außenhandel mit Europa. Allein 1585 wurden in das Abendland 25000 Tonnen Pfeffer, 17000 Tonnen Gewürznelken, Edelsteine für fast zwei Millionen Golddukaten und 27000 Ballen Seide verfrachtet. Seide und Edelsteine waren kaiserliches Monopol, bei den Gewürzen verdiente Akbar immer noch dreißig Prozent. Die Zahlen der

Gewürzexporte wurden von Historikern gern in Zweifel gezogen, betrug doch damals die Gesamtbevölkerung Europas nicht einmal die Einwohnerzahl der heutigen Bundesrepublik, doch ist zu berücksichtigen, daß damals, wer sich's leisten konnte, maßlos überwürzt aß. Ein zeitgenössisches Kochbuch aus dem Fürsterzbistum Salzburg veranschlagt beispielsweise auf ein Kilo Hirschziemer ein Achtelpfund Pfeffer, und die schwarzen Körner dürften darüber hinaus auch eine magische Bedeutung besessen haben: in den Abrechnungen des Salzburger Dombaus treten sie als reichliche Beigabe zum Mörtel auf. Über den zweitwichtigsten Exportposten Baumwolle liegen keine Zahlen vor, doch Akbar persönlich beschäftigte acht italienische »Stoffmaler« – heute würden wir Designer sagen –, deran Aufgabe es war, »Baumwolle billigster Qualität mit den bei den Wilden gefragten Mustern bedrucken zu lassen«.

Die Steuereintreibung wurde von seinen Wesiren allmählich von Naturalien auf Bargeld umgestellt. Dabei wurde auch das Sonnenjahr eingeführt – Akbar fand es ungerecht, Bauern nach dem islamischen Mondjahr mit seinen 354 Tagen zu besteuern, »wo sie doch nur jedes Sonnenjahr ernten«. Zu den Reformen gehörte auch, das Steueraufkommen »nach dem Durchschnitt von zehn Ernten« zu berechnen, wobei es auch noch für besonders schlechte Jahre einen Steuernachlaß gab.

Allerdings erwies es sich in der Praxis als nicht einfach, quasi aus dem Nichts einen Beamtenstaat zu schaffen, und in vielen Bereichen feierte der Bürokratismus bald wahre Orgien. Ehe beispielsweise ein neuernannter Offizier seinen Sold erhalten konnte, war folgendes vonnöten:

1. Der Kaiser nimmt die Ernennung vor und läßt sie in den Hofbericht eintragen.
2. Daraus wird ein Auszug verfertigt und von drei Beamten unterzeichnet.
3. Dieser Auszug geht an den Offizier, der nun auf eigene Kosten vier Kopien anfertigen läßt sowie eine Kurzfassung. Die Kopien müssen jeweils von vier Beamten und einem Minister beglaubigt werden.

4. Die Kurzfassung geht an die Militärbehörde, die nun vom Offizier eine Kurzbeschreibung seiner Truppe anfordert. Etliche dieser Namensrollen sind erhalten geblieben, und eine möge als Beispiel dienen: »Qasim Ali, Sohn des Qarum Ali, Sohn des Qamr Ali, hellbraunes Gesicht, niedere Stirn, Glotzaugen, Halbglatze, Haar und Bart schwarz, linkes Ohr fehlt.«
5. Nach Eingang der Namensliste wird eine Gehaltsanweisung ausgestellt und in sämtliche bisherige Akten eingetragen.
6. Die Gehaltsanweisung geht an das Finanzministerium, wo ein Konto angelegt wird, das wieder vom Kaiser zu genehmigen ist.
7. Daraufhin wird eine Zahlungsanweisung ausgestellt, die vom Finanzminister unterzeichnet wird.
8. Der Generalstabschef unterzeichnet die Gehaltsanweisung.
9. Der Zahlmeister unterzeichnet sie und stellt einen Scheck aus.
10. Dieser Scheck wird von jeweils zwei Beamten aus Heeresleitung, Finanzministerium und kaiserlicher Staatskanzlei gegengezeichnet.
11. Der Scheck kann dem Schatzamt präsentiert werden.

Und weil dieses System so patent war, wurde es später von den Engländern übernommen und schließlich vom modernen Indien. Die einzigen Reformen waren, die Zahl der Institutionen zu erhöhen, weshalb sich bürokratische Vorgänge des gegenwärtigen Indien jeder Beschreibung entziehen.

Über die Justiz berichtet Pierre du Jarric: »Es gab Richter, deren Urteil rechtskräftig war, und solche, durch die man Berufung einlegen konnte. In allen Fällen waren die Verhandlungen mündlich und wurden nur selten zu Papier gebracht. Der Grundsatz des Kaisers war, in jedem Fall der Gerechtigkeit zum Siege zu verhelfen, aber er war sehr vorsichtig beim Verhängen von Strafen, vor allem der Todesstrafe. Jedes Todesurteil mußte dem Kaiser vorgelegt werden, manche sagen sogar: dreimal. Für gewöhnlich verhängte er keine grausamen Strafen, aber es gab auch Fälle, so wenn man ihm nach dem Leben getrachtet hatte, in denen er die Betreffenden von Elefanten zertrampeln oder nach türkischer Manier pfählen ließ. Einem Räuber oder Piraten schlug man, wenn er niemanden getötet hatte, eine Hand ab, aber Mörder, Straßenräuber und Ehebrecher wurden je nach der Schwere ihrer Verbrechen gehängt, gekreuzigt oder geköpft. Missetäter mit leichteren Vergehen peitschte man aus und ließ sie laufen. Von diesem Kaiser strahlte Milde und Schonung aus, auch wenn seine eigene Person betroffen war. Er begnadigte einen hohen Offizier, der sich der Verschwörung schuldig gemacht hatte, zweimal, als er seinen Anschlag jedoch zum dritten Mal wiederholte, ließ er ihn kreuzigen.«

In Europa ging man mit dem Recht nicht so zimperlich um, und natürlich paßte auch vielen Adligen Akbars die ganze Richtung nicht. Die Bedenken der Opposition faßte Khafi Khan zusammen, und es ist kennzeichnend für den Liberalismus und die Offenheit zur Kritik im damaligen Mogulreich, daß er dies in der offiziellen Grabrede auf seinen Kaiser tun konnte: »Von allen Herrschern aus Timurs Stamm, ja sogar von allen Königen in Delhi war seit Sikandar Lodi keiner so aufopferungsfähig, einfach und gerecht gewesen wie er, und an Mut, Zähigkeit und gesundem Urteil kam ihm keiner gleich. Aber aus Ehrfurcht vor dem Gebot des Gesetzes machte er zuwenig Gebrauch von Strafen, und ohne Strafe kann ein Staatsmann sich nicht behaupten. Unter den Adligen erwachte die Rivalität und aus ihr die Zwietracht, was zur Folge hatte, daß keiner seiner Pläne wirklich zur Ausführung kam und alles, was er unternahm, sich endlos in die Länge zog und schließlich seinen Zweck verfehlte.«

Für viele Verwaltungsgebiete trifft dies Urteil allerdings nicht zu, beispielsweise für »die Adern des Reiches«, worunter in der Hofsprache das Straßensystem verstanden wurde. Indien wurde unter Akbars Regierung von einem erstklassigen und dichten Straßennetz überzogen – natürlich schon aus militärischen Gründen –, und alle Straßen waren »sicher«. Auch der Zivilverkehr hatte keine Belästigung durch Räuber zu fürchten. Das gegenwärtige Indien beispielsweise kann dafür nicht mehr garantieren, und Autofahrer bilden daher zur Nachtzeit selbst auf Hauptstraßen gern Konvois.

Auf ihnen konnte der Kaiser ausgedehnte Reisen unternehmen und dennoch sämtliche Regierungsangelegenheiten erledigen – etwa den Kaisern des mittelalterlichen Deutschland vergleichbar, deren Herrschaft sich auch zwischen Pfalzen, Reichsstädten und Reichstagsstädten abwickelte. Stets reiste der gesamte Hofstaat mit und auch ein Teil des Harems, insgesamt an die achttausend Personen, und nach Berichten europäischer Reisender sah so eine Mogultour aus, »als würden zwei Städte Bockspringen spielen«. Genau so war es auch: Zelte, transportable Moscheen und Bäder waren stets in zweifacher Ausführung vorhanden. Sobald der Kaiser ein neues Lager bezog, wurde das verlassene von ausgesuchten Pioniertruppen abgebaut und in Eiltransporten zum übernächsten Lagerplatz gebracht. Außerdem waren ständig »zweitausend Steinmetze, Bergleute und Steinklopfer sowie zweitausend Erdarbeiter« unterwegs, »das Auf und Ab der Straßen vor Seiner Majestät zu ebnen«.

1582 verließ Akbar Fatehpur Sikri und residierte die nächsten vierzehn Jahre fast ausschließlich im Pandschab, vorzugsweise in Lahore, dessen Fort er unter anderem mit einer prächtig buntverzierten Mauer ausstatten ließ. Der Osten des Reiches und selbst das stets unruhige Bengalen war so fest in seiner Hand, daß er es sich leisten konnte, sein Gebiet gemächlich gegen Westen zu vergrößern. 1586 eroberte er Kaschmir, und als Grund mußte wieder einmal »eine Arrondierung des Familienbesitzes« herhalten: Jener Haidar Mirza, der in Kabul bei Babur Lesen und Schreiben gelernt hatte, war mit mehr Glück als Soldaten in den Besitz des Gebirgslandes gelangt, und nun empfand sich Akbar als dessen Erbe. Der Kaiser verliebte sich geradezu »in diese lieblichen Täler mit ihren tiefgrünen Seen« und hielt sich, sooft er nur konnte, »dort oben« auf, eine Vorliebe, die nur von seinem Sohn Selim übertroffen werden sollte.

Eine »persönliche Genugtuung« war 1592 die Eroberung von Umarkot. An seiner Geburtsstätte ließ Akbar einen Gedenkstein anbringen, der sich reichlich verwittert erhalten hat, wichtiger aber war wohl, daß er nun das ganze Gebiet von Sind unter Kontrolle hatte. Damit hatte sein Reich gewissermaßen natürliche Grenzen erhalten: Im Südwesten das Meer und die Wüsten von Belutschistan, im Westen den Hindukusch, im Norden den Himalaja – aus dem kleinen Nepal wanderte zur selben Zeit eine Prinzessin in Akbars Harem –, im Osten wiederum Meer und im Süden das zerklüftete Gebirgsland des Dekkan.

Gerade den Dekkan aber gedachte nun Akbar seinem Reich

einzuverleiben, und 1593 schickte er ein Heer unter dem Kommando seines zweiten Sohnes Murad los. Um es vorwegzunehmen: Am Dekkan bissen sich die Moguln noch über hundert Jahre lang die Zähne aus, bis schließlich die Kraft des Reiches an diesen Hügeln verblutete. Zunächst aber war der Grund der nahezu vollständigen Erfolglosigkeit die Trunksucht des Prinzen Murad.

Nichts als Ärger mit den Söhnen

Daß Akbar mit seinen Söhnen wenig Freude hatte, lag zu einem großen Teil an ihm selbst. Er war nicht die Persönlichkeit, die andere neben sich großwerden läßt. Er liebte zwar Diskussionen, aber nur, solange er dabei fragender Zuhörer war. Sagte er selbst etwas, durfte es keinen Widerspruch mehr geben. Wie jeder Autokrat war er von seiner Unfehlbarkeit so überzeugt, daß sein Ältester in seinem Tagebuch notieren mußte: »Als allererstes lernte ich, auch bei der unbefriedigendsten Antwort keine weitere Frage zu stellen.«

Die Erziehung der Prinzen war äußerst streng und mit soviel Leistungsanforderungen verbunden, daß sich nicht einmal die Lehrer wunderten, wenn ihre Schützlinge – so Aquaviva – »bereits früher dem Alkohol zusprachen als selbst der Kaiser«. Der Rausch war für sie eine Art Flucht vor dem übergroßen Vater, ganz abgesehen davon, daß die Sippe immer schwer von Sucht gefährdet war. Zwar konnte Akbar dieses Laster bei sich weitgehend unterdrücken, doch seine Söhne wurden beinahe zwangsläufig zu krankhaften Trinkern.

Mit Murad ging es während des Dekkan-Feldzuges von 1593 bis 1599 ständig bergab, und eine Fülle strenger Maßregelungen aus dem väterlichen Lager bewirkte nur, daß der Prinz schon beim Erwachen zum Branntweinbecher griff. Schließlich wurde ein neuer Befehlshaber in den Dekkan geschickt, der Anfang Mai 1599 eintraf, gerade rechtzeitig, denn Murad verstarb ab 12. des Monats im Delirium tremens.

Der neue Mann hieß Abul Fasl. Im Laufe der Jahre hatte der Hofchronist eine steile Karriere durchgemacht und war allmählich der engste Vertraute seines Kaisers geworden, der 1585 sogar Zutritt zum Harem erhielt. Als Akbar ein Jahr später bei einer Jagd von einem Hirsch aufs Geweih genommen wurde und mit einem durchbohrten Hoden fast zwei Monate krank lag, durfte der ehrgeizige Mann der Feder Balsam auf diese intime Wunde auftragen. Von den zwanzig Zat Anfangsgehalt, die er mit Badauni bezog und auf denen Badauni lebenslänglich blieb, stieg er allmählich in den Rang von zweitausend auf, und es mag uns wundernehmen, daß dennoch sein »heiligster und brennendster Ehrgeiz einer Bewährung auf dem Schlachtfeld« galt. Doch in der Mogulgesellschaft führte der Weg zu den Höhen der Macht über das Militär, und die zu erklimmen war Abul Fasl augenscheinlich entschlossen.

Murads Tod war eine willkommene Gelegenheit, sich zu bewähren. Eigentlich war Abul Fasl mit dreitausend Mann und einem von Akbar geschenkten Kriegselefanten nur gekommen, die Übernahme des Kommandos durch Prinz Danijal vorzubereiten, doch nun durfte er vorübergehend selbst kommandieren. Fachmännisch organisierte er die Rückkehr von Murads Harem an den Kaiserhof, doch dann verlor er den Blick für die Maßstäbe: Er ließ gesellschaftlich über ihm Stehende zu sich rufen, die natürlich nicht kamen, und als er sich an die Belagerung einer Festung machte, ließ ihn der verärgerte Danijal zurückpfeifen. Ein Jahr später sollte dann Abul Fasl tatsächlich eine Festung erobern, und darauf war er mächtig stolz: »Die siegreichen Krieger hätten beinahe verloren, da aber nahm der Chronist die Sache in die Hand und triumphierte.« Abul Fasl wurde in einen neuen Rang von 5000 Zat erhoben – was einem heutigen Nettoeinkommen von 18 Millionen Mark im Jahr entspricht und ein bezeichnendes Licht auf die Leistungsfähigkeit von Akbars Staatskasse wirft –, doch dieser berauschende Erfolg war gefährlich, erregte er doch das äußerste Mißfallen des zweitmächtigsten Mannes im Reich, des Prinzen Selim.

Zwischen Akbar und seinem Ältesten herrschten spätestens seit 1585 ernste Spannungen. Damals hatte Selim eigenmächtig und »ziemlich grausam« drei Gauner hinrichten lassen und war dafür von seinem Vater öffentlich gemaßregelt und im Harem auch noch geohrfeigt worden. Von da an behandelte Akbar Selim mit ausgesprochener Feindseligkeit und reagierte manchmal fast hysterisch.

Einmal hätte Selim in das gerade eroberte Kaschmir einige Haremsdamen mitbringen sollen, hatte sie aber »aus Gründen der Sicherheit« im Hauptlager gelassen. Akbar beschimpfte den Prinzen vor versammeltem Hof in einer selbst Abul Fasl »unbegreiflichen Weise« und ritt selbst los, ohne Begleitung, obwohl die Straße tatsächlich von Guerillakämpfern verunsichert war.

Akbar konnte mit seinen Söhnen nie sehr viel anfangen. »Der zärtliche Monarch liebte Enkel mehr als Söhne«, schreibt selbst Abul Fasl, der aber nicht das Format hatte, sich aus den Familienstreitigkeiten herauszuhalten.

Aber auch Selim lieferte genügend Konfliktstoff. Hartnäckig weigerte er sich, Kommandoposten in entfernten Teilen des Reiches zu übernehmen, um nicht bei einem Thronwechsel zu weit vom Zentrum der Macht entfernt zu sein, und 1600 kam es »zu einer verdeckten Form offener Rebellion«, wie Akbars Kanzler das Ganze bezeichnete: Der Prinz zog mit einer großen Armee mehr oder minder ziellos umher, hauptsächlich im Mündungsgebiet des Jamuna in den Ganges bei Allahabad, und gab sich ziemlich halbherzig als Kaiser aus. Aus einem Onyxblock »von noch nie gesehener Größe« ließ er eine Thronplattform meißeln. Die wurde später nach Agra gebracht und ist tatsächlich das größte Stück Halbedelstein der Erde, 3,5×2,8×1 Meter, aber weitergehende Schritte unternahm er nicht. Auch sein Vater verhielt sich diplomatisch und ließ nicht gegen den Rebellen marschieren, sosehr ihm Abul Fasl damit auch in den Ohren lag.

Eine wichtige Vermittlerrolle spielten die Damen des Harems, dessen Zentrum Hamida war. Humayuns kindliche Braut war nun eine überaus energische alte Dame, und ihr galt Akbars ganze Liebe. Die Hochzeitsfeierlichkeiten von Prinzen fanden stets in ihrem Palast statt, und auch die zufriedenstellend häufigen Geburten von Urenkeln wurden bei ihr überaus festlich begangen. Nun schickte sie einige hochgestellte Damen als Parlamentäre zwischen Vater und Sohn hin und her. Die beiden wichtigsten waren Akbars Tante Gulbadan und eine Dame Selima, sowohl Akbars Cousine als auch Frau, die zusammen mit Gulbadan eine Fußwanderung nach Mekka von sieben Jahren Dauer unternommen hatte. Diese beiden Damen konnten immerhin verhindern, daß es zwischen Vater und Sohn zu nicht wiedergutzumachenden Schritten kam.

Abul Fasl aber mußte daran glauben. In seinen Memoiren notiert Selim: »In jener Zeit war mein Vater sehr böse mit mir, und ich erfuhr, daß Abul Fasl aus dem Dekkan zurück zum Hof reisen wollte. Das hätte jede Chance einer Versöhnung zerstört. Da er aber seinen Weg durch das Gebiet des Radschas von Ortscha nehmen mußte, der zu jener Zeit gegen meinen Vater rebellierte, sandte ich dem letzteren einen Brief: Falls er Abul Fasl auflauere und ihn umbringe, könne er mit reicher Belohnung rechnen. Und der Himmel war uns gnädig.«

Abul Fasl war gewarnt worden, hatte sich aber mit selbstmörderischer Sturheit geweigert, seine Route zu ändern. Auch als am 12. August 1602 sein kleiner Trupp von fünfhundert Panzerreitern des Radschas überfallen wurde, hätte er noch Gelegenheit zur Flucht gehabt. »Er wollte eben unbedingt als Held sterben«, schrieb Selim, als ihm Abul Fasls Kopf nach Allahabad geschickt wurde.

Akbar war nach den Berichten seiner Hofberichterstatter »untröstlich, weigerte sich tagelang, mit jemandem zu sprechen, und rief immer wieder: ›Wenn mein Sohn schon auf den Thron will, hätte er mich umbringen sollen und nicht diesen vortrefflichen Mann!‹« Selim aber meinte: »Obwohl mein Vater anfangs grollte, hatte der Mord doch ein Gutes – ich konnte nun ohne weitere Belästigungen zu ihm gehen, und seine schlechte Meinung über mich schwand allmählich.« Beides dürfte wahr sein. Im April 1603 kam es im Harem von Agra zu einer dramatischen Versöhnung. Gulbadan und Selima hatten Selim überreden können, in die Residenz zu kommen, und Halima selbst führte ihn an der Hand vor Akbar, dem er zu Füßen fiel. »Besonders erfreut« war Akbar über das Geschenk von dreihundertfünfzig Kampfelefanten, mit dem sich der Rebell ja weitgehend entwaffnete.

Daß die Ermordung des kaiserlichen Günstlings kein schlimmeres Nachspiel hatte, lag wohl hauptsächlich daran, daß zu diesem Zeitpunkt für Prinz Danijal kaum mehr Hoffnung bestand. Er hatte rasch dieselbe Entwicklung genommen wie Prinz Murad, und schon 1602 ließ ihn Akbar unter Hausarrest stellen, wobei eigene Wachtposten dafür zu sorgen hatten, daß kein Alkohol zu dem Prinzen gebracht werde. Doch die Kammerdiener des Prinzen schmuggelten immer wieder Branntwein zu ihrem Herrn, mal in Gewehrläufe eingefüllt, mal in Kuhdärme, unter dem Gewand verborgen. Fast genau ein Jahr nach der dramatischen Versöhnung von Agra verstarb Prinz Danijal im Delirium. Sein letzter Schluck war ein doppelt gebrannter Dattelschnaps, aus einem rostigen Gewehrlauf kredenzt.

Der Größte

Akbars Versagen als Vater wurde ihm von den Historikern gern angekreidet als bezeichnend für seine geringe Fähigkeit zu herzlichen Beziehungen. Sein Vertrauen und seine Zuneigung besaßen wohl nur seine Mutter, Abul Fasl und Radscha Birbal, ein skurriler Herumtreiber. Aber Vereinsamung und eine gewisse Gefühlskälte – die immer wieder berichteten Zornesausbrüche können kaum unter »Gefühle« gerechnet werden – sind wohl ein Kennzeichen aller politischen Genies, und Akbar war zweifellos eines. Auf jeden Fall war er der bedeutendste Staatsmann seiner Zeit, wesentlich weitblickender als Philipp von Spanien und dessen Gegenspielerin, die englische Elizabeth. Indien wurde unter ihm zum wohlhabendsten Land der damaligen Welt, und wenn auch viele seiner Reformen auf das Konto von Höflingen gehen, darf man ihm bei deren Auswahl Glück und Fingerspitzengefühl zugestehen. Männer allein machen nie Geschichte, auch nicht übergroße Autokraten wie Akbar. Doch er sammelte um sich die Fähigsten seiner Epoche, und sie öffneten die Wege für die Wirtschaftsgroßmacht, die der Subkontinent das folgende Jahrhundert sein sollte. Daß er dabei selbstherrlich so ziemlich alle Traditionsschranken des konservativen Asiens niederriß, gehört ebenso zu seinem Genie wie die überprüfbar höchstpersönliche Sorge, daß über dem eigenen Wohl auch das der Bevölkerung nicht zu kurz kam.

Daß er nicht nur der einsame Herr einsamer Entscheidungen war, zeigte sich auch während der Auseinandersetzungen, die zwischen ihm und Selim kurz nach Danijals Tod wieder ausbrachen. Eine starke Gruppe am Hof wollte nämlich Selims ältesten Sohn Khusrau als Thronfolger sehen, und Akbar enthielt sich in den daraus folgenden Diskussionen jeden Wortes. Selim rebellierte erneut und wurde im Harem unter Hausarrest gestellt, erschwert durch vollständigen Entzug von Alkohol und Opium. Erst nach zwei Wochen und wiederholter Fürsprache Halimas wurde die schimpfliche Haft aufgehoben.

Anscheinend konnte sich Akbar wirklich nicht für einen Thronfolger entscheiden. Selim war nun siebenunddreißig, öffentlich als Trunkenbold bekannt und von Abul Fasl nachdrücklich als übler Charakter propagiert. Khusrau war gerade siebzehn und wurde von den beiden mächtigsten Adligen des Reiches unterstützt, seinem Onkel Man Singh von Amber und Akbars »Milchbruder« Asis Koka. Akbar wünschte die Entscheidung »durch ein Zeichen des Himmels«, und im September 1605 gab er den Befehl zu einem Elefantenkampf zwischen den stärksten Bullen Selims und Khusraus.

Das Treffen der Giganten fand im Festungsgraben von Agra statt, dem Jamunaufer zu, und Akbar sah sich von seinem Platz auf der Mauer das Spektakel an. Neben ihm saß sein Lieblingsenkel Khurram, der gerade dreizehnjährige dritte Sohn Selims. Zwar siegte Selims Elefant, doch zwischen den Anhängern der beiden Prinzen kam es zu einem Streit, der bald in einen handfesten Kampf ausartete. Als sich daran die beiden Prinzen auch noch beteiligten, mußte Akbar den kleinen Khurram hinunterschicken, »die Hoheiten sollten doch mit diesem unwürdigen Benehmen sofort aufhören«. Die Szene war mehr Omen, als Akbar erwarten konnte: Khurram wurde später der Großmogul Schah Dschahan, der die letzten Lebensjahre seines Vaters ebenfalls durch ständige Rebellionen verdüstern sollte.

Eine Woche später erkrankte Akbar. Schon seit geraumer Zeit hatte ihm »das Leben keine Freude mehr gemacht«, und nun setzte er einer Amöbenruhr keinen Lebenswillen mehr entgegen, ja verbot sogar jede ärztliche Hilfe. An seinem Krankenbett wurde auf einer noch nie dagewesenen Versammlung von Adligen noch einmal die Nachfolgefrage diskutiert, wobei sich die Mehrzahl der Adligen für Selim entschied. Akbar dürfte zu diesem Zeitpunkt wahrscheinlich Khusrau bevorzugt haben, enthielt sich aber jeder Meinung, denn dann wäre ein Bürgerkrieg unvermeidlich gewesen. Am 15. Oktober schließlich, als Selim auf Krankenbesuch kam, bedeutete ihm Akbar, er solle den kaiserlichen Turban aufsetzen und Humayuns Schwert nehmen, das am Fußende des Bettes lag. Einige Stunden danach starb er.

Nach islamischem Brauch wurde er noch am selben Tag begraben, gewickelt in ein einfaches Baumwolltuch. Drei Jahre zuvor hatte er sein Grabmal in Auftrag gegeben, eine bombastische Terrassenpyramide mit hinduistischen und islamischen Bauteilen. Als Akbar in Sikandra bestattet wurde, war dieser größte Steinhaufen, der seit den Pyramiden aufgetürmt wurde, noch lange nicht vollendet. Selim ließ die Pläne noch mehrmals ändern, »um meinem Vater ein seiner würdiges, für alle Ewigkeit haltbares Grabmal zu geben«, und zumindest das letztere hat er auch erreicht. An Akbars Grab hat der Zahn der Zeit noch nicht sichtbar zugebissen.

Da stets Gärten die Lieblingsplätze der Moguln waren, liegt auch Akbars Grab in einem, und er ist seiner Größe angemessen: ein riesiges Quadrat von zwei Kilometern Seitenlänge, kreuzförmig duchzogen von breiten Wasserläufen, die schon längst versiegt sind. Vier riesige Pavillons markieren die Mittelachsen der Umfassungsmauern, und von ihnen erscholl zweihundert Jahre lang »jeden Morgen feierliche Trommel- und Posaunenmusik zu Ehren des Todes«. Das Haupttor ist ein architektonisches Juwel, angeblich von Selim persönlich entworfen. Für 50 Paisa Eintritt, etwa 12 Pfennig, darf man durch und über einen autobahnbreiten Steinweg zum Grabmal in der Mitte des Gartens wandern. Ratsam ist, etwas indisches Brot eingesteckt zu haben, denn eine sehr selbstbewußte und äußerst seltene Affenart betätigt sich hier als Wegelagerer. Wunderschöne Tiere mit dichtem, silbergrauem Fell und tiefschwarzen, tiefernsten Gesichtern, wie es sich für Urväter unserer menschlichen Gegenwart gehört, aber jeder von ihnen ist lästig wie eine ganze Horde indischer Bettelkinder.

Der Besuch des Grabmals ist eine kleine Bergtour über steile Treppen und weite Terrassen. Da er zum jährlichen Pensum der Moguln gehörte, wurden »zur Erlustigung der Damen« auf jeder Plattform zahlreiche Pavillons errichtet. Nach drei solchen Etagen gipfelt die Tour in einem atemberaubenden, strahlendweißen Marmorhof. Dort ragt der Schausarkophag des Kaisers, ein kolossaler Marmorblock, mit den hundert Namen Allahs geziert, aber entgegen islamischer Sitte nach Osten gewendet. Beim Kopfende steht ein zierlicher Sockel – auf ihn legte Khurram den Kohinoor, mit dem Humayun in Persien seine Armee erkaufte und den Khurram als Kaiser zurückerwarb, »auf daß sich die Sonne von ihrem Aufgang bis zum Untergang darin brechen könne«. Heute ist der Platz leer, denn der Stein teilte das Schicksal des Reiches.

Gute vierzig Meter tiefer liegt Akbar begraben, in einem ebenso dunklen wie hohen Gewölbe, unter einem einfachen Marmorblock. Der ist auch heute noch stets mit frischen Blumen bedeckt: Moslems wie Hindus verehren den Kaiser als Heiligen, der »als ersten Grundsatz jedes Herrschers« diktiert hatte: »Laß nie zu, daß Religionsunterschiede mit Politik vermischt werden. Bei Vergeltungsmaßnahmen wende keine Gewalt an. Schmücke deinen Rat mit Männern, die ihre Arbeit verstehen. Wenn Entschuldigungen vorgebracht werden, nimm sie an.«

EINE SÜCHTIGE MAJESTÄT

Eher zum Naturwissenschaftler geeignet

Nach einer Woche der Trauer, am 24. Oktober 1605, bestieg Selim den Thron, und am selben Tag begann er, ein Tagebuch zu führen. »Außerdem ergab sich die Notwendigkeit, meinen Namen zu ändern, denn der erinnerte an einen Kaiser von Rom.« – Gemeint ist allerdings das »andere Rom«, Istanbul, wo kurz zuvor ein Sultan Selim geherrscht hatte. – »Da kam mir durch eine Inspiration aus der Überwelt der Gedanke, daß es ja zum Geschäft der Könige gehöre, die Welt zu kontrollieren, und so nannte ich mich Dschahangir, Eroberer der Welt. Als Ehrentitel wählte ich Nureddin, Licht der Sonne, weil ich ja um diese Tageszeit auf dem Thron saß, vor allem aber, weil eine alte Prophezeiung sagte, nach Akbar werde einer dieses Namens Kaiser. Da diese großen Ereignisse in Agra stattfanden, muß ich nun wohl auch ein wenig über diese Stadt berichten ... Das Klima ist warm und trocken;Ärzte meinen auch, daß es deprimierend aufs Gemüt und schwächend auf den Körper wirkt. Den meisten Charakteren bekommt es tatsächlich nicht, außer Phlegmatikern und Melancholikern, denen ja auch nicht sehr viel geschehen kann.«

Über den Charakter Dschahangirs haben sich die meisten Geschichtsschreiber nicht sehr freundlich geäußert, und dazu diente ihnen vor allem das kaiserliche Tagebuch. Schon als Junge hatte Selim die Memoiren seines Urgroßvaters Babur »begeistert verschlungen«, und sein Ehrgeiz war, »über meine Jahre Aufzeichnungen zu hinterlassen, die ähnlich packend und ehrlich sind«.

Bezeichnenderweise ist in ihnen wenig von Politik die Rede. Der Kaiser hatte daran nach eigenem Eingeständnis »nur sehr mittelbares Interesse, das – möglicherweise leider – nie über die nun einmal unvermeidbaren Notwendigkeiten der Staatsgeschäfte hinausging«. Seine Rebellion als Prinz erfolgte weniger aus Ehrgeiz, an die Macht zu kommen, um alles besser zu machen, als um die Macht möglichst bald als bequeme Rennbahn für seine Steckenpferde gebrauchen zu können. Im Grunde beschränkte sich Dschahangirs Kaisertum darauf, »mit viel Glück die fähigsten Leute für die Verwaltung des Reiches zu finden, um selbst damit nicht belastet zu sein«.

Er hatte Glück, und so ist mehr als die Hälfte seiner Aufzeichnungen seinen Hobbies gewidmet. Seine Epoche wird, soweit sie Europa betrifft, als Renaissance geführt und war für das Abendland die erste Hochblüte rationaler Wissenschaften seit den Griechen und Römern. Der Mogul im sagenhaften Indien hätte ein leuchtendes Vorbild aller Europäer sein können, nicht nur aufgrund seines schier unstillbaren Wissensdurstes, sondern auch durch seine kritische Rationalität, die ihn beispielsweise beim Besuch eines angeblich wundertätigen Grabes als erstes fragen ließ: »Was ist nun wirklich der Sachverhalt?« Auch über den Stein der Weisen, die wunderbare, goldmachende Quinta Essentia der Alchimisten, informierte er sich eingehend. Während aber in Europa gläubige Fürsten bei der Suche nach dem Wunderding Konkurs anmelden mußten, kam Dschahangir zu dem Schluß: »Meine Vernunft akzeptiert diese Geschichte in keiner Weise. Sie dürfte nicht mehr sein als ein leerer Wahn.«

»Was ich nicht sehen und erfahren kann, will ich nicht glauben«, notierte er ein anderes Mal, und immer wieder ordnete er Experimente an. Einmal ließ er einen Meteoriten ausgraben, der noch warm war, und daraus Schwerter schmieden, »um festzustellen, ob dies wirklich überirdisch feste Materie sei«. Ein anderes Mal, als er hörte, Bitumen fördere den Heilprozeß bei Knochenbrüchen, ließ er einem Hahn ein Bein brechen, wurde aber enttäuscht: »Ich konnte keine besondere Wirkung feststellen, vielleicht aber auch, weil die Substanz schon etwas abgestanden war.« Und wunderbaren Theorien trat er gern mit einfachen Schlüssen entgegen. Als Gelehrte erklärten, Widder gingen aufeinander los, weil sie gewisse Würmer in ihren Hörnern reizten, meinte der Kaiser, daß »derselbe Wurm auch in den Hörnern von Weibchen auftritt. Da diese aber nicht kämpfen, ist die Vermutung unwahr.«

Dschahangir war ein leidenschaftlicher Beobachter der Natur, mit einer besonderen Vorliebe für Vögel. Gleich nach seiner Thronbesteigung schickte er sechshundert Beamte los, »seltenes Federvieh zu fangen, das ich bestaunen wollte«. Viele Seiten füllte er mit ausführlichen Beschreibungen wie: »Was soll ich über die Schönheit und Färbung dieses Falken sagen? Da gab es herrliche schwarze Zeichnungen auf den Flügeln, dem Rücken und an den Seiten. Da er etwas Besonderes war, gab ich Mansur den Auftrag, sein Aussehen zu malen und so zu erhalten.« Auch ein Truthahn, »von dessen Kopf man sagen könnte, er habe sich selbst mit blutroten Korallen geschmückt«, wurde von Mansur porträtiert, »denn Babur hat in seinen Erinnerungen wohl das Aussehen und die Gestalt vieler Tiere beschrieben, aber leider nie befohlen, sie zu malen. Da mir viele Tiere sehr fremdartig vorkamen, beschrieb ich sie und befahl auch, sie in mein Tagebuch zu zeichnen, auf daß verstärktes Erstaunen über ihre Kunde möglich sei.«

Meist wurden die so verewigten Vögel vom Kaiser eigenhändig beringt und wieder freigelassen. Andere wanderten in die kaiserlichen Gehege, die bald zum größten Zoo der Geschichte wurden. Eine »unvollkommene Liste« erwähnt zwölftausend Elefanten, zehntausend Ochsen, dreitausend Rehe, viertausend Hunde, hundert zahme Löwen, fünfhundert Büffel, neunzigtausend Vögel und zehntausend Brieftauben. Auch auf seinen Reisen ließ er sich von Tieren begleiten, so einmal von einem Kranichpaar, das im Alter von einem Monat gefangen wurde und fünf Monate zum Hofstaat zählte. Eines Tages berichtete der zuständige Eunuch, daß sich die Vögel gepaart hätten, und Dschahangir befahl, »bei jedem Anzeichen eines Liebesspieles gerufen zu werden, da dies wahrscheinlich noch niemand beschrieben hat«. So konnte er, nachdem er eines Tages in der Dämmerung geweckt wurde und »halbbekleidet laufend« ins Gehege kam, schreiben: »Das Weibchen streckte seine Beine aus und beugte sich ein wenig nach hinten. Da hob das Männchen einen Fuß vom Boden und legte ihn auf ihren Rücken, legte auch den zweiten Fuß dazu, ließ sich auf ihr nieder und paarte sich. Vielleicht werden sie ein Ei bekommen.« Tatsächlich bauten die Tiere wenig später ein Nest, und der Kaiser konnte etliche Seiten mit Beschreibungen der Brutgewohnheiten und später der Atzung füllen. Zu seiner größten Freude lockte das Geschrei der Jungen auch einige wilde Kraniche an, von denen einer gefangen wurde und ebenfalls in das Maleratelier kam.

Der Perser Mansur leitete dort die Abteilung »Natur und Wirklichkeit«. In ihr waren siebzig Künstler beschäftigt, alles festzuhalten, was dem Kaiser bemerkenswert erschien, so auch einmal einen Adligen namens Inajat Khan, »der kränker aussah, als ich je einen Menschen gesehen hatte«, und tatsächlich auch schon am nächsten Tag starb. Eine andere Abteilung, von Bitschir und Abul Hasan geleitet, beschäftigte sich mit »kaiserlichen Allegorien«. In einer dritten Abteilung werkten fünfzig Maler »an Kopien bemerkenswerter Bildnisse aus aller Welt«. Die Ateliers waren sein größter Stolz, und Dschahangir verbrachte oft Tage darin, »auf genaue Wiedergabe der Wirklichkeit zu achten«. Natürlich war er »überzeugt, daß bislang kein Herrscher derartiges so gründlich unternehmen ließ«, mit gewissem Recht, denn unter ihm erreichte die indische Malerei ihre höchste Blüte, einen subtilen Realismus und eine Schönfarbigkeit, die leider bald wieder welken sollten.

All dies läßt auf einen Schöngeist schließen, wie er nur selten auf dem Thron saß. Dieses rosige Bild wird allerdings durch eine manchmal sehr launische und dekadente Grausamkeit getrübt, die auf ausgesprochen sadistische Veranlagung schließen läßt. Ein zu Besuch weilender Engländer fand, der Kaiser würde Hinrichtungen »mit zuviel Freude am Blutvergießen« beiwohnen, eine starke Aussage, wenn man bedenkt, welche Brutalitäten in Europa an der Tagesordnung waren. Das beliebte Spiel von Alleinherrschern, »vergleichende Strafen« zu erfinden, beherrschte auch Dschahangir – einen Diener, der eine Porzellantasse zerbrochen hatte, schickte er nach China um eine neue, und einen Muttermörder ließ er von Schlangen zu Tode beißen. Auffallend ist allerdings seine Unberechenbarkeit, die ihn manchmal unverhältnismäßig grausam sein ließ.

Der Grund dafür lag auf der Hand: Der Kaiser war zeit seines Lebens schwer süchtig. In seinen Tagebüchern liefert er selbst seine Fallstudie: Mit siebzehn trank er seinen »ersten Becher süßen, gelben Weines«, doch der verlor bald seine Wirkung. Mit einundzwanzig ging er zu Arrak über, schließlich zu doppelt gebranntem Schnaps, »von dem ich mit achtundzwanzig Jahren täglich mindestens zwanzig Becher brauchte«. Später allerdings befolgte er den Rat eines Arztes, der ihm sein baldiges Ende prophezeit hatte, »und reduzierte bis zu meinem vierunddreißigsten Lebensjahr diese Dosis auf täglich sechs – zugegebenermaßen große – Becher einer Mischung aus zwei Teilen Wein und einem Teil Arrak, bei der ich hinfort blieb«. Hinzu kamen allerdings noch täglich zwei Gramm Opium in Pillenform.

Wie sehr dies bekannt war, als der Siebenunddreißigjährige Akbars Thron bestieg, und wie wenig sich der Kaiser darum kümmerte, daß Alkoholismus für Moslems die schlimmste Sünde ist, beweist die erste Münze, die er prägen ließ. Sie zeigt – ohne Rücksicht auch auf das Bilderverbot des Koran – den Herrn der Welt mit einem Schnapsglas.

Dschahangir konnte die neuen Münzen gut brauchen, denn sehr bald zeigte sich, daß die meisten Adligen ihn nur gegen kräftige Gehaltserhöhungen akzeptierten. Im Durchschnitt mußte der Kaiser alle Zat-Ränge um ein Drittel erhöhen, was den von Akbar hinterlassenen Münzschatz kräftig verringerte, und bei dieser Gelegenheit wurden die größten Münzen geprägt, die je auf Erden kursierten. »Licht des Kaisers« hießen sie und wogen jeweils 100 Tola reines Gold, 1,166 Kilogramm.

Mit dreihundert solchen Riesen pro Tag schlug der kaiserliche Haushalt zu Buche, ein Apparat, den sich kein anderer Staat mehr leisten konnte: Zu den dreitausend aus Akbars Harem übernommenen Personen kamen noch 1280 Damen aller Couleurs, zusätzlich rund siebenhundert aus den Haushalten der verstorbenen Brüder und – in einem besonders abgeschirmten Gehege – eine gute Hundertschaft auserlesener Knaben, denen der Kaiser durchschnittlich zweimal pro Woche einen Besuch abstattete. Insgesamt schwoll der Hofstaat auf rund zwölftausend Personen an, wobei allerdings fast die Hälfte nur bei Hofe gehalten wurde, um nicht vielleicht anderswo der Idee einer Rebellion zu verfallen.

Auch bei der Priesterschaft versuchte sich der neue Kaiser beliebt zu machen und erließ »ein generelles und strenges Verbot, in meinem Reich Schnaps und andere berauschende Getränke herzustellen oder zu verkaufen« – eine pikante Kühnheit, die an Akbar erinnerte, als er eines Tages behauptete, eine Frau pro Mann sei mehr als genug. Aber vielleicht sprachen beide Kaiser aus Erfahrung.

Um »Verzögerungen und Ungerechtigkeiten in der Justiz zu verhindern«, ließ Dschahangir eine »Kette der Gerechtigkeit« erfinden. Sie war dreißig Meter lang, aus purem Gold und mit sechzig Glöckchen bestückt. Das kostbare Stück hing vom Dscharoka-Balkon herab, auf dem sich der Kaiser jeden Morgen bei Sonnenaufgang zeigte – um sich dann wieder für zwei Stunden zur Ruhe zu legen –, und sollte »von jedem geläutet werden, der sich ungerecht behandelt fühlte«. Eigentlich sollte auch das »Erscheinen am Morgen« jedem Untertan Gelegenheit zur Klage geben, doch in der Praxis war das nicht so einfach. Schon damals verstanden korrupte Beamte meisterhaft, Reklamationen zu verhindern, zumal es zu den asiatischen Traditionen gehört, höheren Stellen nur Angenehmes mitzuteilen. Theoretisch hatte jeder Untertan zum Durbar Zutritt, der vormittäglichen »öffentlichen Audienz« im Diwan-i-am, doch war es nahezu ein Ding der Unmöglichkeit, dabei die Aufmerksamkeit des Kaisers zu erreichen, und Dschahangir berichtet von einer Gruppe Bittsteller, die sich als Gaukler getarnt hatten, um ihr Anliegen vorzubringen.

Der Grund dieser Reformen war, daß der Kaiser immer noch seinen Sohn Khusrau zum Rivalen hatte. Der Zwist zwischen Vater und Sohn hatte kurz vor Akbars Tod einen Höhepunkt erreicht, als sich die Mutter des Prinzen, eine Schwester des Radschas Man Singh, mit einer Überdosis Opium vergiftete. Die stets zu Depressionen neigende Dame war dem ständigen Streit nicht mehr gewachsen gewesen, und schon bei ihrem Begräbnis beschuldigten Dschahangir und Khusrau einander gegenseitig, sie in den Tod getrieben zu haben.

Khusrau war noch nicht ganz achtzehn, nach Berichten von Zeitgenossen »von schöner Gestalt und angenehmem Wesen, jedoch übermäßigem Ehrgeiz«, und eine starke Hofkamarilla ließ keine Gelegenheit aus, ihn gegen den Vater auszuspielen. Man Singh wurde der Kaiser los, als er ihn zum Gouverneur des fernen Ostbengalen machte, aber Khusrau wurde »in unmittelbarer Umgebung der Majestät gehalten«, was praktisch eine Gefangenschaft war.

Ein derartiges Leben paßte dem Prinzen nicht, und am 15. April 1606 entfloh er mit zwanzig Offizieren unter dem Vorwand, Akbars

Grab besuchen zu wollen. Noch in derselben Nacht ließ Dschahangir ein starkes Heer zur Verfolgung des Prinzen mobilisieren. Einundzwanzig Tage später tauchte Khusrau vor Lahore auf, hatte unterwegs noch an die siebentausend Anhänger gesammelt und versuchte nun, die Stadt zu belagern. Doch schon zwei Tage später traf Dschahangirs Heer ein und schlug die Rebellen mühelos.

Khusrau floh mit seinen zwei engsten Freunden so überstürzt, daß er zur größten Freude Dschahangirs »sogar seine Juwelenbörse im Lager zurückließ. Da ich annahm, die Treulosen wollten nach Kabul fliehen, ließ ich sofort alle Flußübergänge sperren, und wirklich wollte Khusrau schon am nächsten Tag den Tschinnab überqueren. Die Bootsleute aber verweigerten den dreien die Hilfe. So versuchten sie selbst, das Boot zu meistern, konnten es aber nicht, da ihnen das Steuerruder weggenommen war. Daher liefen sie in der Flußmitte auf eine Sandbank auf, wo sie nach einer jämmerlichen Nacht verhaftet wurden.«

Dschahangir erwartete die Rebellen im Garten Kamrans, und es kam zu einer tränenreichen Begegnung, die selbst Humayun alle Ehre gemacht hätte. Im übrigen aber war Dschahangir kein Freund halber Sachen. Die Freunde des Prinzen wurden in die Häute eines frischgeschlachteten Ochsen und eines Esels genäht, an denen noch die Köpfe baumelten, verkehrt auf Esel gesetzt und so durch Lahore geführt. »Da die Ochsenhaut schneller trocknete als die des Esels, starb der darin nach zwölf Stunden an Erstickung«, notierte der Kaiser. Khusrau ließ er am nächsten Tag nach Lahore führen, und auch dafür hatte er sich ein schauerliches Szenarium einfallen lassen: Der Prinz ritt auf einem schmutzstarrenden Elefanten, mit samtverkleideten Eisenketten gefesselt, durch eine Allee aus spitzen Pfählen, auf denen sich seine Anhänger im Todeskampf wanden.

Die Ketten behielt Khusrau noch ein Jahr, doch wenn sich Dschahangir »davon eine Besserung versprochen« hatte, wurde er enttäuscht: Kaum war der Prinz seiner Fesseln entledigt, organisierte er eine neue Verschwörung mit dem Ziel, den Kaiser meuchlings zu ermorden. Angeblich waren über vierhundert Adlige in die Sache verwickelt, doch Dschahangir verzichtete auf genaue Untersuchungen, »um nicht viele Große des Reiches durch öffentliche

Timur (1336–1405). Aus der Miniaturmalerei »Bildnisse der Mogulkaiser«, Mogul-Stil, 18. Jh. – MIK I 5005/Blatt 15.
Quelle: Museum für Indische Kunst, Berlin

Abkar I. (1542–1605) überquert den Ganges. Mogul-Handschrift, um 1600.
Quelle: Archiv für Kunst und Geschichte, Berlin

Oben: Babur I. (1483–1530) – Begründer des Mogul-Reiches – mit seinem Architekten bei der Planung des Bagh-i-Wafa bei Jalalabad. Illustration von Bishndas, 1589.
Quelle: Archiv für Kunst und Geschichte, Berlin (Victoria & Albert-Museum, London)
Unten: Fatehpur Sikri. Residenz des Mogul-Herrschers Akbar I. Illustration zu einem Akbar-Nama-Manuskript, um 1590.
Quelle: Archiv für Kunst und Geschichte, Berlin (Victoria & Albert-Museum, London)

Büste einer Mogul-Dame im Profil. Wahrscheinlich »Nur Dschahan«, Lieblingsfrau Dschahangirs, mit dem sie 1610 verheiratet wurde. Indische Miniatur von einem unbekannten Künstler des 18. Jahrhunderts.
Quelle: Archiv für Kunst und Geschichte, Berlin (Central Museum, Lahore)

Oben: Delhi. Das rote Fort. Zeremonientor. Baubeginn unter Akbar I. (1542–1605).
Quelle: Archiv für Kunst und Geschichte, Berlin
Unten: Delhi. Das rote Fort. Der Diwan-i-Khas (Halle für Privataudienzen). Baubeginn unter Akbar I. Fertigstellung unter Schah Dschahan (1592–1666).
Quelle: Archiv für Kunst und Geschichte, Berlin

Akbars Truppen belagern die Burg Ranthambhor, 1568. Indische Miniatur.
Quelle: Archiv für Kunst und Geschichte, Berlin (Victoria & Albert-Museum, London)

Oben: Agra. Tadsch Mahal. Außenansicht. Schah Dschahan ließ dieses Grabmal 1631–1648 für seine Lieblingsfrau Muntaz Mahal (gest. 1631) erbauen.
Quelle: Archiv für Kunst und Geschichte, Berlin

Unten: Agra. Tadsch Mahal. Grab der Kaiserin Muntaz Mahal (vorn rechts) und des Schah Dschahan.
Quelle: dpa, Frankfurt/Main

Schlachtenszene. Diese indische Miniatur stammt von unbekannten Malern der Dekkanschule und zeigt Kostüme der späteren Mogul-Zeit des 18. Jh.
Quelle: Archiv für Kunst und Geschichte, Berlin

Enthüllung ihrer Untreue zu meinen Feinden zu machen«. Nur vier mittlere Beamte wurden geköpft, Khusrau aber geblendet. Offenbar hatte der Kaiser selbst Anweisung gegeben, bei der bösen Prozedur nicht allzu gründlich vorzugehen, denn auf dem linken Auge konnte Khusrau später wieder sehen. Von nun an aber zog er als Gefangener hinter dem Hofstaat her. Zwei- oder dreimal wurde er zu Versöhnungsversuchen vor seinen Vater geschleppt, doch Dschahangir fühlte sich durch das entstellte Gesicht abgestoßen: »Seine Erscheinung zeigte keinerlei Zeichen von Offenheit und Glück, sein Geist war immer voll Trauer und niedergeschlagen.« Was Wunder.

Die Dame hat die Hosen an

Daß diese Rebellion für die nächsten fünfzehn Jahre die einzig ernsthafte blieb, hatte der Kaiser einem persischen Abenteurer zu verdanken, der die erstaunlichste Karriere des Mogulreiches machte. »Ohne auch nur ein Geldstück in der Tasche, aber mit einem großen Vorrat lustiger Geschichten« war der zwanzigjährige Ghijas um 1570 aus der Gegend von Täbris an Akbars Hof gekommen, dort sein Glück zu suchen. Dem Kaiser gefielen die Witze des Persers: Ein Jahr später schon wurde Ghijas als »Neuigkeitenschreiber« angestellt – heute würden wir Journalist sagen – und mit dem Titel Beg geehrt. Doch Ghijas Beg konnte mehr, als nur Geschichten erzählen. Sehr bald wurde er eine wichtige Stimme im Kronrat und kurz vor Akbars Tod »Minister für alle besonderen Angelegenheiten des Reiches«. Bei der Thronfolgediskussion hatte er sich bedingungslos zu Selim geschlagen, der ihm dafür den Titel Itimad-ud-daulah, »Stütze des Staates«, verlieh. Das war Ghijas bald wirklich. Unermüdlich sammelte er Kompetenzen, bis nichts mehr ohne seinen Segen erledigt werden konnte.

Doch nicht nur Ghijas häufte Ehre auf sein Haus. Seine Frau entwickelte im Harem eine wahre Leidenschaft für Experimente mit dem Destillierkolben. Ganz nebenbei entdeckte sie so das Rezept für Rosenöl, das bislang ein wohlbehütetes Produktionsgeheimnis von Damaskus war. Dschahangir beschenkte sie dafür mit einer Perlenkette im Gewicht von drei Pfund.

Der größte Erfolg des Persers aber war seine Tochter Mehrunissa. Eigentlich hatte ihr Vater mit ihr nicht viel vorgehabt – als das Mädchen heiratsfähig wurde, gab er sie einem Landsmann zur Frau, der als mittlerer Beamter in Bengalen seinen Dienst tat, und Mehrunissa wäre den Geschichtsschreibern nicht einmal eine Randbemerkung wert, hätte ihr nicht der Gemahl 1607 den Gefallen getan, unauffällig zu sterben. Die dreißigjährige Witwe mußte nun irgendwie versorgt werden, und Ghijas fand im kaiserlichen Harem einen Posten für sie, als Gesellschaftsdame Selimas.

Gerade Europäern war diese Geschichte angesichts der Pracht des Mogulhofes viel zu banal, und so wurde bald prächtig Aufgeputztes kolportier: Dschahangir habe sich bereits in das Eheweib unsterblich verliebt – wobei nie gefragt wurde, wann, wo und vor allem wie er die traditionell verschleierte Dame gesehen haben sollte – und daraufhin ihren Ehemann durch ein teuflisches Komplott aus dem Wege geräumt. Im Unterschied zum biblischen Weib des Urias aber habe die Dame den Avancen noch weitere vier Jahre widerstanden, ehe sie dann doch des Kaisers Lieblingsfrau wurde.

Dabei ist die Wahrheit nicht weniger romantisch: Jeden März fand im Harem ein Phantasiebazar statt, ein von Humayun ausgedachtes Fest, »um den vornehmen Damen des Reiches die erbauliche Gelegenheit zu geben, keifende Marktweiber zu spielen, und der Allerhöchsten Majestät, sich mit solchen abzugeben«. Auch die Gattinnen vornehmer Adliger waren eingeladen, und sie errichteten »Verkaufsstände wie in gewöhnlichen Bazaren«, allerdings wesentlich kostbarer, denn auf diesem Markt war bereits das Obst aus reinem Silber. Zwischen diesen Ständen durften nun nebst ihrem Kaiser auch ausgewählte Adlige lustwandeln und hatten sogar Gelegenheit zu Flirts mit den unkenntlich maskierten Damen, eine prickelnde Angelegenheit, wußte man doch nie, ob die Koketterie nicht gerade der eigenen Ehefrau galt. Mehrunissa war 1611 das erste Mal dabei und hatte einen Stand mit echten Goldfischen, edelsteinbesetzt natürlich, aufgebaut. Dabei lernte sie der Kaiser kennen.

Es war gewissermaßen Lieben vor dem ersten Blick, denn Dschahangir kaufte ihren ganzen Stand auf, ehe er mit dem Recht des Kaisers den Schleier der Dame lüftete. Was zutage kam muß beeindruckend gewesen sein – schon im Mai war Hochzeit, und von da an »blickten meine Augen auf keine andere Frau und keinen Mann mehr«. Die Dame erhielt den Titel Nur Mahal, »Licht des Palastes«, doch Dschahangir nannte sie lieber Nur Dschahan, »Licht der Welt«, ein neckisches Wortspiel, denn genau so hieß auch die kleinste Goldmünze des Reiches, 11,6 g schwer.

Trifft auch nur die Hälfte von dem zu, was über Nur Dschahan berichtet wird, muß sie eine überaus ungewöhnliche Dame gewesen sein. Die Haremsjahre hatte sie sich damit verkürzt, Kleider, Ornamente und Teppiche zu entwerfen, in einem sehr eigenwilligen Stil, der nun Staatskunst der Moguln wurde und für die nächsten hundert Jahre Mode. Auch hatte sie gelernt, Verse zu stricken – in persischer Sprache eine besondere Kunst, da ebensoviele Wortspiele wie blumige Wendungen in jedes Gedicht eingebracht werden müssen –, und die erhaltenen sind durchaus beachtlich, auch wenn man unterstellt, daß erst die Hofdichter den Gebilden den letzten Schliff gaben. Besonders ungewöhnlich für eine Dame war, daß Nur Dschahan auch leidenschaftlich gern auf die Jagd ging. Dann saß sie in einer Sänfte – Howdah – auf einem weißen Elefanten, und von ihr war nur die aus den Brokatvorhängen ragende Flinte zu sehen. Die aber traf – für vier Tiger brauchte sie einmal nur sechs Kugeln.

Zahllose Oden wurden über ihre Schönheit geschrieben, und in kaum einem späteren Mogulalbum fehlt ihr Bildnis: Übergroße Augen unter einer ziemlich niederen Stirn, große Ohren und ein äußerst spitzer Busen unter hauchdünnen Schleiern. Doch sind dies ausnahmslos Idealisierungen – kein Sterblicher bekam die allmächtige Frau je zu Gesicht, kein Adliger und erst recht kein Maler. Die einzigen authentischen Informationen über ihr Aussehen stammen von Dschahangir, der in dieser Hinsicht ja befangen war, und so dürften die vielen Bilder nur bei den Attributen stimmen, die Nur Dschahan stets in Händen hielt: Schnapsflasche und -glas. Damit hatte sie den Kaiser in der Hand, gab sie doch, wie der Hofchronist schreiben durfte, »dem Herrn der Welt täglich das Fläschchen«.

Außerdem war es wohl weniger ihre Schönheit, die den Kaiser faszinierte – immerhin war Nur Dschahan bei der Hochzeit schon vierunddreißig, und Frauen altern in Asien schneller –, als ihr Temperament und ihre Vielseitigkeit, mit der sie nicht nur hingebungsvoll auf Dschahangirs vielseitige Hobbies einging, sondern mit der sie ihn auch »von allen Belästigungen der Politik« erlöste. Ein persischer Poet hatte die Hochzeit nicht gerade galant kommentiert: »Wer einen Esel heiratet, muß dessen Last tragen.« So war es auch, wobei allerdings Nur Dschahan dafür sorgte, daß sie schön gleichmäßig auf ihre gesamte Familie verteilt wurde: Ihr Vater wurde nun Premierminister, ihr Bruder Asaf Khan dessen Stellvertreter, und als Vertreter des Kaisers saß Prinz Khurram in dem Viererrat, der von 1611 an die Geschicke des Reiches lenkte.

Seit geraumer Zeit war der nun neunzehnjährige Khurram die nach dem Kaiser wichtigste Person der Sippe, da Khusrau ja seit seiner Rebellion aus dem Machtspiel ausgeschieden war und der zweite Sohn Parvis von Kindheit an als Versager galt. 1608 hatte Khurram das Dschagir Hissar Firos erhalten und das Recht, in einem roten Zelt zu lagern – beides seit Akbar Statussymbole des Thronfolgers. 1612 schließlich kam es noch zur engen Bindung an die allmächtige Sippe Nur Dschahans: Khurram ehelichte die älteste Tochter Asaf Khans, Arschumand Banu, die als Muntaz Mahal, »Juwel des Palastes«, Legende werden sollte. Damit war eine Machtposition geschaffen, die Khurram in den nächsten Jahren noch zielstrebig ausbaute.

1614 wagte sich Khurram mit einer für damalige Verhältnisse beispiellos ausgerüsteten Streitmacht an eine Aufgabe, an der selbst Akbar gescheitert war: an die Eroberung Udaipurs. Die Zerstörung von Tschitor war praktisch ohne politische Folgen geblieben – der Rana fühlte sich nach wie vor unabhängig, und seine ständigen Kleinkriege waren eine empfindliche Störung an der Südwestflanke des Reiches. Khurram verwüstete nun das Gebiet um Udaipur so gründlich, daß auch sein eigenes Heer in Versorgungsschwierigkeiten geriet, der Rana aber schließlich in Verhandlungen einwilligte. Dabei war Khurram so klug, auch akzeptable Bedingungen zu stellen: Ein formelles Treuebekenntnis zu Dschahangir sollte genügen, überbracht vom Sohn des Ranas, Kharan Singh.

Dschahangir erwartete den Ranaprinzen bei Adschmir, und »obwohl der Prinz sehr unerzogen war, noch nie in seinem Leben ein höfisches Fest erlebt hatte, sondern nur Wildnis und Berge kannte«, beglückwünschte sich der Kaiser immerzu, daß unter seiner Regierung das führende Adelshaus Radschastans unterworfen wurde. Als ihn Khurram darauf aufmerksam machte, daß es sich in diesem Fall ja eher um einen Friedensschluß als einen Sieg handle, meinte Dschahangir großzügig: »Mein hochfliegendes Streben war immer schon, die alten Familien nach Möglichkeit nicht auszulöschen.«

Zwei Jahre später erhielt Khurram das Kommando über die Truppen im Dekkan, die sich dort seit Akbars Zeiten ziemlich erfolglos abkämpften. Zwar konnte auch er nicht mit Eroberungen glänzen, erbeutete aber innerhalb eines Jahres soviele Juwelen und Waren, daß er sie feierlich seinem Vater in Agra präsentieren konnte.

Nur Dschahan hatte das Protokoll ausgearbeitet, und es wurde ein überwältigender Triumph für ihren Schützling: Der Kaiser verließ sogar den Paradethron, um persönlich je eine Schale Juwelen und Goldmünzen über den Prinzen zu schütten, und Khurram wurde in den noch nie dagewesenen Rang von 30000 Zat – 108 Millionen Mark pro Jahr – und 20000 Sawat erhoben. Außerdem aber erhielt er den Namen, unter dem er Geschichte werden sollte: Schah Dschahan, was »Herr der Welt« bedeutet und somit mindestens ebenso gut klang wie der Titel des Kaisers.

Das von Nur Dschahan veranstaltete Fest im Harem kostete noch einmal 3498 Kilogramm Silber, und für den abschließenden Besuch bei Itimad-ud-daulah ritt die kaiserliche Familie über sechs Kilometer Straßenbelag aus Brokat und Samt. Ein Jesuit, der zumindest einen Teil der Festlichkeiten aus gebührender Entfernung bestaunen durfte, schrieb: »Eine solche Pracht und solchen Reichtum hat die Welt noch nicht gesehen, und solange Gott sie bestehen läßt, wird die wohl auch nicht mehr möglich sein.«

Die Pracht der Welt

Schon die Heerlager der Moguln waren eine überaus bombastische Angelegenheit. Der englische Kaplan Edward Terry, der lange genug im Gefolge Dschahangirs herumzog, beschrieb sie als »ambulans republica«, als wandelnden Staat, und hinterließ einige phantastisch klingende Zahlen: Zwölf Stunden dauerte es, bis die gesamte Marschkolonne einen Punkt passiert hatte, und den Umfang eines einfachen Nachtlagers schätzte er auf siebzig Kilometer. Dabei bekam er nie mehr als ein Drittel der kaiserlichen Streitkräfte zu Gesicht, da sich deren Gros ja im Dekkan breitmachte. Ergänzt werden seine Zahlen durch Abrechnungen des kaiserlichen Fuhrparks: Allein für den Getreidenachschub waren ständig 98000 Lastochsen unterwegs, für den Transport der kaiserlichen Siebensachen 100 Elefanten, 500 Kamele, 400 Ochsenkarren und 1000 Träger.

Dieses Massencamping war mustergültig organisiert, nach einem minuziös ausgearbeiteten Lagerplan, von dem jeder General eine Kopie hatte und in dem seine Parzelle eingezeichnet war, so daß die Lager einander glichen wie ein Ei dem anderen. Ein derart ausgeklügeltes System war im Europa jener Zeit unbekannt, obwohl es eigentlich aus dem Abendland stammte – von der Ordo der alten römischen Heere. Dschingis Khan hatte aus Konstantinopel Organisationsfachleute in den Karakorum kommen lassen, und sein System übernahmen die Moguln, wenn auch riesenhaft ausgeweitet. Allmählich entwickelte sich in diesen Heerlagern, die im wahrsten Sinn des Wortes international waren, eine eigene Sprache. Persische, türkische, mongolische, aber auch arabische, abessinische und sogar portugiesische Brocken gingen in sie ein, natürlich auch zahllose Hindi-Lehnworte und etliche aus dem südindischen Karnati, und das Ganze wurde durch eine vereinfachte arabische Grammatik mit persischer Syntax zusammengehalten. Wie das Heer hieß auch die Sprache, und heute ist Urdu die Staatssprache Pakistans. Am Hof der Moguln wurde Urdu allerdings kaum gesprochen. Für offizielle Angelegenheiten galt Persisch als Amtssprache – wie später in der europäischen Diplomatie Französisch –, und als einer Art Geheimsprache bedienten sich die Mitglieder der Kaiserfamilie des Turki Baburs.

Im Mittelpunkt jeder Urdu stand der »kaiserliche Bezirk«, eine regelrechte kleine Festung aus sechs Meter hohen, bunt bemalten Holzwänden, die mit Lederriemen zusammengehalten wurden, und einem Torbau, der von innen verriegelt werden konnte. Bei Dschahangir maß dieser Kreis nie weniger als 270 Meter im Durchmesser und enthielt alle Baulichkeiten, die zu einem königlichen Palast gehörten: Eine Halle für öffentliche Audienzen, einen Saal für den Staatsrat, eine mobilie Moschee, Schreibstuben und sogar ein Atelier für die Maler. Natürlich fehlte auch nicht der »Balkon für die Erscheinung bei Sonnenaufgang«, und hinter ihm befand sich das besonders gesicherte Lager für den mitreisenden Teil des Harems. »Ihre Prachtentfaltung findet auf dem Boden statt«, notierte ein europäischer Reisender, denn Möbel kannten die Moguln kaum. Dafür war auch in den Lagern der Adligen jeder Zentimeter Boden mit üppigen Teppichen bedeckt. Dazu kamen zahllose Seidenkissen – meist runde, lange Würste, mit Roßhaar gefüllt und scharlachroten Halbkugelenden, die ihnen ein äußerst phallisches Aussehen gaben –, schwere Silber- und Goldtabletts für alle möglichen Kleinigkeiten und als einzige Möbelstücke Buchstützen und kleine Truhen, die selbst bei Offizieren niederer Ränge mit Elfenbein verkleidet waren.

Auch für hygienischen Komfort war gesorgt. Das kaiserliche Privatbad war ein riesiger Karren, der von zwei Elefanten gezogen wurde, und in ihm verplätscherte die Familie 4500 Liter Heißwasser pro Tag, mit Rosenparfüm angereichert. Aber auch Badehäuser für gemeine Soldaten waren selbstverständlich.

Wenn Haremsdamen reisten, war dem Volk allerdings Vorsicht geboten. Meist saßen sie auf Elefanten in Sänften mit goldenem Gitterwerk, durch das sie alles sehen, aber nicht gesehen werden konnten, umringt von tiefverschleierten Sklavinnen zu Pferd. Auch dem Elefantentreiber war ein Tuch über den Kopf geworfen, und vor dem Zug rannten Eunuchen mit äußerst langen Schlagstöcken, den Weg von allen Männern zu säubern.

Dennoch hatten die Damen immer Gelegenheit zu kleinen, distanzierten Flirts mit Adligen. »Wer es bei Hofe zu etwas bringen will, muß regelmäßig einem Beamten, einem Eunuchen und einer Dame des Serails Geschenke machen«, schrieb ein portugiesischer Kaufmann in seine Heimat, und unter den Adligen war es allgemein üblich, sich im Vorhof des Harems aufzustellen und einer ganz bestimmten Dame ein wertvolles Geschenk zu senden. Hatte sie durch die Seidenvorhänge den Kavalier gemustert und sowohl ihn als auch die Gabe attraktiv gefunden, revanchierte sie sich meist mit einem Schmuckstück, und der so Geehrte konnte sicher sein, daß sie sich auch bei ihrem Kaiser für ihn ins Zeug legen würde. Die Damen waren stets besser über alle Angelegenheiten des Reiches informiert, als sich Europäer bei den Sicherungsmaßnahmen des Harems vorstellen konnten, und auch den Staatsratssitzungen folgten sie von verschleierten Fenstern aus.

Manchmal griffen sie auch direkt ein. So beriet einmal Dschahangir, was mit einem Rebellen zu geschehen habe, als hinter dem Vorhang Selimas energische Greisinnenstimme ertönte: Die Damen seien für Begnadigung, und wenn der Kaiser nicht sofort zu ihnen komme und sie anhöre, würden sie aus dem Harem kommen.

Das Geschenkespiel fand natürlich auch bei Reisen statt. Dann stieg der Adlige vom Pferd und erwartete mit gesenktem Haupt den Zug, wobei es allerdings auch geschehen konnte, daß er seine Chancen bei einer Dame falsch eingeschätzt hatte und wie jeder normale Sterbliche aus dem Weg geprügelt wurde.

Reiste der Kaiser, ritten vor ihm auf Kamelen zwei Zahlmeister, die säckeweise Rupien unter das Volk warfen, und ein Engländer, der sonst nicht leicht zu beeindrucken war, hinterließ eine anschauliche Schilderung einer kaiserlichen Aufbruchszeremonie: »Der Kaiser stieg die Treppe herab, begleitet vom Ruf ›Salam Dschahangir‹, der wie Kanonendonner schallte. Am Fuß der Treppe, wo ich mich in seine Nähe schubste und drängeln mußte, um an seiner Seite zu bleiben, brachte ein Diener einen riesigen Karpfen und ein anderer eine Schüssel, die so etwas wie Mehl enthielt. Der Kaiser legte seinen Finger in die Schüssel, berührte dann den Fisch und rieb sich die Stirn, was Glück bedeuten sollte. Dann kam ein dritter und gürtete ihn mit Schwert und Schild, die überall mit großen Diamanten und Rubinen besetzt waren, was sehr gut zu den goldenen Gürteln paßte. Ein vierter hängte ihm einen Köcher mit dreißig Pfeilen um, die ein Geschenk des persischen Schah waren. Auf dem Kopf trug er einen reichverzierten Turban mit einem Gesteck aus wenigen, aber sehr langen Reiherfedern. An einer Seite hing ein ungefaßter Rubin von der Größe einer Walnuß herab, an der anderen ein ebenso großer Diamant, und in der Mitte war ein Smaragd in der Form eines Herzens, aber sehr viel größer. Seine Schärpe bestand aus großen Perlen, Rubinen und durchbohrten

Diamanten. Um den Hals trug er eine sechsfache Kette aus Perlen, wie ich sie so groß nie gesehen hatte, an den Ellbogen diamantbesetzte Armbinden und um die Handgelenke jeweils drei sehr kostbare Armreifen. An jedem Finger steckte ein Ring; seine Handschuhe stammten aus England und steckten im Gürtel. Sein Wams war aus gewebtem Gold und ärmellos über einem sehr feinen, weißen Seidenrock. Seine Stiefel waren mit Perlen bestickt ...«

Der beispiellose Luxus der Epoche spiegelt sich auch am Grab Itimad-ud-daulas. Der alte Abenteurer starb 1622 in Agra, und Nur Dschahan persönlich entwarf sein Mausoleum, das bereits sechs Jahre später vollendet war. Es liegt in einem weiten Garten am Jamuna-Ufer und ist im wahrsten Sinn des Wortes ein architektonisches Juwel. Akbars roter Sandstein war nur noch für die Umfassungsmauer gut und auch dort nur mit schwungvollen Einlegearbeiten aus weißem Marmor. Das zweigeschossige Grabmal besteht aus solidem weißem Marmor und ist übersät mit Ornamenten aus Halbedelsteinen. Eine ähnliche Technik war gleichzeitig in Florenz entwickelt worden und hieß »pietra dura«. Da wurden aus geschliffenen Halbedelsteinen ganze Bilder mosaikartig zusammengesetzt, und immer wieder wird behauptet, die mogulischen Steinornamente seien zumindest florentinisch inspiriert, wenn nicht gar von importierten Handwerkern angefertigt. Doch die mogulischen Steinmetze verwendeten für ihre Wunderwerke eine ungleich kompliziertere Methode: Die Zeichnung wurde vorsichtig in den Marmor gegraben und in diese Höhlungen die zugeschliffenen Steine gesetzt – Türkis für blaue, Carneol für rote Blütenblätter, grüner Onyx für Stengel und Blattwerk, verschiedene Achate und Tigeraugen für abstrakte Figuren. Ganze Lehrbücher der Ornamentkunst könnten schon vom Sockelgeschoß des Grabmals abgezeichnet werden, und über Wendeltreppen in den minarettartigen Ecktürmchen ist das Obergeschoß zugänglich: eine weite Marmorterrasse mit einem quadratischen Pavillon, in dem die Schausarkophage von Nur Dschahans Eltern auf einem wahren Teppich aus Halbedelsteinen ruhen. Der Gipfelpunkt filigraner Steinkunst aber sind die Seitenwände – ein unglaublich zartes, aus Marmor gehauenes Spitzenwerk, durch das flirrendes Sonnenlicht bricht.

Von den Landsitzen, die Nur Dschahan ihrem Gatten errichten

ließ, ist nur wenig erhalten geblieben. Sie waren so ziemlich über das ganze Reich verstreut und verdanken ihre Entstehung oft skurrilen Anlässen. Eine imposante Ruine blieb von dem dreigeschossigen Palast bei Mandu, der errichtet wurde, weil hier der Kaiser »als Geschenk des Statthalters von Kandahar ein mit dreihundert Rebellenköpfen beladenes Kamel« erhielt. Und in Scheichpura, etwas nördlich von Lahore, ließ Dschahangir inmitten eines künstlichen Sees ein zauberhaftes Jagdschloß »zur Erinnerung an meinen allhier verstorbenen Lieblingshirsch« erbauen.

Am liebsten aber residierte das Kaiserpaar in Gärten – eine Mogultradition, deren einzige Ausnahme bislang Akbar war, der seine Gärten auf den Dächern der Paläste anlegte. Mit Parks in unserem Sinne haben Mogulgärten wenig gemeinsam, obwohl sie bald auch in Europa imitiert wurden und als »Kammergärten« der privatesten Verlustierung Gottsöberster dienten. Ein erstes Charakteristikum der Mogulgärten ist die überproportionierte Mauer, meist quadratisch angelegt und stets reich gegliedert, hinter deren Schutz sich die Damen ungezwungen gewegen konnten. Hinzu kommt Wasser, aus zahlreichen Springbrunnen aufschießend, zu geometrischen Kanälen gebändigt, als gläserne Kaskade über raffiniert gerippte Marmorwände stürzend und schließlich in Teiche gefaßt, auf denen über schmale Brücken zugängliche Pavillons schwimmen. Zwischen den gliedernden Wasserläufen dehnen sich geometrische Rasenflächen, meist von Jasmin- und Rosenbüschen gefaßt und oft in uneinsehbare »Kammern« geteilt. Blumen wurden prinzipiell nur in Töpfen gehalten, wie es auch heute noch in Zentralasien allgemein üblich ist, und auf den Terrassen oft zu großen Bildern arrangiert. Als Dschahangir 1617 mit seinen Damen in einem Garten bei Mandu ein Picknick zu halten geruhte, wurden für diesen Anlaß 17000 Blumentöpfe aus chinesischem Porzellan herangeschafft und zu einem Labyrinth gruppiert, das Nur Dschahan entworfen hatte. Leider gingen dabei fast viertausend zu Bruch, da »die kaiserliche Standfestigkeit am Abend nicht mehr sehr groß war«. Im übrigen hatten die Mogulgärten auch einen praktischen Aspekt, waren sie doch ausschließlich mit Obstbäumen bepflanzt.

Einen hinreißenden Garten ließ Dschahangir auch bei Vernag in

Kaschmir anlegen, wo in einem großen – und nach des Kaisers persönlichen Messungen vierzehn Meter tiefen – Teich der Bihat seinen Ursprung hat. Um das von 12000 Bauarbeitern zu einem Rechteck gezähmte, wunderbar blaue Wasser wurde ein großes Geviert überkuppelter Pavillons angelegt, und als alles fertig war, gab der Kaiser ein dreitägiges Fest, bei dem portugiesischer Wein, französischer Cognac und frische Pfirsiche serviert wurden, die Eilläufer aus Kabul herangeschafft hatten. Auch seiner Leidenschaft, alle möglichen Tiere zu beringen, frönte er ausgiebig: Von den dunklen, nur hier lebenden Fischen bekamen achtzig vom Kaiserpaar persönlich goldene Ringe in die Nase, und diese Fischart dürfte auch äußerst langlebig sein – als François Bernier vierzig Jahre später hier vorbeikam, trugen einige besonders große Exemplare immer noch ihre Auszeichnung. Ihre nunmehr schmucklosen Nachkommen sind zutraulich wie die Tauben auf dem Markusplatz in Venedig und gegen ein paar Brotkrümel bereit, für eindrucksvolle Gruppenfotos zu posieren.

Sechzig Kilometer nördlich, in Srinagar, liegen an einem grünblauen See die beiden berühmtesten Mogulgärten, leider mittlerweile ziemlich verwildert, aber immer noch eine Reise wert. Den Schalimar Bagh ließ Dschahangir anlegen. Sein besonderer Reiz ist eine Reihe äußerst eleganter Pavillons, die auf virtuos gemeißelten Säulen aus tiefschwarzem Marmor balancieren. Kleine Marmorinseln, nur über Trittsteine erreichbar, gestatten immer wieder Ausblicke auf die nahen Berge, von denen viele noch im Frühsommer mit Schnee bedeckt sind. Landschaftlich vielleicht noch schöner ist der nahegelegene Nischat Bagh, den Nur Dschahans Bruder Asaf Khan anlegen ließ. Wie Baburs Garten in Kabul besteht er aus einer breiten Reihe steiler Terrassen, die hier allerdings direkt zum See abfallen und mit mittlerweile riesengroßen Platanen bepflanzt sind. Zu seiner Vollendung lud Asaf Khan auch seinen kaiserlichen Schwager ein und wäre damit seinen Garten fast wieder losgeworden. Denn Dschahangir wollte sich partout nicht damit abfinden, »daß sich ein Untertan meiner Herrlichkeit derartig Schönes leisten konnte«, und so blieb Asaf Khan gar nichts anderes übrig, als den Garten seinem Kaiser zum Geschenk anzubieten. Erst nach einigem Zureden Nur Dschahans verzichtete Dschahangir und entschloß sich, »mich bescheiden mit dem zufriedenzugeben, was mir an wenigen Gütern von Gott vergönnt war«.

Entwicklungsland Europa

Die Rechnung für den Luxus der Moguln zahlten die »Primitiven«, die »Wilden aus dem Westen« der indischen Geschichtsbücher, also die Europäer. Seit der Römerzeit war Indien ja »die Heimat aller märchenhaften Dinge«, und ein Gutteil abendländischer Geschichte ergab sich aus den Bemühungen, an sie heranzukommen.

Da waren zunächst einmal die klassischen Gewürze Pfeffer, Nelken, Zimt, Muskat, Kardamom und Galgant, die ihre Händler so reich machten, daß »Pfeffersack« noch heute ein Begriff ist. Zu Akbars Zeiten kam auch der in Nordindien beheimatete Staudenpfeffer nach Europa. Die getrockneten Chilischoten waren schärfer als alles, was bislang abendländische Gaumen gebrannt hatte, und wurden – da sie ihren Weg nach Mitteleuropa über Spanien nahmen – als »spanischer Pfeffer« berühmt. Dieses relativ leicht zu züchtende Schotengewächs blieb allerdings nicht lange indisches Monopol. »Durch die Hilfe Gottes« – heute würden wir Betriebsspionage sagen – brachten es die Jesuiten als Peperoni in die Mittelmeerländer, während es die Franzosen auf ihrer Strafkolonie Cayenne kultivierten. Um 1620 kam schließlich noch eine Pfefferart nach Europa, das grobkörnige Piment, seines eigenwilligen Aromas wegen »Nelkenpfeffer« genannt oder schlicht Neugewürz. Die Moguln verdienten daran nicht schlecht: Die Scharfmacher wurden zu einem Drittel ihres Gewichts mit Silber aufgewogen, und noch mehr verdienten die Reeder; denn bereits in den Hafenstädten war aus Silber Gold geworden.

Um dieselbe Zeit wurde der europäische Speisezettel um einige Attraktionen bereichert: Die Paprikaschote und Gurke kam aus Indien, Tee begann mit dem arabisch-abessinischen Exportgetränk Kaffee zu konkurrieren, und dem bislang ausschließlich auf Honig angewiesenen süßen Leben diente Rohrzucker, in die Form der Hüte mogulischer Beamter gepreßt. Da sich Zuckerrohr in Europa nicht kultivieren ließ, verdiente Dschahangir ein Zehntel des

Exportgewichts in Silber, und lange Zeit ein hundertstel Silber am täglichen Brot des Subkontinents, das findige Händler ab 1625 als besondere Delikatesse auf den europäischen Markt brachten: Reis.

Ein bedeutender Außenhandelsposten waren schon seit der Antike Elfenbein – zur Hälfte mit Silber aufgewogen – und Farben, wobei in Sachen Blau Indien sogar das Monopol hatte. Das kostbarste Pigment war Ultramarin, aus Lapislazuli hergestellt. Die größten Vorkommen dieses Halbedelsteins, den schon Ägyptens Pharaonen als besonders kostbar, weil exotisch schätzten, lagen auf mogulischem Gebiet, und in kaiserlichen Betrieben wurde die Farbe durch Pulverisierung und Schlämmung gewonnen. In Europa war Ultramarin doppelt so teuer wie Gold, und Albrecht Dürer begründete seine ziemlich hohen Preise in Briefen an seine Auftraggeber stets mit »fleissigen vermahlen diser gar ser kostbahren ächtblau farb«.

Wesentlich billiger und auch schon den Ägyptern bekannt war ein umständlich aus Pflanzen gewonnenes Blau, das seit dem Römer Plinius Indigo heißt. Es wurde 1 zu 15 mit Silber aufgewogen und tonnenweise nach Europa exportiert. Als »Blau des kleinen Mannes« färbte es die Arbeitskleidung »unterer Stände« bis hin zu unseren Overalls und Blue Jeans, sollte als Waschblau das Gilben von Leinwand verhindern und wurde lange Zeit auch als zweifelhafte Medizin gegen Kater eingenommen, woraus unser Zustandswort »blau« entstand. Natürlich bemühten sich die Europäer, selbst Blau zu machen, doch erst Anfang des neunzehnten Jahrhunderts kamen andere Blautöne auf den Markt als ausschließlich indische.

Kaum weniger berühmt war das leuchtende Indischgelb, dessen Herstellung ein mogulisches Betriebsgeheimnis blieb. Als es 1815 gelüftet wurde, kamen gelbe Kleider allerdings schlagartig aus der Mode: bestand doch das mit Silber aufgewogene Pigment aus dem eingedickten Harn von Kühen, die zuvor mit Mangoblättern gefüttert wurden.

Der wichtigste Exportartikel waren allerdings Textilien. Zwei Drittel der Weltproduktion an Seide kamen aus den Ländern der Moguln, und davon ging nahezu die Hälfte nach Europa. Noch umsatzträchtiger wurden unter Dschahangir Baumwollgewebe, die in Europa bald die wesentlich mühseliger herzustellende Leinwand vom Bekleidungsmarkt verdrängen sollte. Akbar hatte gewittert, daß mit der flockigen Pflanze gute Geschäfte zu machen seien, und sämtliche Baumwollpflanzungen des Reiches zu kaiserlichem Privatland erklärt. Die Baumwollproduktion war streng zentralistisch geregelt, und aus allen Gegenden des Subkontinents wurden die Rohballen nach Chatun gebracht, wo Nur Dschahan persönlich die ersten Textilfabriken der Welt errichten ließ. Bereits 1617 arbeiteten 35000 Spinnerinnen und 22000 Weber in Chatun, und der Ort wurde so berühmt, daß er schließlich auch dem Produkt den Namen gab, dem englischen Cotton und dem deutschen Kattun. Nur Dschahan soll auch den Einfall gehabt haben, die Stoffe gleich an Ort und Stelle mit Mustern zu bedrucken. Das aber war zu einem gewissen Maß schon zu Akbars Zeiten der Fall. Ihr durchaus persönlicher Einfall waren vielmehr jene kleinen, verstreuten Blümchen, die bislang in Europa unbekannt waren, aber sehr schnell Modeklassiker wurden.

Bezahlt wurde in Gold und Silber, und aus Europa floß ein steter, uns unvorstellbarer Strom an Edelmetallen. Was auch aus der »Neuen Welt« Amerika geraubt wurde – das meiste fand schließlich seinen Weg zu den Moguln. Mehr »harte Währung« kam wohl nie wieder in einem Land zusammen, und die kaiserliche Schatzkammer hätte es in ihren besten Zeiten getrost mit dem Fort Knox aufnehmen können. Schon unter Akbar war das gesamte Steuersystem auf Geldwirtschaft umgestellt worden, ein Beweis, daß Gold nicht nur gehortet wurde, sondern auch in den Kreislauf der Volkswirtschaft floß. Andererseits gehörte es stets zu den Erstaunlichkeiten Indiens, wie schnell Edelmetalle gleichsam versickern. Auch Dschahangir beklagte sich in seinen Tagebüchern, »daß meine Münzen genauso schnell zu Schmuck verarbeitet werden, wie sie aus der Prägeanstalt kommen«. Das traf ihn ganz persönlich, denn er entwarf leidenschaftlich gern Münzen, einmal auch einen Zwölfersatz mit den Tierkreiszeichen – »Das war meine ganz eigene Neuerung; so etwas hatte noch niemand in der Welt machen lassen.« Doch vor allem Hindus schätzen nur, was man als Vermögen um Hals und Arme tragen kann. Im einfachsten Fall sind das heute noch Ketten aus Münzen, meist aber kunstvollere Gebilde, bei denen allerdings nur der Gewichtswert zählt und die von Frauen ständig getragen werden, auch bei der Feldarbeit, was europäische Reisende stets in fassungsloses Erstaunen versetzte.

Was nicht um den Hals getragen wurde, wanderte meist in gute Verstecke, aus Angst vor Dieben und vor allem dem Finanzamt. Asiaten haben sich nie zu einem anderen Staatsverständnis aufraffen können, als den Staat als lästigen Räuber zu betrachten. Daran hat sich bis heute nichts geändert, und daraus resultiert die asiatische Vorliebe für totes Kapital, die europäischen Volkswirtschaftlern so herrlich absurd erscheint. Wer reich ist, wird sich hüten, durch allzugroßen Lebensstandard dem Finanzamt aufzufallen, es sei denn, er sitzt selbst so hoch am Zentrum der Macht, daß ihm kein Beamter mehr an der Kragen kann. Reiche Kaufleute aber tarnten sich schon immer durch äußerst einfachen Lebenswandel und horteten Gold und Juwelen meist nur, um sie zu vergraben.

Dschahangir erließ ein »strenges Gesetz gegen das Vergraben von Schätzen«, eine geradezu bezaubernde Unsinnigkeit, doch konnte aufgrund dieses Firmans Indira Gandhi Anno 1975 den Maharadscha von Mewar um 235 Kilogramm vergrabene Juwelen und einige Millionen Mark Bußgeld erleichtern. Überhaupt hat sich Indiens System der Steuereintreibung seit den Moguln kaum geändert. Noch immer besetzen Finanzbeamte nach Art einer Räuberbande Häuser von Steuerunwilligen und nehmen, was sie finden können. Ein höherer Abteilungsleiter erklärte mir einmal freundlich: »Das Steueraufkommen ist, was wir so erbeuten können, abzüglich der Summe, die wir als unsere private Provision für angemessen halten.« Die Regierung besoldet ihre Finanzbeamten auch unglaublich schlecht, weil – so steht in der Regierungsverordnung – »ohnedies ihre Haupteinkünfte aus Korruption bestritten werden«.

Dschahangir allerdings fand genügend Wege, auch die mächtigen Reichen zur Kasse zu bitten. Ohnedies war es Sitte, dem Kaiser bei allen Anlässen und vor allem bei Beförderungen wertvolle Geschenke zu machen, und im Grunde war keine kaiserliche Gunst umsonst. Europäische Besucher des Mogulhofes berichteten erstaunt, wie bei Empfängen Bittsteller hochstreckten, was sie ihrer Majestät zu präsentieren gedachten, und wie der Kaiser die Geschenke genau ansah, um sich dann in seinen politischen Entscheidungen von ihrem Wert leiten zu lassen.

Was Dschahangir wollte, bekam er auch, und es war durchaus ratsam, schöne Dinge, auf die sein Auge wohlgefällig fiel, ihm sofort als Geschenk anzubieten. Fallweise bestand er dann darauf, sie käuflich zu erwerben, worauf seine Beamten mit den Besitzern in Verhandlungen traten und einen Preis ausmachten, der natürlich wesentlich unter dem Wert lag.

Die Hauptquelle kaiserlichen Reichtums aber war der Außenhandel, seit Baburs Zeiten Monopol der Sippe. Ein wichtiger Partner dabei war der Schah von Persien, mit dem allerdings die Moguln in steter Spannung lebten. Im Grunde liefen die Beziehungen zwischen den beiden Mächtigen wie heute die zwischen Ost und West, Handel und kalten Krieg inbegriffen. Eine wunderschöne Miniatur Abul Hasans verherrlicht einen Vertrag zwischen Dschahangir und dem Licht der Arier Abbas I., der »eine neue Zeit der Völkerfreundschaft« begründen sollte. Deutlich ist zu sehen, wie sich Dschahangir das vorstellte: Übergroß schreitet er über den Erdball, um einen rührend kleinen Schah zu umarmen, und ganz nebenbei drängelt zu seinen Füßen der Mogullöwe das friedliche Lamm Persiens aus seinem Land ins Mittelmeer. Im Grunde ging es um den Handel mit Osteuropa, der über Persien und die Türkei lief, und bei dem der Schah das Gefühl hatte, aufgrund überhöhter Mogulpreise nicht mehr mit westeuropäischen Handelsmächten konkurrieren zu können. Bald allerdings sollte es auch um handfeste Dinge zum Streit kommen, um Kandahar, den Karawanenstützpunkt.

Tatsächlich hatten die Portugiesen bessere Handelsbedingungen erreichen können. Ihre Stärke war, daß die Moguln nie über eine Handelsflotte verfügten. Für lange Zeit beherrschten sie praktisch den ganzen Indischen Ozean, und sogar Mekkapilger mußten ihre mit dem Bildnis der Jungfrau Maria gezierten Pässe erwerben. In Agra stellten sie mit über zweihundert Kaufleuten die größte Ausländerkolonie, und ihre Jesuiten durften sogar eine Kirche bauen.

Dschahangir war zu den »nazarenischen Weisen« nicht weniger freundlich als Akbar und erlaubte ihnen mehr Freiheiten, als je in christlichen Ländern anderen Religionen gestattet waren. Insgesamt aber hatte er weniger Interesse an Religionsfragen als sein Vater, und wenn ihn derartige Bedürfnisse überkamen, besuchte er einen Hinduasketen namens Dschadrup. Der hauste unweit von Agra »in einer engen, dunklen Höhle, ohne Feuer und Matte, nur mit einem

Lendenschurz bekleidet«, und der Kaiser unterhielt sich stundenlang mit ihm, ebenfalls »auf bloßem Boden sitzend«. Hindus genossen praktisch Gleichberechtigung, und nur dreimal ließ Dschahangir Götterbilder zerstören, weniger aus Glaubensgründen als aus »ästhetischem Ekel«. Einmal, in besonders übler Katerlaune, vergaß er völlig das selbstauferlegte Prinzip religiöser Toleranz und ließ drei geistliche Führer der jungen Sikh-Bewegung hinrichten, was ihm fast eine Rebellion eingetragen hätte, doch sonst galt, was fassungslose Christen in die Heimat berichteten: »Alle Religionen sind hier frei und willkommen, denn der Kaiser gehört keiner an.«

Daher waren auch niederländische Kaufleute bei Dschahangir willkommen und spielten – von den Portugiesen immer wieder als »Heiden« verpetzt – bald eine wichtige Rolle im Indienhandel. Einige Jahre gab es zwischen den unterschiedlich christlichen Mächten einen regelrechten Wettlauf um die günstigsten Startplätze für das blutige Spiel des Kolonialismus, und lange Zeite führten die Portugiesen: In Angola und Goa hatten sie feste Stützpunkte, und von dort segelten ihre Schiffe weiter bis nach Kanton in China und Osaka in Japan. Dafür gelang es den Holländern, sich in Südafrika festzubeißen, vorübergehend auch an der südlichen Ostküste Indiens, und in Indonesien brachten sie erstmals größere Territorien unter die Kontrolle des weißen Mannes. Beide Mächte betrieben ausgiebig Sklavenhandel, als »Zwischengeschäft der christlichen Seefahrt«, und erregten damit den Abscheu der Moguln, in deren Territorium Menschenhandel verboten war. Nur Eltern durften ihre Kinder verkaufen – wobei die Söhne meistens zu Eunuchen gemacht wurden –, und die Menschenjägerpraxis der Weißen erschien vor diesem Hintergrund so obszön, daß 1615 zwei portugiesische Sklavenhändler samt schwarzer Ware »wegen Erregung öffentlichen Ärgernisses« ausgewiesen wurden.

Gruß vom königlichen Bruder

Sehr bald trat auch die dritte und jüngste Seemacht der kleiner gewordenen Erde auf: England. Die Insel hatte unter ihrer »jungfräulichen Königin« einen schier unglaublichen Aufschwung genommen, und seit die Große Armada Philipps von Spanien untergegangen war – weniger durch die Tüchtigkeit der englischen Flotte als durch die Launen des englischen Wetters – , meldeten die Briten energisch ihre Ansprüche auf den internationalen Seehandel an und, ebenso christlich-unverschämt, auf »feste Niederlassungen in den abgelegenen Ländern«. Schon Elizabeth hatte einen Gesandten zu Akbar geschickt mit der freundlichen Bitte um einen Hafen und Geschäftsbeziehungen, doch Akbar weigerte sich, ein Land ernst zu nehmen, das von einer Frau regiert wurde. Er erklärte sich lediglich bereit, den Wilden »von der westlichsten Insel des Westens« ungestörte Geschäftsreisen zu gestatten, was – wenn auch nicht durch kaiserliches Wort bestätigt – ohnedies für alle Kaufleute aller Länder galt.

Immerhin aber verfertigte der Gesandte einen sehr informativen Bericht über die Wirtschaftsstruktur Indiens und vor allem über die Außenhandelspolitik. Elizabeths Nachfolger Jakob I., der außer vor Hexen nur Angst hatte, »als König zu verarmen«, studierte das Papier und entschloß sich, dem Beispiel der indischen Kaiser zu folgen: Durch königliches Dekret gründete er eine Monopolgesellschaft für Außenhandel, deren einziger Gesellschafter zunächst er selbst war, die »British East Indian Company«. Die seltsame Firmenkonstruktion hatte einen guten Grund: So war der Betrieb dem Staat entzogen, also auch dem Mitspracherecht des Parlaments, und als königlicher Privatbesitz steuerfrei. Das Volk allerdings bezahlte die ersten Investitionen der Firma, wobei Jakob in die Parlamentsdebatte ein Argument einbrachte, das sich auch im Spätkapitalismus als zugkräftig erweisen sollte – »Fürsorge für das unbeschäftigte Volk«, sprich: Arbeitsplatzbeschaffung. Sehr bald schwammen achtzig Handelsschiffe der Company in den Weltmeeren herum,tatkräftig unterstützt von der Staatsflotte.

1609 machte der erste Gesandte Jakobs seine Aufwartung bei Dschahangir, ein Major namens William Hawkins. Dschahangir fand »beachtlich«, daß der Brite Türkisch konnte, lud ihn ein, fragte ihn über alles mögliche im Westen aus und freute sich, wenn der Engländer betrunken wurde. Im kaiserlichen Tagebuch blieb eine Kurzbeschreibung erhalten: »Er hat die Hautfarbe einer Wasserleiche und entspricht in keinem Punkt unserer Vorstellung von einem gefälligen Äußeren, doch nach etlichen Gläsern Alkohol wird er zutraulich wie eine Ente.« Dabei wurde Hawkins mit dem Kaiser so intim, daß er eine Beschreibung des Durchschnittstages hinterlassen konnte: »Bei Tagesanbruch betet er seinen Rosenkranz, das Gesicht nach Westen gewendet. In Agra geschieht dies in einem hübschen, kleinen Privatgemach, in dem auf einem schönen Jettstein zwei in Stein gravierte Darstellungen Christi und der Maria stehen. Er kniet auf dem Stein, über den nur ein persisches Lammfell gebreitet ist, und beugt sich über den Rosenkranz. Dieser besteht aus acht Ketten mit je 400 Perlen, und so betet der Kaiser 3200 Worte. Dann zeigt er sich dem Volk, schläft danach nochmals zwei Stunden, speist dann und verbringt einige Zeit mit seinen Frauen. Mittags zeigt er sich wieder dem Volk und schaut bis drei Uhr sportlichen Übungen und Tierkämpfen zu. Um drei Uhr versammeln sich seine Edlen, und der Kaiser gewährt öffentliche Audienz. In einer bestimmten Rangfolge stellen sich alle nach den Weisungen eines hohen Offiziers auf: die höchsten Adligen innerhalb eines durch ein rotes Geländer abgegrenzten, etwas erhöhten Raumes, andere etwas tiefer. Ich selbst stand stets in dem erhöhten Raum, mitten unter den Vornehmsten. Die Geländer sind durch viele Türen unterbrochen, an denen Diener mit weißen Stäben stehen und für Ordnung sorgen. Unmittelbar vor dem Kaiser steht einer seiner Sheriffs mit dem obersten Henker und vierzig Nebenhenkern. Man konnte sie immer leicht an den wattierten Mützen und den Beilen erkennen, die sie über der Schulter trugen, wie auch an den Peitschen, die einige in der Hand hielten, um einem diesbezüglichen Befehl des Kaisers sofort nachkommen zu können. Die Audienz währt täglich etwa zwei Stunden. Anschließend begibt sich der Kaiser wieder in sein Privatkabinett zum Gebet, worauf ihm ein Mahl gebracht wird, das aus vier bis fünf Sorten Fleisch besteht und von dem er mit einem kräftigen Trunk ein wenig zu sich nimmt. In einem anderen Privatgemach, zu dem niemand ohne seinen ausdrücklichen Befehl Zutritt hat und in das ich ihn zwei Jahre lang begleiten durfte, trinkt er weitere drei Becher, die ihm seine Ärzte zugestanden haben, und raucht Opium. Dann legt er sich zur Ruhe. Nach zwei Stunden weckt man ihn und bringt ihm sein Abendbrot, das er aber nicht allein zu sich nehmen kann – man muß ihm die Bissen einzeln in den Mund schieben. Meist schläft er dann den Rest der Nacht.«

Für seinen König aber erreichte Hawkins nichts. Dschahangir blieb unbeirrbar der Ansicht, das Eigentum in Indien verstorbener Briten stehe ihm allein als rechtmäßigem Erben zu, und auch über eine Verpachtung des Hafens von Bombay ließ er nicht mit sich reden. 1611 reiste Hawkins ziemlich enttäuscht ab. Der Kaiser verabschiedete sich überaus freundlich »von meinem allerliebsten Saufkumpan«, weigerte sich aber, dem englischen König auch nur Grüße bestellen zu lassen.

Die Portugiesen sorgten schließlich dafür, daß die Chancen der Briten in Indien wuchsen, und Anlaß war wieder einmal Nur Dschahan. Kurz nach Hawkins' Abreise wollte die Dame unter die Reeder gehen, und Dschahangir ließ ihr ein schmuckes Schiff bauen, das auf die Route nach Muskat geschickt wurde. Doch auf See herrschten damals rauhe Sitten. Im Grunde war die christliche Seefahrt ein Krieg aller gegen alle, und Piraterie gehörte zum guten Ton. Daher plünderten die Portugiesen ganz ungeniert Nur Dschahans Schiff. Damit aber verärgerten sie den Kaiser, der zunächst einmal sämtliche Portugiesen in seinem Reich einsperren ließ und anschließend lautstark überlegte, »ob es nicht des lieben Friedens willen vernünftiger sei, dieses Christenpack endgültig aus Indien zu verjagen«. Die Portugiesen kamen noch einmal davon, nach Rückgabe des Gestohlenen und einem Bußgeld im hundertfachen Wert des Schiffes, doch Dschahangir begann, sich nach anderen Geschäftspartnern umzusehen. Zufällig empfahlen sich da wieder die Engländer. Auch mit ihnen hatten sich die Portugiesen angelegt, direkt vor der indischen Küste, und dabei hatten sich die britischen Bordkanonen als wesentlich zielsicherer erwiesen.

Damit war für Jakob I. die »neue Situation für neue Beziehungen« gegeben, die Hawkins zu nutzen empfohlen hatte. Auch ein anderer Rat aus dem Bericht des während der Heimreise Verstorbenen wurde beherzigt: »Die zu entsendende Person muß auch in England einen höheren Adelsrang nachweisen können, denn der Kaiser von Hindustan hält sich für den Herrn der Welt und mißt seine königlichen Brüder nach dem Rang ihrer Botschafter.« Nach einigem Suchen fand sich ein äußerst ehrgeiziges Exemplar des mittleren Adels, der gerade 35jährige Sir Thomas Roe. Mitte 1615 wurde durch ein königliches Handschreiben »die Ankunft dieses ersten offiziellen Gesandten« in Agra angekündigt, und noch im November landete Sir Thomas bei Surat.

»Ich sollte dem Kaiser mit allen Mitteln der Argumentation und Drohung klarmachen, daß sehr bald zum Nachteil seiner Untertanen mein Herr, der König, Herrscher über alle diese Meere und Häfen sein werde, weshalb er auch allen Respekt fordere«, beschrieb Roe seinen Auftrag und hatte sich damit sehr viel vorgenommen. Bislang und vor allem bei den Moguln galt als Herrscher nur, wer sich zu Lande behaupten konnte. Zwar hatte Dschahangir nach seinen Erfahrungen mit den Portugiesen gemerkt, daß es auch mit der Seeherrschaft etwas auf sich haben müsse, doch so ganz ernst wurde die Hauptwaffe des späteren Imperialismus noch nicht genommen. Zum anderen steckte die internationale Diplomatie noch in den Kinderschuhen. Was heute minuziös durch das Ritual des Protokolls geregelt ist, war im siebzehnten Jahrhundert eher ein Pokerspiel, bei dem alle Tricks erlaubt waren und es nur darauf ankam, wer schließlich als Stärkerer hervorging.

So wollte Dschahangir eines Tages einen besonders arroganten persischen Gesandten zu einer tiefen Verbeugung zwingen und ließ das Tor seiner Audienzhalle durch ein Gitterwerk so verkleinern, daß man es nur kriechend passieren konnte. Der Diplomat erwies sich jedoch als ebenbürtiger Partner – im Tor gelang ihm eine elegante Wendung, und der Kaiser erblickte zuerst die persische Kehrseite.

Sir Thomas war nicht so trickreich, deswegen aber nicht weniger auf würdevolle Darstellung seines Landes bedacht, und so verstrichen die ersten Wochen seines Indienaufenthaltes mit haarspalterischem Feilschen über Protokollfragen. Selbstverständlich durfte sein Gepäck nicht durchsucht werden, und bald hatte man sich auch darauf geeinigt, daß die Sicherheitskontrolle seiner Gefolgschaft – eine uns vertraut gewordene Prozedur, die im Namen des Terrorismus von Flughäfen zum Statussymbol aller möglichen Ämter ausuferte, jener Zeit jedoch als pure Zumutung erschien – nur durch Umarmung, keinesfalls aber durch Untersuchung« stattfinden dürfe. Nicht einig wurde man sich über den Prestigepunkt, wer wem zuerst die Aufwartung machen solle, der Gouverneur von Surat dem Gesandten oder umgekehrt. Bald aber wurde diese Frage auch überflüssig, da der in der Nähe weilende Prinz Parvis den Briten zu sehen wünschte.

Wiederum gab es lange Protokollverhandlungen. Sir Thomas begehrte, entweder die drei Stufen zum Thron des Prinzen emporsteigen zu dürfen oder zu Füßen des Throns einen eigenen Sessel zu bekommen. Natürlich war beides nicht möglich, aber schließlich einigte man sich darauf, der Botschafter dürfe sich »in entspannter Haltung« an eine der silbernen Baldachinsäulen des Thrones lehnen. Prinz Parvis fand den Engländer so charmant, daß er ihn »für den Abend zu einem privaten Diner« einlud; Sir Thomas aber war so unklug, dem Prinzen eine Kiste feinsten schottischen Whiskys zu verehren, und am Abend konnte Parvis nicht einmal mehr lallen.

Auch Sir Thomas erging es nicht viel besser. Einige Wochen lang konnte er infolge einer handfesten Ruhr nur über Etikettefragen verhandeln; in dieser Zeit lernte er auch einen außergewöhnlichen Landsmann kennen, Tom Coryat.

Die beiden befreundeten sich bald innig, was insofern bemerkenswert ist, als sie Charaktere extremster Gegensätzlichkeit waren und als solche eine fast vollkommene Vorwegnahme dessen, was aus dem Westen später auf Indien zukommen sollte: War Sir Thomas der piekfeine Brite mit der Arroganz späterer Kolonialisten, so zeigte sich Tom als Ahnherr aller Hippies, Weltenbummler, Zivilisationsverweigerer und ähnlich dubioser Figuren. Drei Jahre zuvor war der gelernte Schriftsetzer und Möchtegern-Schriftsteller per Schiff von London nach Kairo gereist und von dort zu Fuß nach Jerusalem, woraus er einen schier unglaublichen Abenteuerroman kelterte. Das Manuskript verkaufte er für einen bescheidenen Betrag einem britischen Kaufmann, der es verlegte – so gründlich, daß es erst 1893 wieder aufgefunden wurde. Tom arbeitete bald darauf an einem nicht minder sensationellen Werk, wie man nämlich zu Fuß und für zwei Penny pro Tag durch Asien kommen könne, unter genauester Berücksichtigung aller am Weg erfahrenen Merkwürdigkeiten. Über fünfzehn Kilogramm Manuskript schleppte er bereits mit sich, als er nach 6000 Kilometern Fußwanderung Sir Thomas traf. Unterwegs hatte er noch Türkisch, Arabisch und auch Persisch gelernt, und damit beeindruckte er Sir Thomas derart, daß der beschloß, ihn mit zum Kaiser zu nehmen.

Auf dieser Reise lieferte Tom, der offenbar auch ein Vorläufer der Jesus-People war, noch einen tollkühnen Streich, als er den Gebetsruf eines Muezzins mit einigen ausgewählten Beschimpfungen des Propheten beantwortete. »Dieses hätte ihn eigentlich den Kopf kosten müssen«, notierte Sir Roes Kaplan Edward Terry, »doch er wurde für einen Irren gehalten und daher in Frieden gelassen.«

Am 23. Dezember 1615 kam Sir Thomas im kaiserlichen Heerlager von Adschmir an und verärgerte Dschahangir gleich damit, daß er immer noch an Diarrhö litt und so nicht bei Hofe erscheinen konnte. Natürlich gab es wieder lange Verhandlungen, wie der Kaiser zu grüßen sei. Die bei Hof übliche Form hieß Konisch und bestand aus einer Verbeugung, bei der man sich mit der rechten Hand an den Kopf zu greifen hatte, um auszudrücken, daß man »sein Haupt in der Hand der Demut« biete. Sir Thomas wollte »sich dazu nicht verunbequemen, sondern eine Ehrenbezeugung eigener Erfindung machen«. Als ihm dies endlich gestattet wurde, kam es am 10. Januar 1616, punkt vier Uhr nachmittag, zu der historischen Begegnung.

Der Thronbalkon Dschahangirs beeindruckte Sir Thomas keinesfalls, hatte er doch in London die Theaterstücke eines Modeautors mit dem Namen William Shakespeare gesehen, und fand nun, »daß dieses Arrangement genau dem eines Theaterkönigs entspricht, der ja auch im hinteren Teil der Bühne aller Welt entrückt herumsitzt«. Leider aber ging an diesem Nachmittag die Freundschaft zwischen Sir Thomas und Tom in die Brüche. Der Botschafter hatte ihn zu dem Empfang »als Gefolgsmann« mitgenommen und mußte nun mit Entsetzen erleben, wie sich der Tramp zuerst durch lautes Schreien Aufmerksamkeit verschaffte, um dann in makellosem Persisch eine lange Bettelrede an den Kaiser zu halten, was natürlich der würdigen Repräsentation Englands einigen Abbruch tat. Tom nahm den Groll des Botschafters nicht übel, sondern nahm die dreihundert Rupien, die ihm Dschahangir »für diesen amüsanten Scherz« schenkte, und machte sich wieder auf den Weg. Zunächst wollte er in Samarkand das Grab Tamerlans küssen und dann zu Fuß über Äthiopien und Afrika nach Hause, doch daraus wurde nichts – ein Jahr später starb er in Surat, und von seinen vielen Werken blieben nur etwa fünfzig Blatt erhalten.

Sir Thomas aber wurde eine ständige Attraktion des Kaiserhofes und etliche Male sogar in den geheimen Staatsrat geladen. Der war eine allabendliche, hochexklusive Versammlung und hieß Ghusl-khana, Badezimmer, denn dort wurde er auch abgehalten. Scher Schah hatte diese Tradition begründet, weil er gern Staatsrat hielt, während er sich nach dem Bad die Haare trocknete. Die Moguln hatten daher in jeder Residenz ein Staatsbad, prächtig ausgestattet mit silbernen Springbrunnen, aus denen Rosenwasser floß, warmwassergefüllten »Beratungsbecken«, üppig gepolsterten Ruheekken, in denen sich bequem Rat halten ließ, und all das vermittelte jene geschäftsträchtige Atmosphäre der Entspannung, die heute Schwimmbäder für das gehobene Management größerer Konzerne schaffen sollen. Auf jeden Fall war diese Einrichtung nicht lächerlicher als die Marotte späterer Könige von Frankreich, im Bett zu residieren.

Unter Dschahangir wurde im Ghusl-khana nicht nur gebadet und Rat gehalten. Zwar wurden die Eintretenden von der Wache nach Alkoholgeruch beschnüffelt, doch wurde drinnen gern jeder Staatsakt begossen, und dabei geschah es ziemlich oft, daß sich der Kaiser plötzlich niederlegte, um sich an Ort und Stelle der allerhöchsten Ruhe hinzugeben. Selbstverständlich wurden dann sofort alle Kerzen gelöscht, und Staatsräte samt -gästen tasteten auf Zehenspitzen ins Freie.

Manchmal gab es im Ghusl-khana auch hitzige Debatten, und einmal durfte Sir Thomas auch erleben, wie Dschahangir seinen Lieblingssohn Schah Dschahan tadelte, weil er Gepäckstücke des Botschafters hatte beschlagnahmen lassen. Des Kaisers Empörung war verständlich: Hatte doch der Brite erzählt, in den Kisten seien Geschenke für Dschahangir gewesen, und an solchen Dingen hatte der Eroberer der Welt geradezu kindliche Freude. Glas konnte seine Bewunderung erregen – in Indien wurde keines hergestellt –, englische Handschuhe liebte er geradezu, und am liebsten hätte er ein englisches Pferd gehabt. Sehr häufig war er allerdings überrascht, mit welch billigem Schund er beschenkt wurde, und Sir Thomas mußte sich etliche Male bei der Company über abgeblätterte Spiegel, angeschimmeltes Lederzeug und verblichenen Samt beschweren. Auch des Kaisers Pferdewunsch war Gegenstand diplomatischer Demarchen und konnte schließlich ersatzweise durch Lieferung einer echt englischen Kutsche befriedigt werden. Zwar ließ Dschahangir sofort die Polsterung durch kostbaren Brokat und die Messingnägel durch silberne ersetzen, aber dann gefiel ihm das Gefährt so, daß er zwei massiv vergoldete Kopien für sich anfertigen ließ, während er das Original Nur Dschahan schenkte.

Am meisten interessierte sich der Kaiser für europäische Gemälde, die er leidenschaftlich sammelte. Schon Akbar war von den Heiligenbildern seiner Jesuiten so beeindruckt gewesen, daß er sie in den Harem schleppte, um sie dort herzuzeigen. Dschahangir übernahm von ihnen für seine Porträts eine »nazarenische Neuerung«, den Heiligenschein. Er wußte nicht, daß er damit eine eigentliche indische Erfindung in ihre Heimat zurückbrachte: Ursprünglich war der Schimmer ums Haupt den Hindu-Göttern vorbehalten gewesen; von ihnen übernahmen die Perser die Aureole, von denen die Byzantiner, und in Indien war der Brauch schon völlig vergessen, als ihn die Christen mit ihren Heiligenbildern wieder anbrachten und Dschahangir für sein Haupt adoptierte.

Manchmal geschahen hinsichtlich der Themen einzelner Bilder Peinlichkeiten. So ließ einmal Dschahangir Sir Thomas zu Ehren die Thronhalle »mit westlichen Porträts« schmücken, und in holder Eintracht hingen da Jesus, die Sünderin Magdalena, die englische Königin, ein niederländischer Kanonikus, eine Londoner Bürgerin und Gräfin Somerset, deren äußerst pikanter Mordprozeß gerade die Sensation von London war. Noch peinlicher für Sir Thomas war, daß der Kaiser von ihm ständig »die allegorische Bedeutung« eines Gemäldes wissen wollte, das die Company direkt an ihn geschickt hatte und Venus samt Satyr darstellte. »Der Kaiser verstand das als Verächtlichmachung der Asiaten, da der nackte Satyr von derselben Hautfarbe und ihnen nicht unähnlich war, und von einer weißen Venus an der Nase gehalten wurde, so daß es aussah, als führe sie ihn als Gefangenen mit sich.«

Zur Revanche ließ der Kaiser von Bitschir ein prachtvolles Gemälde anfertigen. Da thront er unter einem imposanten Heiligenschein aus Sonne und Mond auf einer überdimensionalen Sanduhr, auf die augenscheinlich katholische Engelchen gerade seinen Namen schreiben. Das Ganze findet auf einem Teppich voller erlesener Ornamente der französischen Renaissance statt, und auf dem kniet ein rauschebärtiger Moslempriester, den der Kaiser gerade mit einem Koran beschenkt. Hoch in den Lüften zerbricht ein italienischer Amor seinen Bogen, während ein anderer fassungslos die Hände vors Gesicht schlägt – schließlich knien tief unterhalb des Glaubensmannes und fernab der kaiserlichen Gunst ein sehr devoter Sultan der Türken und, völlig abgeschlagen, der griesgrämig aus dem Bild starrende Jakob von England, eine Position, die zweifellos dem Wert seiner Geschenke entsprach.

Sir Thomas' Stellung bei Hofe war eine bessere. Der Kaiser ließ dessen Miniaturensammlung kopieren und beschenkte ihn persönlich mit einer äußerst kostbaren: »Euren Herrn kenne ich nicht, und er hat danach gewiß wenig Verlangen, aber Ihr, Ihr sollt es haben.« Zu allen Hoffesten wurde Sir Thomas geladen und auch zu den beiden Geburtstagen des Kaisers. Dschahangir ließ sich nach Mond- und Sonnenjahr feiern und wurde dabei jedesmal nacheinander mit Silber, Gold und Perlen aufgewogen, um sein teures Körpergewicht anschließend an die Armen zu verteilen. Sir Thomas war allerdings kein dankbarer Gast. Die Pracht des Mogulhofes fand er »ausgesprochen gewöhnlich, wie eine Hausfrau, die auf ihr Buffet nicht nur die goldenen Schalen, sondern auch noch die bestickten Hausschuhe stellt«, wobei ihm in britischer Vornehmheit entging, daß wohl die Bilder seiner Königsfamilie die überflüssigsten Dekorationsstücke waren. »Ich sah, was man sehen konnte, Geschenke, Elefanten, Pferde und viele, viele Huren.«

Einmal sah er zufällig auch zwei Haremsdamen, die aus Neugier einen Vorhang zu weit zur Seite geschoben hatten. »Sie hatten hochgesteckte Frisuren und sehr weißgeschminkte Gesichter. Als sie mich sahen, schlugen sie den Vorhang wieder zusammen und kicherten laut, als wäre an mir etwas Komisches gewesen.«

Nur Dschahan sah er nie, obwohl er einmal zugegen war, als sie der Kaiser persönlich durch die Gegend kutschierte. »Plötzlich erging Anweisung, alle Lichter löschen und sich in den hinteren Teil des Gartens zurückzuziehen.« Doch er wußte genau, »daß alle Angelegenheiten des Reiches entweder ruhen oder völlig abhängig sind von ihr, die unzugänglicher ist als irgendeine Göttin oder ein Mysterium heidnischen Unglaubens«.

Nicht näher kam er auch der Aufgabe seiner Reise, einem formellen Vertrag zwischen dem Kaiser und seinem König. Dschahangir war lediglich bereit, den Briten einen Schutzbrief über den Hafen von Surat auszustellen und »den Gruß des königlischen Bruders durch einen ebenso freundlichen zu erwidern«. Etwas enttäuscht segelte er am 17. Februar 1619 um acht Uhr morgens von Surat aus seiner weiteren Karriere entgegen.

Knapp ein Jahr später ging er als Gesandter der Company nach Schweden, um über indisch-englisch-schwedische Geschäfte mit Salpeter zu verhandeln. Für die East Indian Company sollten nun herrliche Zeiten beginnen: Mitteleuropa hatte gerade seinen ersten großangelegten Selbstmordversuch begonnen, der in den Geschichtsbüchern als Dreißigjähriger Krieg verbucht wird. Da wurde im Abendland das Pulver knapp, vor allem des Salpeters wegen, den die Moguln jedoch reichlich liefern konnten. Auch Messing und Geschützbronze wurden nun schiffsladungsweise nach Europa transportiert, so daß wenigstens ein paar Kirchenglocken erhalten blieben. Die Briten belieferten die lutheranischen Teilnehmer des Gemetzels, die Portugiesen die katholischen, und an nahezu jedem Schuß, der im Abendland knallte, verdienten die Moguln.

Vom Herrn der Welt zum simplen Schuft

1618 hatte sich Dschahangir eine besondere Ehrung seines Lieblingssohnes einfallen lassen: Feierlich überreichte er ihm eine Prachtausgabe der Tagebücher, in denen »der in jeder Hinsicht erste meiner Söhne« allmählich von Khurram zu Schah Dschahan aufstieg. Nur Dschahan hatte eine eigene Widmungsseite beigetragen, und sie sollte in der Folge dafür sorgen, daß in des Kaisers späteren Tagebüchern aus dem »Herrn der Welt« allmählich wieder Khurram wurde und schließlich gar Bi-daulat, »der Schuft«. Denn das Beraterquartett, das den Kaiser so viele Jahre lang einträchtig manipuliert hatte, begann zu zerfallen, um sich später in aller Offenheit zu bekämpfen – eine »natürliche Folge natürlicher Ereignisse«, die bei so diffizil ausbalancierten Machtpositionen unvermeidlich war, sobald die geringste Störung des Gleichgewichts erfolgte.

Spätestens im Frühling 1619 begann der Gesundheitszustand des Kaisers kritisch zu werden. In seinen Tagebüchern häufen sich die Erwähnungen besorgniserregender Anfälle von Asthma – aus diesem Grund residierte Dschahangir nun vorwiegend in Lahore, von wo aus das milde Klima Kaschmirs leichter zu erreichen war –, und hinzu kam als verständliche Folge seines Lebensstils eine Leberzirrhose. Auch ein geistiger Verfall des Kaisers war nicht mehr zu übersehen: Er wurde unberechenbar, und von nun an häuften sich im Reich wieder Hinrichtungen.

Unglücklicherweise erlitt um dieselbe Zeit der schon sehr betagte Itimad-ud-Daulah seinen ersten Schlaganfall, dem rasch weitere folgten, und schied aus den Regierungsgeschäften praktisch aus. Es blieben Nur Dschahan, die das Reich aus dem Harem zu regieren versuchte, und Asaf Khan, designierter Kanzler und Schwiegervater Schah Dschahans. Es war vorherzusehen, daß die ehrgeizige Dame versuchen würde, ihre Machtposition auf Kosten ihres Bruders und Khurrams weiter auszubauen.

1620 brachen im Dekkan wieder Unruhen aus, und Nur Dschahan setzte durch, daß Schah Dschahan zu ihrer Bekämpfung abkommandiert wurde. Natürlich wehrte sich der Prinz – schließlich war er drei Jahre zuvor dafür ausgezeichnet worden, das Problem »für alle Zeiten erfolgreich gelöst« zu haben, vor allem aber war es bei des Kaisers Gesundheitszustand gefährlich, sich allzuweit vom Zentrum der Macht zu entfernen –, erreichte aber nur, daß er seinen Bruder Khusrau als eine Art Faustpfand mitnehmen konnte. Der hatte seit dreizehn Jahren halbblind als Gefangener am Hofe gelebt, verfügte aber augenscheinlich doch über eine starke Anhängerschaft, die in ihm den natürlichen Thronfolger sah. »In einem Anfall von Trunkenheit« gab Dschahangir nach.

Er sollte diese beiden Söhne nicht wiedersehen. Im folgenden August notierte der Kaiser, er habe von Khurram die Nachricht erhalten, »daß Khusrau am achten dieses Monats an einer Kolik verstorben und in die Gnade Gottes eingegangen war«. In Wahrheit hatte Schah Dschahan seinen Bruder vergiftet, als er eine besonders schlimme Nachricht über den Gesundheitszustand des Kaisers erhalten hatte. Nur Dschahan berichtete dies natürlich sofort dem Kaiser und erreichte damit, daß von nun an Khurrams jüngerer Bruder und ihr eigener Schwiegersohn, Scharijar, ganz offiziell bevorzugt wurde. Nacheinander wurden nun die Ländereien Schah Dschahans an Scharijar übertragen, zuletzt sogar Hissar Firos, der traditionelle Dschagir des Thronfolgers. Als Begründung diente meist »Versagen vor dem Feind«, was in Schah Dschahans Fall völlig neu war und außerdem unberechtigt, da schon seine Gegenwart im Dekkan ausgereicht hatte, die unruhigen Fürstlichkeiten des Berglandes zu Vertragsabschlüssen zu zwingen.

Natürlich war dies alles darauf angelegt, Schah Dschahan allmählich zur offenen Rebellion zu treiben. Zum Bruch kam es, als im März 1622 bekannt wurde, der Schah von Persien marschiere mit einer großen Armee gegen Kandahar. Nur Dschahan, der die starke Stellung Schah Dschahans im Dekkan nicht entgangen war, setzte durch, daß ihr Rivale nach Kandahar abkommandiert wurde. Schah Dschahan weigerte sich begreiflicherweise, seine Position zu verlassen, wenn ihm nicht gleichzeitig der Oberbefehl über die gesamte Mogularmee überlassen würde. Die Antwort war eine strenge Zurechtweisung, und nun zog Schah Dschahan mit seiner Armee tatsächlich aus dem Dekkan, aber nach Agra, wo er den Staatsschatz zu erbeuten hoffte, der für den Kandaharfeldzug nach Lahore transportiert werden sollte.

Die Situation war absurd: Das Mogulheer, mit dem Dschahangir ursprünglich Kandahar verteidigen wollte, mußte nun nach Südosten gegen den Kronprinzen umdirigiert werden, während der Schah in aller Ruhe Kandahar nehmen konnte. »Was soll ich über mein Leid sagen«, jammerte der Kaiser in seinem Tagebuch. »Schwach und von Schmerzen gepeinigt, in einem heißen Klima, das meiner Gesundheit immer schon abträglich war, muß ich immer noch reiten und regieren und nun auch noch gegen einen ungehorsamen Sohn kämpfen!« Daß Dschahangir ritt und regierte, war allerdings stark übertrieben. Er blieb in Lahore und fühlte sich von nun an zu schwach, sein Tagebuch selbst zu schreiben. Er diktierte nur mehr und setzte fallweise Korrekturen an den Rand des Manuskripts. Den Oberbefehl über das Heer hatte offiziell Parvis – Nur Dschahan wollte ihren Schahrijar nicht allzuweit vom Hofe wissen

–, in Wahrheit aber Mahabat Khan, ein »Milchbruder« des Kaisers und äußerst fähiger General. Lange Zeit war er bei Hof in Ungnade gewesen, weil er sich erkühnt hatte, einiges am Regiment der Dame Nur Dschahan auszusetzen, doch nun wurde er gebraucht und in Gnaden wieder aufgenommen.

Gegen Mahabat Khan konnte Schah Dschahan nichts ausrichten: Die nächsten drei Jahre verbrachte der Herr der Welt in einem ständigen Rückzug, der ihn samt Armee, Frau und Kindern über fast 12000 Kilometer von Radschastan in den Dekkan, von dort über Orissa nach Bengalen, den Ganges aufwärts bis Allahabad, in die Nähe Agras und schließlich zurück in den Dekkan führte. Kam es zu Kampfhandlungen, unterlag regelmäßig Schah Dschahan, doch seine Truppen waren zu beweglich, je endgültig gestellt zu werden. Nacheinander wurden alle Fürsten, gegen die der einstige Kronprinz gekämpft hatte, auch vorübergehend seine Bundesgenossen, und das Ansehen der Moguln litt allmählich beträchtlich.

Nur Dschahan aber wurde die zunehmende Machtfülle Mahabat Khans allmählich unheimlich. Sie saß nun meist selbst im Kronrat, tief verschleiert, aber nicht zu überhören. Dschahangir war nur noch Schatten. Meist lag er völlig apathisch zwischen vielen Brokatkissen und dekretierte jeden Vorschlag seiner Frau durch Kopfnikken zum Gesetz. Asaf Khan, der sich als Großwesir die ganze Zeit über peinlich neutral verhalten hatte, erreichte in dieser Situation schließlich eine Art Frieden zwischen dem Licht und dem Herrn der Welt, der für letzteren sogar äußerst günstig war: Der Rebell brauchte nur zwei Festungen zu übergeben und seine beiden Söhne Dara Schukoh und Aurangzeb unter Nur Dschahans Obhut zu schicken. Er selbst durfte samt seinen Truppen im Dekkan bleiben.

Mitte März 1626 kamen die zehn- und achtjährigen Prinzen im kaiserlichen Lager an und wurden mit allen Ehren empfangen. Am selben Abend noch schlug Nur Dschahan vor, Mahabat Khan »wegen grob fahrlässigem Umgang mit Staatsgeldern« unehrenhaft zu entlassen.

Der alte General ließ sich das nicht bieten. In einem tollkühnen Überfall besetzte er das kaiserliche Feldlager, das gerade gemächlich auf dem Weg nach Kabul war. Asaf Khan setzte sich in einer kopflosen Flucht nach Attock ab, wo Akbar eine riesige Festung hatte errichten lassen, und Nur Dschahan entkam in letzter Minute, als Zofe verkleidet und nur von einem Eunuchen begleitet. Den Kaiser aber vergaßen die Geschwister in der Aufregung, und so kam es, daß Dschahangir regelrecht gekidnappt wurde.

Mahabat Khan behandelte den Kranken höflich, forderte aber, der Kaiser solle »als Zeichen von Gunst und Freiwilligkeit« in sein eigenes Lager kommen. Dschahangir, der nicht mehr viel vom Leben erwartete und zufrieden war, seinen Schnaps und seine Opiumpillen zu bekommen, willigte ein. Auch mit Nur Dschahan sollte er bald wieder vereinigt sein: Die Dame ließ am folgenden Morgen einen Angriff auf Mahabat Khans Lager unternehmen, der gründlich danebenging, und meldete sich daraufhin von selbst als Gefangene. Ebenfalls freiwillig ergab sich ein paar Tage später Asaf Khan.

Die nächsten elf Monate wurden eine einmalige Groteske: Folgsam zogen die Mächtigsten des Reiches, allesamt in der Gewalt eines ihrer Generäle, zuerst nach Kabul und dann langsam wieder zurück. Mahabat Khans Rechnung schien aufgegangen – der zur Marionette gewordene Kaiser nickte auf alle seine Vorschläge wie gewohnt. Der biedere Haudegen aber hatte übersehen, daß Nur Dschahan und Asaf Khan zu Marionetten denkbar ungeeignet waren, und so endete das seltsame Zwischenspiel auch seltsam: Eines schönen Märzmorgens 1627 begehrte Dschahangir, seine Truppen zu mustern. Mahabat Khan willigte ein. »Um bei der Parade mögliche Zusammenstöße zwischen den Radschput-Soldaten meines getreuen Generals und meinen siegreichen Truppen zu vermeiden«, bat der Kaiser, der General möge doch für diesen Zeitraum mit den Seinen ein paar Meilen weiter marschieren. Auch dagegen hatte Mahabat Khan nichts einzuwenden. Offensichtlich hatte er begriffen, daß seine Rolle im Spiel der Mächtigen beendet war, denn er marschierte nicht nur ein paar Meilen, sondern fluchtartig weiter in den Dekkan, wo er sich wenige Wochen später mit Schah Dschahan verbündete. Es gab in jenen turbulenten Jahren wirklich keine Gegner, die nicht auch einmal Verbündete geworden wären.

Das kaiserliche Heerlager begab sich nach diesem Intermezzo nach Kaschmir, wo Dschahangir in seinen geliebten Gärten Linderung seiner Leiden erhoffte. Tatsächlich überstand er den Sommer noch relativ gut, doch als es im Herbst nach Lahore zurückgehen sollte, zeigte er sich den Strapazen der Reise nicht mehr gewachsen, obwohl er »nur in den allerbequemsten Sänften« transportiert wurde. Mit dem Starrsinn vieler, die ihr Ende nahen fühlen, ordnete er für den 25. Oktober 1627 eine Jagd an.

Der Tag begann gut. Dschahangir, der die Tage zuvor kaum einen Bissen zu sich genommen hatte, bequemte sich sogar zu einem kleinen Frühstück, ehe seine Sänfte auf einer Felsklippe abgestellt wurde, wo er das Gewehr bequem in Anschlag bringen konnte. Da fiel vor seinen Augen einer der Treiber vom Felsen und brach sich das Genick. Früher hätte der Kaiser solche Zwischenfälle höchstens als Amüsement betrachtet, doch nun geriet er außer sich und stammelte, die Flügel des Todesengels hätten ihn gestreift und nur durch ein Versehen den Treiber erwischt. Nicht einmal ein Glas Wein konnte er mehr trinken, und damit wußten alle, die ihren Kaiser kannten, daß nun das Schlimmste zu befürchten war. Am selben Abend ließ sich Dschahangir »für alle Fälle himmlischer Sicherheit « von einem Jesuiten die christlichen Sterbesakramente verabreichen.

Nur Dschahan war außer sich, weniger deshalb, sondern weil gerade nun Schahrijar nicht zugegen war. Zwei Wochen zuvor war der Prinz von einer rätselhaften Krankheit befallen worden – innerhalb eines einzigen Tages waren ihm sämtliche Haare ausgefallen –, und er war nach Lahore zu ärztlicher Behandlung gereist. Nur Dschahan versuchte, ihn durch Eilboten rufen zu lassen, und das war ihre letzte politische Aktion: Am Nachmittag des 26. Oktober fiel der Kaiser ins Koma, und beinahe im selben Moment ließ Asaf Khan seine allmächtige Schwester in ihre Gemächer sperren und scharf bewachen. Die Söhne Schah Dschahans aber wurden in seinen eigenen Harem gebraucht.

Nun zeigte sich, daß der Großwesir von Anfang an auf seinen Schwiegersohn gesetzt hatte. Auch Schahrijar trickste er mit einem meisterlichen Schachzug aus: Er überredete die meisten Adligen, als Thronfolger Dawar Baksch auszurufen, einen minderjährigen Sohn Khusraus, von dem nur bekannt war, daß er als Gefangener in irgendeinem Zelt des Harems lebte. Damit war Schahrijar, der in

Lahore verzweifelt Truppen zu sammeln versuchte, offiziell Rebell, und seine Chancen waren schlechter als die Schah Dschahans, der zwar gut zweitausend Kilometer vom Zentrum der Macht entfernt war, nun aber in Eilmärschen nach Agra vorrückte.

In den Abendstunden des 28. Oktober erstickte Dschahangir in einem letzten Hustenanfall. Kurz darauf wurde der völlig verdatterte Dawar Baksch von seinen Ketten befreit und als Kaiser auf den Thron der Moguln gesetzt. Formalitäten fanden keine statt, doch erhielt der junge Kaiser »eine Extraportion Obst zum Abendessen«.

Einige Tage später traf das Reichsheer in Lahore ein, im Gepäck den Leichnam Dschahangirs, die mit Seidenschnüren gefesselte Nur Dschahan und den wieder in Ketten gelegten Kaiser. Schahrijars zusammengewürfelte Söldner wurden »mühelos in alle Winde verstreut«. Der arme Kahle versteckte sich in Akbars Fort, wo er einige Tage später gefunden und geblendet wurde. Außerdem fand Asaf Khan in einem Seitentrakt der Festung noch zwei Söhne von Dschahangirs Halbbruder Danijal, die der Kaiser aus Angst vor eventuellen Revolutionen seit zweiundzwanzig Jahren gefangengehalten hatte. Als Schah Dschahan in Agra eintraf, lag dort bereits ein Brief seines Schwiegervaters, was mit dieser Verwandtschaft nun geschehen solle.

Schah Dschahans Antwort war kurz: »Es ist gut, wenn Dawar Baksch, der Sohn, ferner der nichtsnutzige Bruder Khusraus (Schahrijar) und die beiden Lausejungen Danijals allesamt aus dieser Welt geschickt werden.«

So geschah es am 31. Dezember 1627 im trautesten Familienkreis. Im Harem von Lahore durften die Söhne Schah Dschahans zusehen, wie ihr Großvater auf Befehl ihres Vaters drei Onkel und zwei Cousins einen Kopf kürzer machen ließ. Vor allem der gerade zehn Jahre alte Aurangzeb war von dem Massaker »bei allem kindlichen Entsetzen zutiefst beeindruckt«.

Am selben Abend wurde Schah Dschahan zum Kaiser Indiens ausgerufen.

DER GROSSE MOGUL SCHAH DSCHAHAN

Ein Ästhet von Graden

Mag das heutige Indien auch von allen möglichen wirtschaftlichen Problemen heimgesucht sein – seine Traumfabriken kennen keine. Mit einem Jahresausstoß von durchschnittlich sechshundert Filmen sind sie die leistungsfähigsten der Welt, quantitativ, und unter den Fließband-Flimmerwerken sind jährlich mindestens vier, deren Superheld Schah Dschahan heißt. Die Titel variieren von »Die größte Liebe der Welt« bis zum schlichten »Tadsch Mahal«; die Handlung ist stets dieselbe; Farben, Kostüme und Kulissen sind schaurig-schön, und alles findet immer wieder sein begeistertes Publikum. Gerade die Ärmsten der Armen drängen an die Kinokassen und könnnen nicht genug »Tadsch Mahal« sehen – Schah Dschahan bringt Glanz ins arme Leben.

Der Große Mogul Schah Dschahan ist eine Märchenfigur geworden wie einst Harun al Raschid, viele Laufmeter Film der historischen Wirklichkeit entrückt, ein unantastbares Monument auf einem himalajahohen Sockel Dreigroschen- und anderer Romanliteratur. Doch eine sagenhafte Figur war er schon zu seinen Lebzeiten – vor allem in Europa. Sein Name rieselte in ehrfurchtsvollem Schauder über die Zungen aller Länder, wenn es um unvorstellbaren Reichtum ging, und auch sein Aussehen war bekannt wie heute die Kurven eines Hollywoodstars. Vierzehn Zeichnungen Rembrandts zeigen sein edles Profil: Im Unterschied zu seinem Vater und Großvater, die sich mit einem Schnurrbart begnügt hatten, »wie ihn Türken bei Erreichung ihrer Männlichkeit tragen«, die Spitzen herabgezwirbelt, um nicht Allah zu verärgern, garnierte sich Schah Dschahan mit einem würdevollen Rauschebart orthodox-islamischer Machart. Fast zweihundert Miniaturporträts schmücken das berühmte »Millionenzimmer« im Wiener Schloß Schönbrunn, Tausende andere quer durch Europa verstreute Bildnisse tauchen immer wieder einmal auf dem Antiquitätenmarkt auf... Und genau diese Art der Berühmtheit hat Schah Dschahan selbst gewollt. Gleich nach seiner Thronbesteigung ließ er die kaiserlichen Ateliers auf das Zehnfache vergrößern und auf eine Massenproduktion seines Profils umstellen. Die Bilder wurden über die ganze Welt verteilt wie später jene des Vorsitzenden Mao, und erklärtermaßen zu demselben Zweck. Der »Herr der Welt« betrachtete sich als Herr der Welt, und Bilder anderer Majestäten, mit denen sich noch Dschahangir internationales Flair verliehen hatte, waren an seinem Hof nicht mehr gelitten.

Gelitten hat dabei allerdings die Malerei der Moguln. Als natürliche Folge der Massenproduktion vergröberte sich der Stil, wurde in den Farben greller, in den Formen plakativer. Dem Kaiser war es recht, denn persönlich interessierte er sich für Malerei nur ganz nebenbei.

Größeres Interesse brachte er für Musik auf. Schon Akbar hatte dreihundert Hofmusiker gehalten. Da in islamischer Tradition die Musik eine geringere Rolle spielt als in der Religion der Hindus, waren die meisten Sänger und Tänzer Hindus. Ihre Aufgabe war aber, dem allerhöchsten Unterhaltungsbedarf zu dienen, und so wurde allmählich die strenge Tradition religiöser Musik säkularisiert. An den Höfen der Moguln entstand, was wir heute als klassische Musik Indiens kennen. Hinduistisch ist die Form der Raga, etwa den christlichen »Stundenbüchern« verwandt: Gedichte und Stimmungsbilder, den einzelnen Tageszeiten zugeordnet und je nach Gefühlswert in »männlich« und »weiblich« eingeteilt. Ursprünglich wurden sie gesungen und nur »im Hintergrund« von Instrumenten begleitet. An den Höfen der Moguln übernahmen allmählich Instrumente die Rolle der Stimme – immer noch nach Klangcharakter männlich oder weiblich –, und statt Texten wurden den Stunden Tonarten zugemessen. Einen ähnlichen Versuch musikalischer Gesetzerstellung nach Stimmungswerten unternahm fast ein Jahrhundert später in Deutschland Johann Sebastian Bach mit seinem »wohltemperierten Klavier«, doch der ab und zu gezogene Schluß, der Thomaskantor hätte die Spielregeln indischer Musik auch nur vom Hörensagen gekannt, ist mit Sicherheit falsch. Akkorde und Klangtürme, wie sie allmählich in Europa entwickelt wurden, blieben der Musik Asiens unbekannt. Nach islamischer Tradition folgte sie der »linearen Melodik«, dem Duktus der menschlichen Stimme. Daher blieb auch die Kunst der Improvisation erhalten, die bei uns mit der Komposition harmonischer Texturen verlorenging. »Frei wie der Gesang des Augenblickes« soll ein Musiker spielen, und so ist paradoxerweise die indische »Klassik« zu gut neun Zehnteln völlig freie Improvisation, nicht einmal durch Noten festgelegt. Daher wurde sie Inspirationsquelle für alle modernen Musiker des Westens, die den durch Kompositionsregeln verengten Horizont unserer Musikgeschichte sprengen wollten, von Stockhausen über den Jazz bis zu den Beatles und der Pop-Musik.

An Schah Dschahans Hof bezogen mehr als zweitausend Musiker festes Gehalt. Sie stammten aus allen Teilen Asiens, und die kaiserliche Residenz wurde zu einem Schmelztiegel der verschiedenen Stile. Viele der Künstler wurden mit dem Adelstitel Khan geehrt, wozu fallweise noch der Professorentitel Ustad kam, und die meisten gegenwärtigen Musiker mit Namen Khan sind direkte Nachkommen von Schah Dschahans Hofkapelle.

Natürlich diente auch die Musik wie jede andere Kunst »der würdevollen Darstellung allerhöchster Majestät«. Schah Dschahan war geradezu krankhaft besessen, der Welt zu zeigen, wer der Größte sei. Daher galt seine besondere Liebe protzigen Schaustükken und der Architektur.

Schon Dschahangir hatte Juwelen en gros gesammelt. Bei seinem Tod erwies es sich als unmöglich, die einzelnen Steine zu registrieren, und so wurden sie unsortiert gewogen – eineinhalb Tonnen Glitzergeröll. Unter Schah Dschahan wuchs die Kollektion auf ein Vielfaches an. Vom persischen Schah erwarb er den Kohinoor zurück, »für lächerliche zwanzig Elefantenladungen Gold«, und ließ ihn, »da der Stein allein noch nicht prächtig genug war«, mit 2320 Diamanten fassen, ehe er ihn auf Akbars Grab deponierte. Als »gerade passendes Geschenk« für das Grab des Propheten in Medina stiftete er einen drei Meter hohen Kerzenleuchter aus massivem Gold. Das Edelmetall war jedoch nicht zu sehen, da von 12 000 Diamanten, 12 000 Smaragden und 7000 Rubinen überkrustet. Und für die eigene Bequemlichkeit gab er gleich nach der Thronbesteigung das kostbarste Sitzmöbel aller Zeiten in Auftrag, den Pfauenthron.

Ein Thron in unserem Sinne war er nicht, eher ein überdimensioniertes Sofa mit einer Sitzfläche von zwei mal eineinhalb Metern. Die war natürlich aus Gold und vollständig mit Diamanten bedeckt. Um nicht allzuhart sitzen zu müssen, ließ der Kaiser darauf üppige Kissen legen, deren Bequemlichkeit durch 18 000 eingestickte Perlen und Rubine gemildert wurde. Das Ganze ruhte auf zwölf sechzig Zentimeter hohen Säulen, die mit Smaragden so übersät waren, »daß jede wie ein einziger Edelstein aussah«, und geschickt verborgene Lampen sorgten dafür, daß sie auch anständig glitzerten. Vier weitere, fast zwei Meter hohe Säulen mit einem bunten Muster aus Diamanten und Smaragden trugen einen Baldachin, der fugenlos mit Diamanten besetzt war. Auf diesem saßen die beiden berühmten Pfauen. Sie schlugen ein Rad aus Smaragden, Saphiren und wieder einmal Diamanten, und zwischen ihnen stand eine voluminöse Blumenvase mit einem Baum aus Perlen, Rubinen, Smaragden und allem, was sonst noch teuer war. Zur feierlichen Einsitzung des Möbel trug der Kaiser »ein mit Juwelen so reich besticktes Gewand, daß ihn zwei Diener stützen mußten«, wie ein anwesender Europäer notierte, und für weniger feierliche Anlässe verfügte Schah Dschahan noch über sechs »gewöhnliche« Throne, »deren keiner jedoch den Halbwert des Pfauenthrones unterschritt«.

Bezeichnenderweise wollte sich ein anderer Monarch, in Europa und zweieinhalb Jahrhunderte später, auch einen Pfauenthron leisten, zumal er »eine innige geistige Verwandtschaft« zu dem Großmogul verspürte. Auch er hatte ein beachtliches Interesse an Musik und ein noch größeres an Architektur, Glitzerglanz und theatralischer Selbstdarstellung. Er hatte nur leider das Pech, auf dem falschen Erdteil und in die falsche Zeit geboren zu sein. Zwar bekam er seine Märchenschlösser, doch sie gerannen zu Orgien aus Gips und Kitsch, und auch sein Pfauenthron war nicht ganz das Wahre, sondern von einer Pariser Firma aus Glassteinen zusammengebosselt. Doch selbst diese Talmipracht brachte sein Königreich an Königreich an den Rand des Staatsbankrotts, und da die Zeit für Absolutes nicht mehr geeignet war, wurde der Märchenkönig als geisteskrank entmündigt. Von seiner Vorliebe für knackige Cheveaulegier-Gardisten abgesehen, war Bayerns Ludwig II.

jedoch der Schah Dschahan ähnlichste Ästhet im Kuriositätenkabinett gekrönter Persönlichkeiten.

Schah Dschahan brachte die Wirtschaft seines Reiches mit solidem Marmor aus dem Gleichgewicht. Im südwestlichen Hindukusch befinden sich einige Steinbrüche mit dem wohl schönsten weißen Marmor der Welt, nahezu ungeädert, mit einem zarten Stich ins Gelbliche und transparent schimmernd wie sonst nur Alabaster. Leider nur war das schöne Material durch die weiten Transporte schrecklich teuer und somit genau das Richtige für Schah Dschahan. Die nie wieder in der Welt geschehene, überreiche Verwendung des kostbaren Steins wurde das Charakteristikum seiner Stilepoche. Aus weißem Marmor war nahezu alles, was mit dem Kaiser zu tun hatte: Fußböden, Mauerwerk, Fenstergitter und manchmal auch Türen, ferner Brunnen, Gartenbänke, Terrassen, Beeteinfassungen und Blumentöpfe. Wo diese Marmorpracht noch zu schlicht wirkte, wurde sie mit Goldmalerei und grandiosen Einlegearbeiten aus Halbedelsteinen aufgewertet. Hinzu kamen für den täglichen Bedarf Sonnensegel aus weiß-goldener Seide, meist mit Perlenstickereien übersät, Seidenteppiche, massives Goldgeschirr mit Edelsteinverzierungen, Trinkgefäße aus Halbedelsteinen mit Einlagen aus Gold und Rubinen, Springbrunnen aus Silber, die prinzipiell nur noch Rosenwasser versprühten, und selbst für die Unterwäsche werden die schönsten und feinsten Stickereien verwendet. Die beispiellose Kulmination von Luxus schlägt in einer Liste von »zurückgelassenen Dingen« nieder, die nach des Kaisers Auszug in Agra blieben und »nicht ganz ein Zwanzigstel« des kaiserlichen Privatvermögens darstellten: »750 Pfund Perlen, 275 Pfund Smaragde erster Qualität, 5000 Edelsteine aus Nordchina, noch nicht gesichtet, 900 Pfund ungeschliffene Diamanten in zwei Bottichen, 200 Dolche, 1000 goldbesetzte Pferdesättel mit Edelsteindekor, 2 goldene und 3 silberne Throne, 100 silberne und 5 goldene Stühle aus dem Harem, 200 höchst wertvolle Spiegel, 100 000 Stück Silbergeschirr, 50 000 Pfund Goldgeschirr, 2 lebensgroße Figuren von Elefanten, goldbeschlagen, 30 000 Stück chinesisches Porzellangeschirr…«

»An unserem Lebensstil soll man uns erkennen«, meinte der Mogul einmal, »und unsere Bauten sprechen da die deutlichste

Sprache.« Diese Sprache war durchaus seine eigene. Schon als Kind hatte sich Schah Dschahan am liebsten mit Architektur befaßt. Als Kaiser teilte er seine Zeit ziemlich genau zwischen Politik und Architektur, und er war wohl ein besserer Architekt als Staatsmann, erwiesen sich doch seine Baupläne als realisierbarer denn die politischen. Meist begann das Abenteuer mit einer kaiserlichen Handskizze. Ein Büro mit über fünfhundert Künstlern war damit beschäftigt, aus ihnen Pläne und Reinzeichnungen zu erarbeiten. Nach diesen wurden dann Modelle aus Holz und fallweise auch aus Silber angefertigt, die sich der Kaiser vorführen ließ, um Veränderungen eigener Vorstellung anzuordnen. Im Grunde war er an jeder Planungsphase direkt beteiligt, und die endgültige Gestalt seiner Bauten entsprach stets dem kaiserlichen Machtwort.

In den Büros saßen Spezialisten aus aller Herren Ländern, unter anderem nebst drei weiteren Europäern ein venezianischer Goldschmied namens Geronimo Veroneo, dem nach seinem Tod Freunde die Ehre antaten, ihn als Architekten des Tadsch Mahal auszugeben. Die teilt er sich mit einem Türken Ustad Isa Effendi, von dem wir nur wissen, daß er Leiter der Modellabteilung war, und einem gewissen Achmed aus Lahore, der die Steinmetze kommandierte. Gerade die makellose Eleganz des Tadsch hat Europäer stets so sehr aus dem Seelengleichgewicht gebracht, daß sie ihr Zustandekommen nicht ohne abendländische Mithilfe erklären konnten. Da jedoch das Tadsch nicht eine Spur europäischer Handschrift aufweist, wird der eigentliche Architekt wohl der Kaiser persönlich gewesen sein.

...und ein seltsamer Charakter

Der blutbefleckte Weg zum Thron ist eine Charakterseite des Kaisers, die in den vielen Filmen selbstverständlich nicht gezeigt wird. In anderen Ländern, beispielsweise in der Türkei, war ein so ruppiges Vorgehen gegen die eigene Verwandtschaft bei Thronwechseln durchaus normal. In Indien aber erregte es das Entsetzen aller Zeitgenossen.

Überraschenderweise kam Nur Dschahan bei der ganzen

Geschichte ziemlich glimpflich davon. Sie erhielt eine jährliche Pension von 2332 Tonnen Silber und war damit zufrieden. In Lahore errichtete sie nach eigenem Entwurf ein großes Grabmal für Dschahangir – dessen schönen Marmorpavillon die Engländer später vom Dach holten, um ihn in einem ihrer Museen aufzustellen – und ein kleineres für sich selbst, in das sie sich 1645 nach achtzehnjähriger Witwenschaft samt ihrer Schwester zurückzog.

Aller Wahrscheinlichkeit nach verdankte die Dame diese milde Behandlung weniger ihrem Bruder als ihrer Nichte Arschumand Banu, die als Muntaz Mahal, »Juwel des Palastes«, weltberühmt und Heroin der indischen Kinoleinwände wurde. Mit vierzehn Jahren war sie dem zwei Jahre jüngeren Kronprinzen angetraut worden, eine politische Ehe, die jedoch ausgesprochen glücklich wurde. Es hieß, Schah Dschahan habe außer ihr keine andere Frau angesehen, was allerdings schwer möglich ist, da er gleichzeitig noch zweiundsiebzig Gattinnen hatte und von mindestens acht ebenfalls Kinder. Muntaz Mahal aber war seine eindeutige Favoritin und begeleitete ihn als einzige Frau während seiner langen Wanderjahre. Als Tochter des Premierministers war sie der einzige Kontakt zum Zentrum der Macht, und daß sie den aufrechterhalten hatte, zeigte sich ja beim Tod Dschahangirs. Nun war ihre Sonderstellung auch eine Aufmerksamkeit Asaf Khan gegenüber, der als Großwesir die Politik des Reiches ohne sonderliche Störung durch den Kaiser erledigte. Zweifellos war Muntaz Mahal weniger ehrgeizig als Nur Dschahan, doch liefen alle Fäden des Reiches durch ihre Hand, sogar offenkundiger als bei ihrer Vorgängerin: Schah Dschahan pflegte nicht nur jede Entscheidung mit ihr zu beraten, sondern hatte ihr auch das Staatssiegel anvertraut, so daß jedes Dokument in den Harem gebracht werden mußte.

Die ersten achtzehen Monate nach der Thronbesteigung pflegte das Kaiserpaar in Agra einen Lebensstil, der an Pracht nicht mehr zu übertreffen war und nur verständlich ist, wenn man die vergangenen Jahre der Flucht und Unsicherheit bedenkt. Die täglichen Kosten der Hofhaltung betrugen 1200 Kilogramm Silber, und ganz nebenbei wurden die meisten der voluminösen Paläste Akbars als »zu bescheiden« abgerissen und durch zauberhafte Marmorpavillons ersetzt. Selbst die Fenster waren aus Marmor – für das kaiserliche Schlafgemach so dünn geschliffen, daß der Stein wie Milchglas wirkt. Für weniger wichtige Bauten lieferten portugiesische Händler die ersten Glasfenster des Subkontinents, außerdem dreieinhalb Tonnen Spiegel für die Verzierung der Stückdecken. Der Abbruchschutt von Akbars Bauten wurde in der Mitte des Forts zu einem ummauerten Berg getürmt, auf dessen Spitze der Kaiser später der Welt kostbarste Moschee errichten ließ: einen riesigen Innenhof mit einer kuppelbekrönten Gebetshalle, alles aus solidem weißem Marmor, was heute noch allen Besuchern den Atem verschlägt.

Ende 1629 kam es im Dekkan wieder einmal zu den fast schon üblichen Unruhen, und Schah Dschahan machte sich mit einem prächtigen Heerlager auf den Weg in den Süden. Muntaz Mahal hatte kurz vor dem Aufbruch ihr dreizehntes Kind geboren, machte aber die Partie mit und wurde unterwegs wieder einmal geschwängert. Die Geburt fand in Burhanpur statt und wurde sehr schwierig. Zwar überlebte das Kind, ein Mädchen, doch Muntaz Mahal verblutete drei Tage später, am 7. Juni 1631, gerade vierzig Jahre alt.

Schah Dschahan war untröstlich. Zwei Jahre lang soll er das Leben eines Tieftrauernden geführt und auf jeglichen Luxus verzichtet haben. Als er danach wieder an die Öffentlichkeit trat, war sein Haar schlohweiß. Dem war nicht ganz so – die Trauerzeit bei Hof betrug nur drei Monate, und außerdem war Pomp sein Rauschmittel, und Schah Dschahan war davon nicht weniger abhängig als Dschahangir vom Opium. Doch sein Leben veränderte sich durch den Todesfall tiefgreifend. Er brachte seine tote Favoritin in einem goldenen Sarg nach Agra und unternahm von nun an keine Feldzüge mehr persönlich. Auch zeigte sich bald, daß Muntaz das mildernde Element an seiner Seite gewesen war, denn die Entscheidungen des Kaisers wurden nun härter, unberechenbarer, die Anwendung von Gewalt skrupelloser.

Für seine Muntaz aber ließ der Kaiser das nebst den Pyramiden berühmteste Grabmal der Erde errichten, nach ihr verkürzt Tadsch Mahal genannt. 20 000 Arbeiter wurden für die Anlage abkommandiert, und im August 1632 konnte der Schweizer Peter Mundy in seine Heimat berichten: »Das Gebäude ist begonnen. Unter außergewöhnlichen Mühen und Kosten, aber auch mit besonderer Sorgfalt gehen die Arbeiten voran. Gold und Silber werden wie gewöhnliches Material eingeschätzt und Marmor wie Ziegelstein.«

Am Tadsch sollte noch lange gebaut werden. Erst 1648 waren die Hauptgebäude vollendet, an den Nebengebäuden wurd bis 1653 gewerkt. Alljährlich am Todestag seiner Frau besuchte der Kaiser die Baustelle, an einem schnelleren Bautempo aber war er augenscheinlich nicht sehr interessiert. Erste Dame des Reiches wurde nun die älteste Tochter von Muntaz, Dschahanara, »die Freude der Welt«.

Peter Mundy bekam allerdings auch eine andere architektonische Attraktion des Mogulreiches zu sehen und zeichnete sie in sein Tagebuch: einen Schädelturm. Den letzten hatte Akbar errichten lassen, ganz am Anfang seines Regimes, und dann geriet diese Stilart in Vergessenheit. Unter Schah Dschahan kam sie wieder in Mode.

Überdies wehte seit Muntaz Mahals Tod ein anderer Wind – die orthodoxen Moslems hatten wieder das Sagen, und 1632 erging der kaiserliche Befehl, alle innerhalb der letzten hundert Jahre erbauten Hindutempel zu zerstören. Obwohl der Kaiser eigentlich zu drei Vierteln Hindu war – sowohl Dschahangirs als seine Mutter waren Hinduprinzessinnen –, hatte sich der Kaiser auf die Seite der intoleranten islamischen Traditionalisten geschlagen, duldete in seinem Harem ausschließlich Moslem-Damen und nahm es sogar mit dem fünfmaligen Gebet pro Tag sehr ernst. Im Fort von Agra ließ er außer der kostbarsten auch die kleinste Moschee der Welt errichten, vier Quadratmeter groß, natürlich aus Marmor und ausschließlich für seinen Privatgebrauch. Und selbst bis zum Laster reichte seine Frömmigkeit – sogar seine Opiumpfeifen und Weinbecher waren mit dem Namen Allahs geziert. Nur gelegentlich wurde er auch etwas inkonsequent und stiftete beispielsweise einmal ein Marmorgeländer für ein Hinduheiligtum.

Dschahangirs »Kette der Gerechtigkeit« hatte er entfernen lassen. Seine Beamten konnten ihm einreden, das Rechtssystem im Reich sei so ausgezeichnet, daß es keinerlei Anlaß zu Klagen gäbe – eine verständliche Lüge, waren sie doch selbst der einzige Anlaß zu Klagen, und unverständlich bleibt nur, daß der Kaiser ihnen glaubte. Todesurteile wurden häufiger gefällt als unter Akbar und selbst unter Dschahangir, und nach 1635 wollte der Kaiser mit solchen Kleinigkeiten wie ihrer Bestätigung nicht mehr von seinen Architekturstudien abgehalten werden, ausgenommen, die Übeltäter waren Adlige. Die Folge war natürlich zunehmende Rechtsunsicherheit – das Mogulreich hatte seine beste Zeit bereits überschritten.

Am deutlichsten wurde das in der Wirtschaft des Reiches spürbar. In aller Unschuld erwähnt ein Hofgeschichtsschreiber, daß sich seit Akbars Zeiten die Staatseinnahmen verdreifacht hätten, die Staatsausgaben aber vervierfacht. Die Ursache der Einnahmesteigerung liegt auf der Hand: Da sich das Reich seit Akbar nicht mehr wesentlich vergrößert hatte, kam der Reichtum aus dem Außenhandel, zumal Allah den Moguln gerade den Dreißigjährigen Krieg beschert hatte. Für das Anschwellen der Ausgaben gab es viele Gründe. Einer davon war das seit Akbars letzter Reform immer mehr auseinanderklaffende System der Zat- und Sawarränge. Schah Dschahan gab sich aber zufrieden, wenn die tatsächliche Soldatenzahl in den Dschagirs ein Drittel, anderswo ein Viertel der Zat-Zahl ausmachte. Die Höhe der Gehälter raubte Europäern den Atem – zu einer Zeit, in der das gesamte Sozialprodukt Englands nicht ganz eine Million Pfund betrug, erhielt ein mogulischer Oberst 24000 Pfund Kaufwert Sold. Doch die Hauptursache der galoppierenden Inflation war die Verschwendungssucht des Kaisers, die natürlich Maßstäbe für den gesamten Adel setzte. Sie setzte eine Steuerschraube in Gang, die zu einer fortgesetzten Landflucht während der nächsten einhundertfünzig Jahre führte. Europäische Reisende erwähnen immer wieder »die entsetzliche Armut der Bauern«, wobei sie allerdings vergessen, daß auch in Europa vor der Agrarreform auf dem Lande bittere Not herrschte. Es läßt sich sogar nachrechnen, daß selbst zu Schah Dschahans Zeiten die indischen Bauern ein gutes Drittel reicher waren als ihre europäischen Genossen, doch wurden praktisch keine Verbesserungen der Struktur versucht. Den Feudalherren war die Anlage eines Gartens wichtiger als die eines Bewässerungssystems, und den Gemeinden blieb nach Abzug aller Taxen nicht genug für solche Investitionen. Auch die Überschüsse der Industrie wurden als Hafen- und Weggebühren, städtische und Provinzialsteuern von der Verwaltung geschluckt.

Das führte natürlich bei der Kaufmannschaft zu einem Stillstand der Investitionen und zur Hortung toten Kapitals. Dadurch geriet Europa allmählich in eine vorteilhaftere Position, trotz des großen Krieges: während dort die Kaufleute investierten und der Staat seine produktiven Ausgaben steigerte, wurde Indien zum Schauplatz reger wirtschaftlicher Aktivität ohne wirtschaftlichen Fortschritt.

Obwohl das Reich somit ziemlich beängstigend auf den Außenhandel angewiesen war, bekamen auch Ausländer die neue, härtere Gangart zu spüren. Die ersten waren die Portugiesen in Bengalen. Schon vor langer Zeit hatten sie an einem der vielen Mündungsarme des Ganges, dem Hooghli, eine Handelsniederlassung gegründet und auch so benannt. Doch war ihnen das Geschäft mit den Moguln anscheinend zuwenig profitträchtig, denn sie erweiterten ihre Agenden durch Sklavenhandel und Piraterie, führten nebstbei gewaltsame Bekehrungen zum Christentum durch und »beschränkten diese verabscheuungswürdigen Praktiken nicht auf das von ihnen verunreinigte Gebiet, sondern terrorisierten auch das Umland«, so Abdul Hamid, der Hofgeschichtsschreiber des Kaisers.

Präziser noch beschrieb Khafi Khan, in ähnlicher Funktion bei Prinz Aurangzeb beschäftigt, die christlichen Methoden: »Von ihren hassenswerten Unarten waren jene die schlimmsten: Wo immer sie sich festbissen, ließen sie zunächst das Eigentum von Moslems und Hindus in Ruhe, doch starben diese und hinterließen sie minderminderjährige Kinder, wurden diese als Sklaven verkauft und ihr Eigentum beschlagnahmt. Sie erlaubten keine anderen Priester in ihren Gebieten. Kam zufällig einer dorthin und war Hindu, wurde er zu Tode gequält, war er Moslem, längere Zeit gefangengehalten. Das Gepäck der Reisenden wurde durchwühlt, vor allem nach Tabak, auf den sie ein Monopol zu haben begehrten. Anders als Hindutempel waren ihre Kirchen verdächtige Orte, zumal in ihnen schon tagsüber Kampfer brannte. Entsprechend ihrer üblen Gesinnung hatten sie sehr geschmacklose Bilder von Jesus und Maria – Friede sei mit ihnen und unserem Propheten! – aufgestellt. In den Kirchen der Engländer, die ja auch Christen sind, gab es dagegen keine Götzenbilder zur Verehrung.«

Zweifellos war der katholische Bilderkult ein Ärgernis für die neue Richtung, und die Engländer standen da etwas besser im Kurs. Die schlimmste Übeltat der Portugiesen aber war zweifellos, daß sie Schah Dschahan während seiner Rebellion nicht unterstützt und nach seiner Thronbesteigung trotz dreimaliger Aufforderung versäumt hatten, ihm ein Geschenk zu machen.

So sandte der Kaiser 1631 Kasim Khan mit einer Armee nach Hooghli, »die lästigen Fremden zur Hölle zu schicken«. Dreieinhalb Monate dauerte die Belagerung, und die Moguln hielten die Hafenausfahrt mit einem Schiffskordon versperrt. Abdul Hamid berichtet: »Schließlich wurden drei Minen unter die Befestigungen bei der Kirche getrieben, doch zwei von ihnen wurden entdeckt. Die mittlere aber gelangte unentdeckt unter das feste Gebäude, und dann versammelten sich die Glaubenskämpfer gegenüber diesem Platz, um möglichst viele Christen dorthin zu locken. Als genügend beisammen waren, wurde die Mine gezündet, und viele Ungläubige wurden zum Flug in die Lüfte geschickt. Die Krieger des Islam aber eilten zum Schlachtfest.«

4400 Portugiesen nach europäischen Angaben – Khafi Khan gibt ihre Zahl nur mit 1400 an – wurden gefangengenommen und zu Fuß nach Agra getrieben. Ein Jahr später kamen nicht ganz 400 an. Sie wurden gefragt, ob sie nun nicht dem rechten Glauben beitreten wollten. Die Mehrzahl war bereit. Der Rest wurde auf verschiedene Gefängnisse verteilt, wo er »unerleuchtet zur Hölle fuhr«.

Hier ist das Paradies

Im übrigen gab es immer noch die ständigen Versuche, das Reich zu erweitern. Etliche Male mußte Golkonda wiedererobert werden, an dessen berühmten Edelsteinminen dem Kaiser begreiflicherweise sehr viel lag, das doch nur immer für sehr kurze Zeit unter die Kontrolle der Moguln zu bringen war. Auch gibt es eine Reihe sehr seltsamer Berichte von einer Eroberung Tibets, die 1638 stattgefunden haben soll. Tibetische Chroniken jener Zeit wissen davon nichts zu berichten, erwähnen jedoch einen kurzen Raubzug der Moguln im Gebiet des Karakorum, und mehr wird wohl auch nicht gewesen sein. Den Kaiser aber hatte man glorreich beschwindelt, denn er verliehen einem Adligen großzügig »ganz Tibet« als Dschagir – die Kontrollmechanismen des Riesenreiches begannen allmählich zu versagen.

Zur selben Zeit zog sich Asaf Khan von seinem Amt als Großwesir zurück, um in Lahore den Ruhestand zu genießen. Nachfolger im höchsten Staatsamt wurde sein Sohn Schaista Khan, nicht weniger allmächtig als sein Vater, aber ungleich weniger geschickt.

Manchmal besuchte der Kaiser seinen pensionierten Schwiegervater in Lahore – in dessen Festung er eigens für solche Anlässe einen prachtvollen Marmorpalast errichten ließ und vor dessen Stadtmauern er den unvergleichlich prunkvollen Schalimar Bagh baute –, und Asaf Khan bewirtete den Kaiser stets angemessen. Einmal will sogar ein europäischer Zaungast bei einem Bankett im Harem zugegen gewesen sein, der Augustinerpater Sebastian Manrique, der behauptete, durch einen bestochenen Eunuchen über unterirdische Gänge zu einer hochgelegenen Galerie des Bankettsaals geführt worden zu sein. Er hinterließ uns die einzige Beschreibung eines kaiserlichen Privatessens. Gäste waren der Kaiser, Dara Schukoh und Dschahanara, Gesellschaft leisteten die Damen Asaf Khans, und das Ganze dauerte vier Stunden. Der Bericht ist allerdings etwas zweifelhaft – Manrique war trotz seines geistlichen Standes ein bekannter Aufschneider und könnte sich das Zeremoniell auch vom Hörensagen her zusammengereimt haben, die Fußwaschungszeremonie, die vielen Preislieder auf den kaiserlichen Gast, die schier endlose Speisenfolge... Das einzige, was für Authentizität spricht, ist der Hinweis, Schah Dschahan habe sich weniger »für die aufreizenden und obszönen Bewegungen der Tänzerinnen« interessiert als für drei Schalen voller Juwelen, die ihm Asaf Khan präsentiert hatte.

Der pensionierte Kaisermacher konnte sich das durchaus leisten. Als er im selben Jahr 1641 starb, hinterließ er außer seinen Palästen im Wert von 23320 Kilogramm Silber (das wären 116,6 Millionen Deutsche Mark) Bargeld und Wertgegenstände für 25 Millionen Rupien, also 291 500 Kilogramm Silber – beachtlich für einen Mann, dessen Vater »ohne einen Pfennig« in das Land kam und der sich selbst »nie und aus keinem Anlaß aus Mitteln des Staates bereichert« haben wollte.

Schah Dschahan kam seinem Volk noch teurer zu stehen. Verhältnismäßig bescheiden noch war das Grabmal für seinen Schwiegervater – gegenüber dem Schah Dschahans in Lahore, vollkommen mit Keramikornamenten verkleidet und leider von der Zeit sehr mitgenommen –, doch für sein zehntes Regierungsjubiläum, 1638, plante er die Gründung einer neuen Hauptstadt. Agra, das er mit einer Reihe wahrer Traumpaläste hatte ausstatten lassen, dünkte ihn längst schon zu bescheiden, und so suchte er persönlich nach dem Standort für sein neues Vorhaben, das er Schahdschahanabad nennen wollte. Er fand ihn an traditioneller Stelle, in Delhi, acht Kilometer flußaufwärts von Humayuns Din-panah. Nach genauester Kalkulation der Astrologen wurde der Grundstein gelegt, und neun Jahre später war die kaiserliche Residenz vollendet und auch ein Großteil der neuen Stadt, die nun aber nicht mehr nach ihrem Gründer heißt, sondern Alt-Delhi.

Die Gründe für eine derartige Gründung waren leicht durchschaubar: Großaufträge wie der Bau einer kaiserlichen Residenz boten Gelegenheit, aus allen Teilen des Reiches die besten Handwerker an einen Ort zusammenzuziehen, wo man sie dann leicht seßhaft machen konnte und steuermäßig unter Kontrolle hatte. Allerdings konnte eine solche Investition unter Schah Dschahan nicht mehr rentabel werden: Allein die Baukosten der Residenz betrugen 116,6 Tonnen Silber – was ziemlich genau dem Wert des Pfauenthrons entsprach –, weitere 50 Tonnen verschlangen Aufschließungskosten, Stadtmauern, öffentliche Anlagen und eine der größten Moscheen der Welt, die Dschami Masdschid, in der mühelos 40 000 Menschen Platz finden.

Wie das Fort von Agra ist auch das von Delhi von einer gewaltigen Sandsteinmauer umschlossen, die ihm den Namen »Rotes Fort« gab. Für Krisenfälle aber war sie nur noch sehr bedingt geeignet. Sie diente nur noch der würdigen Repräsentation der Macht, und auf ihrer Flußseite thronen die kaiserlichen Privatgemächer so exponiert, daß sie mühelos heruntergeschossen werden könnten. Die Anlage allerdings ist grandios: 1,1 Kilometer lang, 600 Meter breit, und bereits das dreißig Meter hohe Eingangstor ist geeignet, Besuchern den Atem zu rauben.

In den Gewölben des Kolosses, wo heute Souvenirhändler auf

Touristen lauern, hatten einst die Hofjuweliere ihre Läden. Dann folgten die kaiserlichen Stallungen, Kasernen für 10 000 Mann Leibgarde und die Hofküchen. Durch den nicht weniger imposanten Torbau Naubat-Khana, auf dem die Musiker ihre Galerie hatten, geht es auf einen weiten Platz, dessen Ende der vierzigsäulige Diwan-i-am bildet, die »Halle der öffentlichen Audienzen«. Hier zeigte sich der Kaiser zweimal täglich, um 8 und um 16 Uhr, und dann war der Riesenplatz komplett mit Seide überdacht, während in der mit Silber- und Goldplatten verkleideten Halle die höheren Adligen ihre Plätze hatten. Erstaunlich banal im Verhältnis zum pompösen Ort war, was da so zur Sprache kam: außer sämtlichen Edikten und Botschaftsberichten auch umständliche Schilderungen über kaiserliche Aderlässe und sogar den Stuhlgang des Allerhöchsten. Auf daß dabei Ihrer Majestät nicht zu langweilig würde, standen stets Gaukler bereit, während über den Platz eine endlose Parade schwarzgestrichener Kampfelefanten trabte, an deren Stoßzähnen und Ohren Yakschwänze aus dem fernen Tibet baumelten.

Der hohe Balkon, auf dem Schah Dschahan thronte, blieb erhalten und ist ein wahres Juwel aus edelsteinverziertem Marmor. Einige der zauberhaften Pietra-dura-Arbeiten an seiner Rückwand haben eindeutig westlichen Charakter und mußten lange für die Theorie herhalten, der ganze Mogulstil sei aus dem Westen importiert. Doch der kleine Orpheus und die bunten Papageien sind das einzige, was ein Europäer in diesem Fort schuf, und eigentlich mehr durch Zufall zustande gekommen: Der französische Goldschmied Austin de Bordeaux war wegen Edelsteinschmuggels verhaftet worden und hatte sich mit diesen Kunstwerken Leben und Freiheit erkauft. Kurz nach seiner Rückkehr wurde er in Frankreich gehängt, da er Seiner Majestät dem Allerchristlichsten König Glassteine andrehen wollte.

Hinter diesem öffentlichen Teil dehnte sich der kaiserliche Obstgarten, und darüber lagen auf einer breiten Terrasse, hart an der Außenmauer, die Marmorpaläste Schah Dschahans. Ihr Zentrum ist der Diwan-i-khas, die »Halle der privaten Audienzen«, in der täglich, an die öffentliche Audienz anschließend, der Kronrat tagte. Hier wurden die eigentlichen Staatsgeschäfte erledigt, und dementsprechend kostbar war die Ausstattung. 32 mit Edelsteinornamenten übersäte Säulen trugen die Decke aus massivem Silber, und in der Mitte stand auf einer Marmorplatte der Pfauenthron, der nur bei besonderen Anlässen in die öffentliche Audienzhalle geschafft wurde. Die Marmorplattform ist geblieben und auch die vom Kaiser verfaßte Inschrift am Gesims: »Gibt es auf Erden das Pardies, dann ist es hier, dann ist es hier und immer hier!« Der Thron hatte gewissermaßen Wasserspülung, denn unter ihm strömte der »Paradiesfluß« – durch einen siebzehn Meter langen Kanal hatte Schah Dschahan Trinkwasser als breiten Strom über die Terrasse fließen lassen, manchmal unter den Palästen, manchmal mitten durch sie, und seine Haremsdamen vergnügten sich damit, einander in kleinen goldenen Schiffchen Botschaften zu schicken.

Der Paradiesfluß unterspülte, etwas weiter rechts vom Thronsaal, auch den »Sitz der Gerechtigkeit«, der allerdings mehr Privatsekretariat war, da sich Schah Dschahan kaum mit Rechtsfragen befaßte. Seine Widmungsbestimmung verrät ein äußerst delikates Marmorrelief mit den Symbolen der Justiz, so fein gemeißelt, daß es im Sonnenlicht transparent wird.

Die Privatgemächer des Kaisers schlossen sich ein paar Schritte weiter an, selbstverständlich mit massiven Silberdecken und reichen Edelsteininkrustationen. Auch das Schlafzimmer hatte eine durchgehende Wasserspülung, und täglich punkt zehn Uhr abends geruhte der Kaiser zu ruhen. Dann bezog ein ausgewählter Schönredner seinen Platz hinter einem Paravent und lullte ihn, meist mit den Memoiren Baburs, ein. Zum Dscharoka-Balkon, auf dem sich Schah Dschahan dem Volk pünktlich bei Sonnnenaufgang zeigte, waren es vom Bett aus nur vier Schritt.

Die Pracht der Haremspaläste muß unvorstellbar gewesen sein. Die Decke des größten, des Rang Mahal, war ein zwei Tonnen schweres Gebilde aus Silber und Gold, und als Tapeten dienten 20 000 mit Edelsteinen gerahmte Miniaturen. Ein Marmorbrunnen mit raffiniert geripptem Becken verplätscherte Rosenwasser, und zu Füßen dieser Herrlichkeit lag der »lebensspendende Garten«, in dem ausschließlich Rotblühendes geduldet war.

Links vom Diwan-i-khan wurde für den kleinen Staatsrat das Bad errichtet, mit Sicherheit der aufwendigste und kostbarste Sanitärraum der Geschichte. Und für ganz besonders geheime Gespräche diente am äußersten Ende der Palastflucht der »Kaiserturm«, ein raffinierter, dreistöckiger Rundbau, der zudem noch garantiert abhörsicher war, da über seine Außenwand in einer prachtvollen Marmorkaskade der Pardiesfluß herabstürzte.

Zwischen Bad und Turm lag auch, über zwei Terrassen abfallend, der legendäre »Mondgarten«, mit Zypressen, Jasmin und allem bepflanzt, was weiß blühte und duftete. Zum Vergnügen seiner Haremsdamen ließ Schah Dschahan hier noch zwei weiße Marmorpavillons errichten, dem Frühling und dem Herbst gewidmet und mit kleinen Wasserfällen, hinter denen abends in Nischen bunte Lampen entzündet wurden.

Das Paradies war anscheinend wirklich erbaut und, da aus Marmor, auch ziemlich solide.

Ganz der Vater

Eine weniger glückliche Hand hatte der Kaiser mit seiner Familie. Vielleicht lag es auch nur daran, daß ihm Muntaz Mahal gleich vier Söhne geschenkt hatte, von denen sich noch dazu jeder als ziemlich begabt erwies – eine für die Dynastie bislang unbekannte Situation, die durch das Fehlen einer festen Erbregelung jederzeit gefährlich werden konnte, zumal sich ja gewissermaßen eingebürgert hatte, den Generationskonflikt auf allerhöchster Ebene mit Hilfe der Armee auszutragen.

Schah Dschahans Lieblingssohn war eindeutig sein Ältester, Dara Schukoh. Seine Porträts werden häufig mit denen des jungen Schah Dschahan verwechselt, und auch in seinem mehr auf Kunst gerichteten Neigungen war Dara dem Vater durchaus ähnlich. Allerdings war der Prinz in weltanschaulichen und politischen Fragen wesentlich toleranter als Papa und der Zeitgeist, so daß an seinem Hof alle Zuflucht fanden, denen der rauhe Wind im übrigen Reich gefährlich wurde. Der Kaiser, einst selbst Lieblingssohn und dann in jahrelanger Rebellion durch das Reich gezogen, hatte offenbar die größte Angst, Dara Schukoh könnte es ihm einmal gleichtun, und bemühte sich, alles zu vermeiden, was ihn selbst einst so aufsässig gemacht hatte. Also hielt er Dara stets im Zentrum der Macht, zog ihn zu allen Entscheidungen der Reichsangelegenheiten bei und ehrte ihn bei jeder denkbaren Gelegenheit, einmal auch mit der wohl schönsten Handschrift, die unter den Moguln entstand, dem »Dara Schukoh-Album«. Diese Vorzugsbehandlung war allerdings auch gefährlich: Zum einen war das üppige Hofleben nicht unbedingt die beste Vorbereitung für die Beherrschung eines militärisch organisierten Staates, vor allem aber mußte diese Sonderstellung die Eifersucht der anderen Prinzen erregen.

Schah Schudscha, der zweite Sohn, wurde 1614 als Vizekönig von Bengalen eingesetzt. Er war ein ebenso gebildeter wie tüchtiger Mann mit einem seltsamen Hang für Geschichte. Wie seine zahlreichen historischen Romane zeigen, befaßte er sich mit der Vergangenheit weniger, um aus ihren Fehlern zu lernen, als um sich mit sämtlichen Großen zu identifizieren. Diese allen islamischen Traditionen widersprechende kritiklose Verherrlichung von Heldenfiguren macht ihn zu einer Art geistigem Vorläufer der typisch deutschen historischen Romane des neunzehnten Jahrhunderts und unserer Gegenwart. Seine übrigen Interessen galten – wie bei seinem Großvater – Alkohol und Opium.

Der interessanteste Charakter war zweifellos der dritte Sohn Aurangzeb. Seine Lehrer hatten ihn zu einem orthodoxem Moslem erzogen, der sehr stark zur Bigotterie neigte. Berichte aus seiner Jugend schildern ihn als sehr zurückhaltend, um nicht zu sagen schüchtern, und als einen unerbittlichen Moralisten. Später erwies er sich sehr schnell als militärisch außerordentlich begabt – stets waren seine Truppen die disziplinierten – und auch als schlagkräftiger Politiker, der mit starker Hand sehr schnell in unruhigen Gebieten Ordnung schaffen konnte. Als solcher wurde er jahrelang überall eingesetzt, wo derlei notwendig war, doch sonst konnte sein Vater mit ihm absolut nichts anfangen. Undiplomatisch nannte ihn der Kaiser fallweise öffentlich »meinen ungeliebten Sohn«, und damit war der Familienkonflikt eigentlich programmiert.

Murad Baksch, der Jüngste, wird in allen Berichten als charmanter und äußerst lebenslustiger Kaisersproß geschildert, und da nicht mehr von ihm bekannt ist, wird wohl auch nicht viel mehr gewesen sein.

Zum ersten großen Konflikt kam es im Sommer 1644, als alle vier

Prinzen am Krankenbett ihrer ältesten Schwester Dschahanara weilten. Seit dem Tod ihrer Mutter war sie Erste Dame des Reiches, und Anlaß für das Familientreffen war ein bedauerlicher Unfall: Im März hatte ihr Musselinkleidchen an einer Kerze Feuer gefangen. Zwei ihrer Hofdamen hatten sich sofort auf sie geworfen, um die Flammen zu ersticken, doch sie waren an den Brandwunden gestorben. Auch Dschahanara schwebte vier Monate lang in Lebensgefahr. Schah Dschahan liebte seine Tochter so abgöttisch, daß alle Zeitgenossen überzeugt waren, sie vertrete für ihn in jeder Hinsicht Muntaz Mahal, und daher war die Atmosphäre am Hof äußerst spannungsgeladen, als sich nun Aurangzeb zu einer herben Kritik an der Wirtschaftspolitik seines Vaters und »dem Freidenkertum« Dara Schukohs erkühnte. So berechtigt beides sein mochte, Vorgangsweise und Zeitpunkt waren denkbar undiplomatisch gewählt, und der gerade fünfundzwanzigjährige Vizekönig des Dekkan wurde fristlos aller Ämter enthoben und zum gemeinen Soldaten degradiert. Im November, als Dschahanaras Wiedergenesung mit einem bombastischen Fest gefeiert werden konnte, machte Schah Dschahan allerdings diese Entscheidung rückgängig. Aurangzeb zog wieder als Vizekönig in den Dekkan, wo er seine Residenzstadt Aurangabad gegründet hatte, doch von nun an blieb eine offene Feindschaft zwischen ihm und Dara Schukoh, die sich beständig in der Reichspolitik niederschlug.

Für weiteren Konfliktstoff sorgte eine Kette militärischer Mißerfolge im Nordwesten des Reiches. Als begeisterter Leser der Babur-Nama träumte Schah Dschahan davon, Samarkand wieder für die Moguln zu erobern. Unruhen in Usbekistan schienen 1646 einen bequemen Anlaß zu bieten, und Murad Baksch wurde mit einem starken Heer losgeschickt, heimste aber jämmerliche Niederlagen ein. Auch Aurangzeb, ein Jahr später, konnte nicht mehr ausrichten, doch Dara Schukoh setzte durch, daß er dafür im Unterschied zu Murad öffentlich getadelt wurde. Zu diesem Zeitpunkt verbündeten sich die beiden jüngeren Brüder gegen den ältesten in einem schriftlichen Vertrag, Dara »bei der nächstbesten Möglichkeit aus der Welt zu schaffen«.

Die nächste Serie von Mißerfolgen fand um Kandahar statt. 1623 hatten es die Perser erobern können, als Dschahangir genug zu tun hatte, Schah Dschahans Rebellion nierderzuschlagen. Doch der persische Statthalter hatte die wichtige Festung 1638 nach langen Geheimverhandlungen regelrecht an die Moguln zurückverkauft. 1649 kamen die Perser wieder, eroberten Kandahar und schlugen auch das eilig zusammengezogene Mogulheer gründlich. Ihre Artillerie war der mogulischen mittlerweile turmhoch überlegen, hatten sie doch an ihrer Westgrenze unter der noch erfolgreicheren türkischen genügend zu leiden und so auch Gelegenheit, zu lernen. So holte sich der 1652 wieder einmal losgeschickte Aurangzeb eine Niederlage, für die natürlich Dara einen neuerlichen Tadel erreichte. Dara selbst aber war ein Jahr darauf nicht erfolgreicher. Zwar hatte sein Vater aus Europa fünfhundert Kanoniere anheuern lassen – Engländer, Portugiesen, Franzosen, Schweden und einen Italiener namens Niccolò Manucci, der nebstbei Freizeitdoktor war und ein köstliches Tagebuch hinterließ –, aber die Moguln wurden erneut vernichtend geschlagen, und von nun an wurde das Reich von der Angst beherrscht, die Perser könnten eines Tages einmarschieren.

Denn außer der militärischen Katastrophe bekam das Mogulreich allmählich eine andere zu spüren, die sich zehntausend Kilometer weiter westlich zugetragen hatte. In Europa war der Dreißigjährige Krieg zu Ende gegangen, nicht weil eine der Parteien einen überzeugenden Sieg errungen hatte, sondern weil alle wirtschaftlich ausgeblutet waren. Profitiert hatten außer Frankreich, das nun für ein Jahrhundert in Mitteleuropa Ordnungsmacht spielte, nur die Lieferanten, vor allem England. Mitteleuropa aber war ein Trümmerhaufen: Nur noch ein Drittel der Bevölkerung von 1618 lebte, der Handel war zusammengebrochen und der Lebensstandard niedriger als zweihundert Jahre vor Kriegsbeginn. Hier war nichts mehr zu holen, und auch die Moguln erfuhren dies schmerzhaft: Von 1640 an ging es mit dem Außenhandel bergab, und 1653 wurde das volle Ausmaß des Desasters ersichtlich – der Export von Baumwolle war auf 20 Prozent des Vorkriegsvolumens geschrumpft, Farben und Gewürze auf 15 Prozent, und auf Seide, Edelsteinen, Perlen und sogar Salpeter blieben die Moguln überhaupt sitzen. Nicht einmal ein Prozent der ursprünglichen Umsätze wurde nun erreicht.

Die einzige Möglichkeit zur Sanierung der Staatskasse schien die alte mogulische Praxis der Reichsvergrößerung, und so marschierte Aurangzeb 1654 wieder einmal gegen Golkonda und die ziemlich unabhängigen Staaten des indischen Südostens. Er war sogar äußerst erfolgreich, doch kannte der Sultan von Bischapur die Verhältnisse bei Hofe und sandte Botschafter mit reichlich Bargeld an Dara Schukoh. So kam es, daß das gelungenste Unternehmen der letzten Jahre urplötzlich »wegen Unfähigkeit Aurangzebs« abgebrochen wurde und der Kaiser für gut befand, einen Frieden zu schließen, der weniger einbrachte, als die ganze Sache gekostet hatte. Aurangzeb tobte und wies in einem Hagel dringlicher Briefe darauf hin, daß die endgültige Eroberung Golkondas »nur noch eine Frage von sieben Tagen« gewesen sei – wahrscheinlich bekam der Kaiser sie nicht einmal zu Gesicht.

Eigentlich war es nur noch eine Zeitfrage, wie lange sich der dritte Prinz diese Behandlung gefallen ließ, als der Kaiser im September 1657 lebensgefährlich erkrankte.

In den Hofberichten wird die Erkrankung Schah Dschahans als Harnverhaltung bezeichnet, die ihn »mehrere Tage schwer quälte und dem Tode sehr nahe brachte«. Der Franzose Tavernier wußte es etwas genauer: »In seinem abnehmenden Alter bekam er Lust, ein Mägdelein von zwölf oder dreizehn Jahren, dessen ungemeine Schönheit ihn gereizt, zu beschlafen. Da seine Kräfte aber nicht mehr zuließen, seiner Begierde Genüge zu tun, gebrauchte er Mittel so hitziger Zubereitung, daß ihn deren Folgen dem Grabe sehr nahe brachten. Welches denselben veranlaßte, sich zwei oder drei Monate bei seinen Weibern im Harem einzuschließen.«

Tatsache ist, daß Schah Dschahan etwa sieben Tage in Lebensgefahr schwebte und während dieser Zeit Dara Schukoh die Regierungsgeschäfte führte. Dann war der Kaiser immerhin soweit wiederhergestellt, daß er im Diwan-i-am erscheinen konnte. Er verlieh seinem Liebling den unfaßbaren Rang von 60 000 Zat und ernannte ihn zum Regenten. Am selben Abend verließ der Kaiser dann Delhi und fuhr mit einem Boot den Jamuna abwärts nach Agra, wo er sich auszukurieren hoffte.

Anscheinend glaubte Schah Dschahan, besonders geschickt gehandelt zu haben: Er selbst hatte seinen Favoriten auf den Thron gesetzt und wollte nun sozusagen einen ruhigen Lebensabend verbringen. Doch hatte er übersehen, daß nun zwangsläufig die Brüder zum Machtkampf antreten würden.

Als erster meldete sich Schah Schudscha. Da einige Tage lang unklar war, ob der Kaiser nicht doch schon gestorben sei, ließ er sich sofort zum Kaiser ausrufen und wählte für diesen Anlaß einen ebenso bombastischen wie geschichtsträchtigen Namen: Abdul Faus Nasiruddin Mohammed, Timur III., Alexander II., Schah Schudscha Bahadur Ghazi. Das Letztere hieß »starker Glaubenskämpfer« und war als Spitze gegen den ästhetischen Freidenker Dara Schukoh gedacht. Doch als ihm im Februar 1658 ein starkes Mogulheer unter dem formellen Kommando eines Sohnes von Dara und dem wirklichen des Radschputen Dschaiwant Singh bei Benares entgegentrat, zeigte sich auch schnell, daß er kein zweiter Alexander oder dritter Timur war. Er flüchtete nach Bengalen zurück und war für eine geraume Zeit außer Gefecht.

Murad Baksch war zum kritischen Zeitpunkt Vizekönig in Gudscherat und begann seine Vorbereitungen für den Sprung auf den Kaiserthron mit der Ermordung des Finanzministers, den Schah Dschahan als Kassenhalter eingesetzt hatte, und mit der Plünderung des Hafens Surat, in dem die englischen Kaufleute saßen. Dadurch bekam er genügend Geld, eine beachtliche Armee aufzustellen, und nun ließ auch er sich zum Kaiser ausrufen.

Wesentlich geschickter verhielt sich Aurangzeb. In aller Ruhe kassierte er die Kriegabfindung, die Golkonda gerade bezahlen mußte, und rüstete ein schlagkräftiges Heer aus. Dann nahm er mit Bruder Murad Verbindung auf und konnte ihn auch davon überzeugen, daß sie vereint bessere Chancen hätten denn als Einzelkämpfer. In seiner Bibliothek befanden sich die Bücher eines Europäers namens Machiavelli, und augenscheinlch hatte sie Aurangzeb auch gelesen: Er versicherte Murad, sein ganzes Streben gelte einem friedlichen Einsiedlerdasein, dessen Voraussetzungen nun eben erkämpft werden müßten, und er wolle nur deshalb Murad zum Kaiser machen. Von nun an sprachen die beiden einander mit »Eure Hoheit« und »Eure Heiligkeit« an, doch die Heiligkeit galt offenbar mehr, da schon bei der ersten Beute zwei Drittel auf sie entfielen. Am 15. April schlugen die beiden dann das erste Mal eine Armee Dara Schukohs.

Schah Dschahan war mittlerweile vollständig genesen. Ohmächtig mußte er von Agra aus zusehen, wie sich seine Söhne gegeneinander aufrieben, und am beschämendsten für ihn war, daß er selbst mittlerweile im ganzen Reich wie ein Toter behandelt wurde. Seine einst unumschränkte Autorität war beim ersten Schwächezeichen wie ein Kartenhaus zusammengefallen, und »kaum ein Beamter hielt mehr auf ihn«, wie sein Sekretär notieren mußte. Trotz dieser Erkenntnis wollte ausgerechnet er, der selbst drei Jahre lang Familienkrieg geführt hatte, sich nun mit den Prinzen treffen, um die Angelegenheit vielleicht durch Beratung lösen zu können.

Da aber spielte nun Dara nicht mit. Der völlig Kriegsunerfahrene war nach seiner Niederlage erst recht entschlossen, seine Krone auf dem Schlachtfeld zu erkämpfen. Da ein Großteil seines regulären Heeres unter dem Kommando seines Sohnes in Bengalen stand, musterte er eine Riesenarmee, die geradezu prächtig ausgesehen haben muß. Der Italiener Manucci fand allerdings, daß sie »nicht sehr kriegstauglich war, da aus Schlachtern, Schmieden, Zimmerleuten und sogar Schneidern und Barbieren zusammengewürfelt«.

Zwölf Kilometer östlich von Agra prallten die beiden Heere am 29. Mai aufeinander. Die Sonne glühte, »daß viele Kireger unter der Rüstung Brandblasen bekamen«, und der Kampf war so hitzig, daß die Howdah auf Murads Kampfelefanten »von Speerspitzen starrte wie ein Stachelschwein« und noch zweihundert Jahre lang als Kuriosität in Delhi gezeigt wurde. Doch am Abend mußte Dara Schukoh nach verlorener Schlacht nach Agra flüchten.

Obwohl ihn Schah Dschahan freundlichst einlud, war der Lieblingssohn zu beschämt, ihn zu besuchen, sondern schloß sich in seinen Palast ein und ließ packen. In einer kleinen Karawane verließ er vor Morgengrauen Agra, mit Frauen, Kindern, Enkeln, fünfzehn Bediensteten und achtzehn goldbeladenen Maultieren, die ihm Schah Dschahan noch geschickt hatte. Das wertvollste Gepäckstück aber war ein kleiner Zettel, den sein Vater geschrieben hatte: Eine Anweisung an den Gouverneur von Delhi, die Schatzkammern zu öffnen.

Dara Schukohs Eile war sein Glück – als ihm Manucci bei Tagesanbruch folgen wollte, war die Straße bereits von Aurangzebs

Truppen blockiert, und am 1. Juni wurde das unbefestigte Agra von ihnen besetzt.

Schah Dschahan schickte aus der Festung eine Botschaft mit »der freundschaftlichen Bitte um Besuch« und ein ganz berühmtes Schwert mit dem Namen Alamgir, »Eroberer des Weltalls«. Aurangzeb dankte höflich und machte den Namen des Schwertes zu seinem eigenen – was schließlich um etliches besser klang als der Name seines Großvaters –, doch seinen Papa wollte er nur besuchen, falls dieser zuvor die Festung übergebe. Natürlich weigerte sich Schah Dschahan, und so belagerte Aurangzeb den Vater. Seine Kanonen konnten allerdings an Akbars großartiger Mauer nicht viel ausrichten. Als wirkungsvoller erwies sich, das Tor zum Jamuna zu besetzen, durch das alles Wasser in das Fort gebracht wurde. Schah Dschahan hatte die Zisternen und Brunnen selbstsicher verkommen lassen, und nun gaben sie nur Jauche von sich. Nach drei Tagen kapitulierte Schah Dschahan angeekelt. Am 5. Juni konnte Aurangzeb die Schätze in Besitz nehmen, die von drei Generationen zusammengerafft worden waren. Am 8. Juni plante er, seinen Vater zu besuchen. Vom Tadsch Mahal aus machte er sich auf den Weg, als er erfuhr, Schah Dschahans Sklavinnen würden ihn in der Festung ermorden wollen. Zu allem Überfluß wurde auch noch ein Brief des alten Kaisers abgefangen, in dem er Dara erneut jede Unterstützung zusagte. Aurangzeb kehrte um und sollte seinen Vater nie wieder sehen.

Er hatte Wichtigeres zu tun, denn nun war allmählich der Machtkampf mit seinem Bruder unvermeidbar geworden. In Agra hatte Aurangzeb fast alle Erfolge kassiert, während Murad noch seine Wunden aus der Schlacht kurierte. Nun marschierten beide Heere getrennt auf Delhi zu, und »zwischen ihnen herrschte Eiseskälte«, wie Manucci befand, der sich rechtzeitig auf Aurangzebs Seite geschlagen hatte. Am 25. Juni lagerten beide in Mathura, dem Geburtsplatz des lebenslustigen Hindugottes Krischna, und Aurangzeb lud seinen jüngeren Bruder ein, »bei einem freundlichen Gastmahl alle Probleme zu besprechen«. Der Antialkoholiker Aurangzeb freute sich, wie der lebenslustige Murad trank, und anschließend kam noch eine hübsche Sklavin, Murad zu massieren. »Shamponieren« war der mogulische Ausdruck dafür, und so kam er auch in unsere Sprache, allerdings auf die Kopfhaut beschränkt. Während dieser zärtlichen Massage war Murad natürlich nicht auf Vorsicht bedacht, und so verließen noch in derselben Nacht vier Howdahs auf vier Elefanten das Lager in die vier Windrichtungen. Murad saß, gefesselt und geknebelt, in jener, die nach Norden ging.

Am nächsten Morgen ließ sich Aurangzeb zum Kaiser ausrufen. Schah Dschahan blieb in seinen Marmorpalast gesperrt, wo er noch acht verbitterte Jahre lebte, während der ihn die Welt schon lange tot glaubte. Nahezu dreißig Jahre lang hatte er ihr das größte Luxusspektakel der Geschichte geboten, und so wurden sein Pomp wie sein lächerlicher Sturz sprichwörtlich. Sein Lieblingstier war der Pfau, seit der Antike für Hindus, Moslems und Abendländer das Symbol vollendeter Schönheit – nun wurde er zum Wappentier der Eitelkeit. Durch Schah Dschahan wurde das Wort Mogul zum Inbegriff aberwitziger Verschwendung, und es sollte einige Zeit dauern, bis seine Propaganda-Architektur wieder ihre beabsichtigte Wirkung zeigte und die Legende von der großen Liebe zu Muntaz Mahal die etwas häßliche Wahrheit überstrahlte.

Auf jeden Fall aber wurde Schah Dschahan unsterblich, und ein Abglanz seines Pomps spiegelt sich auch in jenem Kindervers, den der Berliner Zille Anno 1902 für die Nachwelt aufzeichnete: »Der große Mogul Schah Dschahan, der hat am Arsch 'ne Perle dran, Rubine, Gold und Blech dazu – und raus bist du!«

DAS REGIME DES SPIESSERS

Ende der Herrlichkeit

In den Geschichtsbüchern hat Aurangzeb schlechte Zensuren bekommen, hauptsächlich aufgrund seines rüden Verhaltens in familiären Angelegenheiten. Den Vorwurf machte ihm natürlich zuerst sein Vater Schah Dschahan, doch da antwortete Aurangzeb zynisch passend: »Von Kindheit an war mein sehnlichstes Bestreben, Euch nachzueifern, und einer meiner tiefsten Eindrücke war, wie Ihr aus Gründen der politischen Notwendigkeit bei Eurem glorreichen Regierungsantritt mit Euren Blutsverwandten zu verfahren beliebtet...«

Aurangzeb konnte gar nicht anders handeln, und daß die Opfer des Machtkampfes seine Brüder waren und keine weiteren Verwandten, lag an Schah Dschahan, der da schon Vorarbeit geleistet hatte. Der Streit um das Erbe wurde nach alter Nomadentradition ausgetragen. Katastrophal war nur, daß den Hintergrund des Familiendramas nicht die Steppe darstellte, sondern ein hochzivilisiertes, gerade auch noch von einer Wirtschaftskrise heimgesuchtes Reich. Im übrigen galt als Gesetz, was zweihundert Jahre später in Europa Charles Darwin zum Entsetzen aller Christen formulierte: Der Stärkste setzt sich durch.

Dara Schukoh war es nicht. Zwar hatte er die meisten Mittel, doch am wenigsten strategisches und politisches Talent. In Delhi hatte er die Staatskasse einsacken dürfen, doch als Aurangzeb nahte, zog er sich mit seinem zahlenmäßig immer noch überlegenen Heer nach Lahore zurück. Dort fand er nicht nur die gesamte Kriegsausrüstung vor, die Schah Dschahan für einen neuerlichen Kandahar-Feldzug hatte sammeln lassen, sondern auch den Staatsschatz der westlichen Reichsprovinzen, etwa dreißig Milliarden Mark Bargeld. Außerdem traf er dort den Italiener Manucci, der wieder einmal die Front gewechselt hatte, und den französischen

Arzt François Bernier, der eigentlich eine unpolitische Indien-Rundreise hatte machen wollen. Einen Monat lang ließ Dara Schukoh in Lahore üppige Feste feiern, dann näherte sich Aurangzeb, und wieder zog sich Dara kampflos zurück, diesmal nach Sind. Damit folgte er genau jener Route, die einst Humayun ins Exil geführt hatte.

Aurangzeb sandte eine Unzahl Briefe in Daras Lager, echte, um die Wankelmütigen unter den Generälen zu verführen, und falsche, die Dara in die Hände gespielt wurden, um Zweifel an den loyalen Kampfgenossen zu erwecken. Dara reagierte programmgemäß – laut Aurangzeb »naiv wie ein Kleinkind« –, die Desertionen wurden zur Lawine, und nach einem Monat Wüstenreise hatte er nur noch ein Zehntel seines Heeres bei sich und nicht ganz die Hälfte aller Schätze. Aurangzeb konnte sich nun beruhigt dem Osten des Reiches widmen, wo mittlerweile Schah Schudscha eine neue Armee gesammelt hatte.

Zur Schlacht zwischen dem zweiten und dem dritten Sohn Schah Dschahans kam es Ende Januar 1659, wieder östlich von Benares, und diesmal waren die Brüder einander ebenbürtig, sowohl in strategischem Können als auch in diplomatischen Listen. Obwohl Aurangzebs Heer Schah Schudschas zahlenmäßig um mehr als das Doppelte überlegen war, siegte Aurangzeb nur sehr knapp. Schah Schudscha wurde nun fünfzehn Monate lang quer durch Bengalen verfolgt, bis er schließlich nach Arakan flüchtete, den von zahlreichen Wasserläufen durchzogenen Dschungel Nordburmas, bevölkert von überaus berüchtigten Piraten. Dort wurde er wahrscheinlich im Juli 1660 erschlagen, doch sein Verschwinden machte ihn zu einer sagenhaften Figur, vergleichbar dem Stellvertreter des Führers, Bormann. Noch fünfzig Jahre später hieß es immer wieder, Schah Schudschah lebe und werde demnächst kommen, den Thron zu erobern, und mindestens dreißig falsche Schah Schudschas wurden gefangengenommen und von Elefanten zertrampelt.

Dara Schukoh hatte sich mittlerweile bis Gudscherat durchschlagen und mit den Resten seines Schatzes eine neue Armee aufstellen können. Die wurde am 14. Mai 1659 nach dreitägigen Kämpfen von Aurangzeb in Deorai bei Adschmir geschlagen, und Dara flüchtete, nur von seinem Sohn Sipihr und zwölf Offizieren begleitet, zurück nach Ahmedabad in Gudscherat. Dabei verlor er sogar seinen Harem, der an einem See bei Adschmir unter wunderschönen Marmorbögen die Schlacht abgewartet hatte. Die Damen versuchten auf eigene Faust ihren Gebieter zu erreichen und trafen ihn vor Ahmedabad, nachdem sie unterwegs von ihren Bediensteten und Dorfbewohnern völlig ausgeplündert worden waren. »Sie hatten nicht einmal mehr ein Zelt«, schildert Bernier, »sondern versteckten sich unter einem Leintuch, das sie mit Stricken an meinen Ochsenwagen banden. Da jeder weiß, wie eifersüchtig die großen Männer Hindustans auf ihre Weiber sind, erwähne ich diese Unglaublichkeit als Beweis für die erbärmlichen Verhältnisse, in denen nun der einst so reiche Prinz lebte.«

Unter diesen Umständen fanden es die Behörden von Gudscherat dienlich, vor Dara Schukoh die Stadttore von Ahmedabad verschlossen zu halten – ein Heer Aurangzebs nahte, und da wollten sie nichts riskieren. »Die Schreie der Frauen füllten jedes Auge mit Tränen«, notierte der französische Arzt, und Dara Schukoh verlor den letzten Rest Fassung: »Er glich einem lebenden Leichnam, hielt selbst gemeine Soldaten an und fragte sie um Rat.« Es gab keinen. Schah Dschahans Liebling mußte zurück in die Wüste, und nun setzten sich auch seine beiden letzten europäischen Begleiter ab. Kurz darauf verstarb Daras Lieblingsfrau an Ruhr und Erschöpfung. Da ihr letzter Wunsch war, in Lahore begraben zu sein, schickte Dara den Rest seiner Leibgarde mit ihrem Leichnam nach Norden. Das war seine letzte Unvorsichtigkeit: Wenige Tage später wurde er mit seinem Sohn Sipihr und den verbliebenen fünf Mann Personal von einem örtlichen Stammesführer gefangengenommen.

In einer vergitterten Howdah kamen Dara und sein gerade fünfzehnjähriger Sohn am 13. August in Delhi an. Sein Vater hatte die Stadt gegründet, Dara selbst war außerordentlich populär – ein reicher, verschwendungssüchtiger Prinz, der alle Händler gut leben ließ –, und so plante Aurangzeb, die Niederlage des Kronprinzen in einem großangelegten Spektakel zu demonstrieren: Am 19. August wurden Dara und sein Sohn einen ganzen Tag lang durch den Bazar geführt. Sie waren in Lumpen gehüllt und saßen, natürlich angekettet, auf einer ausgesucht mageren, schmutzstarrenden Elefantendame. Hinter ihnen hockte ein Sklave mit gezücktem Schwert, um ihnen bei der geringsten Sympathiekundgebung die Köpfe abzuschlagen.

Die beabsichtigte Wirkung aber erreichte Aurangzeb nicht. Bernier war Augenzeuge der Prozession und berichtet, daß »alle Händler über das traurige Los des Prinzen klagten«. Das war Daras Todesurteil.

Aurangzeb ließ sich dazu allerdings »förmlich zwingen«. Eine Delegation islamischer Rechtsgelehrter forderte in sechs öffentlichen Audienzen Daras Hinrichtung »wegen fortgesetzter Verstöße gegen die Religion«, und da konnte Aurangzeb ja gar nicht mehr anders. Am Morgen des 30. August 1659 wurde Dara Schukoh geköpft, dann wurde sein Leichnam den ganzen Tag über auf einem Elefanten in der Stadt gezeigt und am Abend auf der Terrasse von Humayuns Grab beigesetzt. Obgleich der Stein ziemlich schmucklos und nach orthodoxer Tradition namenlos ist, kennt ihn jeder Hindu und auch Moslem der Gegend.

Romantische Gemüter erfanden noch eine grausige Geschichte: Aurangzeb habe den ganzen Tag lang mit dem Kopf seines Bruders gespielt und ihn dann nach Agra geschickt, wo er dem alten Schah Dschahan in einer verdeckten Schüssel beim Mittagessen vorgesetzt worden sei. Wahrscheinlicher aber ist, was die Hofchronisten notierten. Demnach soll Aurangzeb, als man ihm den Kopf zeigen wollte, gesagt haben: »Da ich diesen Ungläubigen schon zu seinen Lebzeiten nicht sehen wollte, habe ich auch jetzt keine Lust dazu.«

Sipihr Schukoh kam überraschend glimpflich davon. Nach vierzehnjähriger Gefangenschaft in der Festung Gwalior ließ ihn der Kaiser auf die Insel Salimgarh bei Delhi bringen. Der »Ort des Friedens« war zwar auch ein Gefängnis, aber relativ komfortabel, und dort verehelichte Aurangzeb den Prinzen später sogar mit einer eigenen Tochter, die seinen Ärger erregt hatte. Hinter den hohen Mauern herrschte bald kein Mangel an standesgemäßer Gesellschaft: Ebenfalls nach Salimgarh kamen die beiden ältesten Söhne und drei Töchter des Kaisers, zwei Söhne von Murad Baksch und vierzehn weitere Nichten und Neffen.

Für die übrige Verwandtschaft wurde Aurangzebs Sieg tödlich. Murad hatte seinen Finanzminister umbringen lassen, als er sich zum Kaiser ausrief. Aurangzeb sorgte dafür, daß er nun für die

Blutrache der Sippe fällig wurde, und erließ, um allen Begnadigungsmöglichkeiten auszuweichen, für sich selbst ein Gesetz, »bei Prüfung von Rechtsfällen ohne Rücksicht auf die Abkunft von Personen vorzugehen«. Die übrigen Söhne Daras und Murads wurden vergiftet, desgleichen fast alle männlichen Verwandten ihrer Frauen.

Schah Dschahan mußte von Agra aus ohnmächtig zusehen, wie sein ungeliebtester Sohn praktisch die ganze Familie ausrottete, und auch für den Vater ließ sich Aurangzeb eine Menge Schikanen einfallen. Zeitweise wurde das Schreibzeug des gestürzten Kaisers konfisziert, manchmal die Garderobe, und nur selten wagte Schah Dschahan schüchterne Versuche der Gegenwehr. Nachdem ihm alle Edelsteine abgenommen waren, wollte er wenigstens seine Gebetskette behalten, ein erlesenes Stück aus Riesenperlen. »Lieber werde ich sie in einem Mörser zerstampfen, als sie dir geben«, beschied er den Sohn, und das war das einzige Mal, daß er sich durchsetzen konnte. Im Laufe der Jahre wurde der Briefwechsel etwas weniger rüde, und 1664 konnte sich Schah Dschahan sogar aufraffen, Aurangzeb brieflich »eine Art Segen« zu erteilen, doch seine einzige Freude in den letzten Jahren war, daß Dschahanara freiwillig mit ihm gegangen war. Sie versuchte ihn aufzuheitern, so gut es ging, »doch meist saß mein erhabener Vater regungslos an die Wand des Jasminturms gelehnt und starrte, solange die Sonne schien, auf das Grabmal meiner verehrungswürdigen Mutter«. In dieser Stellung starb er auch am 22. Januar 1666 an den Folgen seines Nierenleidens, das ihn schon den Thron gekostet hatte.

Dschahanara ließ den Leichnam am nächsten Tag mit einem Boot zum Tadsch Mahal bringen und dort beisetzen. Sie selbst übersiedelte kurz darauf nach Delhi, wo sie im Fort ein Gartenhaus neben jenem Palast bezog, den ihr Vater für sie hatte errichten lassen. Nach und nach erwarb sie sechzehn Handelsschiffe, von deren Einkünften sie lebte und aus denen sie beim Grabmal des Heiligen Nizamuddin Aulia ein elegantes Marmorgehege als ihr eigenes errichten ließ. 1681 starb sie, und die Wahl ihres Bestattungsortes war eine letzte Spitze gegen ihren Bruder: War doch der mittelalterliche Heilige auch Architekt jenes berühmten Triumphbogens, der einen darunter durchziehenden Sultan erschlug.

Das letzte glanzvolle Ereignis des Mogulhofes war die offizielle Krönung Aurangzebs am 5. Juni 1659, drei Stunden und fünfzehn Minuten nach Sonnenaufgang. Den Zeitpunkt hatten Astrologen bestimmt – eine seltsame Anomalie für einen, der sich sonst doch nur nach dem Koran richtete, in dem diese Wissenschaft keine Rolle spielt. Der Kaiser wartete hinter den Kulissen des Spektakels, bis der Hofoberastrologe von einer voluminösen französischen Taschenuhr die »glückverheißende Sekunde« abgelesen hatte, und dieses Zeremoniell hat sich seitdem für die immer seltener werdenden Krönungen in Asien eingebürgert.

Pünktlich setzte sich Aurangzeb auf den Pfauenthron und verkündete, sein Name sei von nun an Alamgir. Dann paradierten 60 000 Soldaten, 12 000 Elefanten, 40 000 Mann Kavallerie und 12 000 Kanonen an ihrem Kaiser vorbei, nicht mehr, als sonst bei derlei Anlässen üblich war.

Ein Anzeichen dafür, daß die strahlende Pracht eher schon ein Abendleuchten war, ist die kleine Tatsache, daß der neue Name des Kaisers sich nicht mehr recht einbürgern wollte. Früher wurden die verliehenen Namen der Moguln immer selbstverständlich hingenommen – vergleichbar denen der katholischen Päpste –, doch nun verwendeten ihn nicht einmal mehr die eigenen Hofgeschichtsschreiber durchgehend. Auch der Europäer Dryden nannte sein bluttriefendes Schauerdrama über den Kaiser nur »Aurangzebe«.

Allerdings blieb Asien für Europa noch nahezu ein Jahrhundert lang »Mogulistan«, und »chambres indiennes« sowie »robes moguliennes« waren eine selbstverständliche Attraktion absolutistischer Fürstenhöfe. Der Hauptgrund dafür war zweifellos die Faszination, die das so immens reiche Land auf das damalige Nachkriegseuropa ausübte und die zwangsläufig zur Mythenbildung führte – vergleichbar dem Nimbus, der nach dem Zweiten Weltkrieg die USA umstrahlte. China, wo sich gerade nicht weniger dramatisch der Übergang von der Ming- zur Mandschudynastie vollzogen hatte, blieb »außerhalb der Welt« und des Begriffsvermögens, ehe im späten Rokoko die Chinoiserien zum Zeitsymptom des welkenden Absolutismus wurden. Ein anderer Grund war, daß doch eine ganze Menge Europäer den Subkontinent besucht und darüber Schriftliches abgesondert hatten. Reisebücher über Indien erlebten eine unglaubliche Konjunktur, und der Erfolgreichste war Bernier, der seine »Reisen durch das Mogulreich« 1668 veröffentlichte und die sensationelle Bestsellerauflage von 120 000 erreichte. In dieser Beziehung hatte Manucci weniger Glück. 1656 war der sechzehnjährige Abenteurer in Indien gelandet und wurde nach seinem Zwischenspiel als kaiserlicher Kanonier Quacksalber. Indien ließ ihn nicht mehr los: 1717 starb er in der Nähe von Madras, und erst zehn Jahre nach seinem Tod erschien seine phantastische und voluminöse »Storia della Mogor«. Das vierbändige Werk strotzt vor amüsanten Details, wurde ebenfalls ein Seller, doch gerade seiner lebendigen Schilderung wegen oft nicht ganz ernst genommen. Dabei war Manucci ein wesentlich genauerer Beobachter als Bernier und lieferte eine so hervorragende Beschreibung aller gesehenen Wunderwerke, daß nach ihrer Lektüre auch der Herr Geheimrat Goethe voll im Bilde war. In seinen »Zahmen Xenien«, Band zwei, schleuderte der Olympier von Weimar aus seinen feierlichen Bann gegen die »tollen Höhlexcavationen« der Hindukultur:

»Und so will ich ein für allemal
Keine Bestien in dem Göttersaal!
Die leidigen Elefantenrüssel,
Das umgeschlungene Schlangenüssel,
Tief' Urschildkröt' im Weltensumpf,
Viel' Königsköpf' auf einem Rumpf,
Die müssen uns zur Verzweiflung bringen,
Wird sie nicht reiner Ost verschlingen?
...
In Indien möcht' ich selber leben,
Hätt' es nur keine Steinhauer gegeben.
...
Auf ewig hab' ich sie vertrieben,
Vielköpfige Götter trifft mein Bann,
So Wischnu, Rama, Brama, Schiven,
Sogar den Affen Hannemann.«

In dieser Hinsicht teilte er die Meinung Aurangzebs, der für Hindus auch nichts übrig hatte. Schon bei seiner Krönung waren keine Hindufürsten zugelassen, und daher war sie nur für die orthodoxen Moslems ein erfreuliches Ereignis.

Die Ulema – so die Sammelbezeichnung der im Islam vereinigten Staats- und Religionswissenschaftler – hatte lange im Schatten der kaiserlichen Gunst gestanden. Weder Babur noch Humayun kümmerten sich um sie und Akbar erst recht nicht. Sein Genie hatte früh erkannt, daß Indien ein zu komplexes Land war, nach den Gesetzen des Koran regiert zu werden, und daß die Feindschaft der Geistlichkeit leichter zu ertragen sei als die der Bevölkerungsmehrheit. »Der Einheit Indiens zuliebe« wurde die Ulema von der Staatsmacht praktisch ausgeschlossen. Hoftheologen und -ideologen waren ausnahmslos Sufis, Angehörige einer mystisch-liberalen Richtung des Islams, die den Orthodoxen seit Jahrhunderten suspekt waren. Unter Schah Dschahan hatte die Ulema erstmals Morgenluft gewittert, mußte aber zu ihrer größten Verbitterung erleben, wie der Kaiser in späteren Jahren und zweifellos durch den Einfluß Dara Schukohs seine Gunst allmählich wieder zwischen ihnen und den Liberalen teilte. Aurangzeb war nun endlich ein Kaiser nach ihrem Geschmack: fanatisch in die Buchstaben des Korans verbissen, unnachsichtig gegen »Götzendiener aller Art«, fromm bis zur Bigotterie.

Aus seinem ganzen langen Leben ist nur eine einzige persönliche Beziehung bekannt, in der Leidenschaft als Spurelement mitspielte. Sie galt einer Nebenfrau namens Seinubani, die ausnehmend jung, klug und lebenslustig gewesen sein muß. In jener Zeit ging die Zahl der verhängten Todesurteile auffallend zurück, und der Kaiser befaßte sich sogar etwas mit Musik und Malerei. Seinubani soll ihn sogar dazu gebracht haben, ausnahmsweise einmal an einem Glas Wein zu nippen, doch kurz darauf starb sie, noch nicht achtzehn. »In späteren Jahren«, so Manucci, »pflegte der Kaiser zu sagen, Gott sei ihm sehr gnädig gewesen, indem er dieses Mädchen sterben ließ, dem zuliebe er ja soviele Sünden begangen habe und sogar Gefahr gelaufen sei, durch böse Taten zu regieren.« Durchschnittlich sechs Tagesstunden widmete der Kaiser dem Gebet, in späteren Jahren bis zu neun, und dem im einst brüderlichen Verkehr gepflegten »Seine Heiligkeit« trachtete er durch demonstrative Askese gerecht zu werden: Schon ab seiner Thronbesteigung trug er nur noch schlichte weiße Kleidung, und zwei Jahre später mauserte er sich zum strengen Vegetarier.

Der neue Hofideologe war ein gewisser Scheich Achmed Sirhindi. Auch er vertrat, wie vor ihm die Sufis, die These, der Großmogul sei »Kaiser ganz Indiens und Indiens als eines unteilbaren Ganzen«, doch nun sollte dieses Indien gemäß den Gesetzen des Korans zu einem islamischen Musterstaat bekehrt werden, notfalls »mit Feuer und Schwert«. Während des Thronfolgekrieges war Achmed aus Sirhin als Wanderprediger durch das Reich gezogen und hatte eine Stimmung religiöser Massenhysterie erzeugt, die Aurangzeb immer neue Anhänger zuführte. Der Kaiser mußte dafür den Fanatiker zu einer Art Papst in Rechts- und Glaubensfragen ernennen, möglicherweise auch wider besseres Wissen. Achmed und Aurangzeb als »kaiserliches Werkzeug« legten jedenfalls die Wurzeln jener religiösen Unversöhnlichkeit, die zweieinhalb Jahrhunderte später, 1947, zu einem blutigen Glaubenskrieg und der Teilung des Subkontinents in Indien und Pakistan führte.

Ein ungeheurer Beschnüffelungs- und Spitzelapparat wurde aufgebaut, die Einhaltung der neuen Art Frömmigkeit zu überwachen. Allein im Großraum Delhi sorgten 200 000 Geheimpolizisten dafür, daß jedermann auf dem Boden der freien islamischen Grundordnung stand, auf Sandalen, deren Höhe eine Fingerbreite nicht überschreiten durften, und in Hosen, deren Länge ebenfalls festgelegt war. Bärte von mehr als vier Fingerbreit Länge wurden verboten, weil zuviel Haar dem gesprochenen Namen Allahs auf dem Weg in den Himmel hinderlich sein könnte, und wurden daher von zollstockbewehrten Beamten gleich auf der Straße gestutzt. Eine gespenstische Vorwegnahme gegenwärtig wehrhafter Demokratie war die ständige Kontrolle von Reisenden auf mitgeführtes Lesematerial und die von Bibliotheken, in denen keine freiwillige Selbstzensur vorgenommen wurde, nach den Lesern bestimmter Werke. Daß sämtliche Hindus auch aus den untergeordnetsten Bereichen des öffentlichen Lebens als »die Ordnung gefährdend« entfernt wurden, selbst als Gärtner aus den Staatsgärten, war da nur noch selbstverständlich.

Die erste Gruppe, mit der es sich Aurangzeb gründlich verdarb, waren die Sikhs, ein damals noch ziemlich esoterischer Verein, der eigentlich mehr mit den Moslems gemeinsam hatte als mit Hindus. Gründer der Sekte war der rauschebärtige Guru Nanak, der von 1469 bis 1539 in Amritsar lebte, zunächst als Buchhalter in der afghanischen Verwaltung, später als freier Einsiedler. Vom Islam übernahm er die Prinzipien des Monotheismus, wie sie ihm sein Gott mitteilte:

> »Der Wahre Eine war im Anfang, der Wahre war in der Urzeit, Der Wahre Eine ist auch jetzt, o Nanak; der Wahre Eine wird auch sein.
> Auf seinen Befehl werden Körper erschaffen; sein Befehl kann nicht beschrieben werden.
> Auf seinen Befehl werden ihnen Seelen eingehaucht; auf seinen Befehl wird Größe erlangt.
> Auf seinen Befehl sind die Menschen hoch oder niedrig; auf seinen Befehl erfahren sie vorbestimmte Pein oder Lust.
> Auf seinen Befehl empfangen sie Belohnung; auf seinen Befehl müssen andere ewig in Verwandlung wandern.«

Wobei die Seelenwanderung ebenso vom Hinduismus übernommen wurde wie Hygiene- und Speiseregeln, mit der Abwandlung, daß Fleisch erlaubt war, Alkohol und Tabak hingegen verboten. Im Pandschab hatte die Sekte rasch Zulauf gewonnen, und eine Reihe von Gurus schuf daraus eine veritable Religion. Akbar war ihnen durchaus freundlich gesonnen, auch Schahangir, obwohl ein Guru die Frechheit besessen hatte, die Rebellion Khusraus zu unterstützen. Auch Dara Schukoh hatte sich gern mit den stets weißgekleideten Glaubensmännern umgeben, und das bereits war für Aurangzeb Grund genug, ihnen bei jeder Gelegenheit seine Ungnade zu zeigen.

Zum förmlichen Bruch kam es 1675, als der Kaiser überraschend Guru Tegh Bahadur »zu einer religiösen Diskussion« einlud. Der Guru kam unter Zusicherung freien Geleites und wurde barsch aufgefordert, sich sofort zum Islam zu bekehren. Natürlich weigerte sich Tegh Bahadur, und daraufhin wurde ihm und sechzehn Glaubensgenossen im Bazar der Goldschmiede der Kopf abgeschlagen. Die Hinrichtungsstätte ist heute für Sikhs neben dem Goldenen

Tempel von Amritsar der heiligste Platz, schlimm aber waren die politischen Folgen: Teghs Nachfolger Guru Govinda machte aus der frommen Gemeinschaft eine äußerst militante und übernahm vom Islam auch das Prinzip des Heiligen Glaubenskrieges, dessen Gefallene im Unterschied zum islamischen Ghazi nun Akali heißen. Die Sikhs schworen, sich weder Haare noch Bart zu stutzen, ehe nicht die letzten Moslems aus Indien vertrieben seien – was sich bis heute als Tracht erhalten hat, obwohl das Ziel mittlerweile etwas zurückgesteckt wurde –, und nahmen aus taktischen Gründen allesamt den Namen Singh an, zu deutsch: Löwe. Damit stifteten sie im Indien der Mogulzeit gewiß nicht weniger Verwirrung als im heutigen, durch dessen Telefonbücher allein 14 Millionen Löwen irren. Vor allem aber verunsicherte der nun ausbrechende Guerillakrieg den Westen des Reiches. Die Sikhs erwiesen sich als tollkühne Kämpfer und brachten es wiederholt zu einem eigenen Staat. Sie blieben die geschworenen Feinde der Moguln, auch wenn sie sich mit ihnen später fallweise verbünden sollten, und waren der erste gewichtige Nagel zum Sarg des glanzvollen Reiches.

Gleichzeitig machte sich der Kaiser im Osten des Reiches die Krischnaverehrer zu Feinden. Im sechzehnten Jahrhundert hatte ein Bengale gegen die engen Kastenschranken mit einer »allumfassenden Verehrung Gott Krischnas« opponiert, des sehr lebenslustigen Helden alter Hinduepen. Da der Gottesdienst Musik, Tanz und fallweise auch Gruppensex umfaßte, wurde die Glaubensgemeinschaft nicht nur ungeheuer populär, sondern schuf auch wichtige kulturelle Leistungen, vor allem durch Integration der vielen Sprachen des Subkontinents in einer neuen. Tulsidas, der von 1534 bis 1623 in Benares lebte und die klassischen Hinduepen in dieses Esperanto übersetzte, ist der eigentliche Schöpfer des Hindi, das mittlerweile Staatssprache Indiens wurde. Ihren Höhepunkt erreichte die Bewegung, als mit Duldung Dschahangirs Krischnas heilige Sagenstadt Brindaban am Jamuna neu gegründet und sein Geburtsort Mathura bei Agra mit vielen Tempeln verschönert wurde. Als Schah Dschahan »alle Götzentempel« zerstören ließ, sparte er diese beiden Orte diplomatisch aus. 1678 wagte Aurangzeb einen ebenso brutalen wie sinnlosen Kraftakt: Er ließ Brindaban dem Erdboden gleichmachen und auf dem höchsten Punkt des Hügels von Mathura eine Moschee errichten, in deren Schwellen er alle Götterbilder des Ortes einzumauern befahl, »um meinen Gläubigen auf dem Weg zum Gebet das erhabene Gefühl zu geben, über den gestürzten Unglauben zu schreiten«. Damit vergrollte er nicht nur zwei Drittel aller Bengalen, sondern auch gut zwanzig Prozent seiner übrigen Hinduuntertanen. Den Rest verärgerte er kurz darauf, als er auch im heiligen Benares den höchsten über dem Ganges gelegenen Tempel zerstören und durch eine Moschee ersetzen ließ.

Natürlich fehlte es nicht an warnenden Stimmen, doch der Kaiser beschied sie barsch mit dem Kommentar, er würde »auch so viele Hunde nicht fürchten« – schließlich aber wurden sie des Staates Tod.

Zunächst saß Aurangzeb allerdings noch mit einer uneingeschränkten Machtfülle auf dem Thron, wie sie vor ihm kein Mogul besessen hatte, ein Alleinherrscher, fest entschlossen, dies auch mit allen Mitteln zu bleiben. Systematisch entmachtete er die unter seinen Vorgängern ins Kraut geschossenen Ministerien, immer mehr Kompetenzen an sich reißend, bis nichts mehr ohne seine persönliche Entscheidung ging. Die schon bei Regierungsantritt etablierte Geheimpolizei erhielt mehr oder minder freiwillige Verstärkung durch die Geistlichkeit, da der Kaiser auch »zufällig gehörte Gespräche möglicherweise zweifelhaften Inhaltes« anzeigepflichtig machte, und hinzu kamen ab 1664 noch Muhtasibs, zu deutsch Sittenwächter. Damit schuf der Mogul Traditionen, die bis zur Gegenwart übernommen werden sollten. Österreichs Maria Theresia führte »nach mogulischer Weis'« Sittenschnüffler ein, als allzuhäufige Bordellbesuche ihres Gatten ruchbar wurden; der Schah von Persien rekrutierte lange seine Spitzelbrigaden aus der Priesterschaft, und Indira Gandhi bereitete ihren Schritt zur vorübergehenden Diktatur durch eine erklärtermaßen von Aurangzeb übernommene Kompetenzhäufung vor, wie er in Kauf nehmend, daß dabei jede zügige Verwaltungsarbeit paralysiert werden muß. Von ihm lernte sie auch, wie jenes Klima ängstlicher Verunsicherung zu schaffen ist, in dem Despoten am besten gedeihen: durch willkürliche Verdächtigungen und Verhaftungen, vor denen auch Hochgestellte nicht sicher sind. Und eine für jeden Staatsbürger geltende »Anzeigepflicht aller auf möglicherweise staatsgefährdende Umtriebe schließen lassende Hinweise« ist seit einiger Zeit ja auch in sich selbst als freiheitlich bezeichnenden Staaten Gesprächsgegenstand.

Aurangzebs Veränderungen geschahen selbstverständlich im Namen des Korans, zum Beispiel auch die Verschleuderung des kulturellen Erbes: Musik bei Hofe wurde verboten; kurz darauf wurden die Malateliers aufgelöst und wenig später die Abteilung der Hofgeschichtsschreiber. Die Musiker wagten noch eine groteske Protestdemonstration und trugen ihre Instrumente »wie bei einem feierlichen Leichenzug« unter den Fenstern des Kaisers vorbei, ehe sie sich nach neuen Brotgebern umsahen. Aurangzeb aber ließ sie ungerührt ziehen, und da ihnen bald alle anderen Künstler folgten, beginnt nun die Geschichte der vielen Provinzschulen indischer Kunst.

Die Architekten hatten noch eine gewisse Schonzeit. In den ersten zwanzig Jahren seiner Regierungszeit ließ Aurangzeb eine Reihe prächtiger Bauten errichten, vor allem Moscheen natürlich. Die miniaturhafte Perlenmoschee im Fort von Delhi, zu des Kaisers Privatgebrauch erbaut, ist ein filigraner Abendglanz des weißen Marmorstils, und die riesige Badschahi-Moschee in Lahore besticht durch ihre bei aller Größe delikaten Proportionen. Die übrigen Bauten wirken meist ziemlich genormt, und den Endpunkt dieser Entwicklung bildet das Grab der kaiserlichen Hauptfrau bei Aurangabad, gern auch »Kleines Tadsch« genannt. Tatsächlich ähneln die beiden Bauten einander frappierend, doch geschieht bei einem Vergleich dem fast gotisch schlanken Kuppeldom meist Unrecht – immerhin wird beim Grab Dilras Banus die timuridische Tradition der Doppelkuppel auf die Spitze getrieben. Um eine ansprechend hohe Außenkuppel zu erreichen und einen allzuhohen Innenraum zu vermeiden, hatten Timurs Architekten ein Zweischalensystem entwickelt, zwischen dem architektonischer Leerraum herrschte – in Aurangabad zwanzig Meter. Was aber die meisten Bauten Aurangzebs gegenüber früheren schlechter abschneiden läßt, ist die Sparsamkeit bei der Materialwahl: Gips statt Marmor, Tünche statt Edelsteinintarsien. In der Staatskasse meldete sich allmählich Ebbe an, und daher wurden auch die Architekten überflüssig, gegen die der Koran ja nichts hatte.

Aurangzeb hatte eine schon längst ins Schleudern geratene Staatswirtschaft übernommen und selbst einmal die Absetzung seines Vaters damit begründet, »eine weitere Schmälerung des Schatzes durch wahnwitzigen Luxus« verhindern zu müssen. Seine Versuche als Kaiser, den Staatshaushalt zu sanieren, waren jedoch keineswegs von Glück verfolgt. Aus dem Reich war beim besten Willen keine Einnahmesteigerung zu holen, und unsterblichen Haß erwarb sich Aurangzeb, als er 1679 die von Akbar abgeschaffte Dschisdscha wiedereinführte, die Kopfsteuer für Andersgläubige. Etwa dreitausend Hindus gehobener Kasten versammelten sich am Jamuna-Ufer beim Dscharoka-Balkon zum Protest, und des Kaisers Reaktion wirft ein Glanzlicht auf den gewandelten Regierungsstil: Er ließ die Demonstration von siebenhundert Elefanten niedertrampeln und verzichtete fortan auf das Ritual der morgendlichen Erscheinung.

Auch Versuche, dem Reich durch Eroberung neuer Gebiete frische Reichtümer zuzuführen, blieben erfolglos. 1687 konnte Aurangzeb Golkonda erobern, diesmal für immer, und er ließ dies stolz auf der größten Kanone der damaligen Welt verewigen. Sie liegt noch heute auf der Stadtmauer von Bidschapur, ist 4 Meter 27 lang, mißt 4 Meter 12 Umfang bei einem Kaliber von 71,2 Zentimetern und war leider das Wertvollste, was Aurangzeb vorfand. Die Beute deckte nicht einmal ein Viertel der Kriegskosten, und in der Folgezeit ließ eine endlose Guerillabewegung Golkonda noch viel teurer kommen. Auch Haiderabad, das der Mogul wenige Wochen später eroberte, hielt nicht ganz, was er sich davon versprach – sein größter Schatz waren 21 563 registrierte Prostituierte.

In Mitteleuropa wurde der allmähliche Abstieg in die Pleite nicht wahrgenommen, und Berichte, die andeutungsweise die traurigen Tatsachen erwähnten, wurden nicht geglaubt. Zu sehr blendeten die Pracht des Kaiserhofes und die Scheinerfolge der Eroberungen. Als gut ein Jahrhundert später offenbar wurde, wie sehr dieser Glanz über die wirtschaftliche Wirklichkeit hinweggetäuscht hatte, standen die Moguln noch einmal Pate für eine Wortschöpfung. Zuvor hatte sich »mugeln« für die oberflächliche Glättung von Rohedelsteinen eingebürgert. Nun nannte man die geschickte Vorspiegelung falscher Tatsachen »mogeln«.

Seinen populärsten Gegenspieler fand Aurangzeb gleich am Anfang seiner Regierungszeit: Schiwadschi, den Sproß einer nicht ganz standesgemäßen Verbindung einer Brahmanentochter mit einem der Radschakaste zugehörigen Stammeshäuptling der Marathen. Schiwa ist der Hindugott des Sexus, Rausches und der Ekstase, und die Silbe -dschi ist das hochachtungsvollste Prädikat des Subkontinents – weshalb heute Inder nicht von Mahatma Gandhi sprechen, sondern von Gandhidschi. Schiwadschi wurde der Robin Hood des Hinduismus, hauptsächlich weil er seit Hemu der erste Glaubensgenosse war, der sich mit den Moslems anlegte, und im Unterschied zu diesem auch erfolgreich.

Zunächst hatte es der etwas kurz und rundlich geratene Schiwadschi verstanden, durch geschickte Bündnispolitik und nicht weniger geschicktes Ausspielen seiner Gegner, die Mehrzahl der marathischen Stammesfürsten für seine Idee eines gemeinsamen Guerillakrieges zu gewinnen. Bei diesem waren seine Methoden absolut nicht zimperlich und würden heute unter die Horrorbezeichnung »Terrorismus« fallen: Überfälle auf Geldtransporte, Geiselnahme hochgestellter Persönlichkeiten, Meuchelmord, alles ausgeführt von meisterhaft organisierten Banden. Schiwadschis persönliche Heldentaten vergrößerten schnell seinen Ruhm, und bald kursierten in Indien unzählige Geschichten über ihn.

Da war zum Beispiel die mit den »Tigerklauen«: Schiwadschis Marathenbanden hatten das damals noch selbständige Bidschapur so lange verunsichert, bis der Sultan eine Armee unter Afsal Khan losschickte, die natürlich gegen Guerillas auch nichts ausrichten konnte. Afsal Khan willigte schließlich zu Friedensverhandlungen ein – womit Schiwadschi vom Banditenhäuptling zum ebenbürtigen Gegner befördert wurde – und schlug ein »unbewaffnetes Treffen« vor. Schiwadschi präparierte sich dafür auf seine Weise, mit einem Brustpanzer unter dem Hemd und vier zusammengeschweißten Stahlzinken an seiner linken Hand, die er »Tigerklauen« nannte. Seine Anhänger behaupteten später, auch Afsal Khan habe Böses im Sinn gehabt und Schiwadschi bei der Begrüßungsumarmung mit einem Dolch überrascht, der jedoch am Panzer abgeprallt sei.

Andere, objektivere Chronisten bestreiten das – auf jeden Fall schlitzte Schiwadschi bei der Begrüßung den Bauch des Generals so gründlich, daß einer der Stahlzinken dabei abbrach. In die Schreckpause der Moslems stürmten dann die Marathen und metzelten den Trupp Afsal Khans nieder. Mit diesem Streich wurde Schiwadschi das Idol aller Hindus. Seine Tigerklauen wurden fortan zu einer Patentwaffe für Meuchelmorde, die Originale aber eine Reliquie, nunmehr im Schatz des Maharadschas von Satara zu bestaunen.

Schiwadschis nächste Heldentaten gingen bereits auf Kosten der Moguln. Am 5. April 1663 konnte er zur Nachtzeit mit einem kleinen Haufen in die Festung Puna eindringen, gegenüber dem heutigen Bombay, wo Aurangzebs Onkel Schaista Khan seit seiner Absetzung vom Amt des Premierministers als Gouverneur des Dekkan amtierte. Noch peinlicher für das Prestige der Moguln war, daß Schiwadschi am 6. Januar 1664 sogar Surat erobern konnte, wo die Briten ihren Handelshafen hatten, und bis zum 10. Januar plündern ließ. Nun konnte Aurangzeb den Guerillahäuptling nicht mehr länger als »nicht beachtenswert« abtun und schickte – nachdem er den Engländern »als Entgegenkommen für den entstandenen Schaden« die Halbinsel Bombay überlassen hatte – seinen fähigsten General zu den Marathen, Dschaiwant Singh.

Singh beherrschte die Taktik der kleinen Schläge ebensogut wie Schiwadschi, und diesmal ersuchte Schiwadschi um Friedensverhandlungen. Dschai Singh war mäßig: Er nahm dem selbsternannten »Fürsten aller Marathen« nur 23 Festungen ab und ließ ihm zwölf, bestand aber darauf, daß Schiwadschi »wie alle halbautonomen Fürsten« den Kaiser besuchen müsse. Nach langem Hin und Her und der Zusicherung freien Geleits willigte Schiwadschi auch ein.

Obwohl er die Reise nach Agra, wo Aurangzeb gerade hofhielt, »mit äußerster Bange« antrat, war eigentlich keine Gefahr: Zu viele ähnlich halbautonome Fürsten waren zur Feier des fünzigsten kaiserlichen Mondgeburtstages versammelt, als daß Aurangzeb hätte wagen können, durch »rechtmäßige Behandlung des Aufrührers« ein bedenkliches Signal zu setzen. Als Schiwadschi im Mai 1666 in Agra eintraf, erkannte er dies auch sehr schnell, und dementsprechend wuchs sein Mut. Er forderte, Aurangzeb möge ihm die

Huldigung mit einem Elefanten, einem Ehrenkleid und einer Schale voller Juwelen honorieren, und war selbst überrascht, als auch das bewilligt wurde. Die Zeremonien im Diwan-i-am, die der Bescherung vorausgingen, langweilten ihn allerdings sehr, und bald hatte er die neben ihm stehenden Adligen in fröhliche Gespräche verstrickt. Leider erfuhr er dabei auch, daß seine Nachbarn nur 5000 Zat wert waren. Diese Geringschätzung seiner Person durch das Protokoll wurmte ihn derart, daß er schließlich die Feierlichkeit durch wüste Schimpfkanonaden auflockerte und abrupt verließ. Nun war natürlich Aurangzeb beleidigt und befahl, »den kleinen Dicken« unter Hausarrest zu stellen.

Drei Monate hauste der Marathe nun als unfreiwilliger Gast in Agra und beschickte täglich die Brahmanen der Nachbarschaft mit großen Körben voller Obst. Seine Bewacher gaben es allmählich auf, die süße Fracht zu kontrollieren, und eines schönen Augusttages verließ Schiwadschi selbst Agra per Korb und zog, als Bettelmönch verkleidet, in seine Heimat zurück.

Einige Jahre gab er nun Ruhe, doch von 1670 an eroberte er eine Festung nach der anderen zurück. 1672 hatte er ein so großes Gebiet um Bombay unter Kontrolle, daß er einen »Staat der Marathen« ausrufen konnte, den ersten Hindustaat seit neunhundert Jahren, sieht man von einem halben Dutzend kleiner Fürstentümer im Süden des Subkontinents ab.

Auch als erster König der Marathen behielt Schiwadschi die Gepflogenheiten eines Räuberhauptmannes bei. Europäer bezeichneten ihn stets als »Banditenhäuptling«, aber auch als »liebenswürdig, charmant und fallweise großzügig«. Zur Ehre gereicht ihm die Beurteilung durch Chronisten der Moguln: »Er verharrte auf dem Pfade der Rebellion, plünderte Karawanen aus und bereitete der Menschheit Kummer und Sorgen, doch enthielt er sich gänzlich anderer Schandtaten und ließ die Ehre islamischer Frauen und Kinder unangetastet, so schlimm er sonst war.« Und den geborenen Guerillaführer zeigt der Rat, den er hochgestellten Moslemfürsten gab, als sie ihn für einen Krieg gegen Aurangzeb gewinnen wollten: »Geht zurück in sein Reich, verhaltet euch loyal und organisiert Aufstände.«

Als Schiwadschi 1680 starb, konnte er seinem Sohn Sambudschi einen geordneten Staat Maharaschtra vererben. Darüber hinaus wurde er zum Volkshelden aller Hindus, und dies besorgten sinnigerweise jene, die ihn nicht leiden konnten. Nach den Moguln waren das die Engländer, weniger weil er ihren Handel geschädigt hatte, sondern vielmehr weil sein Name zum Losungswort aller Unabhängigkeitsbestrebungen wurde. Das moderne Indien hat Schiwadschi dafür ein Denkmal gesetzt, in Bombay, gleich gegenüber dem Symbol des Kolonialismus, dem Gateway of India. Die mit der Unabhängigkeit ebenfalls über den Subkontinent hereingebrochene Prüderie sorgte jedoch dafür, daß diese Ehre zumindest für Schiwadschi eine zweifelhafte wurde: Die Figur reitet einen Wallach, und ein verschnittenes Pferd zu besteigen hatte sich der Volksheld schon in Agra geweigert, »weil derlei nicht nur jede Männlichkeit, sondern vor allem die eines Führers der Marathen beleidigt«.

Aurangzeb hatte natürlich nie vor, diese Staatsgründung hinzunehmen, denn seit Akbar reklamierten die Moguln ganz Indien für sich. In Mittel- und Südindien war die Autorität des Kaisers allerdings stets zweifelhaft und eigentlich auch in Radschasthan. Sie beruhte ausschließlich auf einem fein eingefädelten Bündnissystem und wechselseitigen Eheschließungen. Eine tatsächliche militärische Kontrolle wäre stets ein Ding der Unmöglichkeit gewesen, und die Moguln wurden nur des lieben Friedens willen als Kaiser anerkannt, eine Würde, die in Anbetracht ihrer Gefährlichkeit recht war und außerdem billig, da die Tribute kaum über Geschenke zwischen unabhängigen Herrschern hinausgingen. Noch Schah Dschahan war mit diesem System zufrieden und wußte, daß es keine ernsthaften Belastungen ertragen hätte.

Aurangzeb wollte – gemäß seiner Staatsphilosophie verständlicherweise – aus diesem diplomatischen Spiel Ernst machen und setzte damit das Reich aufs Spiel.

1679 starb in Radschasthan der Radscha von Marwar, Dschaswant Singh, der schon im Bürgerkrieg durch ständige Frontwechsel für Unruhe gesorgt hatte. Sein letzter Beitrag in dieser Hinsicht war, als einzigen legitimen Erben ein kurz nach seinem Tod geborenes Baby zu hinterlassen. Aurangzeb hielt in diesem Fall sich selbst für erbberechtigt und marschierte in Marwar ein, wobei seine

Armee gleich eine Anzahl Hindutempel zerstörte. Damit aber handelte er sich nicht nur einen langwierigen Guerillakrieg mit Marwar ein, sondern auch noch einen offenen mit dem benachbarten Rana von Udaipur. Akbar war es bekanntlich nicht gelungen, Udaipur zu erobern, und seine Nachfolger hatten sich auf Verträge eingelassen, die sowohl der verkehrstechnischen Bedeutung des Gebietes Rechnung trugen als auch der Tatsache, daß sie zwar militärisch überlegen waren, der Rana aber durch seine Berge und Wüsten viel zu gut geschützt.

Ein anderer Akbar sollte nun Udaipur erobern, der vierte und Lieblingssohn Aurangzebs. Auch er versagte, und sein Vater maßregelte ihn dafür so lange, bis sich der zweite Akbar zu offener Rebellion mit den Radschputen verbündete.

1681 verließ der Kaiser Hindustan zu einem großangelegten Feldzug in den Süden. Er sollte das strahlende Zentrum seines Reiches nicht wiedersehen.

Gegen Akbar hatte er ziemlich schnell Erfolg. Der junge Mann war weder militärisch noch politisch sonderlich begabt, und sein einziges Talent war, Bündnisgenossen ebensoschnell zu finden wie auch wieder zu verlieren. Nach einigen Jahren gab er auf und zog nach Persien, wo er vom Schah eine Art Gnadenbrot erhielt. Auch sonst ließ sich das kaiserliche Unternehmen vielversprechend an: 1687 konnte Bidschapur erobert werden, dann ganz Golkonda, und um 1689 hatte Aurangzeb tatsächlich den gesamten Dekkan bis zur südlichen Karnatik »dem Reich einverleibt«. Im Februar desselben Jahres durfte er auch einen ganz besonderen Triumph genießen: Sambudschi, der Sohn und Erbe Schiwadschis, konnte von einer Patrouille verhaftet werden, als er sich gerade inkognito in einem Bordell vergnügte. Aurangzeb ließ den Sohn seines Intimfeindes zwei Wochen lang zu Tode foltern. Ein Glied nach dem anderen wurde Sambudschi abgehackt und den Hunden vorgeworfen, doch der weigerte sich zu verraten, wo er Schiwadschis Schätze vergraben hatte und mit welchen Generälen des Kaisers er kollaborierte. Aurangzeb bekam nur Beschimpfungen zu hören, und für den Marathenstaat war das Ende seines Häuptlings ein wesentlich geringerer Schlag, als der Kaiser erhofft hatte.

Aurangzeb hatte nun ein Gebiet erobert, das sein ererbtes Reich um das Doppelte vergrößerte, und er war fest entschlossen, das Gewonnene auch zu halten. Genau das aber war der schwierigere Teil des Unternehmens, denn der Kaiser hatte sich mit der Eroberung einen endlosen Guerillakrieg eingehandelt. Nicht erst in unserem Jahrhundert zeigte sich, daß kleine, punktuell operierende Verbände jedem großen Heer auf Dauer überlegen sind. Die Mogularmee mußte ihre Riesenkanonen »über himmelhohe Berge schleppen, die stets mit Wolken verhangen sind«, immer wieder Versorgungsschwierigkeiten in Kauf nehmen, und erreichte nur, daß alle von ihr eroberten Festungen sofort nach dem Weitermarsch wieder von den Rebellen eingenommen wurden. Allerdings nahmen die Moguln während dieses sechsundzwanzigjährigen Feldzuges nur eine einzige Festung im Sturm. Alle anderen fielen ihnen durch Bestechung oder Verrat zu – und gingen ebenso wieder verloren. Manche mußten dreimal wiedererobert werden, manche fünfmal, und auf den Rekord brachte es die sonst wahrlich nicht bedeutende Festung Pandhala im Gebiet der Marathen, die insgesamt zwanzigmal die Besitzer wechseln sollte.

Währenddessen versank das Zentrum des Reiches in ein Chaos. »Die ehedem sicheren Straßen werden nun von Räubern beherrscht, die Schätze und Köstlichkeiten der Bazare wandern in die sichere Erde, doch sind nicht einmal die Toten sicher«, schrieb Manucci ohne Übertreibung: In der Gegend von Agra fühlten sich die Räuberbanden der Dschats ziemlich ungeniert als Herren des Landes. 1688 hatten sie sogar Akbars Grab in Sikandra geplündert und außer den Silberplatten der Dächer, den goldenen Vertäfelungen der Innenräume und den kostbaren Teppichen auch den Kohinoor mitgehen lassen. Einer der Teppiche blieb übrigens erhalten: Hundert Jahre später erwarb der Sikh-König Randschit Sing das wertvolle Stück, und wieder hundert Jahre später holten es die Briten aus seinem Palast, um es im Londoner Victoria-and-Albert-Museum, nun sehr gut gegen Diebstahl gesichert, aufzuhängen. Der Kohinoor nahm einen etwas längeren Weg. Nach einigen Jahren tauchte er in Kabul auf und kam von dort wunderbarerweise wieder nach Delhi, wo er gut verborgen bis 1739 bleiben sollte.

Auch ein Großteil des Mogulschatzes kam in jenen Jahren abhanden. Da dem Kaiser die Schatzkammern Delhis zu unsicher wurden, sandte er wiederholt »äußerst vertrauenswürdige« Karawanen aus, »Münzgold, Juwelen und Schmuckstücke« in den Dekkan zu bringen. Aus Delhi brachen alle diese Transporte stets pünktlich auf – im Dekkan aber kam keiner an.

Des Kaisers Schwierigkeiten wurden durch das Versickern des Geldnachschubs natürlich noch größer. 170 000 Soldaten zählte seine Armee, doch mit Troß und Hofstaat umfaßte das Heerlager nahezu eine halbe Million Menschen, und was das bedeutete, bekam auch ein Abgesandter des britischen Königs zu sehen. Sir William Norris wurde 1699 von Wilhelm III. mit demselben Auftrag losgeschickt, den einst Sir Thomas Roe hatte, nämlich Konzessionen für die East Indian Company auszuhandeln. Während Sir Thomas aber »über ausgezeichnete Straßen, wie sie die Welt wohl nirgendwo sonst bietet«, reisen konnte, mußte Sir William einen eineinhalbjährigen Treck voller Beschwernisse und Gefahren unternehmen, ehe er den Kaiser sah.

Er traf Aurangzeb in einem verschlammten, verschmutzten Lager vor Pandhala, wo gerade wieder einmal über die Höhe der Bestechungssumme für die Übergabe der Festung verhandelt wurde. Der Sold an die Soldaten war schon ein Jahr nicht ausbezahlt worden, und sämtliche Offiziere »erwiesen sich als begeisterte Liebhaber englischer Alkoholika«. Sogar der Privatpriester des Kaisers bestellte unter dem Siegel größter Diskretion ein paar Kisten Whisky.

Die einzige integre Person des ganzen Reiches schien dem Botschafter der nun zweiundachtzigjährige Kaiser, der täglich noch »zur persönlichen Inspektion« durch das Lager getragen wurde. »Er war ganz und gar weiß, die Kleidung, der Turban und auch der Bart«, und wurde durch eine dichte Menschenmenge »in einer offenen Sänfte getragen. Doch er selbst sah niemanden, da er seine Augen stets auf ein Buch in seinen Händen gerichtet hatte und in dem er den ganzen Weg über las, ohne sich jemals von irgendeinem anderen Gegenstand ablenken zu lassen.«

Zweifellos war dieses spannende Buch der Koran, den Aurangzeb in den nächsten Jahren noch fünfmal eigenhändig abschrieb. Nebstbei nähte er auch Mützen für Priester, was ein ebenso demütiger und deshalb heiliger Broterwerb war. Die demonstrative Frömmigkeit in den frühen Jahren seiner Herrschaft mag ebenso Attitüde gewesen sein wie echte Sorge um sein Seelenheil, was angesichts seiner Taten ja reichlich berechtigt war. Außer verheerenden politischen Folgen hatte sie auch einige lächerliche gehabt, so lange und ausgetüftelte Verordnungen für die Verarbeitung von Datteln, einer Frucht, die Mohammed außerordentlich liebte und der er im Koran lange Kapitel gewidmet hatte, die aber in Indien partout nicht gedeihen wollte. Im hohen Alter wurde Aurangzebs Frömmigkeit allmählich echt. Auch seine früher von Koranzitaten strotzenden Briefe werden menschlicher, ihre Sprache legte allmählich die Stelzen ab. Manucci kommentierte dies ebenso treffend wie deftig: »Allmählich wurde der alte Herr von der fixen Idee besessen, für einen Heiligen gehalten zu werden.«

In seinen Privatbriefen gab sich Aurangzeb demütiger. Seinem dritten Sohn Asam beschrieb er sehr präzise seine Lage: »Ich weiß nicht, zu welcher Strafe ich einst verurteilt werde, denn schon jetzt bin ich wie ein alter Bär, den die Bienen plagen. Mein Leben ist ein Vorgeschmack der Hölle.« In einem anderen Brief, drei Wochen später und ebenfalls an Asam, schildert er anschaulich den Zustand seines Generalstabs und seiner Sippe:

»Du mein Kind, meine Seele, mein Leben und Freude meiner Tage: Behremund ist krank. Mukhlis Khan und Konsorten sind widerlich. Hamed-uddin ist ein Betrüger. Siaddat Khan und Mohammed Amin Khan in der Vorhut sind untauglich. Sul Fikhir Khan weiß nicht, was er will. Tscheen Kulisch Khan ist wertlos. Firoz Dschung ist genauso ungeeignet wie Umdet al Mulk (der Großwesir). Die Mansabdars wollen allesamt wegen der Getreidebesteuerung desertieren. Mirza Sudereddin ist ein Großmaul. Sirbeh Khan, der Polizeipräsident, ist ein Räuber, der Taschendiebe ausquetscht. Dschar Ali Khan und Munam Khan sind lächerlicher als Gaukler. Arschi Khan ist ein Säufer, dem der Schnaps schon bei den Ohren herausrinnt. Muherrim Khan ist ein Hurenbock und Schwein – die Dekkani haben es wirklich mit Schafsköpfen zu tun. Abdal Hukk und Mulfir Khan sind schon jenseits der Jahre. Murid Khan hat keine Leute mehr und dient als einfacher Kavallerist.

Meer Khan, der Vaterlose, jammert um ein schöneres Kleid. Inajat Khan Ulla will nur mehr abhauen. Der Bruder Mansur Khans wird mit den verdammten Marathen nicht fertig – und Du verzettelst Dich in Großzügigkeit. Akbar ist ein Vagabund in der Wüste der Schande. Schah Alam und seine Söhne verkriechen sich in Kabul und fürchten sich vor der siegreichen Armee. Kam Baksch ist pervers und schert sich nicht um das, was man ihm sagt. Du hast wenigstens Söhne, die ihrem ruhmreichen Vater gehorchen. Ich aber bin einsam und arm. Mein los ist nur Trübsal.«

Das hatte sich Aurangzeb durchaus selbst zuzuschreiben. Sein lebenslängliches Mißtrauen hatte keine fähigen Leute übriggelassen. Sein Talent als Vater und Führer ist aus dem Umgang mit seinen Kindern am besten ersichtlich:

Mohammed Sultan, der älteste Sohn, starb mit siebenunddreißig Jahren nach sechzehnjähriger Kerkerhaft.

Muassam, der zweite, erhielt den hohen Titel Schah Alam, wurde aber 1687 der Unterschlagung verdächtigt und samt Familie unter äußerst entwürdigenden Umständen für acht Jahre eingekerkert. Später wurde er »teilweiser Gouverneur« von Kabul. »Sobald ihn ein Brief des Herrschers erreichte, verlor er seine Fassung, wurde bleich und verfiel in Zittern«, berichtet sein Chronist.

Akbar, der vierte und Lieblingssohn, starb in Persien im Exil.

Kam Baksch, der fünfte, saß immerhin zwei Jahre im Gefängnis und wurde nur als Reitknecht besoldet.

Einzig der dritte Sohn, Asam, blieb von Verdächtigungen und vom Zorn seines Vaters verschont. Seine älteste Schwester aber, die eine begabte Dichterin und für einige Zeit auch Erste Dame des Reiches war, wurde wegen eines Briefwechsels mit Akbar auf der Insel Salimgarh gefangengehalten, wo sie 21 Jahre später starb. Vier weitere Töchter kamen aus nicht mehr bekannten Gründen als Ehefrauen anderer Gefangener nach Salimgarh, und eine Tochter wurde »wegen Untreue« in Agra eingesperrt.

»Rebellierende Kinder werden mein Ende nicht verdüstern«, hatte Aurangzeb einst seinem Vater geschrieben. Diese Zeilen kamen dem alten Kaiser in seinen letzten beiden Lebensjahren immer wieder in den Sinn.

1705 wurde der nun schon Siebenundachtzigjährige ernsthaft

krank. In einer Sänfte liegend und von seiner demoralisierten Armee begleitet, wurde er langsam nach Norden getragen. Nun beschäftigte er sich nur mit seinem Tod und dem, was dann dem Reich bevorstand. Auch Manucci, selbst schon ein alter Mann, machte sich darüber im sonnigen Madras Gedanken: »Nun, da der Kaiser wie ein verendender Löwe seiner Höhle zuzieht, leben von seiner Nachkommenschaft an Söhnen, Enkeln und Urenkeln in mannbarem Alter siebzehn. Wie atemberaubend wird die Tragödie, die dem Tod dieses Alten folgen muß! Nur einer dieser vielen Prinzen kann sein Nachfolger sein und damit seine Familie schützen. Die anderen werden geköpft werden oder ihr Leben auf manche andere Art verlieren. Diese Tragödie wird viel schlimmer als jene, die sich am Ende der Regierung Schah Dschahans ereignete.«

Auch Aurangzebs Gedanken wurden in seinen letzten Monaten immer wieder von Dara Schukoh heimgesucht. Der ermordete Bruder geistert durch alle seine Briefe und sogar durch sein Testament. Viele Überlegungen sind seitdem angestellt worden, wie die Geschichte Asiens unter ihm verlaufen wäre. Abgesehen von der Müßigkeit solcher Denkspiele hätte es vielleicht ein weniger schlimmes Auseinanderklaffen der Religionsgemeinschaften gegeben und ein Ende in Schönheit, doch das Reich der Großmoguln hätte auch unter ihm seinen Abend erreicht. Die Voraussetzungen stimmten nicht mehr. Aurangzeb dürfte dies gewußt haben, als er in sein Testament schrieb: »Schwer liegt auf mir der Gedanke, die Macht unseres Hauses in Blut zerrieben zu haben. Was immer ich wünschte – nichts gelang.«

Sein Tod hingegen geschah, wie er immer gewünscht hatte, an einem Freitag nach dem Morgengebet. In Europa schrieb man den 20. Februar 1707. Gemäß seinem Wunsch wurde der Kaiser an seinem Sterbeort Khuldabad, nahe Aurangabad, »auf die einfachste Weise bestattet, unter nichts als einem Erdhügel, ohne Dach und Baldachin, der Sonne, dem Wind und dem Regen ausgesetzt, und ohne Namen«.

Für die Begräbniskosten reichten die viereinhalb Rupien, die der Kaiser durch Mützennähen verdient hatte. Die von ihm abgeschriebenen Koranexemplare wurden für 305 Rupien verkauft und der Erlös an Priester verteilt. Für fast tausend Rupien hat ein späterer Fürst aus Haiderabad um das Grab ein elegantes Steingitter stellen lassen, und seit etlichen Jahren sprießt aus dem einfachen Erdhügel ein verkrüppelter Lorbeerbaum.

ENDE MIT SCHRECKEN

Die allerletzte Chance

Der Thronfolgekrieg, den Manucci vorhergesagt hatte, wurde kürzer als vorhergesehen und sogar weniger blutig: Muassam, Schah Alam, dem es wohl Aurangzeb selbst am wenigsten zugetraut hätte, hatte in Kabul bereits einen Monat vor dem Tod seines Vaters seine Armee so weit zusammen, daß er – wieder einmal unter dem Vorwand eines Krankenbesuches – über den Khaiber nach Hindustan marschieren konnte. Lahore hatte er gerade eingenommen und marschierte Richtung Delhi, als ihn die Todesnachricht erreichte. Die demoralisierte Reichsarmee, die eigentlich nur dem Dekkan entrinnen wollte, hatte weder Lust zu einem Kampf noch einen Gegenkandidaten, und so kostete ihre Gunst nur einen Monatssold extra für die Offiziere. Asam, der jüngere Bruder, hatte außer der Garnison Delhis nichts vorzuweisen, und so konnte Schah Alam unter dem Namen Bahadur Anfang April 1707 den Pfauenthron besteigen. Nur zwei Brüder und drei Neffen hatten dran glauben müssen.

Bahadur heißt »der Starke«, und obwohl der neue Kaiser für asiatische Verhältnisse bereits ein alter Herr war, nämlich über 63, bemühte er sich mit geradezu jugendlichem Elan, aus dem selbstgewählten Namen Ernst zu machen. Von seinen Vorfahren faszinierte ihn zweifellos Akbar am meisten, und sein traumatisches Verhältnis zum Vater war unter den gegebenen Verhältnissen ein weiterer Vorteil, denn vom Reich war im Grunde weniger vorhanden, als Humayun hinterlassen hatte.

Durch die lange Abwesenheit Aurangzebs war das Zentrum mehr oder minder zerfallen. Delhi mit zwei Millionen Einwohnern, Lahore mit gut einer und Agra mit einer halben Million Einwohnern waren zwar wohlfunktionierende Großstädte, aber vom wirtschaftlichen Rückgang schwer getroffen und praktisch ohne Hinterland:

Zwischen Allahabad und Sirhind verunsicherten die Dschats Straßen und Dörfer, und westlich betätigten sich die Sikhs als »Herren und Räuber«. Auch der Osten des Reiches zeigte Auflösungserscheinungen: Seit Schah Dschahan waren die Provinzgouverneure Bengalens nicht mehr ausgetauscht worden, sondern hatten ziemlich eigenmächtig ihre eigenen Söhne als Nachfolger einsetzen können, und die betrachteten das Terrain nun als »erbliches Lehen«. Der Vorgang ähnelt ziemlich genau dem Zerfall des Heiligen Römischen Reiches in Provinzfürstentümer am Ende des Hochmittelalters, und ein weiterer Störfaktor waren die Engländer. Noch unter Schah Dschahan hatten sie das von den Portugiesen geräumte Hooghli übernommen, und nebenbei bauten sie in einem malariaverseuchten Sumpf einen tiefen Ausweichhafen für Kriegsschiffe, den sie Kalkutta nannten. Als sich Aurangzeb im Dekkan herumschlug, sah der Geschäftsführer der Company, Sir Josuah Child, »die Gelegenheit gekommen, für alle Zeiten das Fundament zu legen für ein großes, fest gegründetes, sicheres englisches Dominium in Indien«. Sein erstes Ziel waren die »Teeländer« Assam und Darjeeling, und mit etwa viertausend Soldaten brach Sir Josuah nach Chittagong auf. Mag sein, daß er den Verfall der kaiserlichen Zentralmacht richtig kalkuliert hatte, augenscheinlich verrechnet hatte er sich jedoch bei der kaiserlichen Autorität und den Eigeninteressen der Provinzfürsten. Aurangzeb schickte eine äußerst knappe »Anweisung, die Briten in die Sümpfe zu treiben«, und so geschah es auch. Innerhalb von zwei Monaten waren die Engländer aus Surat, Bombay und Hooghli vertrieben. Einzig der Sumpf von Kalkutta blieb ihnen, den sie in den nächsten Jahren teilweise trockenlegten und mit dem Fort Williams befestigten.

In England war das Debakel eine willkommene Gelegenheit für eine Gruppe Adliger und Großkaufleute, die schon lange die königliche Monopolgesellschaft mit neidvoller Bewunderung verfolgten. Nun konnte sie Ihre Majestät ein wenig erpressen und »zum Schutze der nationalen Handelsinteressen« eine eigene Company gründen. Sie sandte eilends Botschafter an den Kaiser, aber auch an die Gouverneure Bengalens und Gudscherats und selbst an die Marathen, und 1691 wurden der British Asian Company die Häfen Bombay und Surat überlassen, ein Jahr später auch Hooghli. Die nächsten Jahre boten die beiden britischen Companys den höchst erfreuten Asiaten das Gaudium wechselseitiger Piraterien.

Nicht weniger wirr war die Situation in Süden und Westen. Als das Reichsheer mit dem sterbenden Aurangzeb nordwärts zog, besetzten hinter ihm die Marathen in aller Ruhe sämtliche Festungen, und die Radschputen waren mittlerweile geschworene Feinde der Moguln. Nur ihre ständig gegeneinander geführten Kleinkriege ließen sie für den Augenblick wenig gefährlich sein.

Auch die Verwaltung bot ein trauriges Bild. Seit Akbar hatte praktisch keine Organisationsreform stattgefunden, und mangels Kontrolle und obrigkeitlicher Autorität hatten sich die mittleren und sogar unteren Beamtenränge zu erblichen entwickelt. Nun waren sich die Staatsdiener längst zu fein geworden, ihre Aufgaben selbst zu erledigen, und hatten Stellvertreter eingesetzt, die sich ebenfalls als erbliche Amtsinhaber betrachteten und ihrerseits wieder Stellvertreter engagiert hatten.

Hier setzte Bahadur Schahs erster Geniestreich ein. Zwei Wochen nach seiner Thronbesteigung machte er mit einem »alle Beamten überrumpelnden Erlaß« die Stellvertreter der Stellvertreter zu den eigentlichen Amtsinhabern einschließlich der Verfügung über Steuer- und Soldkassen. Damit waren über zwei Drittel der Beamtenschaft ausgebootet und, da vom Zugang zu den Kassen ausgeschlossen, auch als Machtfaktor ausgeschieden. Leider sollte es das letzte Mal in der Geschichte des Subkontinents sein, daß sich eine Verwaltungsreform so oder überhaupt durchsetzen ließ.

Kurz darauf schloß Bahadur einen Vertrag mit den Marathen, der zwar nicht sehr ruhmvoll, aber für beide Parteien günstig war: Er anerkannte praktisch ihre derzeitige Gebietsherrschaft über die südliche Westküste und die Westprovinzen des Dekkan, legte zusätzlich achtzig Kilometer Niemandsland zwischen ihr und sein Reich und erhielt dafür einen zwanzigjährigen Waffenstillstand, der ihm den Rücken gegen alle anderen freimachte.

Die selbstherrlichen Fürsten Bengalens begriffen die neue Situation als erste. Freiwillig bezahlten sie sämtliche Reichsabgaben, die sie bereits Aurangzeb vorenthalten hatten, und erhielten dafür ebenfalls eine Bestätigung des Status quo. Ein nicht unwichtiger Punkt in diesen Verträgen war die Alleinentscheidung des Kaisers in sämtlichen Fragen des Außenhandels. Dieser brachte die beiden englischen Companys einander näher, die sich 1708 zur United Company zusammenschlossen.

Als wesentlich schwieriger erwies sich sein Versuch, sich wieder mit den Radschputen zu arrangieren, der eigenen Geistlichkeit wegen. Im Grunde hatte Bahadur die Wahl zwischen zwei Übeln: durch Fortsetzung der Politik seines Vaters die schweigende Mehrheit der Hindus auf dem Lande immer weiter zur Rebellion zu treiben oder durch einen Kurswechsel die Geistlichkeit in den Städten zu verprellen. Ein Mittelweg schien ausgeschlossen, und persönlich tendierte der Kaiser eindeutig zur Liberalität Akbars. Zunächst ließ der Kaiser um die Hand von vier Prinzessinnen anhalten und zog die Armeeinheiten von allen Plätzen ab, die hinduistische Heiligtümer waren. So bekam er seine Bräute und entsprechenden Verträge, während »im Leerraum der allerhöchsten Macht« die zerstörten Tempel wieder restauriert wurden. Zwar protestierten die Mullahs vehement gegen »diesen Rückfall in die Gottlosigkeit«, doch das Militär verhielt sich loyal, und so konnte der Kaiser auch wagen, den wichtigsten Schritt zur Reintegration der Hindus in das Reich zu unternehmen: Trotz angespannter Lage der Staatskasse wurde 1709 wieder die Dschisdscha aufgehoben.

Gleichzeitig begann der Kaiser seinen Kampf gegen die Sikhs im Pandschab. Nun kann, wie sich auch in unserem Jahrhundert immer wieder gezeigt hat, keine Armee gegen Guerillas wirklich erfolgreich sein, und daher muß schon als Erfolg angesehen werden, daß Bahadur die Sikhs in die Berge hochtreiben konnte, wo sie sehr schnell autonome Gemeinschaften gründeten. Durch Zufall wurde zwei Jahre später ihr Guru gefangengenommen und vor den Kaiser gebracht. Der ließ ihn nicht einfach hinrichten, sondern stellte ihn offiziell in seine Dienste und sandte ihn als Sonderminister in das Hügelland der Seinen, wo er als deren Führer weiter amtieren konnte, allerdings so gut von einer Mogul-Leibgarde bewacht, daß er ein Faustpfand in der Hand des Kaisers blieb.

Wäre Bahadur etwas jünger gewesen, hätte er mit diesen Maßnahmen eine solide Plattform für ein Wiederaufleben mogulischer Größe geschaffen. So mußten jedoch schon die Reformansätze am Alter des Kaisers scheitern – ihre Anhänger engagierten sich mit weniger als gebremster Schaumkraft, um bei einem neuerlichen Kurswechsel aus der Verantwortung zu sein, die Beamten verhielten sich abwartend, und ihre Gegner warteten ganz offen auf des Kaisers Tod als ihre Stunde.

Ein Symptom für die Lethargie des Reiches war die Abschaffung der Dschisdscha. Der Verlust für die Staatskasse war wesentlich geringer als berechnet, was darauf hinweist, daß zuvor bereits die Eintreibung nicht mehr funktioniert hatte. Doch auch die Hindus dankten es dem Kaiser nicht, und diese einst das Volk so erregende Steuer wurde in den nächsten Jahrzehnten noch einige Male wiedereingeführt und abgeschafft, ohne daß die Zeitgenossen der Sache irgendeine Bedeutung zumaßen – der Staat hatte bereits nicht mehr die Autorität, sie einzutreiben oder ihr illegales Inkasso durch eigenmächtige Beamte zu verhindern.

Bahadur Schah scheint diese Problematik erkannt zu haben. Auf jeden Fall verfiel er im Frühling 1711 in völlige Resignation, die wohl auch alters- und gesundheitsmäßig bedingt war. Das Staatssiegel überließ er seinem Wesir Sulfikar Khan, dem ebenfalls schon betagten, allerletzten Nachkommen Itimad-ud-daulas, und zog sich nach Lahore zurück. Sein letztes Interesse galt dem Leben Akbars, seine letzte Sorge der Vermeidung eines weiteren Erbfolgekrieges nach seinem Tod. Dafür wurde das Salatin geschaffen, eine seltsame Institution, einerseits Pensionskasse für sämtliche männliche Angehörige des Kaiserhauses, zum anderen »Fundus für deren Leibgarden«, die dafür zu sorgen hatten, daß sich die Hochgeborenen auch ja nicht mehr in die Politik mischen konnten. Im Fort von Delhi wurden dem Salatin große Quartiere eingerichtet, und da das Ganze eine institutionalisierte Fortsetzung von Aurangzebs Familieninsel Salimgarh war, wurde daraus sehr schnell ein veritables Gefängnis, dessen Bedingungen sich mit der Zunahme kaiserlicher Prinzen stets verschlechterten. Die letzte aktenkundige Handlung des Kaisers war, seine Söhne auf den ältesten als Nachfolger schwören zu lassen. Bahadur selbst hielt nicht viel von seinem Erstgeborenen, und da er sich selbst gern mit Akbar verglich, bezeichnete er ihn gern als »zweiten Selim«, was durchaus nicht schmeichelhaft gemeint war. Doch Sulfikar Khan und die Ministerrunde setzten sich gerade deshalb für Dschahandar ein, und so blieb auch Bahadur keine andere Wahl. Kurz nach dem islamischen Neujahr 1712 starb er, während ihm aus den Akbar-nama vorgelesen wurde, der letzte, allerletzte Großmogul, der diesen Namen noch verdiente.

Dschahandar Schah war charakterlich tatsächlich Dschahangir vergleichbar, vor allem in seinem Hang zu Alkohol und Opium, allerdings mit zwei gravierenden Unterschieden: Es fehlte ihm an Bildung und Autorität das Niveau Dschahangirs, und er fand keine Nur Dschahan, sondern Lal Kumari.

Angeblich sah der Kaiser das Hindumädchen zuerst, als es am Morgen nach seiner Thronbesteigung vor dem Dscharoka-Balkon tanzte, doch wurde Lal Kumari schon zwei Jahre davor samt dem aus ihrer Familie rekrutierten Orchester in den Gehaltslisten Sulfikar Khans geführt, und so ist wahrscheinlicher, daß der Kaiser seine Theodora zuerst im Haus seines Premierministers sah. Auf jeden Fall verfiel der Kaiser in blinde Liebe zu ihr. Eine Woche nach der Thronbesteigung wurde der Harem aus dem Rang Mahal ausquartiert, in dem nun Lal Kumari samt den Ihren Quartier bezog.

Die neue Favoritin des Kaisers entstammte der untersten Hindukaste, den Dscharmakari, deren Aufgabe der Transport von Exkrementen aus den Toiletten auf die Felder ist. Der urplötzliche, himmelhohe Aufstieg mußte begreiflicherweise Schwindelgefühle erzeugen und dazu verführen, die Grenzen der neuen Macht ausfindig zu machen. Spätere, fanatisch hinduistische Geschichtsschreiber haben Lal Kumari zu einer Heldin stilisiert, die gewissermaßen als Geheimwaffe des Hinduismus das Mogulreich von innen sprengte. Doch mehr spricht dafür, daß Lal Kumaris Wirken das eines unschuldig-grausamen Kindes war, vom Schein der Allmacht geblendet, und daß es durchaus im Interesse des Hofes lag, alle Peinlichkeiten um den Kaiser auch publik werden zu lassen. Die harmloseste war noch, daß sämtliche ihrer Verwandten und Freunde, aber auch zahllose Freundinnen aus den verschiedenen Nobelbordellen Delhis hohe Ränge in den Gehaltslisten des Hofes erhielten. Den Unwillen des gesamten Adels erregte begreiflicherweise, daß für die Emporgekommenen siebzehn Paläste Delhis konfisziert wurden, und an der Wand der Freitagsmoschee prangte eines Morgens in blendendweißen Lettern: »Der Untergang der Welt ist nahe. Nun haust die Eule im Horste des Adlers und die Krähe im Nest der Nachtigall.«

Es sollte noch schlimmer kommen. Für sämtliche Moslems war es ein unfaßbarer Skandal, daß sich die Tänzerin morgens an der Seite des Kaisers auf dem Dscharoka-Balkon zeigte, der nur dadurch übertroffen wurde, daß Lal Kumari provokant ohne Schleier auftrat und eines Tages etliche laut protestierende Geistliche auch noch mit Steinen bewarf.

Der Premierminister war dabei stets zugegen und scheinbar ein treuer Diener seines Herrn. Der sichtbare Abbau kaiserlichen Prestiges schien ihm zu entgehen oder zumindest nicht zu stören. In diesem Zusammenhang veröffentlichte 1975 die Universität Kalkutta interessante Dokumente, Begleitschreiben der East Indian Company zu Lizenzzahlungen. Aus ihnen ließ sich die gewagte These ableiten, Sulfikar Khan habe den Autoritätsverlust des Kaiserhauses geplant, um sich nach einem Staatsstreich selbst auf den Thron zu setzen. Daß er dies, wie vermutet, unter britischer Anleitung oder gar als Agent der Briten getan habe, ist fast unwahrscheinlich. Eine derart hohe Achtung genossen die Ausländer noch lange nicht. Daß Sulfikar Khan das Haus Timur stürzen wolle, glaubte allerdings auch eine Gruppe Adliger am Hofe, die sich um die Kommandanten des Salatin formierte, die Brüder Hussein und Hasan Ali Sadschid. Der erstere war zuvor Gouverneur von Bihar gewesen, der jüngere von Allahabad, und sie hatten sich beträchtlichen Ruf als fähige, aber auch brutale Verwalter erworben, als sie an den Hof kamen. Ihr Schlagwort wurde, »die Macht des Hauses Timur wiederherzustellen«, wobei vorausgesetzt war, daß dies unter dem derzeitigen Kaiser und Premier nicht möglich sei.

Eines sonnigen Januarmorgens wollte Lal Kumari unbedingt eine Seeschlacht sehen. Nun fuhren auf dem Jamuna gerade einige Personenschiffe nach Agra, und der schwer von Opium berauschte Kaiser ließ die am Ufer postierten Kanonen abfeuern. Etwa vierzig Frauen und Kinder ertranken. Der nächste Befehl erging an den Stadtkommandanten von Delhi: sämtliche Bäume innerhalb des Stadtgebietes seien zu fällen. Entlang des Chandi Chowk geschah dies tatsächlich, und am Abend erschien der Kaiser samt Lal Kumari zur Inspektion. Beide tranken dabei auf ihrem Elefanten beträchtliche Mengen Branntwein, und dabei dürfte ihnen so warm ums Herz geworden sein, daß sie sich während der Prozession ihrer Kleider entledigten.

Vier Tage später war dem Kaiser zur elfmonatigen Thronbesteigung zu gratulieren. Zum Zeremoniell gehörte, daß der Wesir und die vornehmsten Adligen den Kaiser von seinem Schlafgemach abholten. Hinter Sulfikar Khan schritten die Brüder Sadschid. Vor dem Vorhang zum Rang Mahal stießen sie ihm einen Dolch zwischen die Rippen. Ihr Adjudant erwürgte den Kaiser mit seinem Gürtel. Lal Kumari wurde, splitternackt und verkehrt herum auf einem Esel sitzend, den ganzen Tag lang durch Delhi geführt und bei Sonnenuntergang in ein Bordell gebracht, wohin die Bevölkerung anschließend zum Freikonsum eingeladen wurde. Niemand, nicht einmal die kaiserliche Leibgarde, hatte den Handlungsablauf gestört.

Der lange Fall ins Chaos

Neue Premierminister wurden die Brüder Sadschid, und auch für einen Kaiser hatten sie gesorgt: Aus dem Salatin hatten sie einen sechsundzwanzigjährigen Neffen Bahadurs ausgehoben, Mohammed Farukhsijar, und beim Krönungsumzug hing am Schwanz des kaiserlichen Elefanten der Leichnam Sulfikar Khans. Nach der Krönung wurde der Kaiser wieder in den Harem gesperrt, und die Brüder begannen, die Ordnung im Reich mit eiserner Hand wiederherzustellen.

Im Grunde setzten sie die Politik Bahadur Schahs fort, die Zentralmacht nach allen Seiten durch ausgewogene Bündnisse zu sichern. Außerdem versuchten sie, den angeschlagenen Außenhandel, der nun als Hauptposten Luxusgüter ausmachte, wieder zu beleben. Davon profitierten vor allem die Engländer, deren Botschafter Surman in den Jahren 1714 bis 1717 einen sehr günstigen Vertrag über Bombay, Surat und Kalkutta aushandeln konnte.

Die Portugiesen waren aus dem Geschäft des Kolonialismus praktisch ausgeschieden. Um wenigstens gütlich mit der britischen Seeherrschaft leben zu können, erhielt 1674 Charles II. eine portugiesische Gemahlin samt den formellen Rechten auf die indische Westküste mit Ausnahme Goas – ein reines Papiergeschenk –, und Charles revanchierte sich mit der Anweisung an die Royal Navy,

Portugals Schiffe auf der Route Macao–Goa–Mozambique–Angola hinfort ungeschoren zu lassen. Den Niederländern allerdings waren auch nicht die Engländer gewachsen. Die Mijnheers hatten sich schon um 1600 in Java und Sumatra festgebissen, dem Ursprungsland der kostbarsten Gewürze, und als ihnen die Briten dorthin folgen wollten, wurden im berühmten Massaker von Amboyna 1623 die Gentlemen erschlagen. Von da an verzichtete die Company weise, holländischen Handelsrouten zu folgen, zumal auch in der Seemacht ein Patt bestand, und die Holländer verzichteten ihrerseits auf Handelsinteressen auf dem Subkontinent. Nur in Ceylon unterhielten sie einige Stützpunkte um Colombo, von denen die Burgher-Gemeinde heute noch ein lebendes Denkmal ist, ein buntes Gemisch holländischer Nachkömmlinge asiatischer Nebenfrauen. Der einzige Störfaktor britischer Interessen waren die Franzosen, deren Compagnie von Colbert 1664 gegründet wurde und die während der letzten Regierungsjahre Aurangzebs einige Stützpunkte an der Südostküste gründen konnte. Von Pondichery aus knüpften sie diplomatische Beziehungen sowohl zu den Marathen als auch zu den Moguln, und es gehörte in den nächsten Jahren zum Gesellschaftsspiel asiatischer Fürsten, Engländer und Franzosen gegeneinander auszuspielen, zumal stets Vertreter beider Nationen als Kanoniere in den eigenen Armeen dienten.

Allerdings mußten schon die Brüder Sadschid erfahren, daß die Zeit großer Verdienste im Außenhandel vorüber war. Zu schnell hatten die Weißen gemerkt, wie sehr das Reich auf diese Geschäfte angewiesen war, und dementsprechend drückten sie die Preise. So brachten die Einkünfte aus sämtlichen englischen Häfen Indiens nicht einmal ein Viertel dessen, was Surat allein Dschahangir eingebracht hatte.

Auch die Wiederherstellung einer wirkungsvollen Zentralmacht blieb den Sadschid-Brüdern versagt. Das Wohlwollen der einzelnen Gouverneure mußten sie mit derartigen Zugeständnissen erkaufen, daß die einzelnen Provinzen des Reiches praktisch zu halbautonomen Staaten wurden. Die Folgen schlugen besonders in der Staatskasse zu Buche, die 1719 bereits nicht mehr die vollen Gehälter auszahlen konnte und das Silbergewicht der Rupie um fast ein Drittel verringern mußte.

Unberührt von diesen Geschehnissen hatte Farrukhsijar mittlerweile in seinem Harem residiert, doch nun erinnerten sich seiner die Unzufriedenen am Hofe. Wieweit es tatsächlich eine Verschwörung zum Sturz der Sadschid-Brüder gab und welche Rolle der Kaiser dabei spielte, wird sich nie klären lassen. Auf jeden Fall entschlossen sich die Brüder, ein Exempel zu statuieren: Am Morgen des islamischen Neujahrsfestes 1719 wurde der Kaiser von seiner Leibgarde zum Diwan-i-am abgeholt, den ganzen Weg lang an den Ohren gezerrt, getreten und geprügelt, schließlich feierlich vor dem Pfauenthron geblendet und anschließend erwürgt.

Als neuer Kaiser wurde aus dem Salatin ein fünfzehnjähriger Cousin namens Rafiq geholt, der jedoch bereits schwer an Tuberkulose litt und schon nach sechzehn Wochen starb. Auch mit ihrer nächsten Wahl hatten die Brüder Sadschid wenig Glück – der siebzehnjährige Bruder Rafiqs machte zwar unter dem bedeutungsschwangeren Namen Schah Dschahan II. auf dem Pfauenthron eine halbwegs gute Figur, doch auf daß er nicht mehr mache, ließen ihm die Brüder so reichlich bemessene Dosen Opium zukommen, daß er schon nach sechs Wochen starb.

Der vierte im Vierkaiserjahr war wieder siebzehn und durfte sich Mohammed nennen. Im Grunde war er ein Kaiser ganz nach dem Geschmack der allmächtigen Brüder: Im Salatin war der junge Mann durch sein Talent aufgefallen, schwungvolle Feste und Tierkämpfe meisterhaft zu organisieren. Einen so fähigen Impresario hatte der Hof noch nie gehabt, und das wäre eigentlich auch Mohammeds Aufgabe als Kaiser gewesen. Doch seine Organisationsfähigkeit reichte einiges weiter – durch einige bestochene Wächter der Sadschid-Brüder nahm er behutsam Kontakt mit den oppositionellen Gruppen auf, vor allem mit Asaf Dschah von den islamischen Traditionalisten, und im Januar 1720 wurden die Sadschids wegen dreimal begangenem und siebenfach versuchtem Königsmord hingerichtet.

Mohammed erwies sich als durchaus begabter Herrscher, der es geschickt verstand, seine Gegner so gegeneinander auszuspielen, daß seine eigene Position unangetastet blieb. In dieser Beziehung ähnelt er durchaus seinem französischen Kollegen Ludwig XV., und zum Bild gehört auch, daß Delhi unter den ersten Jahren seiner

Regierung seine höchste Blüte erlebte. Die von Aurangzeb verbannten Künstler waren wiedergekommen, und mit rund zweieinhalb Millionen Einwohnern übertraf Delhi auch an kultureller Ausstrahlung mühelos die beiden anderen Großstädte jener Zeit, Istanbul und Paris.

Andererseits war das Reich als solches nicht mehr zu retten. Zwar war die Autorität des Kaisers trotz des turbulenten Zwischenspiels der Sadschiden bei Armee und Volk noch überraschend groß, doch die einzelnen Provinzfürsten hatten die Gelegenheit genutzt, ihre eigenen Machtpositionen so fest auszubauen, daß die Zentralgewalt eher zur Farce geworden war. Kennzeichnend ist, daß für die Jahre 1720 bis 1722 nur ganze drei Dschagirs zur Vergabe freistanden, sämtlich geringerer Größenordnung. Eine weitere Schwierigkeit bedeutete die Teilung des Hofes in zwei nahezu gleich starke Fraktionen: Die orthodoxen Moslems unter dem Premier Nizam-ul-mulf Asaf Dschah vertraten Aurangzebs Staatsideal und plädierten für eine Art Gesundschrumpfen zum islamischen Elitestaat, abgegrenzt gegen Hindus und Radschputen und »ohne christliche Ausländer«, also Außenhandel. Die andere Fraktion plädierte für eine Rückkehr zum Staat Akbars, und natürlich war beides nicht möglich. 1725 schließlich trat Nizam Asaf als Premierminister zurück und wurde unter Beibehaltung aller Titel Gouverneur des Dekkan. In Wahrheit bedeutete dies die Teilung des Reiches, denn völlig unabhängig von Delhi regierte der Nizam von Haiderabad aus, und 1728 wurde der Status durch die neue, strikt islamische Verfassung für das Südreich aktenkundig.

Mit der Teilung verlor Hindustan ein gutes Drittel seiner Einkünfte, ohne jedoch den Beamtenapparat verringern zu können. Außerdem ging sämtliches im Dekkan befindliches Rüstungsmaterial verloren, nahezu drei Viertel der gesamten Armeeausrüstung. Damit war das nördliche Reich eindeutig in einer schlechteren Situation, und diese machten sich die Marathen in den nächsten Jahren zunutze. Nach gewohnter Art führten sie hauptsächlich kurze Raubzüge durch, denen aber Mohammed mangels Kasse kaum begegnen konnte. Auch scheiterten seine Versuche, die chronische Uneinigkeit ihrer Führer auszunutzen.

In Delhi herrschte eine fröhliche »Nach uns die Sintflut«-Stimmung, und zahlreiche Armeeführer lebten vom Zubrot marathischer Bestechungsgelder, so daß 1738 Marathen sogar Vororte Delhis ziemlich ungestört plündern konnten. Da sich gleichzeitig im Westen Verhängnisvolles zusammenbraute, mußte Mohammed mit den Räubern sogar einen ziemlich demütigenden Friedensvertrag schließen, der durch Abtretung der Provinz Malva das Mogulreich auch noch geographisch teilte. Die Situation ähnelte peinlich jener, die einst Timur zu seinem Ausflug nach Indien veranlaßt hatte.

Es gab auch schon den starken Mann, der nur darauf gewartet hatte. Er hieß Nadir Schah, hatte 1736 die Safawiden in Persien entmachtet und wird vom derzeitigen Schah gern in die Vorbildsammlung großer Perser adoptiert. Nadir Schah aber war Turki, wie einst Timur, der auch sein Vorbild war. Mit seinem Stab zuverlässiger Afghani, überwiegend wie er aus Chorassan, nahm er zuerst den Türken den Irak ab, und am 27. Dezember 1738 überschritt er den Indus bei Attock, an genau derselben Stelle wie einst Timur. Auch Nadir Schah hielt sich nicht überflüssig lange auf. Lahore wurde quasi en passant geplündert, und schon am 24. Februar 1739 stand er bei Karnal, nicht einmal hundert Kilometer von dem eilig zusammengewürfelten Mogulheer entfernt. Mohammed Schah selbst führte das Kommando, doch mehr als die Hälfte seiner Generäle war bereits von Nadir Schah bestochen, so daß die Schlacht keine zwei Stunden dauerte. Am 20. März marschierte er in Delhi ein, offiziell als Gast des Moguls, doch ließ er gleichzeitig die Chutba in seinem Namen lesen, und wie einst bei Timur herrschte zwei Tage angespannte Ruhe.

Offensichtlich provozierten diesmal wirklich die Bewohner Delhis ihren Untergang. Am frühen Abend des 23. März kam es beim Chandi Chowk zu einer Auseinandersetzung zwischen Handwerkern und persischen Soldaten, die in eine Schlägerei ausartete. Mit asiatischem Bazartempo verbreitete sich die Neuigkeit durch die Stadt, um das Gerücht erweitert, Nadir Schah selbst sei erschlagen worden, und bei Einbruch der Dunkelheit waren neunhundert Perser tot. Nadir Schah, der sein Lager an Timurs einstigem Zeltplatz aufgeschlagen hatte, reagierte besonnen und verbot jede Gegenaktion, bis er selbst die Stadt inspiziert habe. Am nächsten Morgen ritt er durch Delhi, und diesmal flogen einige Steine von den Dächern. Dann knallte auch noch ein Musketenschuß, der den neben Nadir reitenden Offizier tötete. Um punkt neun Uhr gab Nadir Schah das Kommando zum allgemeinen Massaker. Vor Sonnenuntergang waren bereits mehr als 30000 Einwohner erschlagen, und Mohammed Schah mußte Nadir Schah vor der Freitagsmoschee kniefällig um Schonung seines Volkes bitten. Die Autorität des Afghanen war so groß, daß sein Kommando tatsächlich innerhalb einer Stunde dem Wirbelsturm Einhalt gebot.

Während der nächsten Tage durfte in Delhi kein Haus verschlossen sein, auch nicht die Schatzkammer der Großmoguln. Schon am zweiten Tag konnte Nadir Schah einen Erlaß nach Hause schicken: Persien brauchte für die nächsten drei Jahre keine Steuern zu zahlen. Zur Beute gehörten unter anderem: 800 Elefantenladungen Gold, Gesamtgewicht etwa 80000 kg, wobei allerdings mit Sicherheit etwa die Hälfte Juwelen ausmachten; die Miniaturen der kaiserlichen Sammlung, von denen später etliche hundert an Österreichs Kaiserin Maria Theresia verscherbelt wurden, in deren Schloß Schönbrunn sie das »Millionenzimmer« zieren; 2000 Elefantenladungen Silber; eintausend Kampfelefanten, hundert Maurer und zweihundert Zimmerleute. Mehr hatte nicht einmal Timur einsakken können, und hinzu kam auch der Pfauenthron. Lange Zeit konnte dieses aberwitzig kostbare Möbel in Isfahan bestaunt werden, dann wurde es verschrottet. Der Pfauenthron, auf dem Persiens gegenwärtiger Schah gekrönt wurde, ist nur der Erbe einiger Edelsteine seines berühmten Vorgängers, denn er wurde erst Anfang des neunzehnten Jahrhunderts für Fath Ali Schah gebaut. Vom legendären sind nur einige Trümmer der Balustrade erhalten, die zusammen mit anderem hochkarätigem Gerümpel im Golestan-Palast zu Teheran ausgestellt sind. Es fehlte nur ein Stück, nach dem Nadir Schah fieberhaft suchen ließ, das aber unauffindbar blieb: der große Stein, der gemeinhin »Großmogul« hieß. Es dürfte etliches Bestechungsgeld gekostet haben, bis das Geheimnis gelöst war – jedenfalls bat bei der Abschiedsparty, die der gefledderte Großmogul auch noch geben mußte, der Gast höflich um die Gunst, seine kostbar bestickte Mütze »als Zeichen immerwährender Freundschaft und Verbundenheit« mit dem schlichten Turban Mohammeds tauschen zu dürfen. Da purzelte es glitzernd aus den

Falten, und von Nadir Schah stammt der gegenwärtige Name des Steins, Kohinoor.

Zum Abschied sagte Nadir Schah dem Großmogul noch ein fröhliches »Auf Wiedersehen«, obwohl sich ein neuerlicher Besuch in absehbarer Zeit wohl kaum gelohnt hätte. Nadir kam auch nicht wieder – nachdem er den Moguln noch im Handumdrehen Kabul abgenommen hatte, legte er sich wiederum mit den Türken an. Während die noch um Frieden verhandelten und überaus prächtige Geschenke vorbereiteten – der berühmte Smaragd-Dolch im Topkapi war eines davon –, wurde der Eroberer 1747 bei einem lächerlichen Streit um Offiziersgehälter mit einer Turbannadel erstochen. Um die Nachfolge gab es den üblichen Bürgerkrieg – Persien konnte den Moguln nicht mehr gefährlich werden.

Die meisten Historiker neigen dazu, Nadir Schahs Einfall als »im wesentlichen folgenlos« für das Reich zu beurteilen. Grund dieser Fehleinschätzung ist, daß das Haus Timur trotz dieser Demütigung weiter als Kaiserhaus anerkannt wurde, vor allem aber, daß zeitgenössische Europäer sich immer noch über die erstaunliche Lebensqualität wundern konnten. Das Ausmaß des Niedergangs konnte schon deshalb nicht ersichtlich werden, weil Indien noch immer jedem Vergleich mit dem Abendland standhielt und frühere Berichte gern als Übertreibungen abgetan wurden. Der Lebensstandard auch der Bauern war noch immer zumindest ebenso hoch wie der ihrer mitteleuropäischen Kollegen, die gerade die Folgen des spanischen und österreichischen Erbfolgekrieges zu verkraften hatten. Da sich dabei England und Frankreich bekämpften, griffen die Feindseligkeiten auch auf den Subkontinent über, und 1746 kam es zum Krieg zwischen Britisch-Madras und Französisch-Pondichery. Erst 1761 fiel die Entscheidung, als Pondichery regelrecht ausgehungert wurde und die Franzosen ihren endgültigen Abschied von Indien nehmen mußten.

Tatsächlich existierte das Mogulreich von nun an eher als Idee denn als Realität, vergleichbar dem ebenfalls nur noch als Papierform bestehenden Heiligen Römischen Reich Deutscher Nation. Der Verlust der Staatskasse hatte zur natürlichen Folge, daß die einzelnen Provinzgouverneure sich selbst aus ihren Einnahmen entlohnten und höchstens, wenn überhaupt, einen nominellen Tribut nach Delhi sandten, wohlweislich so niedrig gehalten, daß keine Armee zur Wiederherstellung einer Reichseinheit damit ausgerüstet werden konnte. Das eigentliche Kaiserreich war nur noch ein Streifen von 250 Kilometer Länge und 100 Kilometer Breite um die Städte Agra und Delhi, umrundet von sechzehn Provinzen, die de facto unabhängige Königreiche waren. Die weitere Geschichte ist nur noch die eines Kampfes um den Besitz dieses Streifens zwischen den einzelnen Mächten, wobei die Kaiser nur noch als Schachfiguren oder Zuschauer fungieren.

Unmittelbar nach Nadir Schahs Abzug machte sich Safdar Dschang zum Großwesir, zuvor Gouverneur von Oudh im Südosten Delhis, das er als ersten Regierungsakt seinem Sohn als erbliches Königreich verlieh. Sein Hauptinteresse galt der Erbauung eines prunkvollen Grabmals nahe dem Humayuns, das Kunsthistoriker seitdem als allerletzten Nachglanz mogulischer Architektur buchen. Daß es für keinen Kaiser, sondern für einen offiziellen Beamten errichtet wurde, kennzeichnet die Situation des Reiches ebenso wie die Vergröberungen der Formen und das verwendete Material.

In der Zwischenzeit dehnten die Marathen ihr Reich unaufhaltsam aus, und in Afghanistan kam ein Mann an die Macht, der zumindest in seinen militärischen Fähigkeiten sehr an Babur erinnerte, Ahmad Schah Abdali. Und wie einst der Tiger plante Ahmad, sich das Machtvakuum zunutze zu machen. Immerhin konnte Safdar Dschang noch fast 60000 Mann Armee aufbringen und 1748 bei Sirhind den letzten Sieg der Moguln feiern, doch am Morgen nach dem Sieg starb Kaiser Mohammed an einer Überdosis Opium, die er in der Siegesfreude geschluckt hatte. Zwar wurde sein einundzwanzigjähriger Sohn Achmed zum Kaiser ausgerufen, doch viele Offiziere weigerten sich, ihm zu huldigen, ehe nicht der schon seit zwei Jahren überfällige Sold bezahlt sei. Da weder Kaiser noch Kaisermacher zahlungsfähig waren, streikte von nun an etwa ein Drittel der Armee, frei durch das Restreich ziehend und nach eigenem Gutdünken plündernd.

Ahmad Abdali konnte so 1750 völlig ungehindert Sind, Gudscherat und Surat besetzen, und auch die Sikhs tauchten wieder auf. Während ihrer Zeit in den Bergen hatten sie sich in zwölf Stämme oder Misls gespalten, die nun einzeln oder lose verbündet in den

Pandschab einfielen, eine Reihe kurzlebiger Zwergstaaten gründeten und bei ihren Raubzügen bis an die Vororte Delhis kamen.

Von Haiderabad aus gesehen schien die Gelegenheit günstig, das zerfallene Nordreich dem Süden anzuschließen, und 1752 brach Asaf Dschahs Sohn mit gut 50000 Soldaten auf, »auch im Raum Delhi das von meinem Vater ererbte Amt des Premierministers anzutreten«. Kurz nach dem Monsun, Ende September 1753, konnte er Firozabad besetzen, eine der alten Städte Delhis, nicht ganz einen Kilometer südlich der Mogulfestung, und zur Feier des Ereignisses ließ er auch einen Kaiser seiner eigenen Wahl ausrufen: Alamgir II. hieß er und war der älteste Sohn Dschahandars, ein bereits 68 Jahre alter Onkel Kaiser Achmeds.

Ein halbes Jahr bekriegten sich nun im Raum Delhi zwei Premierminister samt zugehörigen Kaisern. Dabei starb der Herausforderer, doch sein Sohn Imad-ul-Mulk konnte im März 1754 Safdar Dschang entscheidend schlagen. Safdar zog sich mit seinem als abgesetzt erklärten Kaiser nach Oudh zurück und nahm von dort aus Verhandlungen mit den Afghanen auf, die er dem Sieger an den Hals zu hetzen gedachte.

Imad-ul-Mulk war bei seinem Einzug in Delhi erst siebzehn Jahre alt und nach Aussagen aller Zeitgenossen ebenso begabt und gebildet wie skrupellos. Sein Kaiser hatte den Namen Alamgir als Programm gewählt, war er doch von derselben Frömmigkeit wie Aurangzeb, und sein Wesir sorgte dafür, daß er die kleine Perlenmoschee im Fort von Delhi auch nicht verlassen konnte. Ein kleines Detail erhellt, wie weit der Kaiser Gefangener geworden war: Zwei Jahre nach seiner Thronbesteigung starben zwei seiner Frauen im Harem an Unterernährung. Im selben Jahr eroberte Ahmad Schah Abdali, der Afghane, den gesamten Pandschab.

Im Sommer desselben Jahres versuchte auch der selbsternannte Herrscher Bengalens, mit den Engländern abzurechnen, die es gewagt hatten, einen Teil der Hafengebühren Kalkuttas »bis zur Klärung der Frage, welcher Kaiser für Indien zuständig sei«, einzubehalten. Mühelos konnte er die Garnison Kalkuttas überwältigen, und 145 Männer sowie eine Frau wurden für eine Nacht in das Militärgefängnis der Company gesperrt. »Schwarzes Loch« hieß der etwa sechs Quadratmeter große Raum mit zwei winzigen Fenstern, in den die Briten gequetscht wurden. Es war Juni, und auch in der Nacht sank die Temperatur kaum unter 35°. Am nächsten Morgen lebten nur noch 23 Leute, darunter die Frau. In England entfachte dieses grausige Ereignis natürlich einen Sturm der Entrüstung, und auf dessen Wellen konnte Sir Clive 1757 mit einer beachtlichen britischen Streitmacht von Madras aus nach Bengalen segeln. Es war die Geburtsstunde der »Kanonenboot-Politik«. Fast genau ein Jahr nach der Nacht im »Schwarzen Loch« konnte Sir Clive als Nawab von Bengalen einen Mann seiner Wahl einsetzen, der sich mit ungeheuerlichen Zahlungen und 2000 Quadratkilometern Land um Kalkutta als Eigentum der Company revanchieren mußte. Von nun an ging es den Engländern nicht mehr um den Handel des Subkontinents, sondern um den Besitz.

Im April hatte Ahmad Abdali Delhi plündern können, das Imad-ul-Mulk kampflos geräumt hatte, und als er sich mit der Beute zurückzog, hinterließ er als Wesir einen Kollegen, der sich zuvor durch seine verschiedenen Frontwechsel den tödlichen Haß Imad-ul-Mulks zugezogen hatte. Wieder begann der Kampf zweier Wesire um Delhi, nur daß diesmal die Kampfteilnehmer weniger bedeutend waren als die Mächte, die hinter ihnen standen: die Afghanen und die Marathen, die Imad zu Hilfe gerufen hatte. Um das Melodram zu vervollständigen, brach 1758 auch der älteste Sohn Alamgirs aus dem zum Gefängnis gewordenen Fort aus und flüchtete nach Bihar, wo er sich unter dem Namen Alam II. zum Kaiser ausrufen ließ. Somit hatte das nicht mehr vorhandene Reich drei Großwesire und drei Kaiser. Allerdings änderte Imad-ul-Mulk diesen Zustand im zweiten Punkt bereits ein Jahr später und ließ seinen Kaiser Alamgir II. von der höchsten Mauer des Forts stürzen.

In Wahrheit war der Kampf um das Reich längst ein Duell zwischen Afghanen und Marathen, und zwischen ihnen kam es am 13. Januar 1761 zur dritten und letzten Schlacht von Panipat. Die Marathen erlitten eine vernichtende Niederlage, aber auch Ahmad Schah konnte seinen Sieg nicht ausschöpfen: Schon am nächsten Tag begannen seine Soldaten wegen rückständiger Soldzahlungen zu streiken und zwangen ihn zum Rückzug nach Kabul, ähnlich einst den Soldaten Baburs, die auch nach Panipat von Heimweh befallen wurden. So blieb als wesentliches Ergebnis von Panipat, daß es kein

Ergebnis gab, sondern ein Vakuum, um das sich von nun an wieder Stammesfürsten raufen konnten.

Der Herr der Welt in Pension

Timurs Sippe und sogar Ahmad Schah anerkannten nun Alam II. als Kaiser, doch sein Reich erstreckte sich nicht einmal von Delhi bis Palam. Während der Schlacht von Panipat hatte er sich in Allahabad aufgehalten, eher Gefangener denn Herr einer kleinen Leibgarde von Afghanen, denen er erst ein Jahr später in einer abenteuerlichen Flucht entrinnen konnte. 1763 taucht er unvermittelt in Oudh auf, wo Safdar Dschangs Sohn als Nawab herrschte und in einem abgelegenen Teil des Palastes noch ein Kaiser hockte, der abgesetzte Achmed. Die beiden Kaiser waren gleich alt und wurden sogar Freunde. Da sich Achmed daran gewöhnt hatte, sein Exil mit Opium zu versüßen, verzichtete er gern auf seine Thronansprüche, und Schah Alam honorierte dies mit einer Kiste Whisky. Ein Jahr später allerdings war die Kaiserwürde nicht einmal mehr dies wert: Die Briten waren allmählich von Kalkutta aus westwärts marschiert, schlugen Alams Beschützer und setzten wie in Bengalen einen neuen Nawab von ihren Gnaden ein. Alam, der seine Haut nur knapp retten konnte, mußte den Briten ganz Bengalen überschreiben und war wieder einmal heimatlos.

In dieser Situation traf er einen anderen Heimatlosen, Mirza Nadschaf Khan. Der war entfernt mit dem gestürzten Kaiserhaus Persiens verwandt und einst unter reichlichem Spott von Nadir Schah nach Indien geschickt worden, »zu den anderen abgewrackten Herrschern«. Bislang hatte er sich dort als Räuberhauptmann durchgeschlagen und dabei so viel zur Seite legen können, daß er sich Alam als idealer Bündnisgenosse und Großwesir empfahl. Seine diplomatischen Fähigkeiten waren beachtlich, und so konnte er am 15. Februar 1771 mit den Marathen einen bemerkenswerten Vertrag schließen: Sie sollten im Namen Schah Alams Delhi erobern und dafür vier Millionen Rupien erhalten. Sobald die erste Million bezahlt sei, wäre Delhi samt Fort zu räumen und Schah Alam zu überlassen. Als Zubrot würde dafür den Marathen Allahabad samt Umland abgetreten, wodurch sie direkte Nachbarn der Briten würden. So geschah es auch, und am 6. Januar 1772 zog Schah Alam in Delhi ein.

Mirza Nadschaf Khan war der letzte fähige Mann, den die Moguln finden sollten. Die Marathen legte er ziemlich bald gründlich herein – als sie auf Zahlung der weiteren drei Millionen drängten, hatte er bereits alles verfügbare Geld in eine Armee investiert und ihnen gleichzeitig die Engländer an den Hals gehetzt. Von 1775 an kämpften die Briten einen Zweifrontenkrieg gegen Marathen und das Südreich im Dekkan, und damit hatte Nadschaf Zeit genug, die Sikhs aus dem Pandschab wieder in die Berge zu jagen. Da er seine Armee längst nicht mehr bezahlen konnte, mußte er ständige Kleinkriege führen, die den Soldaten Gelegenheiten zu Plünderungen gaben. Immerhin konnte er auf diese Weise noch einmal ein kleines Reich um Delhi herum festigen, doch starb er im April 1782, ohne einen fähigen Nachfolger zu hinterlassen, und somit war Schah Alam wieder einmal ohne Beschützer.

Die Engländer hatten inzwischen auch den Norden mit Lucknow erobert, und der dortige Resident meinte über Delhi, »es lohnt sich für die Company kaum, sich noch in den Besitz dieses verrotteten Territoriums zu setzen«. Innerhalb von fünfzig Jahren war aus der Zwei-Millionen-Metropole eine verfallene Stadt mit knapp 130000 Einwohnern geworden, in die ab und zu auch Schakale einfielen. 1782 kam es auch noch zu einer verheerenden Hungersnot, der fast die Hälfte der Landbevölkerung zum Opfer fiel. Keiner der Banditenhäuptlinge, die sich im Palast nun immer schneller als Wesire abwechselten, konnte sich in der Hauptstadt durchsetzen. 1785 nahm Schah Alam wieder Kontakt mit den Marathen auf, deren nördliche Armee von dem tüchtigen Franzosen de Boigne kommandiert wurde, und bat »um einen verläßlichen Schutz vor meinen Glaubensgenossen« . Die Marathen sagten zu, und ihr König Sindia nannte sich von nun an auch »oberster Schutzkaiser Hindustans«, doch viel mehr geschah nicht.

Im Juli 1788 konnte ein ruppiger Afghane namens Ghulam Khadir Delhi besetzen. Zunächst setzte er am 31. Juli Schah Alam ab, »wegen hochverräterischer Bündnisse mit den Marathen«, und als er im Fort weniger Schätze fand, als er erwartet hatte, stach er dem

61jährigen Kaiser am 9. August persönlich die Augen aus. Jonathan Scott, der die Interessen der Engländer vertrat, schrieb am 7. November an seine Company: »Ich habe einen schrecklichen Bericht über das traurige Schicksal Schah Alams und seiner Familie. Der arme alte König ist geblendet, ihm fehlt selbst das Notwendigste, und oft wird er auch von Ghulam Khadir verprügelt, der die Prinzen zu seinem Vergnügen tanzen läßt und sie seine Schwanzbläser und alles mögliche nennt. Die Damen des Harems wurden ausgezogen, verprügelt, und viele starben an Hunger. Einige stürzten sich von den Mauern des Forts und wurden dann in den Jamuna geworfen. Alle Fußböden der Festung wurden aufgegraben und alles beschlagnahmt, sogar das Küchengeschirr. Schah Alam wurde über eine Woche lang nur bei Wasser und Brot gehalten. Als die Marathen kamen, mußte Ghulam die Festung räumen, nahm aber neunzehn Söhne des Kaisers mit sich. Der von ihm eingesetzte Kaiser Bedar Schah verärgerte ihn, als er eines Tages einen Drachen steigen ließ, und so ließ er ihn erschlagen und setzte Akbar als Kaiser ein, den Lieblingssohn Alams. Der alte Mann war darüber so glücklich, daß er Ghulam Khadir alle Greueltaten vergab. Die Marathen allerdings weigerten sich, Akbar anzuerkennen, und bestanden auf dem blinden Mann ...«

Zunächst war jedoch für ihre Entscheidung ausschlaggebend, daß sich Akbar noch im Lager Ghulams befand, doch auch als der samt nur noch drei überlebenden Prinzen gefangen wurde und am 3. März 1789 von einem Elefanten zertrampelt war, hielten die Marathen an dem blinden Kaiser fest. Noch knapp ein Jahrhundert davor hatte Blendung nach dem Tod als sicherste Maßnahme gegolten, jemanden endgültig von der Macht auszuschließen. Nun wurde Schah Alam Kaiser mit einem Ruhegehalt der Marathen, und seine Blindheit bewahrte ihn davor, den Verfall in seiner Umgebung voll wahrnehmen zu können. Mehr als die Hälfte der Bauten Schah Dschahans lagen nach der Schatzsuche in Trümmern, die silbernen Dächer waren abgedeckt und sogar die Goldmalereien von den Wänden gekratzt. Die kaiserliche Familie hauste in zerlumpten Zelten, und genau das entsprach der Stellung des Kaisertums. Im Laufe der nächsten Jahre wurden jene Paläste, die heute noch vorhanden sind, notdürftig eingedeckt, doch Delhi, die einst strahlende Metropole, war »nicht mehr wert, in Besitz genommen zu werden«.

Die Aufmerksamkeit der Zeitgenossen konzentrierte sich auf den bevorstehenden Machtkampf zwischen Engländern und Marathen. Der starke Mann der Marathen war dabei nicht ihr Maharadscha Sindia, sondern der Franzose de Boigne, der es vom pfenniglosen Abenteurer bis zum Generalfeldmarschall mit einem Jahresgehalt von dreieinhalb Millionen Rupien, 39821 kg Silber, gebracht hatte. Die Französische Revolution sorgte für eine ständige Zuwanderung französischer Adliger, die bald alle wichtigen Ränge der Armee besetzt hielten und den Engländern nicht ganz zu Unrecht Angst vor einem Französisch-Indien machten. So wurde allmählich der Subkontinent zu einem Nebenschauplatz des großen europäischen Krieges, und nach einer Reihe von Feindseligkeiten machten die Engländer ernst. Fast 20000 britische Soldaten wurden für den ersten großen Kolonialkrieg nach Indien geschifft, um die Franzosen unter de Boignes Nachfolger Perron von der Halbinsel zu verjagen.

Schon am 27. Juli 1803 schrieb Lord Wellesley, der Gouverneur der Company, an Schah Alam: »Sollte Eure Majestät geneigt sein, das Asyl zu akzeptieren, das anzubieten ich meine Streitkräfte beauftragt habe, möge Eure Majestät versichert sein, daß sämtliche Annehmlichkeiten und Demonstrationen der Hochachtung, die zum Wohlbefinden Eurer Majestät und ihrer Familie beitragen, von unserer Seite her geleistet würden und daß auch die für den Unterhalt notwendigen Mittel durch die britische Regierung beigestellt würden.«

Am 29. August hatten die Briten Schah Alam soweit, daß er einen von Wellesley aufgesetzten Brief unterschrieb, in dem die Company »zum dringenden Schutz vor französischer oder anderer ausländischer Vorherrschaft« um ihren Einmarsch in Delhi gebeten wurde. Die Briten hatten schon an der Grenze gewartet, und am 11. September kam es vor Delhi zur Schlacht. Die durch ihre Spione nicht genügend vorgewarnten Marathen und Franzosen konnten nicht einmal mehr ihren Troß mitnehmen. Am 16. September erhielt der künftige British Resident den Titel eines kaiserlichen Großwesirs, und bei dieser Gelegenheit kam es bereits zu einem Streit zwischen der neuen Schutzmacht und dem kaiserlichen

Schützling. Anlaß war eine halbe Million Rupien, die der französische Festungskommandant Drugeon in der Eile nicht mehr mitnehmen konnte und um die sich nun Briten und Kaiser mit genau denselben Argumenten zankten. In diesem Fall siegte noch Schah Alam, wohl nicht zuletzt deshalb, weil sich Sir Richard Wellesley einiges darauf einbildete, als Untertan seines Königs doch auch Herr eines Kaisers zu sein.

Außerdem lieferten Name und Nimbus der Moguln noch willkommene Rechtsargumente für weitere Schritte der Company in Indien. Gemeinsam mit seinem Bruder Arthur, der später als Herzog von Wellington wesentlich erfolgreicher werden sollte als Richard, eroberte er im Lauf der nächsten Jahre nahezu vollständig das einstige Reich Aurangzebs zurück – nach juristischen Vorgeplänkeln, an denen Babur seine Freude gehabt hätte – und konnte es schließlich sogar um die Karnatik erweitern. Warum er dann plötzlich nach England abberufen wurde, wird gern mit den Argumenten wiedergegeben, die der alte Richard Wellesley jedem erzählte, der ihm zuhörte: Er sei zu erfolgreich gewesen und Bruder Arthur sei eifersüchtig auf ihn geworden. Dies dürfte allerdings die Tatsachen verschleiern heißen: Bereits 1805 zeigte Richard unübersehbare Anzeichen von Wahnsinn, zunächst von Größenwahn, die seine Abberufung notwendig machten und die Vorboten seines späteren aktenkundigen Verfolgungswahns waren.

Spätere Residenten waren verschiedener Ansicht, wieweit die Höflichkeit dem gestürzten Kaiserhaus gegenüber zu betreiben sei, und verständlicherweise gab es in dieser Frage ständig Differenzen zwischen dem Residenten in Delhi und dem Generalgouverneur in Kalkutta und erst recht mit der Zentrale in London. Als Schah Alam 1809 im Alter von 81 Jahren starb und sein bereits 55jähriger Lieblingssohn Akbar II. nachfolgte, wurde den pensionierten Kaisern das Rote Fort als Hoheitsgebiet zugestanden, das allerdings nur mit ausdrücklicher Erlaubnis des Residenten verlassen werden durfte. Um die Höhe der Pension, aber auch um alle möglichen und unmöglichen Kleinigkeiten gab es in den nächsten Jahren ein endloses Feilschen, auf künstlerisch gestalteten Dokumenten von kaiserlicher Seite und reichlich formlosen Handzetteln von britischer. Über neunzig Dokumente aus zwölf Jahren behandeln Sitzhöhe und den zum Kaiser einzuhaltenden Winkel des Stuhles für den Residenten, fast zweihundert die staatserhaltende Frage, ob das traditionelle Blumengeschenk an den Kaiser Zeichen der Unterwerfung oder reiner Höflichkeit sei ... Da viele Beamte der Company abwechselnd in Delhi und Kalkutta Dienst taten, läßt sich jeweils an den einzelnen Stationen auch ein bezeichnender Charakterwandel feststellen, der schließlich zum Scherzwort des »Delhi influence« führte. Dieselben Beamten, die sich in Delhi zu Fürsprechern der Moguln gemacht hatten, vertraten in Kalkutta die harte Linie und verurteilten sie, wieder zurückgekehrt, von Delhi aus. Es war leicht, in Delhi dem Zauber Indiens zu erliegen, und Sir David Ochterlony führte als Resident sogar in der Kleidung eher das Leben eines indischen Nawab – inklusive beständig qualmender Haschischpfeife – als eines britischen Soldaten. Nach Kalkutta zurückgekehrt, verurteilte er derartige Entgleisungen bei anderen Offizieren entrüstet, ersuchte aber bald wieder um Rückversetzung nach Delhi, wo er bald infolge Opiumsucht pensioniert werden mußte. Insgesamt aber blieb als konstante Linie der englischen Politik, was Sir Thomas Theophilus Metcalfe in einem Brief an seine Chefs vorschlug: »Ich selbst habe meine einstige Hochachtung vor dem Haus Timur abgelegt. Wir haben uns von Anfang an fast zu großzügig zu dem König verhalten, und er hat sich auch nicht schlecht benommen. Für die Zukunft aber halte ich für besser, ihn in völlige Bedeutungslosigkeit versinken zu lassen, anstatt seine Würde aufrechtzuerhalten, wie bisher.«

Akbar selbst, den Zeitgenossen als »eher würdig denn fähig« beschrieben und der »unter anderen Umständen einen durchaus unterhaltsamen Landadligen abgegeben hätte«, kümmerte sich in den Anfangsjahren seiner Regierung durchaus noch um eine würdige Darstellung seiner ererbten Größe. Er ließ einige Pavillons der Residenz wiederherstellen, so gut dies ging – die bemalten Holzdekken der Thronhallen stammen von ihm –, und sogar einen Pfauenthron aus Glassteinen und Messing ließ er bosseln.

Eine englische Dame, die zur Schande ihrer Familie einen hochgestellten Moslem geheiratet hatte, hinterließ eine anschauliche Schilderung ihrer Privataudienz im Harem: »Der König saß auf der Wiese in einem Armstuhl und genoß seine Wasserpfeife; die Königin saß auf einem Teppich an seiner Seite. Nachdem ich meine Schuhe am Eingang zurückgelassen hatte und meine Blumen überreicht, wurde ich auf den Teppich der Königin gebeten, eine Ehre, die ich wohl zu schätzen wußte. Wir waren bald in eine interessante Konversation verwickelt: über England, die Regierung, die Beamten, die Erfahrungen meines Gatten mit meiner Familie ... Bis mir schließlich die Majestäten herzlich die Hand schüttelten und mich die Königin gar umarmte. Es tat mir weh, von ihnen als Abschiedsgeschenk eine schön bestickte Schärpe zu erhalten, da ich weiß, wie arm die beiden sind, und die Königin steckte mir sogar einen kleinen Ring von mittlerem Wert an den Finger, ›um mich an die Geberin zu erinnern‹. Der König ist viel hellhäutiger als andere Asiaten, immer noch ansehnlich und mit silberweißem Haar. Er lebt fromm und bescheiden wie ein Bettelheiliger ...«

Eine öffentliche Audienz beschrieb wenig später der anglikanische Bischof Heber: »Auf unseren Elefanten ritten wir durch den vornehmsten Torbogen, den ich je sah. Er besteht aus einem hohen gotischen Bogen zwischen zwei großen Tortürmen und führt in eine lange, gewölbte Halle, größer als eine gotische Kathedrale, mit einem kleinen, achteckigen Hof in der Mitte, alles aus Granit und schön verziert. Doch all dies endet in einem verfallenen und extrem schmutzigen Stallhof« – dem Diwan-i-am Schah Dschahans –, «wo uns Kapitän Grant, der Kommandant der Palastwache, mit einigen Beamten empfing. Hier mußten wir leider absteigen, und der Schmutz war für meinen Talar sehr unangenehm, abgesehen davon, daß wir von einem frischen Schwarm besonders armseliger Bettler sowie den Frauen und Kindern der Stallknechte bedrängt wurden. Danach durchschritten wir einen anderen schönen, aber ruinösen Torbogen, wo die Leibwächter einen Wandschirm zur Seite schoben und schrien: ›Sehet die Herrlichkeit der Welt! Sehet die Heimat aller Nationen! Den König der Könige! Den Kaiser Akbar Schah!‹ Tatsächlich sahen wir einen überraschend schönen Hof, groß wie den Allerseelenfriedhof in London, mit niederen, aber schönen Gebäuden. Uns gegenüber war ein offener Pavillon aus weißem Marmor, von Rosenbüschen und Brunnen gerahmt, und einige Vorhänge und Teppiche hingen von seinem Dach. Darin war eine Menge Leute, und in ihrer Mitte saß der arme alte Nachkomme Tamerlans ...«

Prinz Dschahangir, der älteste Sohn Akbars, war damit nicht zufrieden. Zweimal versuchte er, einen Aufstand gegen den britischen Residenten zu organisieren, worauf er nach Allahabad als Staatsgefangener kam, aber bald wieder wegen guter Führung entlassen wurde. Nach seinem dritten fehlgeschlagenen Aufstandsversuch suchte er Trost beim Alkohol. Als ihn der Brite Sleeman traf, war er gerade dabei, sich mit Hoffmann's Cherry Brandy umzubringen: »Er sagte zu mir: ›Dies ist das einzige Zeug von euch Engländern, das zu trinken sich lohnt. Sein einziger Nachteil ist nur, daß man zu schnell besoffen wird.‹ So beschränkte er sich, um sein Vergnügen zu verlängern, freiwillig auf ein großes Glas pro Stunde, bis er sich zu Tode getrunken hatte.« Sein Grab in Delhi, nahe Nizamuddin Aulia und neben Dschahanara, ist das letzte Beispiel mogulischer Marmorkunst.

Thronfolger wurde auf englischen Befehl Prinz Abdul Zaffar, 1776 geboren, der einer der begabtesten Dichter seiner Zeit wurde. Die übrige Nachkommenschaft Timurs wurde in den Salatin geschlossen, über dessen Zustand Major Cunningham der Company berichtete: »Er besteht aus einer unglaublich hohen Mauer, in die niemand einsehen kann. In dem Hof sind zahlreiche Strohhütten, in der diese heruntergekommenen Geschöpfe leben. Als sich die Tore öffneten, wimmelte es von erbärmlichen , halbnackten, halbverhungerten Wesen. Einige Männer sind offensichtlich achtzig Jahre alt, doch unerzogen wie Kinder, da sie von klein auf eingeschlossen waren. Andere sind junge Männer, darunter Söhne von Königinnen, die in Ungnade fielen, andere Kinder, die hier geboren wurden und nichts sonst von der Welt kennen ... Ihr höchster Luxus sind einige Decken.« 1848 lebten im Salatin 2104 Personen, und groteskerweise erhielt dieses Konzentrationslager noch einige Jahre die Fiktion der Moguln – die Engländer wußten nicht, was sie mit dem Elend anfangen sollten, und so ließen sie das Fort, wie es war.

Der Geist der Zeit aber hatte sich geändert. Charles Darwin propagierte in England das Naturrecht des Stärkeren und Adam Smith dasselbe für die Wirtschaft. Gemäß den von Smith erstellten Lehrregeln des Kapitalismus liefen die großen Baumwollspinnereien in Manchester, wo der Wuppertaler Industriellensohn Engels einige Zeit später gemeinsam mit dem emanzipierten Juden Marx

Arbeitswelt und Bibliotheken studierten. In der Politik hieß diese Hemdsärmeligkeit etwas verfeinert »Utilitarismus«, wurde doch nicht wie im Kapitalismus die Menschenwürde, sondern nur die traditionelle von Institutionen als überflüssig betrachtet. Daher war in diesem neuen System auch kein Platz mehr für die Schattenkaiser Indiens. Als 1833 Abdul Zaffar unter dem Namen Bahadur Schah den Talmithron im Roten Fort bestieg, beehrte sich der British Resident, Seiner Majestät mitzuteilen, daß sich deren Söhne gefälligst nach einem anderen Beruf umsehen sollten.

Die Bürde des weißen Mannes

Auf Indien aber stürzten sich die Briten mit der Emphase von Newcomern, die insgeheim immer schon gewußt hatten, wie alles besser zu machen sei. Pikanterweise hieß das Ganze »Politik der Nichteinmischung«, wobei tatsächlich eine gewisse Form gewahrt wurde: Genehme Nawabs wurden eingesetzt und durften tatsächlich so etwas wie regieren, doch dies bestand eher im Radspreiten vergoldeter Pfauen, denn natürlich rangierten zualleroberst die britischen Interessen, indirekt über den Nawab dem Volk mitgeteilt. Zweck des Ganzen war, unliebsame Maßnahmen jederzeit dem lokalen Fürsten anlasten zu können, doch das Volk durchschaute das Spiel schneller, als den Briten lieb sein konnte.

Am Anfang der britischen Verwaltung lag das Chaos der letzten hundert Jahre. Die einst hervorragenden Straßen waren verfallen, und die Bauerndörfer hatten sich zum Schutz vor den ständigen Plünderungen mit hohen Lehmmauern umgeben. Allerdings herrschte innerhalb dieser rustikalen Forts keinesfalls jene Anarchie, die von den Engländern angenommen wurde und zu deren Abschaffung sie fleißig Verwaltungsmodelle bastelten. Erst nach siebzehn fehlgeschlagenen Verwaltungsreformen fand Sir Metcalfe heraus, daß die ganze Zeit über ein System funktioniert hatte, das schon zu Akbars Zeiten uralt war: das Panchayat. Fünf gewählte Vertrauensleute regelten für je 555 Dorfbewohner die kommunalen Angelegenheiten, und erst als die Briten anfingen, diese Selbstverwaltung zu akzeptieren, schmolz ein wenig von dem eisigen Mißtrauen der Dörfler. Daß es jedoch in den nächsten Jahren wieder sehr schnell wuchs, lag an der durchaus feudalistischen Politik der Company, die Dörfler zu allen möglichen unentgeltlichen Arbeiten zu zwingen. Dazu gehörte beispielsweise der Straßenbau. Nicht nur die Mogulstraßen wurden wiederhergestellt, sondern auch ein neues, mustergültiges Zwischenstraßennetz angelegt. Nur wird auch gegenwärtigen Indienbesuchern immer wieder auffallen, wie wenige Dörfer entlang der Grand Trunk Road zwischen Kalkutta–Benares–Agra–Delhi und Lahore liegen – die Dörfler sind aus Furcht vor Zwangsarbeit in das Hinterland geflüchtet. Denn die Zwangsarbeit beschränkte sich nicht auf den Straßenbau, sondern die Bauern wurden auch zu jeder Jahreszeit zu allen möglichen Trägerdiensten herangezogen, vor allem natürlich von den Weißen, aber auch von deren Dienern und Soldaten. Das führte schließlich zu einem Erlaß, nach dem gewöhnlichen Infanteristen verboten wurde, ihre Gewehre von Bauern tragen zu lassen.

An einer Wiederbelebung der Wirtschaft waren die Briten selbstverständlich weit weniger interessiert. Die großen Faktoreien der Moguln waren fast alle untergegangen, aber das handwerkliche Potential lebte weiter, stagnierend bei den Produktionsmethoden der Zeit Schah Dschahans, aber auch auf diesem qualitativen Niveau. An einigen Spezialzweigen waren die Engländer nach wie vor interessiert: an der Musselinweberei Bengalens, die so feine Baumwollgewebe herstellen konnte, daß zwei Meter Stoffbreite sich mühelos durch einen Fingerring ziehen ließ; an der Brokatindustrie um Benares und an den Edelsteinschleifereien um Agra und Delhi. Solche Güter ließen sich in Europa mit Gewinn an den Mann bringen, und das einzige Interesse der Briten war, daß derartige Betriebe nie die Größenordnung von Familienbetrieben überschritten. Sonst aber wurde die einstige Exportmacht zum Rohstofflieferanten degradiert. Baumwolle wurde nach Manchester geschifft, dort gesponnen und verwebt, um anschließend von der Company in Indien wieder verkauft zu werden. Auf Selbstspinnen standen seit 1835 fünfzehn Jahre Gefängnis.

Sehr deutlich lassen sich zwei verschiedene Grundcharaktere von Offizieren der Company unterscheiden. Die erste Gruppe rekrutierte sich aus langgedienten Offizieren, die meist als junge Abenteurer nach Indien gekommen waren, teilweise sogar hier geboren, und denen die Denkweise des Subkontinents bald mehr lag als die trockene Geschäftsmoral der Company-Zentrale in London. Sir David Ochterlony war einer von ihnen, und ihre typischsten Vertreter wurden die Metcalfes, eigentlich Ausnahmen, aber genau die Bestätigung dieses Stils. Sir Charles, der sich bis ins würdige Alter ein pickelgeziertes Kindergesicht bewahrte, wurde bereits mit 21 stellvertretender Zivilresident und wurde im Lauf der nächsten Jahre zweimal Resident oder »König von Delhi«, ein Spitzname, den er nicht ungern hörte. Außergewöhnlich war, daß er sich als absolut unbestechlich und zudem noch als genialer Verwaltungsmann erwies. Im wesentlichen griff er auf Akbars bewährtes Modell zurück – was ihm anfangs von der Company gar nicht gedankt wurde – und konnte es so weit reaktivieren, daß unter ihm Delhi zur bestverwalteten Provinz Indiens wurde. Mit asiatischem Familiensinn holte er seinen Bruder Thomas Theophilus ebenfalls nach Delhi, der ihm zunächst zwar durch hemmungsloses Schuldenmachen einigen Kummer bereitete, sich dann aber, nachdem Charles als Stellvertretender Generalgouverneur nach Kalkutta zog, als fähiger Nachfolger im Amt erwies.

Sir Thomas wurde zum Paradebeispiel eines »British Radscha«, sowohl in seiner milden Nachsicht gegenüber Unregelmäßigkeiten in der Verwaltung als auch in seinem Lebensstil. Unenglisch an ihm war allerdings, daß er für Sport wenig übrighatte, sondern sich aus London während seiner Jahre mehr als 25000 Bücher schicken ließ und daß er ein fast schon manischer Bewunderer Napoleons war. Da Reliquien dieses Erbfeinds der Briten zu jener Zeit noch relativ preiswert zu haben waren, konnte er in seinem luxuriösen Palast eine ganze Napoleongalerie einrichten. Zu deren Prunkstücken gehörten 372 Statuen des Korsen, darunter Canovas Marmorporträt, Napoleons Schreibtisch, Gewehr, Säbel und sogar der Siegelring. Von Napoleon übernahm er auch die Methode, sein Personal zum Zeichen allerhöchster Mißbilligung an den Ohren zu ziehen, wobei ihm für diese Verrichtung weiße Kalbslederhandschuhe auf einem Silbertablett gereicht werden mußten.

Im Gegensatz zu seiner früheren Unfähigkeit im Umgang mit Geld erwarb er ein Vermögen, das bei weitem seine Bezüge überstieg, und ganz nebenbei ein luxuriöses Grabmal nahe Kutab Minar, das er zu seinem Landhaus ausbaute. Seine Nachkommen hüten in England die Korrespondenz aus jener Zeit, und nach ihr zu schließen, dürfte Sir Thomas die originellste Mischung aus englischem Snobismus und asiatischem Laisser-faire gewesen sein, die je zum Amüsement der Erde beitrug. Die Ruinenfelder altindischer Größe ließ er zu gepflegten Parks gestalten, in denen die schwungvollsten Partys seiner Zeit stattfanden und die fallweise auch englischen Pärchen generös für ihre Flitterwochen zur Verfügung gestellt wurden. Ehe er sich in sein Amt begab, stets nach der neuesten englischen Mode gekleidet, qualmte er auf der Terrasse eine halbe Stunde lang seine Wasserpfeife. Seiner Tochter stach stets »der bemerkenswert süße Geruch der Tabaksmischung« in die Nase, was nicht erstaunlich ist, enthält doch das erhalten gebliebene Rezept eine selbst für Hippies erstaunliche Menge Haschisch. Ein Wunder dabei ist nur, daß nach diesem Morgenritual überhaupt noch regiert werden konnte, was bei Sir Thomas allerdings ohnedies nur an vier Tagen der Woche jeweils drei Stunden der Fall war. Immerhin wurden diese drei Residenten auch unter den Moslems sprichwörtlich: Ochterlony als »British Babur«, Charles als »British Akbar« und Thomas als »British Schah Dschahan«.

Auch Sir Colebroke, der Stadtgouverneur von Delhi, gehörte zu dieser »asiatisierten« Crew der Company und – allerdings nur in den Augen von Engländern – Sir William Frazer. Beider Schicksal veranschaulicht drastisch die Probleme britischer Herrschaft auf dem Subkontinent. Frazer erschien seinen Zeitgenossen als »seltsame Mischung von einem Halbasiaten und einem schottischen Hochländer«, und sein besonderes Talent war, diese unterschiedlichen Charakterzüge jeweils zur falschen Zeit hervorzukehren. Von der englischen Delhi-Gesellschaft hielt er sich demonstrativ abseits – »Ich kenne keine langweiligeren Gesprächsthemen«, mokierte er sich undiplomatisch – und umgab sich lieber mit Prinzen wie den Söhnen des Nawab von Firozpur. Die aber behandelte er mit der Arroganz eines schottischen Adligen, wodurch er sich auch keine Freunde schuf. Als sein Schützling Nawab wurde, bestand er immer noch auf seinen alten Umgangsformen: »Er ist ein ungezogener Junge und gehört nicht anders behandelt als vorher.« Dies verletzte den Stolz des Schattenkönigs so sehr, daß es tödlich für Frazer wurde. Der Nawab ließ ihn durch einen Offizier erschießen, worauf die Bürger Delhis 1835 das seltene Vergnügen hatten, der Hinrichtung eines Königs zusehen zu dürfen.

Colebrokes Ende ist symptomatischer und zeigt den Sonnenuntergang der »British Radschas« alter Schule. Er geriet an einen typischen Vertreter der zweiten Gruppe britischer Offiziere, den frisch aus London eingetroffenen Moralisten Trevelyan. Der befaßte sich mit den Privatgeschäften seines Chefs und erreichte nach langem und peinlichem Hin und Her, daß Colebroke wegen Korruption unehrenhaft entlassen wurde. Der Konflikt spaltete die Company in Alte und Junge. Die Altgedienten konnten in Colebrokes Vergehen beim besten Willen keine Korruption sehen, erstens, weil sie selbst durchweg dieselben Praktiken betrieben, zweitens aber, weil das ständige Überreichen wertvoller Geschenke an Gottsoberste bekanntlich beste und älteste asiatische Tradition war. Nun aber rückte die neue Garnitur britischer Verwalter nach, sämtlich in London ausgebildete Bürokraten, beseelt von den Idealen des Westens.

Was sich hier bei der Company anbahnte, wurde später von dem Kolonialoffizier Rudyard Kipling mit dem Schlagwort der »Bürde des weißen Mannes« endgültig formuliert, »dessen Last eben ist, allen Völkern der Welt Kultur und Zivilisation zu bringen«. Diese moralische Rechtfertigung des Kolonialismus hat ihre Wurzel im Überlegenheitsanspruch christlicher Religion und trägt, da sie ja auch aus unserer Presse noch immer nicht verschwunden ist, wohl noch lange zum Haß aller Völker gegen den weißen Mann bei. In Ländern mit eigener Hochkultur wie Indien und China mußte sie zur Katastrophe führen, wobei jedesmal übersehen wurde, daß es die Überlegenheit des weißen Mannes ja leider in militärischer Hinsicht gerade gab.

Der erste Konfliktstoff war bereits Anfang des neunzehnten Jahrhunderts geschaffen, als die Londoner Zentrale der Company für Indien die Einführung englischen Rechtes forderte. Solange die Gouverneure und Residenten auf die Durchsetzung dieses Punktes nicht allzuviel Wert legten, ging die Sache gut. Das islamische Recht unterschied sich nicht allzu wesentlich vom christlichen, auf eine

Durchsetzung englischen Eherechts wurde weise verzichtet, und das Verbot der Witwenverbrennung bei den Hindus traf nur eine ohnedies bereits in Auflösung begriffene Institution.

Problematischer wurde der Versuch, Verbesserungen der Infrastruktur nach englischen Plansystemen vorzunehmen. Ein Beispiel dafür war die Wiederherstellung der Kanalisationssysteme, bei denen die Briten viele Pläne »nach englischem Erkenntnisstand« abänderten. Zwar wurden viele Dschats durch das nun vor der Tür fließende Wasser zur Landwirtschaft verlockt, doch in dem Garten Delhi lauerte wie in jedem Paradies eine Schlange: Durch den neuen Verlauf der Kanäle entstand viermal soviel Sumpfland wie Ackerland, und bislang fruchtbare Felder trockneten aus. Erst nachdem die Malaria auch unter den Engländern erschreckend hohe Opfer gefordert hatte, wurden die alten Kanalverläufe wiederhergestellt. So und so ähnlich erging es allen Maßnahmen, die der neue Stab englischer Bürokraten einzuführen versuchte, und entsprechend wuchs die Unzufriedenheit der Bevölkerung mit ihren ausländischen Herren.

Viele kleine Tropfen bringen ein Faß zum Überlaufen. Einer davon war beispielsweise der Plan Sir William Benticks, »die wenigen interessanten Marmorstücke« mogulischer Hinterlassenschaft abzubauen und in England zu versteigern. Tatsächlich wurden zwischen 1828 und 1833 siebzehn Paläste in Agra abgetragen und verschifft, und man ging gerade daran, Gerüste um das Tadsch Mahal zu legen und die Steine zu numerieren, als die Nachricht eintraf, die erste Auktion sei ein Reinfall gewesen und man verzichte auf weitere Lieferungen. Der Stolz der Moslems aber war schon durch die bisherigen Demontierungen schwer getroffen, und zu weiterer Verbitterung trug bei, daß viele ihrer Feste nicht mehr auf den Straßen begangen werden durften.

Andererseits konnten die Briten 1848 nahezu 150000 Moslem- und Hindusoldaten aufbieten, als sie sich an die Eroberung des Pandschab machten. Dort hatte der geniale Sikh-Führer Randschit Singh ein starkes Königreich geschaffen, gegen das die Company bis zu seinem Tod nicht ankam. Mit den Erben wurde sie 1849 fertig, und bei der Gelegenheit der allgemeinen Reichsübergabe erhielt Englands Chief Commissioner Sir John Lawrence auch einen grünlich funkelnden Stein, der offensichtlich mit der Geschichte des Subkontinents untrennbar verbunden ist: den Kohinoor. Sir John wußte die Gabe nicht recht zu würdigen, denn sechs Wochen lang vergaß er den Kohinoor in einer Westentasche. Als er ihn dann nach stundenlangem Suchen wiedergefunden hatte, schickte er ihn an seine Königin Victoria, die ihn 1851 zum Prunkstück der Weltausstellung in London machte. Später wurde er auf knapp zwei Drittel seines Gewichtes umgeschliffen und in eine Krone eingesetzt, die seither im Tower ruht, aus dem bekanntlich nichts abhanden kommt.

Delhi wurde durch die Eroberung des Pandschab von einer Randstadt wieder zum Mittelpunkt des Reiches. 1857 wohnten in seinem Großraum bereits wieder 180000 Menschen, darunter fast 10000 Engländer oder britisch-indische Mischlinge. Die Gerüchtebörse funktionierte mit asiatischer Präzision, und die meisten der Storys richteten sich gegen die Company. Die hatte gerade einen Krieg mit dem Schah von Persien geführt und gewonnen, aber um die Freitagsmoschee Schah Dschahans wurde kolportiert, der Schah habe gesiegt und werde demnächst wie einst Nadir über Delhi kommen, allerdings diesmal zur Befreiung von den Engländern. Sogar eine Botschaft soll er in Delhi verbreitet haben, und tatsächlich sah Sir John Metcalfe, der Sohn und Erbe Sir Thomas' an einem Märztag an der Mauer der Moschee »ein schmutziges kleines Stück Papier mit einem nackten Schwert und einem Schild«, das die Moslems zu Einigkeit und Glaubenskampf aufrief und nach drei Stunden herabgerissen wurde. Da sich die Company beim Kampf um Afghanistan auch mit den Russen angelegt hatte, erzählten die wildesten Gerüchte gar, die Russen kämen, und andere berichteten von großen Meutereien in der Armee.

An letzterem war sogar ein Körnchen Wahrheit: Anfang April erhielten die Sepoys, wie indische Soldaten für die Engländer hießen, als letzten Schrei der Kriegstechnik das Enfield-Gewehr, dessen Patronen mit einer Spitze versiegelt waren, die vor dem Laden vom Schützen abgebissen werden mußte. Natürlich entzündeten sich auch daran Gerüchte, und das abenteuerlichste stammte von Pirzada Hasan Askari, dem Hofgeistlichen Bahadur Schahs. Der Gottesmann hatte auf Palast und den bereits 83jährigen Kaiser einen ähnlichen Einfluß wie später Rasputin auf den letzten Zaren, und er verkündete öffentlich, das Patronenfett sei eine Mischung aus Rinder- und Schweinefett. Das erstere war den Hindus ein Greuel, das zweite den Moslems, und am 7. Mai weigerten sich in Meerut 85 Sepoys, die neuen Flinten zu benützen. Sie wurden in das Militärgefängnis gesperrt; am 10. Mai trafen ihre englischen Offiziere in Delhi ein, um beim obersten Kriegsgericht vorstellig zu werden.

Am Montag, den 11. Mai 1857, wurde Bahadur Schah durch lautes Schreien vor dem Dscharoka-Pavillon geweckt. Einige Hundert Kollegen der meuternden Sepoys waren aus Meerut eingetroffen und demonstrierten für die Inhaftierten. Weder der Kaiser noch der englische Festungskommandant kamen zu Wort; die Menge schwoll unglaublich schnell an, und eine halbe Stunde später meuterte auch die Garnison Delhis. Niemand wußte genau, was los war, und im Palast waren sogar die Engländer fast davon überzeugt, die Russen würden soeben einmarschieren. Der Aufstand brach wie ein Blitz aus heiterem Himmel los, aber mit der Energie lang verhaltener Wut. Noch am Vormittag wurden die meisten Engländer in Delhi erschlagen. Nur wenige fanden bei indischen Freunden ein Versteck, darunter John Metcalfe.

Bahadur Schah selbst war völlig überrascht. Er ließ die Tore der Festung vor den Meuterern schließen und gewährte etwa fünfzig englischen Frauen und Kindern in einem Seitentrakt des Palastes Asyl. Doch am Nachmittag schloß sich seine Leibwache dem Aufstand an, und der alte Schattenkönig wurde in seinem Palast regelrecht belagert – man brauchte ihn als Galionsfigur. Zumindest dies widerlegt die englische These, der Aufstand sei von langer Hand vorbereitet worden: In sämtlichen Truppeneinheiten meuterten nicht nur Moslems, sondern auch Hindus, die wohl kein Interesse an einer Wiederherstellung der Mogulmacht hatten. Die Meuterei war wohl kein »hinterhältiger Versuch eines schon längst bedeutungslosen Königsbastards, das Rad der Zeit zurückzudrehen«, wie es Königin Victoria auszudrücken geruhte, sondern ein chaotischer Ausbruch von Nationalismus, in dem zum erstenmal der Schlachtruf »Indien den Indern« auftauchte.

Im Unterschied zum Kaiser hatten die meisten Prinzen auf eine derartige Gelegenheit nur gewartet, vor allem die Insassen des Salatin, und aus ihnen rekrutierten sich auch die Wort- und Mordführer der nächsten Zeit. Mirza Zahiruddin, der sich von Stund an Mirza Mogul nannte, übernahm am 16. Mai in der Festung das Kommando und ließ als erstes den englischen Frauen und Kindern an einem idyllischen Wasserbecken die Hälse durchschneiden. Ihre Köpfe auf den Lanzen seiner Soldaten, unternahm er am Abend einen bombastischen Rundritt durch Delhi. Diesen Tumult nutzten die letzten überlebenden Engländer und englischen Soldaten der Company, aus der Stadt zu flüchten. In den Hügeln nördlich Delhis, »The Ridge« genannt, verschanzten sie sich und wurden, so unglaublich es klingt, für die nächsten Monate vergessen.

Während der nächsten Tage organisierte sich etwas wie eine Verwaltung, deren nominelles Staatsoberhaupt der alte Kaiser war, deren Köpfe jedoch ununterbrochen wechselten. Von einer gemeinsamen Linie konnte nicht die Rede sein. Da erklärte beispielsweise der Imam der Freitagsmoschee am 19. Mai feierlich den »Heiligen Glaubenskrieg«. Auf Reklamation der Hindus mußte er sich aber sofort entschuldigen und erklären, daß mit Andersgläubigen ausschließlich Engländer gemeint seien. Kurz darauf streikten die Moslems, da ihnen Bahadur Schah den Hindus zuliebe Rindfleisch verbot. So gern indische Historiker aus den turbulenten Monaten Delhis ein Heldenepos schreiben möchten – das wilde Melodrama des Sommers 1857 ist höchstens ein Vorspiel des Sommers 1947, und die Chancen standen von Anfang an gegen die Revolutionäre.

Obwohl sich die Meutereien wie ein Buschfeuer über ganz Nordindien verbreiteten, blieben die Engländer weitgehend Herr der Lage. Meist wurden sie einige Zeit in ihren Kasernen belagert, doch dann konnten sie schnell das verlorene Terrain zurückerobern, nicht zuletzt durch ein geschicktes Ausspielen der Uneinigkeit unter den Sepoys. So gelang es ihnen auch bereits im Juni, Delhi und das Umland praktisch zu blockieren. Währenddessen lief die Militärmaschinerie des Empire auf Hochtouren und auch die diplomatische. Aus allen Teilen der Welt wurden Elitesoldaten auf den Subkontinent geschifft, und aus Nepal, dessen Gurkhas den Briten noch vor kurzem große Schwierigkeiten bereitet hatten, kam der selbsternannte Diktator Dschang Bahadur Rana zu Hilfe, nachdem ihm feierlich zugesichert wurde, sein Land nie zu einer Kolonie zu machen.

In Delhi wurde mittlerweile selbst das Opium knapp, ohne das sich die meisten Sepoys kaum in Kampfstimmung halten konnten. Spätestens ab August herrschte Hunger in der Stadt, und in der Revolutionsregierung meldeten sich bereits die ersten Republikaner, die ihren Staat ohne den alten Mogul verwalten wollten.

Am 6. September begannen die Briten mit der Belagerung Delhis, am 11. September mit der Beschießung. Am Abend des 14. September wurde die Stadt gestürmt und nach bester Tradition Tamerlans ein allgemeines Massaker angeordnet. Bis zum 20. September dauerte der Straßenkampf, bei dem etwa 120000 Inder, Moslems, Hindus und Sikhs umgebracht wurden, davon mindestens 100000 Zivilisten. Der Kommandant des Gemetzels, Captain Hodson, wurde eine prominente Person der indischen Geschichtsbücher, bezeichnenderweise nicht wegen seines Mordbefehls an 100000 Zivilisten, sondern wegen einer vergleichsweise blutigen Bagatelle: Drei Mogulprinzen waren zu seinem Kommandostand vor dem Delhi-Tor der Stadt gekommen, um ihn um Aufhebung des Mordbefehls zu ersuchen; er aber erschoß sie in der allgemeinen Nervosität mit der Pistole.

Bahadur Schah kapitulierte am Abend des 18. September, und Captain Hodson ließ sich dafür ein pathetisches Zeremoniell einfallen: Die Verhaftung des letzten Moguls fand bei Fackellicht vor dem Grab Humayuns statt.

Delhi wurde noch bis in den Dezember hinein geplündert, und noch bis Januar 1858 war auch in der Nähe der Stadt nach europäischen Berichten »kein Asiate seines Lebens sicher«. Das Rote Fort Schah Dschahans wurde zur Kaserne umfunktioniert und fast ein Drittel der Stadt, bis zu den Stufen der Freitagsmoschee, zum Sicherheitsgürtel gesprengt. Ursprünglich sollte auch dieses größte Gotteshaus des Islams gesprengt werden, doch dann wurde es als Kaserne verwendet und erst einige Zeit später wieder als Moschee zugelassen. Die anderen Moscheen Delhis blieben noch länger für Moslems verboten, manche noch fünfundzwanzig Jahre.

Insgesamt brachten die Briten 1857/58 mehr Menschen um als Tamerlan, Nadir Schah und alle anderen Eroberer Delhis zusammen. Der nahezu 84jährige Bahadur Schah wurde vor ein Kriegsgericht gestellt, das vom 27. Januar bis zum 9. März tagte und ihn samt den wenigen überlebenden Verwandten zu lebenslänglicher Verbannung nach Rangun verurteilte. Dort starb er am 27. November 1862. Seine Nachkommen wurden Geschäftsleute und gehörten zu den bekannten Figuren des Bazars, kuriose Typen, bei denen nostalgische Inder gern einkauften, ohne lange über Preise zu feilschen, bis sie Burmas Regierung Ende der sechziger Jahre wieder vertrieb. Ihre aristokratische Hackordnung behielten sie auch als Krämer bei, und ich selbst lernte den gegenwärtigen Chef des Hauses Timur in Singapur kennen. Der Nachkomme des Schreckens der Welt hat einen kleinen Laden in der engen Change Alley, gleich gegenüber dem Hafen, wo er mit Glassteinen handelt.

EIN SCHWIERIGES ERBE

Das indische Bewußtsein

Der Sepoy-Aufstand und seine Niederschlagung wurden verständlicherweise zum Trauma – sowohl der Briten als ihrer Opfer. Von beiden wurde es im Grunde bis heute nicht bewältigt, was sich schon an dem kleinen Detail zeigt, daß es noch immer keine zwei wissenschaftlichen Werke über das Desaster gibt, die wenigstens in den Daten identisch sind.

Für die Company war das Ganze natürlich eine peinliche Angelegenheit. Der Papierform nach und im Bewußtsein der meisten Einwohner der britischen Insel war die Royal East Indian Company eine Export-Import-Firma mit Gesellschaftern, deren prominentester und reichster die Queen war, und die im Grunde wenig von sich reden machte. Die Unauffälligkeit und das Understatement gehörten zum Geschäftsprinzip in der Heimat, und dadurch fiel nie so richtig auf, daß die Firma im Lauf der zweihundertfünfzig Jahre zu einem Staat im Staate geworden war und noch wesentlich mehr: daß nämlich zu ihren Aktiva ganze Staaten zählten und zu ihren Passiva Armeen, sie zu kontrollieren.

Es scheint ein Charakteristikum des Kolonialismus zu sein – und dadurch unterscheidet er sich vom Imperialismus –, daß er auf quasi privatwirtschaftlicher Basis von Firmen betrieben wird, jedoch jederzeit mit jeder Unterstützung der jeweils interessierten Staatsmacht rechnen kann. Diese verdeckte Form des Imperialismus hat eine ehrwürdige Tradition – die Kolonien der Niederlande wurden so in den Büchern geführt, und Belgisch-Kongo war ein Privatunternehmen des belgischen Königshauses – und eine durchaus beklemmende Gegenwart. Die USA bedienen sich in Mittelamerika der United Fruit Company, die den von ihnen beherrschten Ländern den Spitznamen »Bananenrepubliken« bescherte und heute noch nach denselben Prinzipien der Nichteinmischung regiert wie einst die Company in Indien. Seit der Aufgliederung der Erde in Weltmächte besorgt ein raffiniertes Gewebe multinationaler Konzerne das alte Geschäft in der Dritten Welt, wobei diesmal sogar Deutschland beteiligt ist. Das Rezept ist einfach: Man bediene sich einer zuverlässigen Regierung – am zuverlässigsten sind da natürlich Diktaturen, und falls gerade keine vorhanden ist, hilft man einer in den Sattel – und wahre in der Heimat Diskretion, denn dort sitzen manchmal einige wenige Moralisten, die jedoch daran lauthals Anstoß nehmen könnten. Betriebspannen geschehen nur selten – die Firma ITT kam im Zusammenhang mit Chile ins Gerede, fing jedoch die schlechte Publicity mit grandioser Vorwärtsstrategie auf, was den Nebenvorteil hatte, daß über den bundesdeutschen Anteil gar nicht erst nachgedacht wurde –, und die publizistischen Wellen glätten sich schnell im Öl angedrohter Krisen. Armeen sind zur Durchsetzung des Firmenziels nicht mehr nötig; die Kampfmacht heißt Lobby.

Genau hier dürfte die Ursache für das Scheitern der Großmoguln liegen, in ihrer geschäftlichen Inkonsequenz. Ihr wirtschaftlicher Einfluß war im Europa des siebzehnten Jahrhunderts durchaus ebenso gewichtig wie der multinationaler Konzerne in heutigen Dritte-Welt-Ländern, doch sie verstanden es nicht, ihn systematisch zu nutzen. Sie hätten im Dreißigjährigen Krieg mühelos ihnen genehme Marionettenregierungen installieren können, die der europäischen Geschichte einen ganz anderen Verlauf gegeben hätten, sie hätten sogar dem Abendland das antun können, was die Company dem Subkontinent antat. Falsch wäre es, den Moguln nachzusagen, es hätte ihnen der Blick für diese Perspektive gefehlt. Sowohl zu Dschahangirs als auch Schah Dschahans Zeiten gab es immer wieder derartige Überlegungen, die manchmal England, manchmal Frankreich favorisierten, doch an ihrem Ende stand jedesmal eine Fehleinschätzung, genährt von dem Eindruck, den die angereisten Europäer machten: Europa sei ein so unzivilisiertes, wildes Gebilde, das zu beeinflussen sich nicht lohne, eine Art hinterstes Innerafrika ohne Rohstoffe. So festgefressen war dieser Eindruck, daß es kein Großmogul einem Adligen zumuten wollte, in solch schreckliche Gegenden als Botschafter zu gehen. Im Grunde scheiterte das Reich der Moguln an seiner selbstzufriedenen Arroganz, mit der die Geschäftspartner unterschätzt wurden, bis sie selbst den Laden übernehmen konnten. Sie hat sich auf groteske Weise erhalten: Bei aller Begeisterung für westliche Industrie- und Zivilisationsprodukte und westliche Währung ist auch heute noch selbst der ärmste indische Bauer innerlich zutiefst von der moralischen, kulturellen und geistigen Unterlegenheit des weißen Mannes überzeugt.

Auch die Company scheiterte an ihrer Arroganz, mit der sie nämlich an die in jeder Beziehung grenzenlose Überlegenheit des weißen Mannes glaubte und den Faktor Stolz in Asien unterschätzte. Zuvor war sie nur sehr selten ins Gerede gekommen, und der letzte Skandal lag lange zurück: Da hatten mehr als achtzig Jahre zuvor die britischen Siedler an der Ostküste Amerikas über die überhöhten Teepreise der Company gemurrt und in einer wüsten Nacht etliche Schiffsladungen Tee versenkt. Als »Boston Tea Party« ging der Eklat in die Geschichtsbücher ein und wurde das Startzeichen für den Unabhängigkeitskampf der USA. Damals stürzte sich William Pitt auf die Company und rupfte die ehrenwerte Firma trotz angebotener Posten und Zahlungen im Unterhaus. Über ihre indischen Praktiken aber verlor er kein Wort, und nach vielen ärgerlichen Debatten stand die Company eher gestärkt da und vor allem wieder unauffällig. Der britische Sinn für Demokratie verbot es, sich in die Privatangelegenheiten von Unternehmen zu mischen, auch wenn diese zufällig das Monopol für Tee und viele andere Dinge hatten. Immerhin zahlte die Company sogar so etwas wie Steuern, und daher sorgte ein stets guter Kontakt zwischen ihrem Vorstand und den jeweiligen Premierministern dafür, daß nie ein Wort über die Firma im Unterhaus verloren wurde, »dieser übelsten Tratschbörse des Landes«, wie es der Generalmanager der Firma zu formulieren beliebte. Oppositionsvertreter, die dazu manchmal Lust hatten, erhielten großzügige Schweigegelder, desgleichen die Presse. So blieb auch der englischen Öffentlichkeit verborgen, daß etliche Male emanzipierte Inder nach London gefahren waren, sich beim Premierminister über Praktiken der Company zu beschweren, und dementsprechend groß war die Überraschung, als 1857 die Company bei der Regierung Ihrer Majestät um militärischen Schutz ersuchen mußte.

Nun hagelte es plötzlich unangenehme Fragen im Unterhaus, und praktisch über Nacht erfuhren die meisten Engländer, daß es in ihrem Land eine Firma gab, die Herrin über einen Großteil der Welt war. Die Angelegenheit war mehr als peinlich, und besorgte Gemüter sahen bereits die ehrwürdige britische Monarchie im Sturm der allgemeinen Entrüstung untergehen. »Sollen unsere Soldaten für die Interessen einer königlichen Firma sterben?« wurde eines Nachts höchst freventlich an die Mauern des St.-James-Palastes geschmiert, und im Januar 1858 faßten Ihre Majestät und Ihrer Majestät Regierung den klugen Entschluß, die Company mit sofortiger Wirkung Ihrer Majestät Regierung zu unterstellen. Dabei fiel zum ersten Mal wieder seit des bösen Cromwell Zeiten das eigentlich verpönte Wort Commonwealth, »Gemeinwohl«, aber es wurde sehr schnell durch das Wort Empire ersetzt, und wer nun noch etwas gegen die Company sagte, sprach gegen die eigenen nationalen Interessen. Das wirkte. Sehr schnell waren die Briten stolz darauf, Herren eines weltweiten Empire zu sein, und vergaßen darüber die Frage, was sie nun eigentlich davon auch hatten. Die letztere Frage wurde im Lauf der nächsten Jahrzehnte allmählich durch eine gewisse Weiterverteilung des Ausbeutungsergebnisses überflüssig gemacht, und in vielen kleinen Verwaltungsschritten wurde der Apparat der Company zu Regierungsämtern umgeflochten, bis von der Company nur noch der Name blieb. Am 274. Gründungstag der Firma, dem 31. Dezember 1874, trat die letzte Gesellschafterversammlung zusammen, bestehend aus Ihrer Majestät, Ihrer Majestät Regierung, dem Gouverneur der Bank of England und den Präsidenten von Ober- und Unterhaus. Nach dem bei derlei Anlässen üblichen Bankett wurde genau eineinhalb Minuten der einzige Tagesordnungspunkt behandelt, und am 2. Januar 1875 wurde die Royal British East Indian Company Ltd. aus dem englischen Handelsregister gelöscht. Die »Times« nahm von dem historischen Ereignis mit zwei Zeilen Notiz.

Der »Times of India«, in Kalkutta gedruckt, war die Sache immerhin sechs Zeilen wert, aber auch aus ihnen ging hervor, wie bedeutungslos das Formalereignis war. Niemand wagte darauf hinzuweisen, daß es eine Spätfolge der Jahre 1857/58 war – über jene Zeit wurde nicht einmal inoffiziell gesprochen, die existierte nicht.

Um so schwerer wogen die tatsächlichen Folgen. Das Verständnis zwischen Europäern und Asiaten war von nun an irreparabel gestört. Das Mißtrauen dokumentierte sich bereits auf den ersten Blick an sämtlichen Äußerlichkeiten. Bislang hatten die Europäer in denselben Städten gewohnt, durchweg in den Wohnvierteln des Mittelstandes, und ihre Häuser waren höchstens durch stets getünchte Fassaden aufgefallen. – Generell wird in Mittelasien das Äußere eines Bauwerks nicht gepflegt; solange es neu ist, soll es auch so aussehen, doch eine Verjüngung durch Restaurierung wird aus religiösen Gründen als verlogen abgelehnt. – Nun entstanden streng getrennte Städte für Einheimische und für Weiße, zu denen nur noch Bedienungspersonal Zugang hatte, getrennt durch breite Schußfelder, auf denen fallweise das Militär paradierte. Ursprünglich hießen diese Weißen-Burgen Cantonements, und sie bilden noch heute in allen Städten des Subkontinents eigene Städte mit fast autobahnbreiten Straßen – natürlich heißt überall die längste und geradeste »The Mall« –, riesigen Repräsentationsgebäuden an einer langen Achse und flachen Häusern zwischen viel Grün in den Seitenstraßen. Der »Colonial Stile« ist ein reizvolles Konglomerat vorgefundener und importierter Architekturformen. Für öffentliche Bauten wurde der Arkarden- und Pavillonstil der Moguln übernommen, multipliziert mit dem europäischen Statussymbol baulicher Massen, mit Türmen gespickt und neugotischer Ornamentik garniert. Für Wohngebäude empfahl sich der Landhausstil der Moguln – nahezu offene Räume mit vorgelagerten Terrassen –, mit einer vorgeklebten englisch-klassizistischen Säulenfront, für den die Hindi-Bezeichnung Bungalow übernommen wurde. Zur weiteren Unterscheidung von der einheimischen Architektur diente ein Ziegeldach statt der Flachdächer mit Dachgarten und Sonnensegeln, doch war für englische Ladys auch nicht der Intimbereich des Harems nötig.

Jenseits des Schußfeldes liegt der Bazar, zu jenen Zeiten eher das Getto der Einheimischen, chaotisch wuchernd, eng, architektonisch reizlos, ewig unfertig, eine wüste Sammlung stets vom Einsturz bedroht scheinender Gemäuer aller möglichen Geschmacksverirrungen. Besucher Asiens neigen dazu, dieses Chaos für Tradition zu halten, da alle Städte das gleiche Bild bieten und immer uralt aussehen. Nur allzuwenig wirkliche Altstädte sind erhalten – ein Teil von Amritsar, ein Rest von Fatehpur Sikri, etwas Dschaipur und ein wenig in Südindien –, aber die zeigen ein Niveau von Städteplanung und Struktur, das im gleichzeitigen Europa unbekannt war. Im achtzehnten Jahrhundert setzte eine gewisse Verlotterung ein, vor allem im Straßenzustand. Doch das nun allgegenwärtige Chaos brach erst aus, als die Städte wieder besiedelt werden durften. Schah Dschahans Delhi war offiziell bis 1860 für Inder verboten. Etwa 30 000 eingesessene Einwohner hatten in der Stadt überlebt, als die Ruinenfelder wieder zur Ansiedlung freigegeben wurden, selbstverständlich nur für Inder mit guten englischen Führungszeugnissen. Die Neuankömmlinge steckten in dem besitzlosen Terrain ihre Claims ab, und keine Autorität durfte stadtplanend mitmischen. Daß dies nicht Schlamperei war, sondern Absicht, erhellt ein Erlaß der britischen Regierung in Sachen Städtebau: »Um die Überlegenheit der Kultur deutlich sichtbar zu machen, ist darauf Wert zu legen, daß die Stadtteile der Eingeborenen über keine hygienische oder technische Annehmlichkeit verfügen und auch keine beeindruckenden Gebäude entstehen können.«

Nicht weniger deutlich wurde die Unterscheidung zwischen weißen Herren und unterlegenen Asiaten in allen anderen Bereichen des Lebens gezogen, nach dem klassischen Prinzip »divide et impera«, teile und herrsche. Grob gesehen wurde Asien in zwei Gruppen gespalten, deren kleinere und mächtigere mit und von den Europäern lebte und deren größere das alles zu bezahlen hatte. Großhandel und Verwaltung waren die erste Gruppe. Obwohl beim Aufstand gleich viele Hindus wie Moslems beteiligt waren, wurden von nun an die Moslems in Nordindien deutlich benachteiligt. Ein Grund war zweifellos die Führungsrolle islamischer Aristokraten bei der Rebellion, der Hauptgrund aber die Nahezu-Ausschließlichkeit von Moslems in der Verwaltung. Die Company hatte einfach den Apparat der Moguln übernommen, der von nun an allerdings unzuverlässig erschien. Also wurde zunächst jedem Moslem ein Hindubeamter als »Deputy« zur Seite gesetzt. Das dafür nötige Personal lieferte nahezu ausnahmslos die Priesterkaste der Brahmanen, die sich bislang schon in Südindien für derartige Aufgaben bewährt hatte. Der Sicherungsmechanismus der mittleren Verwaltung gegenüber war sehr einfach: Südindische Brahmanen wurden den Moslems Hindustans vor die Nase gesetzt und umgekehrt, und ein schneller Wechsel in den einzelnen Ämtern sorgte dafür, daß Neid und Mißtrauen eine angenehme Herrschaftsbasis blieben. Die höhere Ebene der mittleren Verwaltung wurde für einheimische Christen und Eurasier reserviert, die einander auch niemals grün waren, und diese bewußt geförderte Neidgenossenschaft ergab außerhalb des Kastenwesens ein kleinzelliges Klassensystem möglicherweise Einflußreicher, das heute noch den Subkontinent prägt und lähmt. Auch die Gegenwart scheint das Wort Gladstones auf groteske Weise zu bestätigen: »Wir haben in Indien ein Gesellschaftssystem geschaffen, das nicht mehr abgeschafft werden kann.«

Ein Nebenergebnis des Aufstandes ist auch das unausrottbare Mißverständnis zwischen Europäern und Asiaten, genauer: eine Verständigungsunfähigkeit, die sich am leichtesten an der Literatur ablesen läßt. Die unschuldig-selbstverständliche Beschreibung des anderen Kontinents, die viele alte Bücher zu einem Vergnügen macht, war nicht mehr möglich. Der »unheimliche Asiate« entstand als neuer Topos, von der englischen Literatur auch in die deutsche Dichtung ausstrahlend bis hin zum Dreigroschenroman und nach dem Boxeraufstand um die chinesische Variante bereichert. Die Standardtypen sind leicht zu charakterisieren: der zerlumpte Bettler, der allerdings unheilvolle magische Kräfte besitzt – allein dreimal bei Kipling –, der bösartige Butler, der blutrünstige Guerilla und der ebenso exotisch liebende wie grausame Maharadscha. Das Klischee zog auch in deutscher Sprache, von Meyrings Erzählungen bis zu wiederholt verfilmten Schinken wie »Das indische Grabmal« und »Der Tiger von Eschnapur«, wobei natürlich auch eine Gegenbewegung nicht ausbleiben konnte: Seit der Jahrhundertwende begannen diejenigen, die sich mit europäischer Zivilisation und unserem schönen Materialismus unzufrieden fühlten, nach Erleuchtung im Osten zu schielen. Daß dabei das Hauptinteresse dem Hinduismus galt, liegt auf der Hand – über das islamische Indien war seit der Diskriminierung durch die Engländer nicht mehr viel zu erfahren. Doch auch die liebevolle Befassung mit Asien geschah durch dieselbe Nebelwand des Mißverstehens: Der Hinduismus ist bei allen Göttern eine rationalere Religion als das Christentum, doch gerade Mystik und das altgriechische »Erkenne dich selbst« wurde nun von frustrierten Christen in Asien erwartet. Da über Buddhismus noch weniger zu erfahren war als über Hinduismus, ergoß sich später ein Gutteil abendländischen Mystikbedürfnisses auf diesen, und immer noch und immer wieder trägt weißhäutige Sehnsucht nach dem alltäglich anzutreffenden Überirdischen zur Heiterkeit des Subkontinents bei. Der schlichte bengalische Dichter, Pädagoge und Moralist Rabindranath Tagore wurde eine Modefigur der deutschen zwanziger Jahre und wehrte sich befremdet dagegen, »daß man zwischen meinen Zeilen unbedingt ein Rauschen des Universums heraushören will«, und viele der indischen Gurus haben sich auf europäische Irrationalität eingestellt. Entspannungs- und Konzentrationstechniken werden als Meditation, Gymnastikübungen als Joga mißverstanden und zu metaphysischen Vehikeln umgedeutet. Nur wenige Gurus drücken sich so deutlich und drastisch aus wie Schri Radschnisch Bhagwan, dessen von orangegekleideten Zivilisationsflüchtlingen bevölkerter Ashram in Puna nach westlichen Maßstäben ein durchaus unkonventionelles Psychotherapie-Zentrum darstellt: »Ich bin doch auch nur ein Mensch, der jeden Tag einmal scheißen muß, aber die Weißen wollen in mir einen Gott sehen. In mir ist nicht mehr Göttliches als in jedem Menschen. Zu mir kommen viele, Denken zu lernen, aber denken muß doch ein jeder selbst«.

Die andere Kultur Indiens, die islamische, wurde nicht mehr Mode. Viele deutsche Indienreisende erfahren oft erst an Ort und Stelle von den Moguln und sind geblendet von der Pracht verbliebener Ruinen. Die Bedeutung ihres Reiches aber wird schwer verständlich. Daran hindert zunächst einmal der »Platzvorteil« englischer Geschichtsschreibung, der dafür sorgte, daß nahezu unser gesamtes Schulwissen über den Subkontinent aus englischen Quellen gefiltert wurde. Dabei hatten britische Historiker – teils unab-, teils absichtlich – immer zwei Leitlinien: Frei nach dem Prinzip »Vor uns nichts Nennenswertes« eine gewisse Unterschätzung des Mogulreiches in Sachen Kultur, Zivilisation und ökonomischen Standards, außerdem eine Überbetonung der Tatsache, daß die Moguln Einwanderer waren. Das zweite diente lange Zeit als Legitimation für den eigenen Eingriff und wurde aus anderen, aber ebenso begreiflichen Gründen, begeistert von hinduistischen Geschichtsschreibern übernommen, die allerdings den ersten Punkt gern überbetonen. Indisch-islamische Historiker wiederum stilisieren die Moguln zu einem »originär-indischen Herrscherhaus«, und die Wahrheit liegt wie so oft zwischen allen Meinungen. Zweifellos war das Herrscherhaus »zugewandert«, und im Adel gab es viele afghanische Namen. Doch spätestens Baburs Urenkel waren keine Turki mehr, sondern höchstens turki-afghan-arisch-indoarische Mischlinge, und auch das nur, wenn man Blut-und-Boden-Theorien glaubt. Sie waren Inder, bei denen nicht einmal Brahmanen auf die Idee kamen, sie als Fremde zu sehen. Noch mehr galt dies für alle, die das Reich eigentlich erst ausmachten. Sie waren Inder, und was sie schufen, war eine indische Kultur. Sie »indo-persisch« zu nennen, wie es gern geschieht und mit Formvergleichen und vor allem der persischen Hofsprache belegt wird, ist bedenklich: Auch wir nennen die deutsche Tochter der französischen Gotik keinen Kulturableger und Fürsten aufgrund ihrer französischen Hofsprache keine Franzosen. Alle derartigen Versuche streuen Salz in jene Wunde, die erst wieder von den Engländern aufgerissen wurde und an der heute der Subkontinent schlimmer leidet denn je.

Die feindlichen Brüder

1876 ließ sich Indien wieder so weit herzeigen, daß der Prince of Wales zu Besuch kommen konnte. Ihm zu Ehren wurde auch die Residenz Schah Dschahans auf Hochglanz gebracht, d.h. anstelle der verwilderten Gärten wurde so etwas wie englischer Rasen angelegt, und die immer noch ganz farbfrischen Wandgemälde wurden englisch-weiß übertüncht. In der einstigen Thronhalle wurde zu Ehren der königlichen Hoheit ein Bankett gegeben, geziert mit den schönsten Damen der Colony, und schließlich hob der Ehrengast sein Glas zu einem Toast: »Es lebe das Kaiserreich Indien!« Die anwesenden Briten glaubten, nicht recht gehört zu haben, doch schon im nächsten Jahr ließ die königliche Mama Victoria den Worten ihres Sohnes Taten folgen und nahm zu ihren vielen Titeln auch den der Kaiserin Indiens an. Die bei künftigen

Repräsentationen als Kaiserkrone zu tragende Kopfbedeckung wurde aus indischen Diamanten geschmiedet, den Kohinoor in der Mitte, und der bisherige Generalgouverneur wurde durch einen Vizekönig abgelöst.

Auch die Frage nach der Hauptstadt des Kaiserreiches wurde standesgemäß gelöst: Gegenüber von Humayuns Din-Panah entstand so ziemlich das imperialste, was je an großspuriger Architektur gebaut wurde, Neu-Delhi. Entsprechend der Größe wurde daran noch 1947 gebaut, und sogar Corbusier war von der Anlage beeindruckt.

Daß die Wieder-Kaiserreich-Werdung in dem so beglückten Land einen tiefen Eindruck hinterlassen hätte, kann nicht behauptet werden. Nach bester englisch-demokratischer Tradition wurde ein Unterhaus etabliert, in dem ausschließlich Briten saßen, und ein Oberhaus ohne jede politische Funktion für die genehmen Nawabs und Maharadschas, und sonst änderte sich nichts.

So einfach war der Subkontinent nun aber auch nicht beherrschbar. Mit den Briten kollaborierte nicht einmal ein Prozent der Bevölkerung, zwar eine einflußreiche Minderheit, doch nicht einmal die Elite. Die Moslems, zumindest in Nordindien immer noch den Hindus in Bildung und Ansehen überlegen, verhielten sich ebenso als Opposition wie die überwältigende Mehrheit der gebildeten Hindus, denen die »Beefsteakfresser« aus religiösen Gründen ein Greuel waren. Die religiösen und Rassengegensätze, auf deren geschicktem Ausspielen die britische Macht hauptsächlich beruhte, spielten für die gebildete obere Mittelschicht keine Rolle. Zwar machte sie auch nur etwa drei Prozent der Gesamtbevölkerung aus, war jedoch zweifellos die einflußreichste Gruppe: Industrielle und Großgrundbesitzer, die jederzeit ihre Bauern und Arbeiter mobilisieren konnte. Noch bedeutsamer war die allerkleinste Gruppe, 0,05 Prozent der Gesamtbevölkerung: die Gelehrten und Philosophen. Im Unterschied zu Europa genossen Denker in Asien stets höchste Achtung und einen in unseren Breitengraden unvorstellbaren Einfluß. Und sie standen im Vollbewußtsein ihrer eigenen Kultur den Briten immer ablehnend gegenüber. So waren es bezeichnenderweise eine Handvoll Dichter und Philosophen, die 1885 den »Indischen Nationalkongreß« gründeten.

Der Kongreß war zunächst ein Intellektuellenklub, gefördert vom gebildeten Kapital, »zur Durchsetzung indischer Interessen gegenüber der Besatzungsmacht«. Das Wort »indische Interessen« sollte dabei allen Beteiligten für die nächsten sechzig Jahre das meiste Kopfzerbrechen machen: Es gab nämlich bislang keine indischen, sondern eher islamische, nordindisch-hinduistische, südindische, bengalische und marathische Interessen. Es gab nicht einmal eine gemeinsame Sprache, in der man sich hätte verständigen können, ohne sich mit dieser Problematik zu zerreiben, weshalb groteskerweise Englisch vereinbart wurde. Auf diese innere Divergenz setzten die Briten – »Dieser wilde Haufen zerfällt innerhalb eines Jahres«, meinte der Vizekönig bei der Gründungsnachricht –, doch ihre arrogante Geringschätzung machte den Kongreß erst stark. Vor allem weigerten sich die Gentlemen auch nur zu denken, das einzige wirklich indische Interesse könne das Loswerden der ungebetenen Herren sein, waren sie doch gerade dabei, dem Subkontinent zu bringen, was sie unter Kultur verstanden.

Die Kampfmethoden des Kongresses in seiner Anfangszeit ähnelten in etwa unseren heutigen Bürgerinitiativen: Die britische Verwaltung wurde ausgiebig durch genauestes Beim-Wort-Nehmen des angloindischen Rechts genervt. 1891 konnte der Kongreß seinen ersten Sieg erringen: Der Oberste Gerichtshof mußte Indern das Recht zugestehen, innerhalb der britischen Kolonien in Asien und Afrika frei reisen und sogar siedeln zu dürfen. Damit begann der Einzug indischer Händler auf die malaysische Halbinsel und vor allem nach Südafrika, der ihnen den Spitznamen »schwarze Juden« eintrug. Unter den Südostafrika-Reisenden war auch ein junger Rechtsanwalt aus Gudscherat. Er hieß Mohandas Gandhi, war 1864 geboren, stammte aus der Kaufmannskaste der Waischias, war in jugendlichem Alter mit einem Mädchen namens Kasturba verheiratet worden. Zunächst hatte er in Afrika so wenig zu tun, daß er in Ruhe alle Schriften des Hinduismus studieren konnte. Da er davon nicht leben konnte, nahm er sich – gegen Honorar in Naturalien – seiner Landsleute an und wurde mit seinen ständigen Klagen gegen Rassendiskriminierung bald so lästig, daß er kurzerhand nach Indien zurücktransportiert wurde.

Sehr bald tat den Briten dieser unüberlegte Verwaltungsakt leid.

Kaum in Indien eingetroffen, trat Gandhi dem Kongreß bei, und seine Ideen waren so originell, daß er sehr bald der geistige Führer wurde. Die Kampfmethoden des Kongresses waren bereits bewährt: ewiger juristischer Kleinkrieg und in Sachen Regierungsbefehle an Sabotage grenzende Pflichterfüllung. Gandhi brachte ein aktives Element ein, den »bürgerlichen Ungehorsam«, und 1920 merkten die Briten erstmals, was darunter zu verstehen sei. Aus Company-Zeiten hatte die Regierung das Monopol der Salzgewinnung und des Salzhandels übernommen, und nun organisierte Gandhi einen Marsch von über 300 000 Indern an die Küste, wo sie anfingen, selbst Salzgärten anzulegen. Natürlich ließen sich die Briten das nicht bieten und gaben Befehl, die Protestler festzunehmen und einzusperren. Die Festnahmen erfolgten ohne jeden Widerstand, nur reichten die Gefängnisse nicht aus, und es fehlte auch an Gefängnispersonal. Also wurden nur einige »Rädelsführer« eingesperrt, darunter Gandhi, und die traten prompt in Hungerstreik. Das war damals noch eine politische Waffe: Unter dem Druck weltweiter Öffentlichkeit wurde Gandhi wieder entlassen.

Auch das Selbstspinnen und Heimweben von Baumwolle widersprach britischen Geschäftsinteressen und war sogar strafbar. Gandhis Spinnrad und die strikte Regel für alle seine Anhänger, nur Selbstgewebtes zu tragen, wurden das Symbol der indischen Freiheitsbewegung, und das primitive Spinnrad ist heute das Wappen Indiens. Nach einigen hundert Aktionen, die jedesmal mit einem Teilerfolg für den Kongreß endeten, reiste Gandhi, dem seine Verehrer mittlerweile den Namen Mahatma, große Seele, gegeben hatten, schließlich 1934 nach London.

Sein Auftreten war ein geniales Styling: Mahatma Gandhi trug trotz Londoner Kälte nur seinen selbstgewebten Dhoti, das Wickeltuch armer Bauern, und sein Gepäck bestand aus dem Blechnapf seines ersten Gefängnisaufenthaltes, einem Sack selbstangebauten Getreides und einer Ziege, deren Milch ihn nährte und die er auf den öffentlichen Grünanlagen grasen ließ. Sir Winston Churchill nannte ihn »zerrupfter Spatz«, doch dieser Spatz war anerkannter Sprecher von 300 Millionen Indern, und so betrat er in diesem Aufzug sogar den Buckingham Palace. Dort bat er den König höflich, »meinem Volk alle geraubten Güter, wie beispielsweise die

Juwelen, vor allem aber sein Land wiederzugeben«. Natürlich bekam Gandhi nichts, doch 1935 erhielt Indien eine neue Verfassung, die in sehr eingeschränktem Maß auch so etwas wie indische Selbstbestimmung anerkannte.

Spätestens dieser Erfolg und seine Folgen trugen wesentlich zur Spaltung des Kongresses bei. Bislang hatte ihn der britische Druck zusammengehalten, doch seine Lockerung machte alle Kräfte frei, die sich darin nur widerstrebend zusammengefunden hatten. Die Hindus verfügten über eine Dreiviertelmehrheit, was das tiefste Mißtrauen der ohnedies gedemütigten Moslems bewirkte. Ihr Sprecher, der Dichter Iqbal, war zwar persönlich mit Gandhi befreundet, kritisierte aber immer, daß Gandhi seine Ideen »allzusehr« aus dem Hinduismus bezog, und Iqbals politischer Schüler Dschinnah befürchtete eine »Fortsetzung islamischer Diskriminierung in einem frei gewordenen Indien«. Die Briten, denen eine aus Religionsstreitigkeiten entstehende Schwächung des Kongresses nur recht sein konnte, nutzten diese Diskussion mit Agents provocateurs geschickt aus, und 1937 kam es zu den ersten blutigen Religionsunruhen des Subkontinents. Doch auch die Hindumehrheit des Kongresses bestand aus durchaus gegensätzlichen Fraktionen. Eine davon führte ein Brahmane aus Kaschmir, Jawaharlal Nehru, der sich weitgehend mit dem Ideengut der englischen »utopischen Sozialisten« identifizierte und durch seine Ablehnung des Kastensystems Gandhis Lieblingsschüler wurde. Die andere, eher bürgerlich-konservative Gruppe scharte sich um Vaishabhai Patel, einen Brahmanen aus Bombay. Diese beiden waren notfalls noch unter einen Hut zu bringen. Nicht Platz im Kongreß war für einige »radikale Sozialisten«, die sich 1937 abspalteten und später die Sozialdemokratische und die Kommunistische Partei Indiens gründeten. Ebenfalls 1937 verließ Subhasch Bose mit den Seinen den Kongreß. Der Brahmane aus Kalkutta war allmählich der Überzeugung, daß gewaltloser Widerstand als einziges Kampfmittel unzureichend sei, und gründete noch im selben Jahr die »Liga der streitbaren Hindus«, die sich sowohl gegen Engländer als auch Moslems richtete und den bewaffneten Kampf propagierte. Bose sollte die Schlüsselfigur der nächsten Jahre werden: Obwohl er dem Kongreß nicht mehr angehörte, wurde er das Argument für die Abspaltung der Moslems, und Hitler setzte auf ihn als seine Geheimwaffe im Krieg gegen England. Mit deutschem Geld und wohl auch deutschen Beratern begann Bose 1940 in Bengalen einen Guerillakrieg. 1942 verliert sich seine Spur in einem Flugzeug über Malaysia, und heute noch glauben viele Bengali, Bose lebe und werde demnächst wiederkehren.

Auch Mahatma Gandhi war innerhalb des Kongresses heftig umstritten. Orthodoxe Hindus mußten ihm verübeln, daß der Sproß der Kaufmannskaste das Leben eines brahmanischen Heiligen führte, gleichzeitig aber das Kastensystem abschaffen wollte und ständig für die Moslems Partei nahm. Von 1937 bis 1947 führte der sanfte Heilige einen qualvollen Zweifrontenkrieg gegen die Engländer einerseits, mehr aber noch gegen die auseinanderstrebenden Parteiungen seines eigenen Landes andererseits. Von nun an galten seine Hungerstreiks nicht mehr den Briten, sondern richteten sich gegen die eigenen Glaubensgenossen.

Das seit Rabindranath Tagore wiedererwachte Geschichtsbewußtsein des Subkontinents spielte bei der Spaltung eine tragische Rolle. Hindus predigten, das islamische Indien sei immer ein Erobererstaat gewesen, und ließen Indiens Geschichte ein Jahrtausend vor der Gegenwart enden, mit der Gründung der ersten islamischen Reiche. Das trieb natürlich islamische Wissenschaftler in das andere Extrem, in eine Geschichtsbetrachtung strikter Orthodoxie, die aus Hindus stets zu bekämpfende Ungläubige machte und aus Aurangzeb den einzigen wirklich würdigen Kaiser. Die im Elfenbeinturm begonnene Diskussion führte über die Popularität von Gelehrten auch bei Analphabeten direkt zu den verheerenden Unruhen, die von nun an auch aus den kleinsten Anlässen durch Indiens Großstädte tobten, 1942 den Kongreß in eine hinduistische und eine islamische Partei spalteten und schließlich sogar den Subkontinent.

Bei Ausbruch des Zweiten Weltkrieges garantierte das britische Parlament den Indern nationale Unabhängigkeit als Lohn für loyales Verhalten. Indische Soldaten kämpften tapfer für die Briten, und damit war es 1945 soweit. Dschinnah erreichte trotz Gandhis längstem Hungerstreik, daß der Subkontinent in zwei Staaten gespalten wurde, Indien und das »islamische Pakistan«. Unter ständigen Bürgerkriegsdrohungen machte sich eine englisch-indische

Kommission daran, die Grenzen zwischen diesen beiden Staaten ausfindig zu machen. Ein Ding der Unmöglichkeit: Überall im einstigen Reich der Großmoguln lebten Hindus und Moslems nebeneinander. Das schließlich auf die Landkarte gezeichnete Ergebnis setzte die größte und blutigste Völkerwanderung der Geschichte in Bewegung: 60 Millionen Menschen mußten ihre angestammte Heimat verlassen, und mindestens fünf Millionen starben dabei.

Der Haß zwischen den beiden Religionsgemeinschaften, der dabei entstand, wird wohl noch Generationen vorhalten. Die Hindus Ostbengalens und des Pandschab wurden nahezu vollständig vertrieben, die Moslems zu 75 Prozent aus Hindustan, 90 Prozent aus dem Dekkan. Einstige Zentren wie Lahore und Kalkutta wurden Randstädte in Grenznähe, ganze Provinzen mit Neuankömmlingen besiedelt, die nicht einmal das Klima kannten, das sie erwartete.

»Mit absolut keinerlei Freude in meinem Herzen« erklärte um die Mitternachtsminute des 14. Juni 1947 Jawaharlal Nehru Indien für unabhängig. Zuviel Blut war geflossen, sich über etwas zu freuen, für das 62 Jahre lang gekämpft wurde. In derselben Minute sagte Dschinnah im pakistanischen Rundfunk, daß »dieser wahre Staat aller Frommen von nun an das Erbe der großen islamischen Reiche Indiens angetreten hat«.

In Indien gingen die Religionsunruhen noch Jahre weiter. Mahatma Gandhi, dessen Autorität nur noch aus dem Respekt bestand, den man jemandem entgegenbringt, der vor langer Zeit etwas geleistet hat, wurde von einem Journalisten der Brahmanenkaste, Godse, ermordet, und Nehrus Politik hatte mit dem Indien, von dem Gandhi geträumt hatte, nichts mehr gemein.

Als Erbe des Mogulreiches fühlte sich Pakistan, aber Vorbild wurde nicht das Reich Akbars. Von Anfang an war der Moslemstaat benachteiligt: geographisch in zwei Hälften zerfallen, zwischen denen der neue Erzfeind Indien lag, wirtschaftlich, da die von den Briten hinterlassene Industrie zu 95 Prozent auf indischem Gebiet lag, und ethnisch. Sehr schnell zeigte sich, daß für diesen Teilstaat des einstigen Mogulreiches Religion keine gemeinsame Klammer sein konnte. Fünf Völker waren im Namen Allahs unter eine

Regierung gekommen, die schon unter den Moguln kaum zusammenzuhalten waren, und die neue Regierung war weder in religiösen noch in ethnischen Fragen so tolerant wie das einstige Kaiserreich. Zweifellos haben Pakistans jeweilige Machthaber recht, wenn sie einen Großteil der ewigen Unruhen dem indischen Geheimdienst in die Schuhe schieben, und zweifellos hat Indien den Zerfall der Moslemrepublik in zwei Staaten mehr als wohlwollend gefördert, doch in der Konstruktion Dschinnahs war Pakistan von Anfang an nicht existenzfähig, auch wenn es sehr schnell dem Mogulvorbild eines Militärstaates folgte und immer noch eine effektivere Verwaltung vorzeigen kann als Indien, das sich der westlichen Demokratie verschrieb.

Im übrigen haben beide Staaten dieselben unlösbaren Probleme. In beiden sank, verglichen mit der Zeit des Kolonialismus, der Lebensstandard, und der Hauptgrund ist die explosionsartige Bevölkerungszunahme. Manchmal meinen selbst aufgeklärte Inder, daß so gesehen die Kolonialzeit »besser« gewesen sei. Nun nahm tatsächlich unter britischer Regierung die Bevölkerung nur unmerklich zu, doch der Grund dafür lag in der katastrophalen Kindersterblichkeit. Auch in Europa gab es im neunzehnten Jahrhundert eine Bevölkerungsexplosion aufgrund besserer Gesundheitsversorgung, nur gab es damals eine expandierende Industrie und auch Länder, in die man auswandern konnte. Die Tragik des Subkontinents ist, daß unser neunzehntes Jahrhundert dort im zwanzigsten stattfindet, industrielle Absatzmärkte bereits von uns ausgeschöpft wurden und außer Australien jeder Kontinent ausreichend bevölkert ist. Pakistanische Gastarbeiter gehören zum Stadtbild aller arabischen Länder bis hin nach Libyen, für Inder gibt es nicht einmal die Möglichkeit, und den schlimmen Rest besorgen die Regierungen daheim.

Die Engländer übernahmen den Bürokratismus der Moguln, um einige Schreibtische vervielfacht. Beide Staaten übernahmen dieses System, wiederum mit Beamtenmultiplikation. Der Zustand ist verständlich, da er eine Familiensicherung der privilegierten Klassen ist. Nur bescherte er den beiden unglücklichen Riesen auch noch den größten und unfähigsten Verwaltungsapparat der Welt. Kein System kann so gut sein, daß es fast vierhundert Jahre lang leistungsfähig bleibt, und so wurde das einst so hervorragende

Verwaltungssystem der Moguln zum Fluch des gegenwärtigen Subkontinents.

Ein anderes Erbe der Moguln ist die Passivität der Staatsbürger, vor allem der Hindus. Seit Aurangzebs Zeiten ist der Staat nicht der ihre, und daran konnten auch alle schönen Worte Nehrus nichts ändern, zumal sie nie durch Taten bestätigt wurden. »Mein Staat, mein Feind und Räuber« ist noch immer die Grundeinstellung, und solange sich daran nichts ändert, können alle Katastrophen ihren Lauf nehmen. Auch in der Einstellung der Staatsdiener hat sich seit Aurangzeb nichts geändert: Verantwortung gilt nur von unten nach oben, niemals umgekehrt.

Immerhin hat aber Indien auch ein wenig mehr von Akbars Erbe übernommen als nur den Verwaltungsapparat: Der oft versuchte religiös begründete Hindustaat setzte sich nicht durch, sondern das alte Mogulprinzip weitestgehender Toleranz.

Das schönste Bauwerk der Welt

So blieb als unumstrittenes Erbe der Moguln das Immateriellste und das Greifbarste: Musik und Steine. Beides ist in unseren Breiten nur einem eher kleinen Kreis von Liebhabern bekannt und kam eher aus zweiter Hand in unser Bewußtsein.

Indiens Musik ist hierzulande am meisten mit dem Namen Ravi Shankar verbunden, den Mitte der sechziger Jahre die Beatles nachhaltig propagierten. Da Shankar in Europa aufwuchs, als musikalisches Wunderkind in der Tanztruppe seines Bruders, konnte er die klassische Musik seines Landes europäischen Ohren nachvollziehbar gestalten, d.h. mit den festgeschriebenen Figuren und Topoi, die unseren Ordnungsvorstellungen entsprechen. In seiner Heimat ist er gerade deshalb bis heute umstritten, denn dort zählt als höchster Wert klassischen Stils die Ekstase freier Improvisation. Dadurch lieferte die Musik des Subkontinents Inspiration für die verschiedensten Musikrichtungen unseres Jahrhunderts – von der Zwölftonmusik über den nordamerikanischen Jazz und die Popmusik bis zum Free Jazz –, entzog sich jedoch weitgehend unserer Form der Musikwissenschaft. Zwar gab es schon früh Versuche einer mit Notenbeispielen versehenen Darstellung – der erste stammt von einem Mr. Jones und ist Joseph Haydn gewidmet –, doch fanden sie keinen Nachklang in unserer Musik, sondern seltsamerweise in unserer Literatur. Die Textbeispiele von Ragas ließen Herder auf hinduistische Dichtung aufmerksam werden, und Goethe bearbeitete das eineinhalb Jahrtausende alte Moralitätenspiel »Sakuntala« von Kalidasa. Die nicht weniger interessante Moguldichtung allerdings verfiel dem Desinteresse, das islamische Kunst in unseren Breiten allgemein trifft und von dem nur die persischen Dichter Hafis und Omar der Zeltmacher ausgenommen sind.

Die mogulische Architektur stieß in unserem Kontinent begreiflicherweise auf weniger Verständnis, wo bauliche Massen am würdigsten Größe darstellen, von Schlössern bis hin zu unseren gegenwärtigen Verwaltungspalästen. Die beschwingte Leichtigkeit der kaiserlichen Paläste Indiens, deren immense Kostbarkeit erst beim Blick aufs Detail sichtbar wird und als höchstes Ideal eine immaterielle Wirkung der Baustoffe anstrebt, wurde bei uns nur für Gartenpavillons vorbildlich, und da erst im Rokoko. Uns Gegenwärtigen steht oft auch eine unterschiedliche Philosophie der Ästhetik im Wege: Aus Marmor fast lebendig scheinende Blumen und Spitzenschleier zu meißeln, verträgt sich nicht mit unserer Forderung nach Materialgerechtigkeit. Wir denken eher an »Kitsch« als an das islamische Kunstideal, nach dem der Künstler »aus dem toten Material die Darstellung fließender Vergänglichkeit dauerhaft erarbeiten soll, aus dem Stein die Blume, die wirkliche Blume aber so setzend, als sei sie ewig und unvergänglich, so mit dem Einen stets das Andere zeigend und mit Allem, daß die Überwindung jeder Körperlichkeit das einzig wahre Ziel ist«.

An Ort und Stelle überwältigt dafür die mogulische Architektur immer wieder aufs neue durch die imponierende Geste des Nichtimponieren-Wollens. Nie wieder in der Geschichte der Baukunst wurde die große Dimension so souverän gehandhabt, wurden auch riesige Anlagen zu so heiterem Rhythmus komponiert. Obwohl von allen Schöpfungen der Moguln nur Fragmente erhalten sind – nämlich die Steinbauteile, die im Gesamtkunstwerk nicht bedeutsamer waren als die vergänglichen Materialien Holz und Stoff –, geht von dem Erhaltenen ein unwiderstehlicher Zauber aus, dessen planerische Ursache am ehesten mit dem Paradoxon »symmetrische Asymmetrie« umschrieben werden könnte. Streng geordnete Großraumsysteme werden scheinbar zufällig durch phantasievollen Wildwuchs aufgebrochen, und Kunsthistoriker erklären diese Unregelmäßigkeiten der kaiserlichen Paläste Agra, Delhi und Lahore gern mit räumlich vorhandenen Gegebenheiten, was zunächst einmal für Delhi überhaupt nicht zutrifft und noch weniger für die Gartenanlagen, für die das Prinzip systematischer Asymmetrie ebenfalls gilt. Zufällig blieb im Londoner Victoria-and-Albert-Museum eine Planskizze zum Palast von Delhi erhalten mit einer eigenhändigen Randbemerkung Schah Dschahans: »Ist diese Achse (zwischen zwei Gartenpavillons) nicht so geordnet, daß sie am Ende Schwermut hervorrufen könnte?« Diese Notiz könnte ein Schlüsselsatz zum Verständnis mogulischer Architektur sein und fast ein Fingerzeig für einen Weg aus unserer Tristesse gerasterter Baumassen.

Strenge Symmetrie gestatteten sich die Moguln nur bei ihren Grabmälern, der ernsten Würde des Todes wegen und weil solche Bauten in erster Linie politische Monumente waren. An ihnen sollte sich, mehr als an Palästen, die Macht des Reiches zeigen, und so entsprechen sie dem weltweiten Verständnis von würdiger Größe am meisten. So gesehen ist es auch kein Zufall, daß der Welt meistgerühmtes, meistfotografiertes und meistbesungenes Bauwerk ein Grabmal ist.

Das Darbar Begam Muntaz Mahal kennt sogar jeder, der überhaupt nichts von den Moguln gehört hat, wenn auch nur – so überhaupt – unter dem Kurznamen, der sich weltweit eingebürgert hat: Tadsch Mahal. Unwidersprochen gilt es als Vollendung aller Baukunst dieser Erde, romantisiert als »Denkmal einer unsterblichen Liebe« und dementsprechend bei sensiblen Damen Gefühle auslösend, die am knappsten eine langverblichene Lady ausdrückte: »Ich würde sofort sterben, wenn ich darin begraben sein könnte!« Etwas ironischer äußerte sich Mark Twain darüber, aber da lag es in einer Wildnis von Garten und diente britischen Offizieren als Party-Raum. Erst um die Jahrhundertwende ließ es der Empire-Vizekönig Lord Curzon wieder zu einer Touristenattraktion aufpolieren, und derzeit zieht es pro Jahr rund sieben Millionen Besucher an.

Skeptische Gemüter schrauben daher ihre Erwartungen vorsichtshalber zurück, während mehr unschuldige bereits an der Auffahrt in Ahs und Ohs ausbrechen. Wie jede Berühmtheit mit vollendeten Proportionen leidet auch das Tadsch unter dem Schicksal, daß sich seine Formen bis zum Briefbeschwerer verkleinern lassen, und wer das wirkliche Tadsch sehen will, muß sich erst mühsam den Weg durch eine Lawine von Tadsch Mahals bahnen, die aus Gips, Alabaster, Blech und Plastik in allen Minigrößen auf den Souvenirständen lauern.

Dann allerdings steht man vor einem riesigen Torbau aus rotem Sandstein und weißem Marmor, der jedem Baedeker drei Sternchen wert wäre, in diesem Fall aber nur schnell durcheilt wird, denn dahinter wartet das Tadsch, diesmal das echte, am anderen Ende des Parks und des schnurgeraden Wasserlaufs aufsteigend.

Das Tadsch Mahal wirkt vor allem durch seine Größe, obwohl gerade die beim ersten Blick vom Eingang nicht ersichtlich ist. So überwältigend und gleichzeitig ungreifbar entfernt ragt das blendendweiße Gebilde auf, daß auch der Wohlvorbereitetste auf ein verblüfftes Aha gesetzt bleibt. Das Tadsch wirkt nicht groß, sondern eher schwerelos. Die riesigen Dimensionen dringen erst allmählich ins Bewußtsein, wenn man den langen Weg entlang dem springbrunnenbestückten Kanal geht, um dann zu einer weißen Marmorterrasse mit einem kleinen Teich zu kommen.

Dort wird es auch Sie in den Fingern jucken. Sie werden, wen immer Lieben Sie bei sich haben, auf die dort arrangierte Marmorbank posieren und abdrücken, ein Klick mehr im meistgeknipsten Foto der Welt. Es ziert die Sammlungen nahezu sämtlicher Staatsoberhäupter der Welt, ebenso ist es auf jeden Fall bei sämtlichen Diavorführungen aller Indienreisender dabei und ist das Hochzeitsfoto von Herat in Afghanistan bis Singapur, in Silberrahmen hinter Glas in selbstverständlich jedem besseren Haushalt, eindrucksvoll auf Pappe kaschiert an den Wänden selbst der ärmsten Hütten. Der auf die Terrasse vor dem Tadsch abonnierte Fotograf gehört zu den wenigen wirklichen Großverdienern Asiens, obwohl die Tadsch-Bilder gerade der ärmeren Mehrzahl der Menschheit schon auf den ersten Blick mühelos als Fälschung erkennbar sind, geschaffen vor einem schaurig-schön gemalten Hintergrund im heimatlichen Dorfatelier. »Wir sehr arm, aber Tadsch muß sein«, erklärte mir ein südindischer Kleinbauer, und wie jeder Asiate, der etwas auf sich hält, trug er auf dem Tadsch-Foto eine dicke schwarze Sonnenbrille, als Statussymbol und weil man ja nie so ganz genau weiß, ob so eine »Abnahme« des eigenen Bildnisses nicht auch schwarzmagische Nebenwirkungen hat.

Von der Terrasse aus ist das Tadsch bereits riesig und wächst immer schneller, je näher man kommt. Dann steht man auf einer übermannshohen, kaum überschaubar weiten Terrasse aus dem roten Sandstein der Kaiser. Ganz weit links ist eine Moschee, ebenso weit rechts ein identisches Gebäude ohne irgendeinen Zweck, meist »die Schwester« genannt. Beide könnten einem schon den Atem nehmen, wäre nicht das Tadsch dazwischen, von den vier runden Türmen flankiert, auf einer blendendweißen Marmorterrasse, auf der ein Mensch nur noch daumengroß ist. Auf der anderen Seite fließt der Jamuna, und fast unter dem Tadsch werden die toten Hindus verbrannt. Brennstoff auch für den Weg in die Ewigkeit ist teuer, und so liegen dort unten manchmal auch nur halbverkohlte Skelette von Armen, an denen die vielen herrenlosen Hunde ihre Freude haben. Vier Stockwerke höher versickert man durch ein ungeheuerlich hohes Tor in den dämmrigen Grabdom des Kaiserpaares.

Das unbarmherzige Sonnenlicht wird durch marmorne Spitzengitter im äußeren Umgang zu reizvollen Lichtspielen gebrochen, und ewig frische Marmorblumen schimmern in der Sockelzone zwischen Halbedelsteinen. Wiederum Gitterfenster brechen dieses milde Licht im inneren Kuppelraum zu einem feierlichen Fastdunkel. Die Akustik in dem Riesengewölbe ist weltberühmt – 27 Sekunden klingt jeder Ton nach, allmählich die Rundung hochsteigend, in hörbaren Kreisen schwebend –, und daher ist es im Tadsch meist brüllend laut. Jeder will, gerade weil es verboten ist, seinen Anteil zur unendlichen Melodie des Tadsch beitragen, und dann drängen sich alle Hautfarben und Sprachen durch das edelsteingeblümte Tor in das innere Achteck, dessen Wände das virtuoseste Spitzengewebe sind, das je Steinmetze schufen. Hier sind die Grabmale des Kaiserpaares, aus transparentem weißem Marmor, den die Taschenlampe des Grabwächters durchschimmern läßt, unter einem Teppich aus

Edelsteinblüten. In der Mitte, genau unter einer von Lord Curzon gestifteten Lampe, ist das Grab Muntaz Mahals, dessen atemberaubend ornamentale Inschriften auch einige auserwählte Verwünschungen aller Ungläubigen enthalten. Daneben, größer zwar, doch an die Wand gerückt, liegt das blumengezierte, inschriftlose Grabmal Schah Dschahans.

Diese ungewöhnliche Anordnung hat immer schon Spekulationen gezeugt, und Bernier berichtet, Schah Dschahan habe für sich selbst ein anderes Grabmal geplant, auf der anderen Seite des Jamuna, dem Tadsch gegenüber, von gleicher Form, aber aus schwarzem Marmor und mit dem Tadsch durch eine Brücke verbunden. Aber abgesehen davon, daß es für einen derartigen Plan keinerlei Beleg gibt, würde solch architektonischer Größenwahn der Gesamtanlage des Tadsch widersprechen. Das Ergebnis wäre ein Monstrum, denn jedes Detail des Tadsch zeigt, daß es als Unikat gebaut wurde. Die ungewöhnliche Anordnung der Särge findet sich übrigens schon früher beim Grabmal Itimad-ud-daulas und dürfte somit einer Familientradition entsprechen, falls sie nicht als Kompliment für den allmächtigen Vater der Kaiserin gedacht war.

Die eigentlichen Gräber sind ein Stockwerk unterhalb des grandiosen, nur für Zeremonien dienenden Schauraumes, mit identischen Sarkophagen, aber in einem schmucklosen Gewölbe. Drei Meter tiefer ruhen Schah Dschahan und Muntaz Mahal, wie die Religion es vorschreibt: umhüllt von einem weißen Baumwolltuch und in bloßer Erde. Und dadurch auch vor Grabräubern sicher.

Man muß sein Schulwissen zusammenkramen, um nicht zu vergessen, daß dieses heitere Bauwerk ein Grabmal ist. Auf den Raseninseln des Gartens halten braunhäutige Großfamilien heimliche Picknicks, und über allem schwebt die herrliche weiße Kuppel, deren vollendete Formen man in jedem Strohschober Hindustans wiederfindet. Ob man beim Tadsch seinen inneren Frieden findet, wie jeder befragte Inder stereotyp behauptet, mag angesichts des tagtäglichen Trubels dahinstehen. Auf jeden Fall verströmt das Tadsch Fröhlichkeit, die sich auch in den Gesichtern der Armen spiegelt, die vorsichtig die Treppen hochschlurfen und es noch nicht ganz fassen können, so etwas Schönes endlich wirklich zu sehen, und noch dazu im eigenen Land.

Seinen vollen Zauber aber entfaltet das Tadsch in den Nächten des vollen Mondes. Dann ist es sogar still in den weiten, dunklen Gärten, und die große Kuppel leuchtet unwirklich blau von innen heraus. Ganz weit weg und winzig klein schimmert die Lampe aus der Grabkammer zu den Treppen der Torhalle, auf denen eine wechselnde Gemeinschaft Schweigsamer sitzt. Die Brunnen plätschern, und einige Frösche quaken sorgfältig den Baß. Hier könnte man immer sitzen bleiben und träumen, wären da nicht auch die Moskitos, unzählig, hoch sirrend und unfaßbar lästig, ein freundlicher Fingerzeig der Natur auf den allzugern vergessenen Zusammenhang zwischen grandioser Schönheit und Blutsaugerei.

Literaturhinweise

a) Zeitgenössische Berichte und Chroniken bis 1707

Abbas Khan »Tusuk-i-Sher-Shahi«, London 1974

Abdul Hamid Lahori »Padshah-nama«, London 1876

Abul Fasl »Akbar-nama«, 3 Bde., Kalkutta 1907-35

Abul Fasl »Ain-i-Akbari«, 3 Bde., Kalkutta 1873-94

Asad Beg »Wikaja«, London 1875

Aurangzeb »Rukaat-i-Alamgiri«, 2 Bde., Kalkutta 1788, London 1908

Aurangzeb »Adab-i-Alamgiri (Anecdotes and Letters)«, Shrewsbury 1800

Badauni »Muntakhab al-Tawarikh«, 3 Bde., Kalkutta 1884-1925

Babur »Babur-nama« (übers. Annette Beveridge), 2 Bde., London 1921

Bernier, François »Travels in the Mogul Empire«, Westminster 1891

Clavijo, Ruy Gonzalez de »Embassy to the Court of Timur at Samarcand AD 1403-1406«, London, 1859

De Laet, Johannes »The Empire of the Great Mogol«, Bombay 1928

Dschauhar »Tadhkirat al-Waqiat (Private Memoirs of the Moghul Emperor Humayun)«, London 1832

Dschahangir »Tusuk-i-Dschahangiri«, 2 Bde., London 1909-14

Du Jarric, F.Pierre »Akbar and the Jesuits«, London 1926

Elliot/Dowson »The History of India as told by its own Historicans«, 7 Bde., London 1867-77

Ferishta »Gulshan-i-Ibrahimi«, 4 Bde., London 1829

Foster, William »Early Travels in India 1583-1619«, London 1921

Foster, William »Letters received by the East Indian Company from its Servants in the East 1602-17«, 6 Bde., London 1896-1902

Foster, William »The English Factories in India 1618-1684«, 4 Bde., Oxford 1904-55

Guerreiro, F.Fernão »Jahangir and the Jesuits«, London 1930
Gulbadan »Humayun-nama«, London 1902
Haidar »Tarik-i-Rashidi (A History of the Moguls in Central Asia)«, London 1895
Ibn Arabshah »Adschib al-Makdurfi Nawab Timur (Tamerlane or Timur the Great Amir)«, London 1936
Inayat Khan »Schah-Dschahan-nama«, 2 Bde., London 1834, 1 Bd. London 1876
Jourdain, Jean »Journal 1611«, London 1905
Khafi Khan »Muntakhab al-Lubab«, London 1877
Khwand Amir »Habib al-Sijar (Life of Tamerlane)«, 6 Bde., Bombay 1900
Manucci, Niccolò »Storia de Mogor«, 4 Bde., London 1907-08
Manrique, Sebastian »Travels«, 2 Bde., Oxford 1927
Martin, François »Memoires«, 3 Bde., Paris 1931-34
Mohammed Kasim »Alamgir-nama«, London 1839
Mohammed Salik Khambu »Amal-i-Salik«, London 1877
Monserrate, F.Antonio »Commentary on his Journey to the Court of Akbar«, London 1922
Mundy, Peter »Travels in Europe and Asia 1608-1667«, 5 Bde., Cambridge 1905-36
Mutamid Khan »Iqbal-nama-i-Dschahangiri«, London 1875
Nizamuddin Ahmed »Tabaqat-i-Akbari«, 3 Bde., Kalkutta 1927-29
N.N. »A Contemporary Dutch Chronicle of India«, her.: B.Narain und S.R.Sharma, Kalkutta 1957
Norris, William »Journals«, Kalkutta 1959
Pelsaert, Francis »Remonstratie (Dschahangirs India)«, Cambridge 1925
Roe, Sir Thomas »The Embassy of Sir Thomas Roe to India 1615-1619«, London 1926
Sarkar, Dschadunat »Anecdotes of Aurangzib«, Kalkutta 1912
Sharaf al-Din »History of Timur-Bec«, 2 Bde., London 1732 (mit Dank an die Österreichische Nationalbibliothek Wien)
Sid Ali Reis »Travels and Adventures«, London 1899
Tavernier, Jean-Baptiste »Travels in India« 2 Bde., London 1925
Terry, Edward »A Voyage to East India«, London 1777
Thévenot, M. »Indian Travels 1666«, New Delhi 1949
Timur i-lenk »Memoirs of Tamarlane«, o.O. (London) 1802

b) Zeitgenössische Berichte, Chroniken und Abhandlungen nach 1707

Abdul Aziz Shah »Fatawa-i Aziziyah«, Delhi 1904
Abdul Ghaffar Qazi »Athar-i Jamal al-din Afghani«, Delhi 1940
Abdul Karim »Tarik-i Punjab«, Lahore 1844
Abdul Fida »Taqwim al-buldan«, 3 Bde., Paris 1840-83
Ambedkar, B.R. »Pakistan or the Partition of India«, Bombay 1946
Amir Ali Sayyid »Memoirs«, Kalkutta 1931
Atcheson, Sir C. »Collection of Treaties, Engagements and Sunnunds relating to India«, 10 Bde., London 1892 - Oxford 1913
Archer, Mayor »Tours in Upper India«, 2 Bde., London 1832
Aziz Ahmad »Iqbal et la Theorie du Pakistan«, Paris 1961
Aziz Ahmad »Studies in Islamic Culture in Indian Environment«, Oxford 1964
Barbosa Duarte »The Book of Barbosa Duarte«, 2 Bde., London 1918–21
Beni Prasad »The Hindu Muslim Questions«, Allahabad 1941
Blumhardt, J.F. »Catalogue of the Hindustani Manuscripts in the Library of the India Office«, Oxford 1926
Buchan, John »Lord Minto, a Memoir«, London 1924
Bute, Marchioness of »Private Journal of the Marquess of Hastings«, 2 Bde., London 1858
Colchester, Earl of »Lord Ellenborough's Political Diary 1827-30«, London 1875
Coupland, R. »The Indian Problem«, Oxford 1942-43
Dara Shikoh »Safinat al-awliyah«, Lucknow 1972
Das Gupta, J.B. »Indo-Pakistan Relations 1947-55«, Amsterdam 1958
Francklin, William »History of the Reign of Shah Alam«, London 1794
Francklin, William »Military Memoirs of George Thomas«, London 1805
Forbes, John »Oriental Memoirs«, 4 Bde., London 1813
Frazer, Baillie »Military Memoirs of Colonel James Skinner«, 2 Bde., London 1851
Gandhi, Mahatma K. »Collected Works«, 6 Bde., Kalkutta 1959-61

Gokhale »Presidential Address at the Annual Session of the Indian National Congress«, Delhi 1905
Heber, Bishop Reginald »Narrative of a Journey through the Upper Provinces of India«, 2 Bde., London 1828-30
Hammer-Purgstall, Josef von »Memoire der diplomatischen Beziehungen zwischen den Höfen von Delhi und Constantinopel«, Wien 1829
Hoffmeister, Dr. Wilhelm »Reisen durch Ceylon und das kontinentale Indien«, Leipzig 1848
Kaye, J.W., und Malleson, G.B. »History of the Indian Mutiny«, 7 Bde., London 1860-74
Keene, H.G. »Fall of the Mughal Empire«, London 1876
Metcalfe, C.D. »Two Native Narratives of the Mutini in Delhi«, London 1874
Oehrlich, Ludwig von »Reisen in Indien«, 2 Bde., Leipzig 1845
Minto, Mary Countess of »India, Minto and Morley«, 2 Bde., London 1924
Nehru, Jawaharlal »An Autobiography«, London 1942
Roberts, Field Marshal Lord »Forty-One-Years in India«, London, 22. Auflage 1893
Russell, W.H. »My Diary in India«, 2 Bde., Edinburgh 1860
Smith, R. Bosworth »Life of Lord Lawrence«, 2 Bde., London 1883
»Sedition Committee Report«, Kalkutta 1918
Thornton, E. »Gazetteer of India«, 3 Bde., Kalkutta 1854
Trotter, L.J. »India under Victoria«, London 1907

c) Anderes, Einzeldarstellungen

Abdullah Yusuf Ali »Social and Economic Life in Medieval India«, Kalkutta 1930

Abdul Rahim »Mughal Relations with Persia«, Kalkutta 1935

Abdul Rahim »Mughal Relations with Central Asia«, Kalkutta 1937

»The Cambridge History of India«, 7 Bde., Cambridge 1904-37

Edkins, J.C. »Ancient Navigation in the Indian Ocean«, Madras 1866

Dubois, Abbé J.A. »Hindu Manners and Customs«, Oxford 1903

»Encyclopaedia of Islam«, Neuausgabe Leyden 1960

Fergusson, J. »History of Indian and Eastern Architecture«, London 1910, Bd. 1

Ghani, A. »A History of Persian Language and Literature at the Mughal Court«, Allahabad 1929-30

Gode, P.K. »Use of Ganges Water by Muslim Rulers from A.D. 1300-1800«, Trirupati 1940

Goetz, H. »The Crisis of Indian Civilisation in the Eighteenth and Early Nineteenth Century«, Kalkutta 1938

Hadi Hassan »The Unique Diwan of Humayun Padschah«, Kalkutta 1951

Herclot »Islam in India«, Oxford 1921, New Delhi 1972

Horten, Michael »Indische Strömungen in der islamischen Mystik«, Heidelberg 1928

Jahn, Karl »Zum Problem der mongolischen Eroberungen in Indien«, München 1957

Latif Muhammad »History of Punjab«, Kalkutta 1891

Menon, V.P. »The Transfer of Power in India«, London 1957

Mill, James, und Wilson, H.H. »History of British India«, 10 Bde., London 1858-79

Monckton, Jones »Warren Hastings in Bengal«, London 1913

Philipps, C.H. »Historians of India, Pakistan and Ceylon«, London 1961, Bd. 1

Qanungo, K.R. »Dara Shukoh«, Kalkutta 1934

Qureshi, Ishtiaq Husain »The Administration of the Sultanate of Delhi«, Lahore 1944

Ram Gopal »Indian Muslims, A Political History 1858-1947«, London 1959

Ranade, M.G. »Rise of the Maratha Power«, Bombay 1900
Ray, Sukuma »Humayun in Persia«, Kalkutta 1948
Sarkar, Sir Dschadunath »Fall of the Moghul Empire«, 4 Bde., Kalkutta 1932-50
Sarkar, Sir Dschadunath »History of Aurangzeb«, 3 Bde., Kalkutta 1912-24
Sarkar, Sir Dschadunath »Shivaji and his Times«, London 1920
Spear, Percival »India, Pakistan and the West«, London 1959
Spear, Percival »The Nabobs«, Oxford 1932
Thakur, U.T. »Sindhi Culture«, Bombay 1959
Thomas, F.W. »Mutual Influence of Muhammedans and Hindus in India«, Cambridge 1892

Mein besonderer Dank gilt der Österreichischen Nationalbibliothek Wien, die auf diesem Gebiet zwar herzlich schlecht assortiert ist, aber einige besonders seltene Schätze hat, der Universitätsbibliothek Hamburg, der Bibliothek des British Museum, London, dem Victoria-and-Albert-Museum, London, der Bodleian Library Oxford, der Central Library of the University of Cambridge, der National Library New Delhi, dem Archaeologic Department Delhi und Agra, dem Andenken des geborenen General-Feldmarschalls Singha Shumshere J.B. Rana, Kathmandu, dessen Bibliothek ich noch benutzen durfte, und Herrn Eckhard Dück.

Kathmandu, Februar 1979
H-G B

Personenregister

Orts- und Sachregister

Hans-Georg Behr

Nepal – Geschenk der Götter
Begegnungen in und mit dem erstaunlichsten Land der Welt.
304 Seiten, 11 Farbabbildungen, 49 Zeichnungen, gebunden.

»Das Buch ist eine Liebeserklärung an Nepal, obwohl – oder gerade weil – es die sozialen, politischen und religiösen Spannungen und Gegensätze nicht verschweigt, sondern schonungslos bloßlegt und mit sozialkritischem Verstand analysiert.«
Eßlinger Zeitung

»Behr beschreibt Land und Leute wie ein Liebender, ohne daß ihm die tiefen Schatten in der exotischen Farbenprächtigkeit Nepals entgingen. Er schildert die altbackene Monarchie des Landes, die religiösen Riten der Hindus und Buddhisten, die sozialen Nöte und nicht zuletzt – deftig, anschaulich und humorvoll zugleich – die oft recht wunderlichen Alltagsgewohnheiten der Nepalesen.«
Berliner Morgenpost

Hans-Georg Behr

Söhne der Wüste
Kalifen, Händler und Gelehrte
420 Seiten, 16 Schwarzweißabbildungen, 13 Karten, gebunden.

»Behrs ›Söhne der Wüste‹ ist wie eine von Kamelkarawanen weit hergebrachte Überraschung, die alle Wohlgerüche Arabiens enthält und die man nicht müde wird, Seite um Seite aufzuschlagen und mit allen Sinnen auszunehmen.«
Düsseldorfer Nachrichten

»Spannend wie ein Abenteuerroman und amüsant wie Geschichten aus TausendundeinerNacht.«
Westfälische Rundschau

»Farbig und voll fundierten Wissens beschreibt H.-G. Behr das Leben Mohammeds und die Entwicklung des als ›Handelsunternehmen‹ gegründeten Islams.«
Nebelspalter